NANCY ANNE HASTINGS

PROGRESSÕES SECUNDÁRIAS

Técnica de prognóstico em Astrologia

Tradução
CARMEN YOUSSEF

EDITORA PENSAMENTO
São Paulo

Título do original:
Secondary Progressions – TIME TO REMEMBER

Publicado pela primeira vez em 1984 por
Samuel Weiser, Inc.
P. O. Box 612
York Beach, ME 03910

Edição	Ano
1-2-3-4-5-6-7-8-9-10-11-12-13-14	88-89-90-91-92-93-94-95

EDITORA PENSAMENTO LTDA.
Rua Dr. Mário Vicente, 374 - 04270 São Paulo, SP - Fone: 63 3141

Impresso em nossas oficinas gráficas.

SUMÁRIO

ÍNDICE DOS MAPAS

PREFÁCIO

As direções secundárias – ou progressões, como também são chamadas – são uma das técnicas de predição mais amplamente usadas em astrologia. A base dessa técnica é simples, embora possa parecer um pouco forçada para quem não esteja habituado ao pensamento astrológico. Trata-se simplesmente de substituir um dia por um ano de vida. Se uma pessoa está com 30 anos de idade, levanta-se um mapa para 30 dias a contar da data do nascimento; esse mapa é então examinado como uma unidade em si e também em relação ao mapa natal.

Como já disse, a justificativa lógica desse processo não é de pronto evidente e, mais adiante, vou dar uma possível explicação. Para o leitor, o que é importante reter, a esta altura, é simplesmente que as direções secundárias constituem uma das técnicas de predição mais difundidas e mais úteis de que a astrologia dispõe. A maioria dos astrólogos usa não somente as direções secundárias básicas, mas também uma quantidade de técnicas afins, tais como as terciárias (um dia para cada mês lunar), as menores (um mês lunar para cada ano) e as direções do arco solar com base no movimento do Sol secundário. No entanto, a despeito da importância da técnica, há relativamente pouco material na literatura astrológica que enfoque as direções secundárias de uma forma abrangente. Existem muitos livros sobre o assunto, embora menos do que se poderia esperar, mas sua tendência é tratar o assunto de um ponto de vista técnico (por exemplo, como calcular os mapas), ou abordar os refinamentos técnicos do método. A maioria dos livros, uma vez chegado ao ponto da montagem do mapa, não dá uma orientação clara sobre o que fazer com ele. Depreende-se desses livros que seria bom examinar os aspectos que se formam no mapa progredido e entre o mapa progredido e o mapa natal, mas não se vai muito além. Isso coloca um problema para o estudante: como, a partir dos detalhes dos aspectos formados no mapa progredido, chegar a uma compreensão da evolução do indivíduo como um todo? O estudante não encontra muitos subsídios para responder a esta pergunta.

Da mesma forma, a literatura existente não deixa muito claro que, ao lidar com mapas progredidos, os astrólogos na verdade empregam um vasto número de truques, que lhes permitem separar o que é importante do que não é, ou obter uma perspectiva global da vida de um indivíduo com base na combinação entre os mapas natal e progredido.

Com este livro, Nancy Hastings começou a preencher tal lacuna, o que ela fará mais completamente em uma segunda publicação que se seguirá a esta, onde trata de técnicas mais avançadas. Na presente obra, ela se concentrou no que eu chamo de técnicas de grandes pinceladas ao se lidar com o mapa secundário. Técnica de grandes pinceladas é o que se usa para dar uma visão geral do quadro todo, à semelhança de um pintor que utiliza um pincel grande para esboçar os elementos principais de um retrato, e depois usa pincéis finos para trabalhar nos detalhes. Embora os grandes aspectos da vida precisem ser compreendidos antes que seja possível assimilar os detalhes, outros autores, em estudos sobre progressões, deixaram de lado exatamente esses grandes aspectos. Em seu próximo livro, Nancy Hastings falará mais sobre esse detalhamento.

Entretanto, as técnicas usadas nesta obra – as progressões da Lua, a mudança na ênfase em elementos e quadruplicidades, a mudança na forma geral do mapa, a mudança na ênfase em hemisférios, e assim por diante – possibilitarão ao leitor olhar um mapa e suas progressões e chegar a uma visão do padrão geral da vida. Para cada uma das técnicas abordadas, a autora fornece uma série de interpretações de exemplos; assim, o estudante pode comparar as interpretações da autora com a observação da vida real e entender a utilidade dos métodos a partir de sua perspectiva pessoal. Como a própria Nancy diz no começo do livro, nem sempre ela e eu concordamos quanto aos métodos. Pessoalmente, não uso sempre as técnicas específicas selecionadas e descritas por ela neste livro. Mas isso não é importante. Mais importante é o fato de astrólogos competentes lançarem trabalhos como este, permitindo ao estudante saber o que é feito na prática pelos profissionais e proceder a uma avaliação pessoal das técnicas. Os métodos são aqui descritos de forma a permitir ao leitor avaliá-los. Tanto a linguagem quanto o raciocínio apresentam-se claros. Ninguém fica confuso sobre o que a autora está fazendo. Isso é o que um astrólogo pode fazer de melhor ao escrever um livro didático. Se algum leitor chegar à conclusão de que uma determinada técnica não funciona bem, ele teve ao menos a possibilidade de trabalhar sobre uma técnica descrita de maneira suficientemente clara para que tal julgamento pudesse ser feito. Isso pode parecer uma crítica disfarçada, mas absolutamente não é. A clareza que Nancy Hastings demonstra neste livro não é nem um pouco comum na literatura astrológica, e ela merece os parabéns por isso.

Entretanto, antes que eu crie uma falsa impressão, devo dizer que este livro não se limita a descrições claras de métodos, ou a descrições bem-redigidas de indicações astrológicas específicas. Os estudos de casos apresentados na obra também são muito importantes, e por vários motivos. Em primeiro lugar, porque mostram os métodos na sua aplicação prática. Os exemplos sempre tornam a teoria mais clara. Além disso, eles mostram um método de aconselhamento em funcionamento. Os casos dados pela autora são geralmente de pessoas com problemas difíceis, mas não mais difíceis do que os casos que aparecem no dia-a-dia do astrólogo. Nancy Hastings é uma das poucas autoras que mostra como lidar com um problema de frente, evitando os eufemismos vagos e os *slogans* açucarados tão comuns na literatura astrológica atual. Entretanto, ela faz isso sem prejudicar o espírito do cliente, o que tornaria mais difícil levar a vida. A mensagem é assumir o controle e a responsabilidade, sem deixar lugar para sentimentos de culpa ou acusações. Nenhuma pessoa é meramente o produto dos atos e falhas de seus pais.

Em terceiro lugar, ainda em relação aos casos, os exemplos são apresentados com um calor humano e um humor que tendem a fortalecer a nossa capacidade de levar a vida. A vida nem sempre (ou quase nunca . . .) é fácil, mas em algum lugar em nosso âmago existe Deus vivendo em nós e por nosso intermédio.

Em quarto lugar, os exemplos servem para mostrar de que forma – o que já está além do propósito deste livro – podem-se usar técnicas mais avançadas com as progressões e fazer a integração entre o mapa progredido, o mapa natal e os trânsitos. Não é possível abranger tudo num único livro, mas nos estudos de casos o leitor terá acesso a métodos e técnicas que abrem o caminho para o trabalho individual. Sua apresentação é suficientemente clara, de modo que o aprendizado não é difícil.

No começo do prefácio mencionei o problema inerente às direções secundárias, ou seja, de que não há uma justificativa lógica plausível, pelo menos não na literatura astrológica. O conhecido escritor e teórico metafísico Arthur Young comentou numa conversa particular que as secundárias, e de fato todos os sistemas de direções, são a técnica mais revolucionária da astrologia. Para a maior parte da astrologia, é possível conceber explicações que se ajustam às concepções materialistas e mecanicistas da ciência moderna. Mas as direções, que implicam uma poderosa conexão entre o primeiro ano e o primeiro dia de vida, desafiam explicações causais convencionais. Somente uma visão simbólica do mundo, em que o simbolismo tenha o mesmo nível de realidade que a ciência atribui à energia e à matéria, pode servir para explicar as secundárias e outros tipos de direções.

As secundárias, e a maioria dos outros sistemas de direções, implicam a substituição de um tipo de ciclo astronômico por outro. O sistema de um dia para cada ano é o caso clássico. As direções primárias, onde uma vida inteira é englobada nas primeiras seis horas, aproximadamente, após o nascimento, parecem ser inconsistentes em relação a essa idéia, mas não são. Como ressaltou Charles Jayne, elas simplesmente são secundárias duplas. Enquanto as secundárias substituem um dia por um ano, as primárias fazem a mesma coisa duas vezes, isto é, as secundárias são um dia por um ano, as primárias são um dia por um ano ao quadrado.*

É como se a experiência de um tipo de ciclo, geralmente o ciclo de um dia, preparasse para a experiência de todos os outros tipos de ciclo. Alguma coisa dentro de nós, como disse John McCormick numa palestra, conta "Um!" no primeiro dia de vida. No segundo dia, conta "Dois!" e assim por diante. À medida que vivemos nosso primeiro ano, novamente há uma contagem "Um!" e a alma registra um paralelismo entre o primeiro dia e o primeiro ano, o segundo dia e o segundo ano, e assim por diante. A única coisa relevante é a importância dos ciclos, a intensidade com que os vivenciamos. Os ciclos de um dia e de um ano estão entre os mais poderosos que vivenciamos. Dessa forma, a substituição do ciclo de um dia pelo de um ano é muito plausível. O ciclo do mês lunar (o movimento da Lua de 0° Áries para 30° Áries) também é importante, e assim as terciárias, que substituem dias por meses, também são plausíveis. As menores, que substituem meses por anos, são plausíveis, mas não tão fortes pois o ciclo mensal não é tão poderoso quanto o diário. Assim, pode-se supor que as menores sejam menos importantes, o que, como o seu nome indica, é bem o caso.

Uma conseqüência importante dessa idéia é que ela tende a levar a uma rejeição de alguns sistemas de direção em uso corrente. A medida de um grau por ano, por exemplo, não tem qualquer base astronômica ou cíclica, exceto pelo fato de corresponder aproximadamente ao movimento do Sol em um dia, o que favorece mais os sistemas

* Obtêm-se as secundárias multiplicando-se a idade de um indivíduo em dias por 1/365.2422. As primárias são obtidas multiplicando-se a idade em dias por 1/(365.2422 x 365.2422) ou 1/13340.8647.

de arco solar do que um grau por ano. As direções simbólicas de Carter sofrem da mesma fraqueza. Em seu livro *A técnica da predição*, Ronald Davison propõe progressões de um dia por semana e um dia por mês. Um dia por semana é aproximadamente – mas não exatamente – quatro vezes a proporção de um dia por um mês lunar. Como a proporção não é um dia para 1/4 x um ciclo lunar, deverá haver uma imprecisão. Da mesma forma, um dia para um mês como ele usa é um dia para 1/12 de um ciclo solar, o que não é exatamente o mesmo que um dia para um mês lunar como é usado nas terciárias. Pode funcionar, mas não acredito que seja tão significativo quanto as terciárias pois 1/12 do ciclo solar é um ciclo muito mais abstrato que o mês lunar. Se utilizarmos um dia para um mês de calendário o sistema será especialmente sem valor pois os meses do calendário variam em duração e não representam, de forma exata, nenhum ciclo astronômico.

A correção ou não da teoria aqui apresentada evidenciar-se-á pela sua capacidade de demonstrar que sistemas de direção ou progressão efetivamente funcionam. Por enquanto, têm funcionado bem. As direções secundárias e terciárias deveriam, de acordo com essa teoria, ser as mais eficazes, e parece que o são. Nenhum dos sistemas de Davison dá mostras de ter-se firmado, embora isso tanto possa dever-se ao conservantismo quanto à constatação de que as técnicas não são válidas. Não acredito que as direções simbólicas tenham muito valor. O tempo dirá da validade da idéia apresentada aqui. Eu a exponho como uma possibilidade.

Enquanto isso, aproveite ao menos para ver como uma astróloga usa na prática as secundárias. A astrologia ainda se parece muito com uma arte folclórica guiada pela tradição oral. Precisamos de mais livros como este.

Robert Hand
11 de abril de 1984
Orleans, Massachusetts

AGRADECIMENTOS

O material que apresento aqui não é uma nova invenção. Trata-se do resultado de todos os estudos feitos desde 1968 a 1982. Vem de cada aula, seminário, convenção que assisti, assim como de cada livro que li. Vem de meus professores, clientes e alunos. Vem das pessoas que saíam esmagadas das minhas primeiras conferências, quando eu estava tão na defensiva que juntava uma quantidade de informação pelo menos cinco vezes superior ao que qualquer um poderia usar ou assimilar. Vem de conferências posteriores, quando eu incluía menos material, mas explicava melhor. Embora não haja formas de agradecer a todos que me ajudaram a escrever este livro, as pessoas que menciono abaixo foram, e são, influências importantes no meu pensamento astrológico.

Oscar Weber foi meu primeiro professor, e instilou em mim o respeito pela correção matemática e lógica. Foi com ele, também, que comecei a usar um mapa progredido separado, em vez de simplesmente anotar as posições progredidas em volta da roda natal. Ele lançou as bases sobre as quais fundamento a discussão sobre os aspectos.

Dorothea Lynde foi minha segunda professora, com quem estudei por muito tempo. Ela me ensinou o método de abordagem de um mapa usado neste livro, convencendo-me a olhar primeiro a floresta – notando o formato do mapa, as polaridades do Sol, da Lua e do Ascendente, e a assinatura – antes de analisar os aspectos ou as casas. Dorothea também me deu inestimáveis lições humanas sobre a interação com os clientes. Se algum dia você tiver o seu mapa interpretado por Dorothea, saberá que recebeu um dom.

Embora eu nunca tenha tido aulas, no sentido literal, com Frances Sakoian, freqüentei seus seminários e palestras, e li seus livros. Seu conhecimento e seu nível de energia são fabulosamente inspiradores. *The Astrologer's Handbook* (Harper & Row, 1973) contém uma incrível quantidade de informações coerentes para o principiante. Se você ainda não o leu, seria bom fazê-lo.

A. Charles Emerson me introduziu num novo mundo de astrólogos e astrologia. Através dele conheci os meios pontos, uma nova simbologia, e inúmeros outros excelentes astrólogos. Ele me estimulou a dar palestras, fazendo-me acreditar que eu tinha algo a dizer que os outros poderiam querer ouvir. Obrigada, Charles.

Não sei como agradecer a Rob Hand. Nós já discutimos, gritamos, concordamos e discordamos desde que nos conhecemos, em 1974. No fundo, um acha que as vacas sagradas do outro são bobas. Mas isso tudo é sobrepujado por um autêntico respeito e amor mútuo. Ele sempre acreditou que eu terminaria este livro. Por sua fé, eu lhe agradeço.

Sem Betty Lundsted, eu teria desistido há dois anos. Vendo o manuscrito original com mais de 1.000 páginas, ela imediatamente disse: "São dois livros." Em seguida, ela insistiu para que a redação fosse melhorada. Gritou comigo, me consolou, me encorajou durante todo um ano quando passei por uma dolorosa separação e tinha náuseas só de pensar no último capítulo.

Sem esses meus dois amigos nos extremos opostos do espectro astrológico – Betty e Rob – eu não poderia ter escrito o livro. Aconselho a todos que leiam as obras desses dois excelentes astrólogos. Eles fornecem o ponto e o contraponto para a compreensão das raízes dos arquétipos astrológicos.

Por fim, gostaria de agradecer a todas as pessoas mencionadas no presente volume, que me deram permissão para usar seus mapas em palestras, artigos e livros. Sem eles, nada disso poderia ter sido escrito. A maioria teve a oportunidade de ler e aprovar o material. Todos os mapas (com exceção do exemplo matemático, John Doe) são de pessoas reais. A fonte dos seus dados de nascimento é indicada embaixo dos mapas (álbum de bebê, certidão de nascimento, registro hospitalar, tradição oral). Nenhum dos mapas foi retificado.

Embora não seja possível mencionar todas as pessoas ou autores que me auxiliaram em minha formação astrológica, incluí na bibliografia os livros que me ajudaram a entender a astrologia, bem como os que contribuíram diretamente para que este livro fosse escrito. Espero que você possa usar essa bibliografia para completar a sua biblioteca astrológica.

INTRODUÇÃO

Comecei meus estudos de astrologia em 1968. Minha professora, num curso de introdução de três semanas, explicou que um astrólogo poderia dizer, com base nos dados de nascimento de uma pessoa, se ela é deficiente e qual o tipo de deficiência que a aflige. Como uma de minhas filhas gêmeas (nascidas com um intervalo de oito minutos) era deficiente, pedi à professora para me dizer, com base nos dados de nascimento, qual das duas trazia alguma deficiência e que tipo de problema a afligia. A professora me deu a resposta correta. Três anos mais tarde, descobri o quanto é difícil responder com precisão a perguntas como essa.

Durante meu primeiro ano de estudos, Oscar Weber me ensinou a montar o mapa secundário progredido, e a interpretar os trânsitos. No mapa secundário progredido, cada dia depois do nascimento representa um ano de vida.

Como sou uma pessoa de grande cruz cardeal nos ângulos (seis planetas em signos cardeais), eu tinha de ver por mim mesma. Examinei todos os fatos da minha vida e da vida dos meus amigos e parentes, partilhando essas informações com meus colegas de estudo. Obtivemos maiores detalhes sobre nascimentos e datas de acontecimentos a partir de professores, livros, seminários, jornais. Examinamos tudo – acidentes, hospitalizações, casamentos, nascimentos de filhos, estupros, roubos, doenças, ganhos na loteria. Esse tipo de "astrologia de retrospecto" (quando você já sabe o que ocorreu, e quando) é, na verdade, uma excelente forma de aprender o simbolismo das várias técnicas astrológicas.

Nunca acreditei que fôssemos marionetes do universo, jogados a esmo de um lado para outro pelo destino ou por uma força invisível. Logo comecei a querer fazer alguma coisa *antes* do simbolismo difícil se tornar exato num mapa. Assim, comecei a me envolver cada vez mais com a astrologia de predição, não para assustar as pessoas ou impressioná-las com meu poder de dizer-lhes o que está para acontecer, mas com o intuito de ajudá-las a evitar estarem no lugar errado na hora errada. Eu queria ser capaz de ajudar meus clientes a passar pelas "grandes lições da vida" (tal como Plutão natal em 21° ♒ 30', Marte progredido em 21° ♑ 39', Sol progredido em 21° ♎ 30', Marte em trânsito em 21° ♈ 30') sem o auxílio de um estudioso. Uma boa astrologia de predição envolve a psicologia, o estudo dos ciclos passados na vida do cliente (o que foi que eles fizeram da última vez que ocorreu algo semelhante?) e, assim espero, algumas sugestões para contornar as piores manifestações de qualquer combinação específica de aspectos secundários e por trânsito.

Antes de chegar a qualquer conclusão sobre o que é provável que ocorra no mapa de um cliente, é preciso ver se vai acontecer alguma coisa. Isso parece bastante óbvio, mas conheço alguns astrólogos que não agem dessa forma.

As duas fontes de indicação de acontecimentos são o mapa secundário progredido e os trânsitos dos planetas exteriores. A maioria das pessoas que conhecem um pouco de astrologia examinam os trânsitos, de modo que provavelmente você tem consciência da importância dos trânsitos dos planetas exteriores. A combinação dos trânsitos com a progressão secundária proporciona um método bastante seguro de predição. Não posso dizer que seja perfeito, pois ainda estou para ver algo que consiga prever perfeitamente todos os acontecimentos *com antecipação*. Examinei e estudei diversas técnicas cujos resultados são ótimos em retrospecto, mas mostram-se, de longe, extremamente complicadas para o uso diário na prática astrológica. Mesmo que você queira dedicar dez ou doze horas à elaboração do mapa de cada cliente, não seria possível lembrar-se de todos os detalhes descobertos para tirar suas conclusões. A "astrologia de retrospecto" tem suas utilidades, e não desejo descartar os dials e as harmônicas e todas as outras fascinantes técnicas que o microcomputador coloca a nosso alcance. Entretanto, quando se trata de precisar a data de acontecimentos, nunca vi nada que se igualasse à combinação do mapa secundário progredido e os trânsitos dos planetas exteriores.

Este livro trata das progressões secundárias. Como é preciso usar o mapa secundário progredido em conjunto com o mapa natal e os trânsitos para obter resultados na técnica de predição, quase todos os exemplos incluem os trânsitos pertinentes. Não tente usar qualquer técnica astrológica de predição sem referência ao mapa natal. Com o mapa secundário progredido, é preciso dispor tanto do mapa natal como dos trânsitos dos planetas exteriores para fazer previsões corretas.

Agora chegamos ao ponto de perguntar, "por quê?". Se é preciso usar os trânsitos junto com as secundárias, por que não esquecer as secundárias e usar os trânsitos? Afinal, as secundárias foram inventadas enquanto ainda não havia efemérides, e o pobre astrólogo da corte dependia de suas observações noturnas das posições dos cinco planetas, da Lua, e de seu registro diário do passo do Sol. Dessa forma, torna-se bastante óbvia a razão de ele gostar de uma técnica de predição que igualava cada dia após o nascimento a um ano de vida. Os primeiros dois meses, ou dois meses e meio (ou talvez mesmo três semanas) após o nascimento podiam ser registrados e usados para todos aqueles anos da vida do novo bebê. Atualmente, no entanto, temos as efemérides e os computadores que nos fornecem as posições planetárias *ad infinitum*; por que ressuscitar o sistema das progressões secundárias, cuja precisão depende tanto da correção da hora de nascimento?

Se você quisesse ir de carro de Boston a San Francisco, provavelmente escreveria ao Automóvel Clube, ou então compraria um mapa da região pela qual pretende viajar. Esse tipo de mapa, normalmente não fornece muitos detalhes, indicando somente as estradas principais. Nem por isso você escreveria para cada cidade perto da qual pretende passar, nem compraria um mapa das ruas de cada uma delas. Entretanto, uma vez em San Francisco, você trataria de adquirir um mapa das ruas, para poder movimentar-se dentro da cidade.

O mapa secundário progredido o leva até San Francisco. Você não precisa investigar cada semana do ano de seu cliente; concentre-se nas semanas em que é mais provável que aconteçam fatos. Depois de estabelecer esses alvos, examine os trânsitos e veja o que mais está no ar durante essas semanas críticas. Se o seu cliente estiver com dois trígonos de Plutão, Netuno milagrosamente não fazendo nada (não é muito provável, com Plutão em trígono, mas não tem importância), Júpiter bondosamente fazendo algum sextil e Saturno nem chegando perto de nada, então a quadratura do Sol progredido com Saturno natal provavelmente não vai significar nada de muito importante. (Embora uma ótima época para fazer regime.) Contudo, se o mesmo aspecto progredido ocorre enquanto Plutão, Urano, Saturno ou Marte estiverem fazendo quadraturas (90°), semiquadraturas (45°), conjunções (0°) ou oposições (180°) com o Sol ou com Saturno natais, pode ter certeza de que alguma coisa vai acontecer na vida desse cliente. Os aspectos de 45° e de 90° geram atividade, de modo que você acertará bem no alvo se concluir que sim, é provável que haja algum acontecimento.

Então, por que usar as secundárias? Bem, em primeiro lugar a maioria dos aspectos de Marte em trânsito, por exemplo, não significa acontecimentos importantes. Algumas pessoas passam por aspectos de Saturno (exceto aspectos tensos com o Sol) sem muita atividade. Passam por algum trânsito pequeno e desmoronam. Se for realmente algum trânsito pequeno, pode ter certeza de que uma dessas hipóteses é verdadeira: 1) o mapa progredido secundário está extremamente ativo, com uma porção de aspectos exatos; 2) o mapa está errado (hora errada, dados copiados errados, ano errado, mapa levantado para Mongólia e não para Madison etc. etc.).

A segunda razão importante para o uso das progressões secundárias é a compreensão do *tipo* de acontecimento que provavelmente ocorrerá. No capítulo final, a análise do mapa de Marjorie Singer demonstra que, embora os trânsitos indicassem algum acontecimento, só o mapa progredido mostra uma alta probabilidade de casamento.

É verdade que em determinados anos não acontece praticamente nada no mapa secundário progredido. Talvez se verifiquem dois aspectos com a Lua progredida, mas o resto está calmo. Ótimo. Você sabe que daqui a vinte anos o cliente vai esquecer completamente esse ano, a não ser que Plutão em trânsito faça uma quadratura com o Sol, além de uma quadratura com Marte, e mais alguma coisa em conjunção esteja em oposição à Lua. De outra forma, o ano do seu cliente vai transcorrer mais ou menos sem acontecimentos. Anos assim são anos que ajudam a construir a auto-estima, a consolidar as realizações, a estimular os seus clientes a explorarem em profundidade e amplitude seus talentos e forças.

A progressão secundária pode dar a você e a seu cliente uma visão mais completa do panorama geral da vida. Haverá um tempo para mudar e um tempo para descansar, um tempo a ser esquecido e um tempo a ser lembrado. Enquanto nossas vidas seguem o simbolismo do nosso Sol progredido, aprendemos – através das nossas épocas individuais cardeais, fixas e mutáveis – que podemos, de fato, partilhar com os outros o imenso dom da vida e do amor.

1
A TRILOGIA FUNDAMENTAL
Análise do mapa — Os primeiros passos

COMECE PELO COMEÇO

SOL, LUA E ASCENDENTE

Quando os astrólogos se encontram pela primeira vez, sua tendência é passar rapidamente para as perguntas básicas: onde está o seu Sol? Onde está a sua Lua? Qual é o seu signo Ascendente? Esses dados constituem a trilogia fundamental, os três fatores que nos dão mais informações sobre outra pessoa. Mais tarde podemos chegar aos fatores mais corriqueiros, tais como onde você mora, onde você trabalha, que esporte pratica; mas, em primeiro lugar, a maioria de nós quer descobrir quem você é, como você sente, como você encara o mundo. A análise de um mapa secundário progredido começa da mesma maneira que a análise de um mapa natal, com as posições por signo do Sol, da Lua e do Ascendente. Como cada um analisa essa trilogia fundamental de uma forma um pouco diferente, vou começar com uma descrição sucinta da minha visão desses símbolos. Será mais fácil entender a minha análise dos efeitos das progressões sabendo o que eu penso a respeito dos símbolos básicos da astrologia. Experimentem fazê-lo; pode funcionar para vocês também.

QUEM SOU EU?

O Sol simboliza a força vital básica e o corpo físico. Se o Sol desaparecesse de repente, desapareceriam também todas as formas de vida sobre a Terra. O Sol natal representa a sua energia vital básica, e o Sol progredido a manifestação atual da sua energia. O Sol representa o seu eu mais básico, mais interior, o que está no fundo de tudo. Algumas vezes esse eu fica tão protegido, tão escondido, que nós mesmos não o identificamos e insistimos que nada temos a ver com as descrições do nosso signo solar. Às vezes, nos reconhecemos nessas descrições, mas enxergamos apenas as partes difíceis do simbolismo e passamos a vida inteira tentando ser qualquer coisa, menos o signo que somos. Então um dia percebemos que embora sejamos ciumentos, possessivos, teimosos, obsessivos no amor, intransigentes, materialistas e auto-indulgentes, também somos calorosos, protetores, encorajadores, leais e firmes. Podemos então assumir o nosso Sol em Touro, aceitando tanto a bela como a fera.

COMO EU SINTO?

A Lua simboliza a sua natureza emocional reativa, a sua parte que sente. A Lua é tão importante para a vida sobre a Terra quanto o Sol, pois se ela desaparecesse, a vida na Terra duraria uma fração de segundo a mais do que se o Sol se extinguisse. A Terra e a Lua formam antes um sistema planetário binário do que um par de planeta e satélite. A

Lua é muito grande e está muito próxima da Terra para que a Terra possa existir sem a Lua. Se, de alguma forma, a Lua entrasse numa dobra do tempo e nos deixasse, a Terra imediatamente sairia de sua órbita em torno do Sol e perderia o rumo. Sem a capacidade de reagir num nível instintivo imediato, não conseguiríamos sobreviver. Se o nosso simbolismo da Lua se desintegra, o mesmo acontece conosco. Chamamos a esse tipo de desintegração de "colapso nervoso". Alguns astrólogos dizem que a Lua é o símbolo da "alma", mas isto não se ajusta inteiramente à minha definição de "alma". Creio que a Lua simboliza aquela parte de nós que, de alguma forma, absorve as inconsistências do dia-a-dia, permitindo-nos continuar em nosso caminho. Quando a nossa Lua natal e a nossa Lua progredida formam um aspecto harmonioso, somos capazes de lidar com todos os tipos de problemas de uma forma descontraída. Por outro lado quando esses dois símbolos estão em desequilíbrio, mesmo as pequenas dificuldades são capazes de provocar um desequilíbrio emocional.

COMO EU VEJO O MUNDO?

Nosso Ascendente (Asc), como a parte de fora de nossa casa ou a porta de entrada do nosso apartamento, é a porção de nós que tornamos visível ao exterior. Nós é que determinamos como queremos que essa parte de nós se apresente. Quando nos tornamos adultos, escolhemos onde vamos viver, e assim também escolhemos o meio ambiente dentro do qual vamos operar. Cortamos a grama, aparamos as sebes, pintamos a porta? Ou deixamos a pintura descascar e o mato crescer no gramado e jogamos lixo na entrada? Até que ponto estamos satisfeitos com a nossa área de entrada? Ela reflete o que somos por dentro, ou é um anacronismo?

Enquanto o Sol simboliza o nosso eu interior, o Ascendente simboliza o nosso eu exterior, a nossa personalidade ou *persona*. O Sol é o "eu" de dentro, o Ascendente é o "eu" que deixamos o mundo ver. O eixo do Ascendente (que inclui o Descendente) simboliza nossa interação no plano terreno. O Ascendente é o "eu" que projetamos no mundo, como agimos em nosso ambiente, enquanto o Descendente é o "não eu" do mundo, todas as pessoas à nossa volta. Tudo que faz aspecto com o Ascendente também o faz com o Descendente, já que se trata de um eixo. Filtramos nossa visão do mundo através do eixo do Ascendente, e ao mesmo tempo monitoramos o que colocamos no mundo através desse mesmo Ascendente. O Ascendente progredido é o ambiente do aqui e do agora, e o nosso modo atual de interação com esse ambiente e projeção sobre ele.

NOSSO EXERCÍCIO DE EQUILÍBRIO

POLARIDADES DO SOL, DA LUA E DO ASCENDENTE

A combinação do nosso Sol, de nossa Lua e de nosso Ascendente natais simboliza o grau em que a entrada se harmoniza com o interior de nossas casas. À medida que nosso mapa progride, passamos por fases de conforto e desconforto em relação à nossa projeção sobre o meio.

POLARIDADE

Cada signo tem uma polaridade. Áries é yang, masculino, ou positivo, enquanto Touro é yin, feminino, ou negativo. Prefiro usar yin ou yang para me referir à polaridade, pois esses termos, tomados da filosofia oriental, descrevem com precisão a energia em causa sem a parcialidade inerente aos outros dois pares de adjetivos. Os termos masculino e feminino evocam todo tipo de imagens sobre papéis sexuais, e todo ser humano tem suas próprias idéias sobre papéis sexuais.

O predomínio de uma ou outra polaridade não significa que você vá adquirir o sexo associado com aquela polaridade. As mulheres que têm a maioria dos seus planetas em signos masculinos não ficam barbudas nem fumam charutos. Por outro lado, os homens com a maioria dos seus planetas em signos masculinos também não precisam usar barba ou fumar charutos. A polaridade correspondente à maioria dos planetas não tem absolutamente nada a ver com o aparelho sexual, e aparentemente tem muito pouco a ver com a nossa escolha de parceiros sexuais (do mesmo sexo ou do sexo oposto).

A masculinidade ou a feminilidade não se definem pelo fato de você ter sete planetas em Áries ou em Touro. O homem com sete planetas em Touro será teimoso, leal, prático, e terá um pênis. A mulher com sete planetas em Áries será impetuosa, esquentada, e terá seios e vagina. Os signos não definem os papéis sexuais.

Os termos positivo e negativo, também usados para descrever a polaridade, são, no mínimo, piores que masculino e feminino. Positivo e negativo implicam bom e mau, qualidades que não são descritas pelos signos. Em nossa sociedade, ativo e passivo também são termos que têm uma conotação de bom ou mau, ou fraco e forte.

A definição de yin e yang não envolve os conceitos de bom e mau. Yin, como o *anima* de Jung, é a parte receptiva, reativa da psique de cada um. Yang, como o *animus* junguiano, é a parte ativa, iniciadora da psique humana. Não existe ser humano sem as duas partes, embora às vezes tentemos suprimir uma delas. Se não pudermos usar tanto a parte feminina como a parte masculina de nossa psique, seremos como alguém com um pé quebrado. Vamos ter de andar pulando, ou então usar muletas. Podemos nos sair bem no dia-a-dia, mas teremos maiores dificuldades, por contar com uma única perna para caminhar. No caso de uma grande crise existencial, seremos como uma pessoa de pé quebrado num incêndio: é preciso usar as duas pernas para correr, mas uma delas não funciona direito. Se não pudermos integrar o nosso yin e o nosso yang internamente, não estaremos à altura dos acontecimentos quando mais precisarmos.

Na análise do mapa, a polaridade significa a natureza iniciadora e responsiva do indivíduo. Os seres humanos precisam tanto gerar a ação (de outra forma, nada ocorrerá), quanto responder à ação (de outra forma, será o caos). Os conflitos surgem em nós quando há mistura de polaridades no mapa. Nesse caso, podemos tentar iniciar a ação e, ao mesmo tempo, responder à ação. O Quadro 1.1 mostra as polaridades associadas a cada signo.

Para entender a nossa natureza essencial, precisamos entender o simbolismo das polaridades do nosso Sol, da nossa Lua e do nosso Ascendente. Quando o seu Sol natal e o seu Ascendente natal têm a mesma polaridade, você tem facilidade em exprimir quem você é. Quando o seu Sol natal e o seu Ascendente natal têm diferentes polaridades, você passa por maus bocados desculpando as gafes sociais, já que a projeção do seu ego (Ascendente) não está de acordo com o seu ser interior (Sol). Assim, ao se encontrar com alguém que não vê há vinte anos, você se lembra de um baile do colégio quando derrubou refrigerante nessa pessoa inteirinha. Você ainda se sente sem graça, pois não conseguiu perdoar a sua falta de jeito. Nesse meio tempo, os outros já podem ter esquecido por completo o incidente.

À medida que o seu Ascendente progredido e o seu Sol progredido entram em diferentes signos, sua capacidade de se aceitar como um ser humano ocasionalmente *gauche*, ou grosseiro, ou piegas, varia de acordo com a harmonia entre as polaridades do seu Sol progredido e do seu Ascendente progredido. Sempre que o nosso Sol progredido tem a mesma polaridade do nosso Ascendente natal ou progredido, sentimo-nos bastante confiantes em nossa forma de abordar o mundo.

Quando o nosso Ascendente natal ou progredido tem uma polaridade diferente da do nosso Sol progredido (por exemplo, Asc natal 2° Leão, Asc progredido 25° Leão, Sol progredido 28° Câncer), temos bastante dificuldade em superar uma sensação de inadequação social.

Quando a nossa Lua natal tem a mesma polaridade do nosso Ascendente natal, conseguimos exprimir nossos sentimentos com facilidade. Reconhecemos os padrões habituais de resposta e sentimos que esses padrões são adequados. Quando nossa Lua natal tem uma polaridade diferente do nosso Ascendente natal, não temos um fluxo tão fácil de emoções.

Se a nossa Lua natal é yin e o nosso Ascendente natal é yang, podemos nos acusar de excesso de sentimentalismo. Uma reação um pouquinho diferente – mas igualmente comum – a esta combinação é sermos bastante sensíveis e emocionais, mas tentarmos a todo custo encobrir esse fato.

Quando a polaridade da nossa Lua natal é yang e o nosso Ascendente é yin, tendemos a questionar as nossas respostas emocionais a determinadas situações. Podemos ter receio de que nossos sentimentos não tenham sido suficientemente profundos em determinada situação emocional. Sempre que reagimos a uma situação emocional à maneira do nosso Ascendente yin, a natureza yang da nossa Lua natal quer tomar alguma providência. Esse é o dilema das pessoas que têm a Lua natal em Leão e o Ascendente em Escorpião.

Como a Lua progredida muda de signo a cada dois anos mais ou menos, as polaridades do Ascendente e da Lua progredida freqüentemente passam de compatíveis a desconfortáveis. É claro que nenhum de nós sofre grandes mudanças emocionais a cada dois anos.

Seria melhor dizer que a polaridade da Lua progredida indica como reagimos às questões emocionais do momento. Quando a Lua progredida e o Ascendente natal têm a mesma polaridade, nossa tendência é lidar com os assuntos emocionais através do simbolismo de nossa abordagem natal. Quando a Lua progredida e o Ascendente progredido têm a mesma polaridade, nossa tendência é usar a abordagem mais recente no confronto com as questões emocionais do momento.

Quando a Lua progredida e a Lua natal têm a mesma polaridade, sentimo-nos mais à vontade em nossas respostas. Quando a Lua progredida e o Sol natal têm a mesma polaridade, sentimo-nos mais saudáveis porque o nosso ser essencial físico (o Sol) e a nossa natureza emocional estão de acordo.

Agora que juntamos os três componentes básicos de um mapa, precisamos separá-los novamente para um exame mais detalhado. Nenhuma parte do mapa existe

Quadro 1.1 Polaridades e palavras-chave dos signos

	Polaridade	Quadruplicidade	Elemento	Palavras-chave
♈	yang	cardeal	fogo	exuberante, fogoso, impulsivo, rápido, inicia contatos, tem iniciativa
♉	yin	fixo	terra	prático, persistente, possessivo, sensual, tenaz, retentivo
♊	yang	mutável	ar	verbal, mental, social, flexível, curioso, versátil
♋	yin	cardeal	água	sensível, emotivo, apegado, protetor, maternal
♌	yang	fixo	fogo	dominador, orgulhoso, aristocrata, obstinado, generoso, exibicionista
♍	yin	mutável	terra	observador, discriminativo, lógico, prático, flexível, crítico
♎	yang	cardeal	ar	busca companhia, diplomático, conciliador, indeciso
♏	yin	fixo	água	tenaz, profundo, retentivo, apaixonado, vingativo
♐	yang	mutável	fogo	idealista, expansivo, otimista, sem limites, dispersivo
♑	yin	cardeal	terra	controlado, ambicioso, frio, prático, cauteloso, responsável
♒	yang	fixo	ar	raciocínio lógico, teimoso, anárquico, não-convencional, independente, humanitário
♓	yin	mutável	água	emotivo, intuitivo, confuso, compassivo, disposto ao sacrifício, flutuante

sozinha: cada uma se relaciona com o todo. Ao trabalhar com mapas progredidos, você verá que a importância de cada símbolo individual varia. Quando um determinado símbolo está ativado por aspecto ou angularidade (em relação a outras posições progredidas ou natais) aquela área de sua vida fica mais ativa. O mapa progredido completa com detalhes o mapa natal. Se o Sol natal é: "Quem sou eu?", o Sol progredido é: "Como eu cresço?"

COMO EU CRESÇO?

O SOL PROGREDIDO

O Sol progride cerca de 1° por dia (o que equivale a um ano nas progressões secundárias), um pouco mais rápido no inverno, um pouco mais devagar no verão.[1] O seu Sol progredido mostra as manifestações atuais da sua energia vital básica.

1 Você pode calcular aproximadamente a posição do seu Sol progredido somando a sua idade ao grau do seu Sol natal. (Se o seu Sol natal está em 15° Libra e você tem 25 anos, some 15 e 25, ou seja, 40° Libra, o que equivale a 10° Escorpião, a posição do seu Sol progredido.) Esse método é bem aproximado para os nascidos perto dos equinócios (abril/setembro) mas não tanto para os nascidos perto dos solstícios (dezembro/junho).

Quando você estiver com sessenta anos de idade, o seu Sol progredido já terá mudado de signo duas vezes, pois já terá avançado 60 graus. Em conseqüência, todo iniciador (pessoa cardeal) passa por um período em que termina as coisas quando o Sol progredido passa por um signo fixo, e toda pessoa adaptável (mutável) passa por um período em que inicia a ação quando o Sol progredido passa por um signo cardeal. Dada a atual expectativa de vida nos Estados Unidos, a maioria das pessoas vai vivenciar algum tipo das três manifestações da energia vital (cardeal, fixa e mutável) durante a sua vida.

Com isso em mente, os preconceitos de um signo a favor ou contra os outros assumem uma importância consideravelmente menor. Se o seu Sol for de um signo mutável (Gêmeos, Virgem, Sagitário, Peixes) e lhe parecer impossível entender os signos fixos (Touro, Leão, Escorpião, Aquário) à sua volta, aguarde um pouco. Mais cedo ou mais tarde, não há dúvida de que você vai vivenciar uma certa teimosia, uma certa rigidez, uma mudança nas suas opiniões e nos seus rumos. Da mesma forma, se tiver o Sol num signo cardeal (Áries, Câncer, Libra, Capricórnio) e simplesmente não tolerar as constantes mudanças dos seus conhecidos de Gêmeos, aguarde. Depois que o seu Sol progredido passar trinta anos num signo fixo, ele vai entrar num signo mutável. Se você passou esses trinta anos de energia fixa condenando a mutabilidade, poderá ter um choque quando perceber que você mesmo está mudando suas decisões com mais freqüência!

Os signos não se dividem apenas em quadruplicidades (cardeais, fixos, mutáveis), como mencionamos acima, mas também em triplicidades ou elementos (fogo, terra, ar, água). O Sol leva cerca de trinta anos para progredir por um signo. Metade das pessoas do mundo têm o Sol natal nos últimos quinze graus de um signo. Quando essas pessoas estiverem com sessenta e cinco anos de idade, o Sol terá entrado, por progressão, no último dos quatro elementos. Essas pessoas terão tido a oportunidade de vivenciar sua energia vital em termos de fogo, terra, ar e água. Imagine as modificações que isso poderá trazer ao mapa natal! As diferenças entre os signos solares natais tornam-se menos pronunciadas à medida que as pessoas amadurecem.

Se você tem o Sol natal num signo de fogo, ele vai progredir para um signo de terra. Então a sua vontade de expressar sua própria natureza através da ação agressiva será moderada pelo reconhecimento da sua necessidade de responder, tanto quanto pela sua crescente necessidade de avaliar o resultado prático das atitudes que você tiver tomado.

Se você tem o Sol natal num signo de terra, ele vai progredir para um signo de ar. Você é, por natureza, prático e bem-plantado na realidade. Essa progressão vai exigir que você aprenda a expressar as suas idéias. Você se tornará mais assertivo, permitindo que apareça o lado yang da sua natureza.

Se você tem o Sol natal num signo de ar, ele vai progredir para um signo de água. Você vai começar a admitir seus sentimentos tanto quanto suas idéias. O seu Sol natal em ar lhe dá a capacidade de falar sobre o que você pensa, e o Sol progredido num signo de água vai lhe dar a oportunidade de examinar seus sentimentos.

Se você tem o Sol natal num signo de água, a sua personalidade baseia-se nas emoções ou nos sentimentos. Quando o seu Sol progredir para um signo de fogo, você começará a perceber a necessidade de ação em sua vida. Combinando o simbolismo do fogo progredido e da água natal, você vai perceber que tanto a agressividade como a receptividade são importantes na expressão da sua energia vital.

Todas as pessoas têm um tempo para a resposta yin e um tempo para a ação yang, no decorrer da vida. Todas têm um tempo para começar, um tempo para terminar e um tempo para mudar.

Quando o seu Sol radical (ou natal) está no primeiro decanato (0° a 10°) de qualquer signo, você vai manifestar a energia do signo natal durante os primeiros vinte a trinta anos de vida.[2] É óbvio que um investimento de vinte ou trinta anos sendo um Áries, ou um Peixes, ou um Aquário significa muito em termos da construção da sua auto-imagem. Quando o seu Sol entra no signo seguinte, você não vai exibir uma grande mudança exterior. Mas à medida que o Sol avança através do primeiro decanato desse signo seguinte, a combinação das influências natais e progredidas tornar-se-á gradualmente mais visível.

Por outro lado, quando o seu Sol natal está no último decanato (20° a 30°) de qualquer signo, ele entra no signo seguinte durante os dez primeiros anos de sua vida. Como você não passou a adolescência insistindo em ser um autêntico representante do seu signo solar, geralmente torna-se mais fácil aceitar a mudança interior e o crescimento subseqüente que poderá ocorrer.

Os últimos 3° de qualquer signo são um caso especial do último decanato do Sol. Alguns astrólogos chamam de "nascimento de cúspide" àquele em que o Sol ocupa os últimos 3° de um signo. Embora isso possa explicar mais ou menos a influência do signo seguinte na vida daquele nativo, o uso da palavra "cúspide" é incorreto.

Um nascimento de cúspide ocorre efetivamente quando o Sol passa de um signo para outro. Como o Sol tem uma largura de 30' de arco e seu passo é em média de 60' por dia, a cada ano há doze períodos de doze horas em que o Sol está parcialmente em dois signos. As efemérides indicam a data em que o centro do Sol passa de um signo para o seguinte. Assim, no período de seis horas antes e seis horas depois de o centro do Sol cruzar a cúspide, ele está de fato nos dois signos. Qualquer pessoa nascida nesse intervalo de tempo terá características dos dois signos. O signo que contiver a maior parte do Sol será a influência natal predominante.

A despeito da influência natal predominante, durante o primeiro ano de vida esse Sol vai progredir para o signo seguinte. Durante os trinta anos subseqüentes, a influência do Sol progredido será aquela do signo posterior à cúspide.

Por exemplo, uma pessoa nascida com o Sol a 29° ♈ 55' é um Áries. A maior parte do Sol (20' do diâmetro de 30') está em Áries. No autêntico estilo ariano, esse nativo vai lançar-se "para onde os outros temem ir". Entretanto, lá chegando, essa pessoa também vai exibir um senso prático para levar o assunto a cabo (ou para se safar da situação!). Evidencia-se, então, a influência dos 10' natais de Touro e de toda a progressão do Sol.

2 Decanatos – Cada signo pode ser dividido em três grupos de dez graus chamados decanatos. Os primeiros 10° são o decanato do próprio signo. Os segundos 10° são o decanato do signo seguinte do mesmo elemento, considerado em sentido horário a partir do próprio signo. Os últimos 10° são o terceiro decanato do segundo signo do mesmo elemento. Assim 5° Áries pertence ao decanato de Áries, 15° Áries pertence ao decanato Leão de Áries, 25° Áries pertence ao decanato Sagitário de Áries. Da mesma forma, 5° Escorpião pertence ao decanato Escorpião de Escorpião, 15° Escorpião pertence ao decanato Peixes de Escorpião, e 25° Escorpião pertence ao decanato Câncer de Escorpião.

Da mesma forma, alguém cujo Sol natal esteja a 29° ♏ 50' é tão persistente, profundo e reservado como os que têm o Sol a 1° ♏. Mas as nuanças sagitarianas desse mapa do final de Escorpião permitirão ao nativo enxergar o lado engraçado do exagero de intensidade característico de Escorpião.

Do outro lado da fronteira entre as cúspides, quem nasceu com o Sol a 0° ♎ 1' tem 14' de arco ainda em Virgem. Esse pedacinho de Virgem tende a prover uma praticabilidade subjacente de que geralmente o Sol em Libra carece; em alguns casos, pode levar a um desejo de "justiça" que vai exasperar os mais pacientes dos pais. Quando se chega ao ponto de ter de medir os pedaços de bolo para que cada irmão ganhe o mesmo tanto, a "justiça" foi longe demais!

Antes de encerrar a discussão a respeito do Sol, é preciso examinar a posição de Mercúrio em relação ao Sol. Mercúrio simboliza a forma como você pensa e age. O signo de Mercúrio define as manifestações externas da sua mente consciente. Mercúrio pode estar no signo anterior, posterior ou no mesmo signo do Sol.

Quando Mercúrio não se encontra no mesmo signo que o Sol, você tende a vivenciar uma espécie de crise de identidade, já que a forma como você pensa e age nem sempre está em harmonia com a sua natureza essencial íntima. Por exemplo, se você tem o Sol em Touro e Mercúrio em Gêmeos, pode ser que você tenha tendência a fazer promessas para manter a boca fechada, pois a natureza taciturna do seu Sol em Touro não se entende com a natureza mais verbal de Mercúrio em Gêmeos.

Quando Mercúrio e o Sol se encontram a mais de 20° entre si (a máxima distância angular entre eles é de 28°), os outros poderão achar difícil entender você. A sua tendência é deixar que os outros vejam somente aquilo que você quer. É claro que isso é uma conseqüência da sua dificuldade em reconciliar as manifestações internas e externas da sua natureza.

Se você tem Mercúrio no signo seguinte ao Sol, ele estará direto; se estiver retrógrado, estará a ponto de se tornar estacionário e em seguida direto. Quando se tornar adulto, Mercúrio mostrar-se-á rápido e direto. Você vai estar assimilando novas idéias, testando novas formas de pensamento, amadurecendo mentalmente – tudo ao mesmo tempo. Pode ser que você queira desacelerar um pouco, já que freqüentemente esse violento ritmo mental vai lhe trazer saudade dos tempos mais simples quando você nem sabia quem você era!

No extremo oposto estão aqueles que têm Mercúrio na órbita máxima antes do Sol. Nesse caso, Mercúrio provavelmente ficará retrógrado por progressão, ou já pode estar retrógrado no nascimento. Durante a sua infância, o seu Mercúrio progredido e o seu Sol progredido estarão aproximando-se um do outro com muita rapidez. Contrariamente ao que diz a superstição, não é provável que você gagueje, nem que não consiga comunicar-se quando tem Mercúrio retrógrado no mapa natal ou progredido. Em vez disso, o que acontece é que você busca no seu interior os meios de compreender tanto a sua comunicação quanto a dos outros. À medida que você amadurece, começa a identificar o seu ser interior individual. Se o seu Mercúrio retrograda para o mesmo signo do seu Sol natal, você vai adquirir um entendimento profundo da razão de você ser o que é. Em alguns casos, Mercúrio nunca retrograda para o signo do Sol. Quando isso acontece, você sempre mantém uma profundidade oculta, uma identidade secreta que apenas alguns de seus amigos mais íntimos chegam a conhecer.

Como Mercúrio e o Sol progridem em ritmos diferentes, todos nós passamos pelo menos por um período na vida em que o nosso Sol progredido não ocupa o mesmo signo do nosso Mercúrio progredido. Trata-se de tempos de transição.

Os períodos de transição são essenciais em nossa vida. Todos estamos sujeitos, até certo ponto, aos hábitos que vão se formando. Acostumamo-nos a nos comportar de determinada forma, a pensar de determinada forma, a ser de determinada forma. Seria muito desconcertante ir para a cama numa terça-feira sendo um Aquário até a raiz dos cabelos, e acordar na quarta-feira como um Peixes!

Esteja antes ou depois do Sol, Mercúrio em progressão ajuda-nos a fazer a transição de nossa auto-imagem. Quando Mercúrio progride para o signo seguinte antes que o Sol o faça, temos tempo para nos acostumar a pensar de uma nova maneira. Se a transição é de cardeal para fixo, temos tempo para estudar a persistência, para decidir até que ponto vamos querer ser teimosos, para terminar as coisas. Podemos estar razoavelmente confortáveis com o nosso lado cardeal, pois o Sol ainda não entrou no signo fixo. No momento em que o Sol progredido se juntar a Mercúrio progredido no signo fixo, já teremos pensado na mudança da nossa auto-imagem. Não vamos sentir a mudança como um expurgo radical de velhos conceitos, mas como uma bem-vinda aceitação de um ser um tanto diferente.

Quando o nosso Sol progredido entra no signo seguinte antes que Mercúrio o faça, já estamos nos preparando para uma mudança antes de termos consciência de nosso crescimento. Se, por exemplo, nosso Sol progride de um signo fixo para um mutável, enquanto Mercúrio permanece no signo fixo, podemos insistir que ainda pensamos exatamente como há vários anos atrás. Entretanto, vemo-nos às voltas com situações que exigem flexibilidade, que confundem nossa lógica e desafiam nosso processo de pensamento consciente. Às vezes, voltamos atrás e tratamos do assunto de uma forma consistente com nossas posições natais. Outras vezes nos vemos resolvendo o assunto de uma forma inteiramente nova. Quando Mercúrio se junta ao Sol no signo mutável, percebemos que nos sentimos mais à vontade em nossa capacidade de adaptação a situações novas.

Quando você comparar um mapa progredido com o mapa natal, as posições por signo do Sol e de Mercúrio, progredidas e natais, lhe darão informações sobre a combinação do ser interior e das suas manifestações conscientes. Quem você é e o que pensa nem sempre são a mesma coisa. As diferenças entre essas áreas da vida são caminhos de autoconhecimento e, conseqüentemente, de crescimento.

NÃO PONHA A CULPA EM SUA MÃE

A LUA PROGREDIDA

A posição da Lua progredida só perde em importância para a do Sol progredido. O passo da Lua é, em média, 12° por ano no mapa secundário progredido. Assim, em dois anos e meio a Lua progredida faz aspecto com todos os planetas e ângulos progredidos e natais enquanto percorre um signo inteiro. A Lua simboliza respostas emocionais instintivas às experiências. A Lua progredida reflete os períodos de tensão e os de prazer.

Se você usar, dentre as progressões secundárias, apenas as posições progredidas do Sol e da Lua, poderá enriquecer enormemente as informações obtidas do mapa natal.

A Lua progredida está quase sempre envolvida nas grandes mudanças da vida. Podem-se traçar os ciclos de crescimento emocional a partir da Lua secundária progredida.

A primeira metade do ciclo da Lua progredida parece ser a mais difícil. Depois da primeira oposição, que ocorre entre os treze e quinze anos de idade, você já terá passado por todos os aspectos possíveis entre a Lua progredida e a natal, exceto a conjunção. Você terá testado a maioria dessas mudanças com sua mãe, antes de montar o seu próprio espetáculo.

Se, por alguma razão, não puder usar sua mãe, você vai testar essas mudanças com alguma mulher protetora próxima a você. Parte desse aprendizado vai se refletir no seu relacionamento com seu pai, que, entretanto, caracteriza-se mais freqüentemente por uma combinação da Lua progredida e Saturno em trânsito.

IDADES E ETAPAS

A INFÂNCIA

Entre o nascimento e a adolescência, a Lua progredida informa sobre as suas respostas emocionais e a sua reação ao seu próprio crescimento. Os estágios de crescimento indicados pela posição da Lua progredida demonstram claramente a participação da criança no relacionamento pais e filho. O estudo cuidadoso da Lua progredida durante a infância mostra como a criança provoca respostas dos pais, e também a melhor forma como os pais podem reagir ao estresse da criança.

Sim, estresse da criança. Quando finalmente superamos os efeitos da primeira oposição (chamado de "trauma do adolescente" por muitos psicólogos) podemos identificar a nossa participação na luta pela maturidade emocional.

As crianças, em sua totalidade, não só têm a capacidade de influenciar os adultos à sua volta, como essa interação é essencial para o seu crescimento. Os estudos sobre crianças criadas em orfanatos ou hospitais, onde há pouca ou nenhuma interação entre adultos e bebês, mostram que sem uma interação íntima muitas crianças deixam de comer, de crescer, e um número desproporcional delas adoece ou morre a despeito de freqüentemente disporem de melhores cuidados médicos e melhor regime alimentar que as crianças que não vivem em instituições.[3]

O bebê recém-nascido tem um notável repertório de padrões comportamentais que usa com os adultos nas proximidades. A essa altura da vida, o bebê reage clara e imediatamente à emoção. Mamãe está chateada ou triste? O bebê chora. Titio está com medo de segurar o bebê? Não importa o quanto titio tente acalmá-lo, o bebê faz um escândalo até ir para o colo de alguém menos apreensivo. Se houver vários recém-nascidos num mesmo quarto, vão estar ou todos quietinhos ou todos chorando,

3 Veja Bowlby, John, *Maternal Deprivation*, Basic Books, Nova York, 1969.

pois assim que um dos bebês se sente mal e começa a gritar, os outros percebem sua emoção e, um a um, entram no coro.

Durante os primeiros dois a dois anos e meio de sua vida, você vivencia aspectos de sua Lua progredida com todos os planetas do seu mapa. Você aprende como mamãe responde a suas ações. Durante os dois a dois anos e meio seguintes, você passa por um conjunto totalmente diferente de aspectos enquanto sua Lua progredida está no ciclo seguinte. Agora o bebê com a Lua cardeal experimenta a teimosia, e o bebê com a Lua fixa a lamentação. O bebê com a Lua mutável experimenta os resultados de solicitar a ação.

A diferença entre aspectos separativos e aplicativos da Lua é imediatamente perceptível na infância.[4] Como a Lua progride mais ou menos um grau por mês, todos os seus aspectos aplicativos estarão exatos quando você tiver um ano de idade.[5] A maioria de nós não se lembra do que aconteceu no nosso primeiro ano de vida, mas é possível obter esses dados com nossos pais. Às vezes o primeiro ano é tão traumático para as mães que elas realmente não conseguem lembrar-se de muita coisa.

Quando a mãe acredita ser a única causa dos padrões de comportamento do seu bebê, e dá à luz uma criança sob aspectos aplicativos difíceis da Lua, os resultados emocionais são freqüentemente devastadores para ela. As mães de crianças com esse tipo de mapa (por exemplo, ☽10° ♑, ♂ 13° ♈, ♅15° ♒, ♄12° ♎, ♆16° ♎) deveriam relembrar o uso da palavra "cólica". "Cólica" significa simplesmente chorar sem razão aparente. O bebê já mamou, está seco e com saúde. Entretanto, durante algumas horas, todos os dias, o bebê chora. Quando a mãe fica extremamente tensa devido ao choro, ela pode se zangar com o bebê. Como esta não é uma reação aceitável em relação a um bebê, a mãe se sente culpada e inadequada. Seu comportamento começa, então, a refletir os aspectos difíceis do mapa do bebê. Se essa mãe puder perceber que o bebê precisa resolver conflitos internos, e que esses conflitos não são necessariamente nem sua culpa nem sua responsabilidade, ela poderá contratar uma babá para as horas mais agitadas do seu filho.

É claro que é possível argumentar que isso também será um reflexo dos aspectos difíceis do mapa da criança, que não terá a mãe disponível nos períodos diários de estresse. Os maiores defensores dessa idéia são homens ou pessoas cujos bebês nasceram com aspectos difíceis separativos e trígonos aplicativos.

Os que nascem com aspectos lunares difíceis separativos e aspectos suaves aplicativos geralmente são descritos como crianças "tranqüilas" e "calmas". Embora as mães dessas crianças tenham quase sempre tantos problemas pessoais como as mães de

4 Um aspecto separativo é aquele que foi exato em alguma época anterior ao nascimento, isto é, ☽ 15° ♉ está se separando de uma quadratura a ☉10° ♌ e se aplicando a uma quadratura a ♀20° ♌. Um aspecto aplicativo é aquele que ainda não se tornou exato por ocasião do nascimento, isto é, ☽ 15° ♓ está se aplicando a um sextil a ☉20° ♑ e se separando de um sextil a ♀10° ♑.

5 Algumas pessoas admitem órbitas de mais de 12° para a Lua em aproximação, o que significaria que os aspectos aplicativos poderiam levar mais de um ano para se tornarem exatos. (A Lua progredida avança entre 12° e 16° por ano.) Pessoalmente, não uso órbitas tão grandes, porque seu efeito parece ser muito difuso. Se não houver aspectos próximos no mapa, as órbitas maiores funcionam. Quando há muitos aspectos próximos num mapa, procurar os efeitos de um aspecto de órbita ampla é um pouco como tentar distinguir a harpa num conjunto de rock. Os aspectos mais próximos abafam totalmente os mais amplos.

bebês com aspectos aplicativos difíceis, as primeiras se sentem mais confiantes no seu papel maternal. Afinal, seus bebês não passam grande parte do dia berrando.

Às vezes, esses dois tipos diferentes de crianças são da mesma família. A mesma pessoa – a mãe – não vai se comportar da mesma forma com as duas crianças, porque essas duas pessoas – as crianças – não são iguais. Cada criança provoca um padrão de resposta consistente com a própria posição de sua Lua natal. Nesta seção vamos discutir o significado específico de cada estágio do primeiro ciclo da Lua progredida.

No processo de transformação em seres humanos plenamente realizados, temos que abandonar a síndrome de atribuir culpas. Parte do processo de amadurecimento consiste em identificar a nossa contribuição aos nossos problemas de infância. Não fazemos isso para assumir mais culpa ou mergulhar na autopiedade. Não tornamos os nossos pais alcoólatras ou grosseiros. Em vez disso, o exame dos nossos primeiros vinte e sete anos, através da progressão da Lua, nos permite reconhecer a legitimidade de nossas necessidades e como fazer para satisfazê-las.

O PRIMEIRO SEMI-SEXTIL

Entre dois e dois anos e meio de idade, a Lua progredida faz um semi-sextil (30°) com sua posição natal. A esta altura, a Lua já mudou de signo, e alguma desorganização de rotinas e respostas emocionais já se faz sentir. O bebê cuja Lua natal está em terra ou água (polaridade yin) perde um pouco de sua sensitividade e age mais agressivamente, impondo o seu jeito, quando a sua Lua entra em signo de fogo ou ar (polaridade yang). O bebê cuja Lua natal está em fogo ou ar (polaridade yang) esconde-se de estranhos e começa a choramingar. Agora que a mãe começava a entender o funcionamento do bebê, a Lua progredida, no signo seguinte, faz aspecto com todos os planetas natais. As quadraturas natais agora são trígonos ou sextis. O bebê agitado começa a ficar mais obediente! Os sextis natais (60°) agora são quadraturas (90°) ou semi-sextis (30°). O bebê bonachão começa a descobrir a palavra "não". Os trígonos natais (120°) formam agora quadraturas (90°) ou quincúncios (150°), introduzindo a tensão onde não havia. As oposições natais ainda causam tensão, pois esses aspectos agora se tornaram quincúncios em relação às posições natais.

Os "terríveis dois anos" não são muito difíceis de entender quando se analisa a Lua progredida, embora entender a idade de dois anos e viver com uma criança de dois anos sejam duas coisas completamente diferentes. Os pais precisam entender que não há necessidade de se deixarem arrastar pelos conflitos armados pelo bebê. As mães, sobretudo, devem conscientizar-se de que: 1) o comportamento do bebê não é sempre culpa da mãe; 2) o comportamento é temporário; 3) a mãe não tem que admitir um comportamento abominável. Em algum ponto entre a negligência e o castigo físico está o meio termo que os pais deveriam adotar para manter sua própria saúde mental e criar seres humanos civilizados.

O PRIMEIRO SEXTIL

Felizmente para a sobrevivência da raça humana, as dificuldades simbolizadas pelo semi-sextil e a mudança dos aspectos em relação às posições natais cedem lugar ao

Quadro 1.2. Mudança de aspectos: três a seis anos de idade

conjunção	natal	→			*sextil*	progredido
semi-sextil	natal	→			*quadratura*	progredida
sextil	natal	→	*trígono*	ou	*conjunção*	progredidos
quadratura	natal	→	*quincúncio*	ou	*semi-sextil*	progredidos
trígono	natal	→	*oposição*	ou	*sextil*	progredidos
quincúncio	natal	→	*quincúncio*	ou	*quadratura*	progredidos
oposição	natal	→			*trígono*	progredido

alívio do sextil. Entre os três e seis anos de idade, a Lua progredida entra no segundo signo a partir de sua posição natal. (Veja Quadro 1.2, acima.) Os aspectos formados agora são mais compatíveis com os aspectos natais. A polaridade (tanto yin como yang) do signo que a Lua progredida ocupa nesse período é a mesma da Lua natal. Embora ainda possa haver algum resíduo dos conflitos anteriores, a maioria das crianças é bastante agradável nessa idade. Os meninos e as meninas tentam imitar a mãe ou a pessoa que cuida deles. Nessa idade eles tentam varrer, tirar pó, arrumar. Se a mãe já se recuperou das agruras da fase dos dois anos, ela pode encorajar essa ajuda. O sextil é, afinal, um aspecto de funcionamento.

A Lua progredida, na realidade, faz sextil com sua posição natal no quinto ano de vida. À medida que o sextil se torna mais exato, os meninos começam a se concentrar na imitação do pai e tentam dar à mãe exatamente o mesmo tratamento que o pai dá. As meninas também reforçam o seu comportamento imitativo, principalmente no trato com o pai. A menina de cinco anos quer fazer tudo o que a mãe faz para tornar o pai feliz.

A PRIMEIRA QUADRATURA

A sua Lua progredida faz a primeira quadratura (crescente)[6] em relação a seu signo natal quando você tem de cinco a sete anos e meio, simbolizando a sua primeira tentativa séria de se libertar emocionalmente da mãe. Dependendo dos outros aspectos formados pela sua Lua progredida desde a quadratura por signo até a quadratura aplicativa com a posição natal, você pode ter começado logo por diferenciar seus sentimentos dos de sua mãe, ou pode ter esperado até a Lua progredida fazer uma quadratura exata com a sua posição natal. A quadratura efetivamente forma-se entre os sete e oito anos e meio.

6 Aspectos crescentes e minguantes: um aspecto é *crescente* quando os dois planetas se distanciam de uma conjunção e caminham para uma oposição. Um aspecto é *minguante* quando os dois planetas se distanciam de uma oposição e caminham para uma conjunção. Ao se colocar o planeta mais lento no Ascendente, os aspectos crescentes ocorrerão abaixo do horizonte, entre as Casas I e VII, enquanto os aspectos minguantes verificar-se-ão acima do horizonte, entre a Casa VII e o Ascendente. Um sextil crescente é o mesmo que um sextil de Casa III; um sextil minguante é o mesmo que um sextil de Casa XI. Uma quadratura crescente é uma quadratura de Casa IV; uma quadratura minguante é uma quadratura de Casa X. O tom dos dois tipos de aspectos é ligeiramente diferente. Um sextil de Casa III envolve a comunicação em nível mundano, ou cotidiano, com os irmãos ou vizinhos; um sextil de Casa XI envolve grupos ou objetivos de longo prazo. Uma quadratura de Casa IV, simbolicamente relacionada com as raízes do ser, provavelmente indica uma tensão que virá à tona seguidamente durante a vida. Dorothea Lynde qualifica a quadratura de Casa IV como uma "pedra

Parece que a principal atividade a que nos dedicamos nessa época da primeira quadratura entre a Lua natal e a progredida é perseguir mamãe. Como todos nós reagimos através de uma combinação das influências natais e progredidas, durante a primeira quadratura mudamos rapidamente de yin para yang, de reativos para ativos, nos nossos padrões de respostas. Por mais confuso que isso seja para a criança, ainda é mais confuso para a mãe, que tem de lidar com essa criança através das duas expressões emocionais. O grau de sucesso da mãe no trato com essa tempestade emocional vai depender da facilidade com que ela saiba lidar com suas próprias emoções. Se a sua primeira quadratura ocorrer quando sua mãe estiver no meio de uma crise em sua vida, você provavelmente não vai ter muita compreensão da parte dela. Se ela não estiver passando por outras tensões quando a sua primeira quadratura ficar exata, ela poderá perceber que essa é uma fase esdrúxula que você provavelmente vai superar. Então ela poderá deixá-lo à vontade para trabalhar seus problemas sem supor que esses problemas são culpa dela.

As formas em que materializamos a tensão que nos permite separar os nossos sentimentos dos de nossas mães são tão variadas como nós mesmos. Cada um de nós combina o simbolismo da Lua natal, seus aspectos e posição, com o simbolismo da nossa Lua progredida, seus aspectos e posição. Combinamos os aspectos dentro de nosso mapa, e também interagimos com nossas mães da forma simbolizada pela sinastria entre nossos respectivos mapas.

Primeira Quadratura da Lua Natal Cardeal – Quando a sua Lua natal é cardeal, você inicia a maioria das situações de conflito com sua mãe. Nem sempre você deixa transparecer sua agitação emocional, mas não gosta de deixar perdurar uma situação insatisfatória. Você tem convicção de que o descontentamento só vai desaparecer se alguma providência for tomada. E vai tomar essa providência, nem que seja preciso gritar ou emburrar. Você não é muito flexível, pois só gosta das mudanças que você provoca. Quando o resultado da sua atitude não é exatamente o que você previa, é capaz de ficar muito ofendido e acusar sua mãe de incoerência.

Primeira Quadratura da Lua Natal Fixa – Você detesta deixar as emoções para trás. Embora raramente inicie um conflito, você tem muita dificuldade em deixar morrer um conflito emocional. Por outro lado, sua mãe é um ser humano, e assim nem sempre vai ser justa, imparcial, ou razoável. Como você se prende tão fortemente a seus sentimentos, pode vir a fomentar um ciclo de ressentimento por causa do ódio que você acha que sua mãe lhe devota. Se você tentar com vontade, pode acabar conseguindo o que quer – e ao chegar à maturidade, vai gastar muito tempo e dinheiro tentando encurtar a distância entre você e sua mãe.

no caminho". Ao contrário, a quadratura de Casa X envolve com freqüência um problema que se manifesta na infância. Uma vez identificada a área de tensão indicada pela quadratura, sua energia pode ser usada construtivamente na vida. Quando a quadratura de Casa X é ativada na maturidade, podem-se tirar lições do problema e usar esse conhecimento para promover o crescimento. Assim, a quadratura de Casa X é uma "pedra de construção". Da mesma forma, um trígono de Casa V envolve o seu prazer pessoal, enquanto um trígono de Casa IX envolve a sua filosofia de vida. Um quincúncio de Casa VI envolve a sua tendência a se colocar a serviço dos outros, e um quincúncio de Casa VIII geralmente relaciona-se com suas crenças sobre a sua sexualidade. Via de regra, os aspectos crescentes envolvem o ser e as interações pessoais; já os aspectos minguantes envolvem o mundo exterior.

Primeira Quadratura da Lua Natal Mutável – A flexibilidade é seu forte se você tiver a Lua natal num signo mutável. Você oscila entre se achar absolutamente horrível e espetacularmente otimista. Nesta primeira quadratura, seus estados de espírito mudam tão depressa que sua mãe pode desistir de acompanhá-lo. Você pode dar início à série "mamãe não me entende", cujo resultado tende a levar ao ressentimento. Se conseguir se lembrar tanto dos sentimentos alegres quanto dos tristes dessa época, você evitará o erro de culpar sua mãe por todos os seus sentimentos negativos (fenômeno chamado "transferência").

PROBLEMAS DA PRIMEIRA QUADRATURA DA LUA

ESTUDO DE CASO

Anthony Martin (Mapa 1 na página 36) ilustra alguns aspectos muitas vezes associados à primeira quadratura. Os problemas da primeira quadratura estão um pouco exagerados, pois o mapa de Anthony indica uma personalidade um tanto difícil.

O Sol e o Ascendente de Anthony, em Libra, têm polaridade yang, e a sua Lua em Virgem, yin. Sua natureza é extrovertida: ele tem mais facilidade em expressar o seu eu do que em saber como se sente. A conjunção Marte-Plutão (dentro de 1' de arco) indica paixões extremamente fortes, possivelmente raiva, uma tremenda vontade e a capacidade de agredir. Esta conjunção está na Casa XII, de modo que os pais de Anthony vão restringir, em grande medida, a manifestação externa desse importante padrão energético. Ao crescer, é possível que Anthony não admita seu próprio desejo de mudar completamente as coisas à sua volta. Como essa conjunção está a menos de 15º de um ângulo numa casa cadente, ela se tornará visível para o resto do mundo, quer Anthony o perceba, quer não.[7] A conjunção Sol-Ascendente mostra que o eu interior de Anthony e a *persona* exterior são iguais. Ele não se esconde atrás de uma máscara. Urano conjunto ao Sol-Ascendente na Casa I acrescenta vontade criativa, mas também a expectativa de que o meio ambiente seja passível de mudanças súbitas e descontinuidade. Se não houver caos no ambiente, Anthony vai criá-lo. Isto poderia conduzir a uma capacidade, até certo ponto brilhante, de alterar o mundo ao seu redor na maturidade, mas na infância esse desejo de rebelar-se será uma fonte de irritação para todos que tiverem de partilhar seu espaço. Urano também lhe confere a certeza de ser único (ou estranho) e de que os outros não vão entendê-lo. Mercúrio, na Casa I em conjunção com Urano, ressalta a importância da comunicação na vida de Anthony, ainda mais considerando-se a presença de seis planetas, além do Ascendente, em signos aéreos.

Os únicos aspectos da Lua de Anthony são uma quadratura separativa com Netuno (alguma confusão sobre os sentimentos e sobre seu relacionamento com a mãe) e um trígono separativo com Júpiter (generosidade – necessária, com Urano proeminente no Ascendente – e a capacidade de pular fora na presença de dificuldades emocionais).

7 Gauquelin, Michel, *Planetary Heredity*, Paris Planète, Paris, França, 1966.

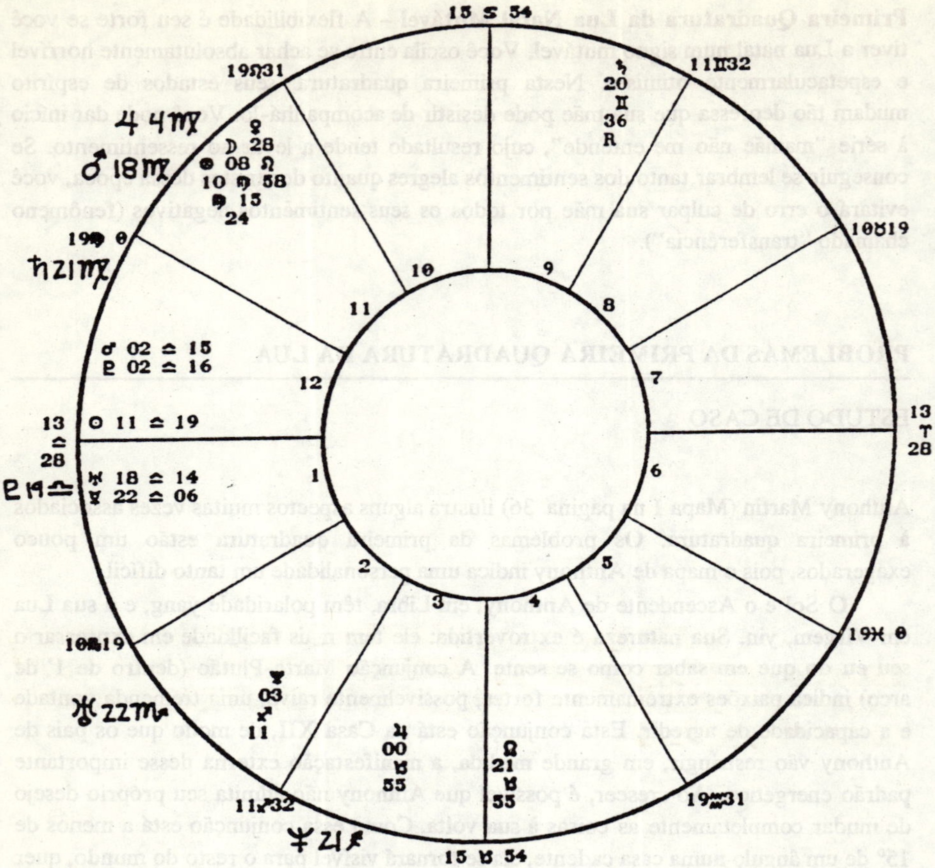

Mapa 1. Anthony Martin – 4 de outubro de 1972, 7h01, 42N17, 71W14; dados da certidão de nascimento; casas de Placidus.

Com toda essa vontade assertiva indicada pela conjunção em Libra no eixo do Ascendente, criar Anthony não é tarefa fácil. Como a Lua não está demasiadamente aflita, seus problemas principais não deverão ser com a mãe, embora sua quadratura Lua-Netuno mostre que ele pode transferir para ela a culpa por suas tempestades emocionais.[8]

Os primeiros anos de Anthony foram bastante difíceis. Quando sua Lua progredida entrou em conjunção com os planetas em Libra, surgiram várias dificuldades físicas. Anthony teve tumores na língua e na garganta, removidos cirurgicamente quando ele estava com dezesseis meses. Os tumores trouxeram

8 Esta não é uma análise completa do mapa de Anthony e nem, absolutamente, uma indicação de como ele usará no futuro as energias simbolizadas no mapa. Não sei se ele vai usar sua força e seus talentos para se tornar um brilhante filantropo, ou um anarquista, ou um informal homem de negócios, ou um advogado. Ele pertence à classe média alta, assim deverá cursar uma universidade. Entretanto, restringi esta análise ao seu comportamento presente e conhecido.

problemas de fala. Apesar de agora conseguir fazer-se entender, Anthony tem um defeito de fala. Anthony teve vinte e duas infecções no ouvido entre os quatorze meses e os três anos. Com três anos de idade, sua mãe eliminou os laticínios de sua alimentação e as infecções de ouvido pararam. Durante esse período ele não ouvia. Com dezoito meses, ele teve de se submeter a tratamento de canal em seus dentes da frente, danificados quando ele foi derrubado por um menino desconhecido num parque.

Como Anthony tem seis planetas em signos de ar, a comunicação é extremamente importante para ele. Durante muitos anos, a única pessoa que conseguia entender sua fala era a sua mãe. Isso criou uma situação de dependência que ele odiava furiosamente. Em maio de 1979, a Lua progredida de Anthony fez uma quadratura com seu Vênus natal (28° Leão 58'). Seus pais se separaram, dando início a um longo e difícil processo de divórcio. Anthony tinha problemas na escola e com os colegas. Quando sua Lua progredida entrou em Sagitário, fazendo quadratura por signo com a colocação natal em Virgem, Anthony começou a focalizar sua raiva na mãe. Ele solicitava atenção constante, interrompendo-a sempre que ela estava lidando com alguém que não fosse ele. Cortava conversas telefônicas ou pegando a extensão e interrompendo a conversa, ou criando uma emergência na casa (fazia a pia transbordar,

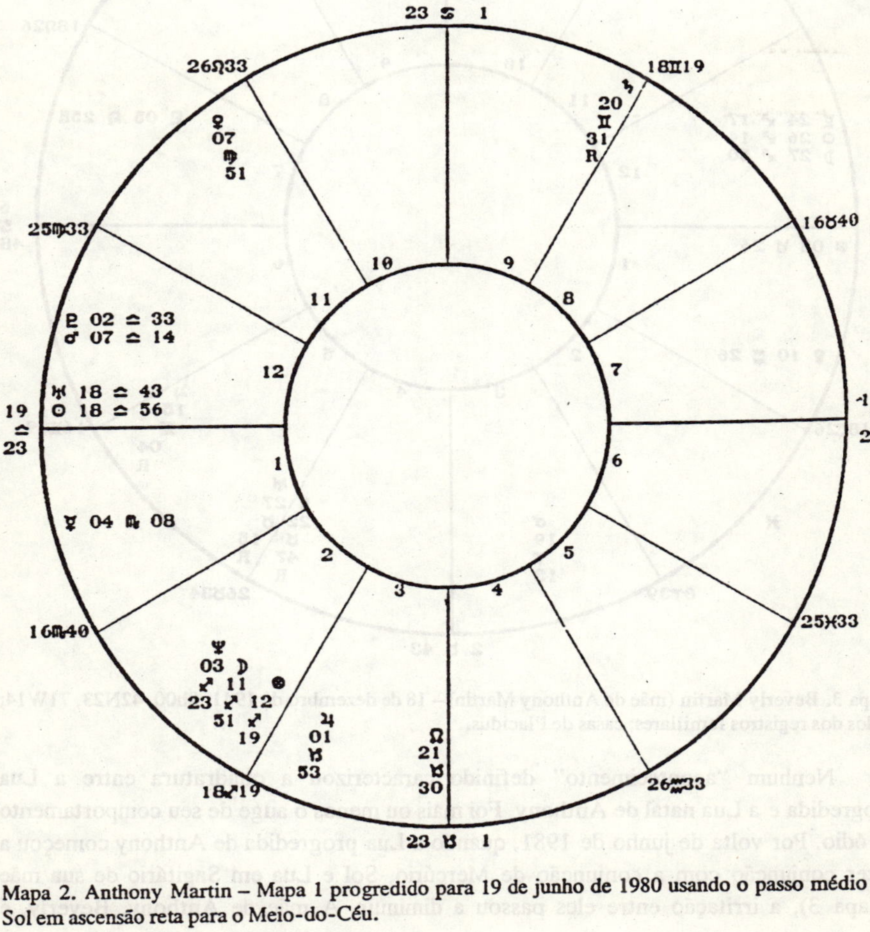

Mapa 2. Anthony Martin – Mapa 1 progredido para 19 de junho de 1980 usando o passo médio do Sol em ascensão reta para o Meio-do-Céu.

derrubava coisas, brigava com as irmãs), o que forçava a mãe a largar o telefone e dar atenção a ele. Anthony não se importava que a atenção fosse negativa. Na verdade, parecia solicitar atenção negativa. Enquanto a sua Lua progredida estava nos primeiros graus de Sagitário, seu Sol progredido entrou em conjunção com o Urano natal, e em seguida com o Urano progredido (Mapa 2). Ele começou a gritar em resposta ao pai (um método de demonstrar raiva que até então não havia tentado). Seu relacionamento com as duas irmãs mais velhas deteriorou-se rapidamente e ele começou a bater nelas, a dar-lhes pontapés, a jogar coisas nelas. A mãe o levou a um terapeuta; mesmo assim o comportamento do menino não melhorou. Parecia que a família Martin estava sitiada por um garotinho quase que incontrolavelmente enraivecido.

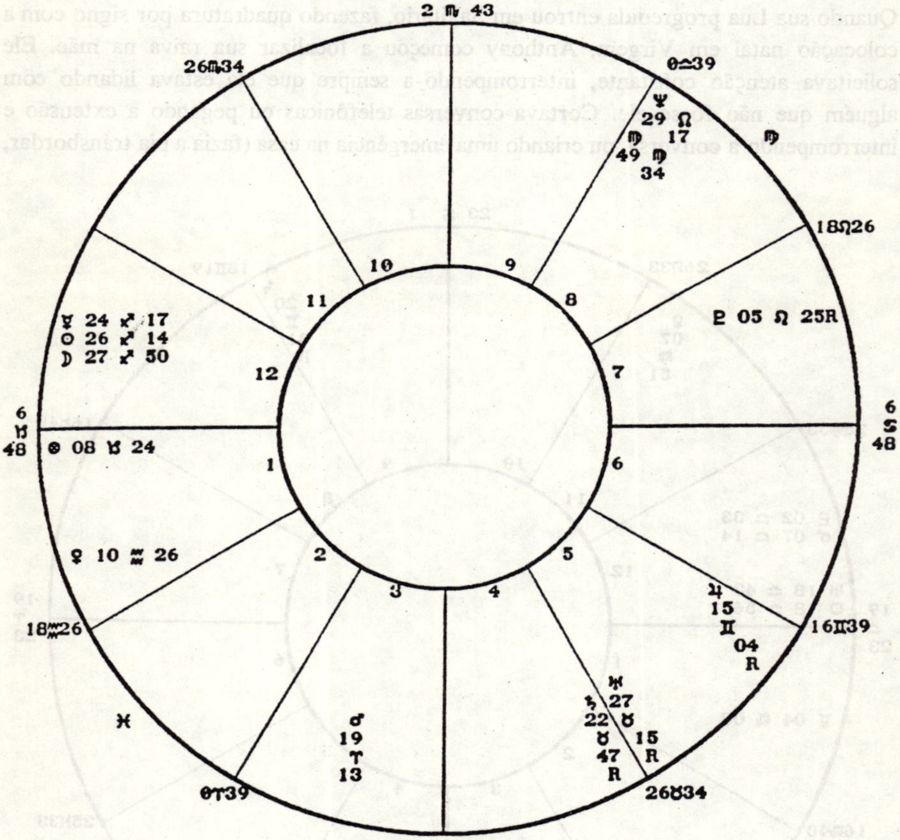

Mapa 3. Beverly Martin (mãe de Anthony Martin) – 18 de dezembro de 1941, 8h00, 42N23, 71W14; dados dos registros familiares; casas de Placidus.

Nenhum "acontecimento" definido caracterizou a quadratura entre a Lua progredida e a Lua natal de Anthony. Foi mais ou menos o auge de seu comportamento de ódio. Por volta de junho de 1981, quando a Lua progredida de Anthony começou a fazer conjunção com a conjunção de Mercúrio, Sol e Lua em Sagitário de sua mãe (Mapa 3), a irritação entre eles passou a diminuir. A mãe de Anthony, Beverly, é bastante paciente e inteligente. Entretanto, paciência e inteligência não eram o bastante para que conseguisse viver essa fase com uma criança essencialmente selvagem, sem manifestar algum tipo de reação irracional. Na idade adulta, pode ser que Anthony se lembre dessa época como uma forma de provar que sua mãe não era perfeita. Como espectadora razoavelmente imparcial, tenho a maior consideração por Beverly, e acho que ela se conduziu com espantosa paciência nessa conjuntura.

Por causa do problema de fala, Anthony tinha uma necessidade desproporcional de se libertar da mãe. Sua Lua mutável – natal e progredida – simbolizava mudanças rápidas no comportamento. As oscilações do estado de espírito de Anthony tornaram-se uma lenda na família. Tias, tios, primos e avós davam conselhos e algumas vezes se ofereciam para ajudar. Todos tiveram de partilhar as dificuldades.

Embora o comportamento de Anthony fosse extremo, seus padrões exagerados são, basicamente, um exemplo típico do que todos nós passamos durante a primeira quadratura. Para a maioria de nós, os acessos de fúria se reduzem a explosões ocasionais, os berros se reduzem a resmungos. Mas todos sentimos um pouco da raiva que Anthony exprimia.

A despeito das diferenças óbvias de reação de pessoa para pessoa, durante a primeira quadratura há certas semelhanças entre as pessoas cuja Lua natal pertence à mesma quadruplicidade.

O PRIMEIRO TRÍGONO

Quando você tem entre oito e doze anos, sua Lua progredida entra no signo que faz trígono com a posição natal.[9] Esse é o momento de integrar os padrões de resposta emocional. Todos os seus sentimentos fluem mais facilmente durante o trígono. Você se dá melhor na escola e em casa porque a tendência é fixar-se nos aspectos mais agradáveis dos seus envolvimentos emocionais. Há semelhanças com a época do sextil, e o comportamento imitativo aparece de novo.

A essa altura, há uma diferença maior entre o comportamento imitativo dos meninos e das meninas. Nenhum dos dois quer relacionar-se muito com as crianças do sexo oposto. Geralmente os meninos dedicam-se a aprender a fazer feliz a mulher mais importante de sua vida (a mãe). Tendem a tratá-la como vêem o pai, ou outros homens, fazer, principalmente se percebem que essa interação lhe agrada. Se a mãe estiver separada ou divorciada, os garotos dessa idade podem tornar-se extremamente protetores e/ou possessivos em relação a ela.

9 A energia de um trígono é expressa através das triplicidades ou elementos (fogo, terra, ar e água) porque estas são divisões harmônicas em 3 (120°) do mapa. Assim, em qualquer descrição genérica dos trígonos, os astrólogos usam os elementos e não os modos ou quadruplicidades (cardeal, fixo mutável) que são divisões harmônicas em 4 (90°) do mapa. Quando examinamos os relacionamentos entre os trígonos da Lua, estamos examinando a Lua sob uma perspectiva diferente. A posição de sua Lua natal partilha algumas características com outros signos lunares da mesma triplicidade: as Luas em signos de fogo se parecem sob alguns aspectos, assim como as Luas em terra. As características partilhadas pelos elementos diferem das partilhadas pelas quadruplicidades. Uma Lua natal em Áries partilha atributos cardeais com as Luas posicionadas em Câncer, Libra ou Capricórnio, enquanto a mesma Lua em Áries partilha atributos ígneos com as Luas em Leão e Sagitário. Para maiores informações sobre os modos e os elementos, veja Lundsted, Betty, *Astrological Insights into Personality*, Astro Computing Services, San Diego, Califórnia, 1980.

As meninas, por seu lado, moldam suas respostas emocionais com base nos padrões que acreditam ser os de sua mãe. Quando mãe e filha têm padrões de resposta extremamente diferentes, o que a filha percebe das emoções da mãe pode estar muito longe da realidade. Como o trígono tende à idealização e à diminuição do atrito, o conceito de realidade tem relativamente pouca importância nessa época.

LUA EM SIGNO DE FOGO

A sua Lua natal em signo de fogo indica uma expressão ativa, yang, da emoção. Embora alguns astrólogos afirmem que as pessoas com Lua em fogo reprimem as emoções (da forma como se ensina aos homens a reprimir suas emoções), eu não concordo com essa análise. Você faz alguma coisa a respeito de seus sentimentos, em geral imediatamente. Você admira as pessoas capazes de refletir sobre suas respostas, mas como a sua Lua está em fogo e não em ar, você geralmente só vai refletir, sobre suas próprias respostas, depois de tudo terminar. As pessoas à sua volta podem não notar essa reflexão posterior, pois a não ser que você tenha mais alguma coisa em seu mapa que indique uma forte capacidade verbal (aqui é fundamental o posicionamento de Mercúrio), você não vai falar a respeito de seus sentimentos. O contexto comum aos signos de fogo é a expressão, mas cada um dos três se expressa de forma um pouco diferente. Áries incendeia-se com as emoções e logo abandona ou esquece o assunto. Leão exibe seus sentimentos e tende a mantê-los. Sagitário idealiza os padrões de resposta, e freqüentemente varia sua expressão nas épocas emocionais.

Primeiro Trígono da Lua Natal em Fogo – Durante o primeiro trígono entre a sua Lua natal e a sua Lua progredida, os garotos adoram e admiram a mãe, tomando a iniciativa de dar-lhe presentes. As meninas vêem na mãe uma pessoa ativa e calorosa. Os dois sexos baseiam seus padrões de respostas emocionais num papel iniciador idealizado. Essas crianças são pródigas em elogios e esperam o mesmo dos outros.

LUA EM SIGNO DE TERRA

A Lua em signo de terra é yin, reativa, plantada na realidade. Geralmente suas emoções não são voláteis, pois você as absorve antes de agir com base nelas (daí sua reputação de praticidade). Apesar da estabilidade inerente à Lua em signo de terra, alguns padrões de resposta podem tornar-se obsessivos. Os três signos de terra geralmente escolhem diferentes áreas de obsessão. Touro, onde a Lua se exalta, é geralmente descrito em termos tão cintilantes que só resta aos outros signos invejar a Lua em Touro. Mas se você tem a Lua em Touro e não consegue satisfazer seu desejo de proteger através dos relacionamentos, poderá tornar-se extremamente possessivo, ciumento e bastante materialista. A Lua natal em Virgem tende a indicar um constante exame de motivos que comumente conduz ao sentimento de culpa. Depois de chegar até a culpa, você pode escolher entre ficar com ela ou atribuí-la a outra pessoa. Se o seu caso é uma Lua natal em Capricórnio, terá o duvidoso prazer de quase só encontrar, na maioria dos livros de astrologia, definições negativas a respeito da sua Lua. Como você tem um enorme senso de responsabilidade em relação a seus sentimentos, tende a classificá-los em "bons" e "maus". A sua obsessão é o controle – você quer ter todos os seus sentimentos, o tempo todo, sob controle, de modo a poder evitar os "maus" sentimentos.

Primeiro Trígono da Lua Natal em Terra – Durante o primeiro trígono entre a Lua natal e a Lua progredida, os meninos tornam-se práticos e protetores. As meninas tentam interiorizar sua percepção do padrão protetor das mães. Esta é a época em que confeccionam porta-lápis feitos de latas de refrigerante enfeitadas, pegadores de panelas, enfeites de mesa confeccionados com pauzinhos de picolé, pesos para papéis. Essas crianças presenteiam para receber carinhos físicos.

LUA EM SIGNO DE AR

Sua Lua em signo de ar é yang, iniciadora, expressiva. Os outros muitas vezes acham que você prefere pensar os sentimentos a senti-los de verdade. Você admira as pessoas que conseguem agir com base em suas emoções; mas, como você é ar e não fogo, quer pensar e agir ao mesmo tempo. Você se sente mais à vontade quando consegue analisar as emoções, tanto as suas como as dos outros. Dessa maneira, consegue comparar os seus padrões de respostas com os dos outros. O contexto comum ao posicionamento da Lua em ar é o medo secreto de não sentir os sentimentos como os outros o fazem. Se você tem a Lua em Aquário, está constantemente pesando, investigando e comparando, até decidir que você é mesmo esquisito, ou então que os outros não são assim tão diferentes de você. As pessoas com a Lua em Gêmeos precisam de intercâmbio verbal para definir seus sentimentos em rápida mudança. Na hora em que entendem o porquê da reação dos outros, elas são capazes de aceitar essa reação. Se a sua Lua está em Libra, você procura o equilíbrio das emoções; sente-se capaz de modificar a sua reação para conseguir paz e sossego, pois o importante na sua análise dos sentimentos é descobrir como equilibrar as emoções.

Primeiro Trígono da Lua Natal em Ar – Durante o primeiro trígono entre a Lua progredida e a Lua natal, os meninos tentam intelectualizar e assim resolver todos os problemas que, segundo eles, sua mãe está enfrentando. As meninas acham a mãe lógica e tentam imitar essa forma de lidar com a emoção. Essas crianças fazem enfeites para paredes, quadros e poesias (se o chefe dos escoteiros não interferir!). As pessoas com a Lua em signos aéreos gostam de ser valorizadas por sua inteligência.

LUA EM SIGNO DE ÁGUA

A Lua em signo de água é yin, reativa, e muito poderosa. Você sente a emoção completamente e os outros podem até achar que, quando está emocionalmente envolvido você evita por completo pensar. Isso não é bem verdade, pois sua tendência é absorver a emoção e examinar e reexaminar as suas respostas e as respostas dos outros. A triplicidade da água é a que mais tem necessidade de dar e receber proteção. Quando não recebe carinho físico suficiente, a tendência é internalizar essa necessidade. Então a pessoa com a Lua em Câncer pode tornar-se uma mãe (ou pai, ou amante) sufocante; a de Escorpião, um ciumento fanático; a de Peixes, um artista escapista. Quando os seus relacionamentos lhe permitem manifestar fisicamente a emoção, então a sua Lua em água mostra-se intuitiva, sensível e empática.

Primeiro Trígono da Lua Natal em Água – Durante o primeiro trígono entre a Lua natal e a Lua progredida, os garotos desenvolvem uma extraordinária sensibilidade, muitas vezes chegando a extremos de protecionismo em relação à mãe. As meninas adotam sua própria versão da fluente sensibilidade que percebem na mãe. É muito comum as crianças com a Lua em signos de água tornarem-se carinhosas e românticas. Elas precisam de agrado e proteção.

ADOLESCÊNCIA

AS PROGRESSÕES COMO INDICADORES DE CRESCIMENTO

A maioria de nós preferiria esquecer os detalhes do que nos aconteceu no começo da adolescência. Astrologicamente, há excelentes razões para essa falha de memória. Entre os dez e os doze anos de idade, a Lua progredida faz o primeiro quincúncio em relação a sua posição natal. Esse quincúncio marca o começo de nossa transição emocional da infância para a idade adulta. Entre os doze e os quinze anos de idade, a Lua progredida faz uma oposição à sua colocação natal. Finalmente, entre os quatorze e os dezesseis anos, a Lua progredida faz o segundo quincúncio à sua posição natal.

É claro que nem todo o mundo passa por experiências ruins no começo da adolescência. Quanto mais aspectos favoráveis a Lua progredida fizer aos outros planetas natais e progredidos, tanto mais fácil será esse período de transição.

Mesmo assim, todos nós passamos por fases de mudança semelhantes entre os dez e os dezesseis anos. Durante o primeiro quincúncio, tiramos mamãe do pedestal onde a tínhamos colocado quando a Lua progredida fazia um trígono com sua posição natal. A oposição significa tanto a separação entre os nossos sentimentos e os de nossa mãe, como também a comparação entre os nossos sentimentos e os sentimentos dos outros, introduzindo até certo ponto uma conotação sexual.

Nesta seção, vamos dividir os anos da adolescência em três fases, simbolizadas pela Lua progredida. Os problemas relativos a cada uma delas têm origens diferentes e soluções ligeiramente diferentes.

O PRIMEIRO QUINCÚNCIO

O primeiro estágio da adolescência começa entre os dez e os treze anos de idade, quando a Lua progredida forma um quincúncio com sua posição natal. Como a Lua natal é estacionária, esse é um quincúncio de Casa VI (ou crescente). A conotação de Casa VI simboliza a tensão entre a nossa resistência ao conceito de serviço e a nossa humilde aceitação de uma posição subordinada enquanto a nossa personalidade emocional diferenciada vem à tona. Como o quincúncio tem mais relação com tensão do que com ação, os nossos sentimentos se alternam entre yin e yang, entre o autoconhecimento e a auto-humilhação. Muitas vezes ficamos melindrosos e verbalizadores, mas em grande medida isso se deve mais aos signos e outros aspectos envolvidos do que ao quincúncio em si. Esse aspecto não nos revela as causas do estresse, mas sim que é provável que haja estresse. Geralmente as suas causas são indicadas pelos trânsitos (principalmente dos planetas exteriores) ou por aspectos formados entre a Lua progredida e outros planetas natais (que não a Lua). (O exemplo utilizado para o primeiro quincúncio, Derek, páginas 44 e 45, mostra alguns tipos desses aspectos que podem desencadear a tensão do quincúncio entre a Lua progredida e a Lua natal.)

A maioria de nós não apenas transfere essa tensão para a mãe mas também a acusa de ter começado tudo. Afinal, é ela que manda em nós. É ela que não acredita que não somos mais crianças, e se ela não entra no nosso jogo, nós perturbamos e irritamos tanto que ela é obrigada a gritar e impor limites. Assim conseguimos justificar nossos complexos de perseguição.

Quanto mais alto e fantasioso for o pedestal em que colocamos nossa mãe durante o trígono por signo entre a Lua natal e a Lua progredida, tanto mais espetacular será sua queda durante o quincúncio. Sentimo-nos traídos, como se fosse sua culpa ela não estar à altura do nosso conceito de mãe ideal. Agora percebemos todas as falhas nos padrões emocionais de nossa mãe. A maioria de nós decide que nunca, jamais, irá se comportar do jeito detestável dela.

Obviamente, a tensão do quincúncio é nosso primeiro passo rumo à independência. A não ser que achemos erros nos padrões de resposta de nossa mãe, não teremos justificativa para assumir nossos próprios padrões individualizados de resposta. Enquanto não pudermos enxergar a diferença entre os nossos sentimentos e os de nossa mãe, não teremos liberdade para escolher nosso próprio estilo emocional.

Como o primeiro quincúncio ocorre na primeira metade do ciclo da Lua progredida, voltado para o interior, somos um pouco intolerantes em relação às necessidades de nossa mãe. Não é possível atentar para as tensões e solicitações que estamos impondo à nossa mãe sem ao mesmo tempo abrigar um sentimento de culpa em relação à crescente necessidade de liberdade.

A culpa é uma arma usada por incontáveis gerações de mães para impedir que as tensões da adolescência subvertam totalmente o dia-a-dia da vida familiar. A interiorização da culpa depende mais do próprio indivíduo do que dos métodos usados pela mãe para fomentar a culpa.

Primeiro Quincúncio da Lua Natal Cardeal – O seu primeiro quincúncio envolve uma Lua progredida mutável. Você enfrenta o problema de desejar tomar iniciativas enquanto os seus sentimentos sobre todas as coisas mudam rapidamente. É comum você oscilar entre fazer escândalos e emburrar. A não ser que outras áreas do mapa lhe garantam uma boa dose de fixidez, seus pais vão precisar impor-lhe limites. Entretanto, sempre que possível você se opõe a eles.

Primeiro Quincúncio da Lua Natal Fixa – O seu primeiro quincúncio é num signo cardeal. Você quer tomar as iniciativas e ao mesmo tempo se apegar aos seus padrões natais fixos de resposta. A não ser que seus pais sejam muito flexíveis, você pode cavar um fosso de negativismo e mau humor, do qual não será fácil sair. Na verdade, você quer adquirir mais independência sem ter de mudar nenhum dos seus padrões de resposta.

Primeiro Quincúncio da Lua Natal Mutável – O seu primeiro quincúncio envolve uma Lua progredida fixa. Agora você quer estabilizar os seus sentimentos. Você quer ser levado a sério e quer levar-se a sério. Você se cansou das incoerências de sua mãe, você usa qualquer capitulação como arma, trazendo o assunto à baila em qualquer discussão. Se ela o deixou ficar acordado até meia-noite na terça-feira, por que então você não pode ficar acordado até meia-noite todos os outros dias?

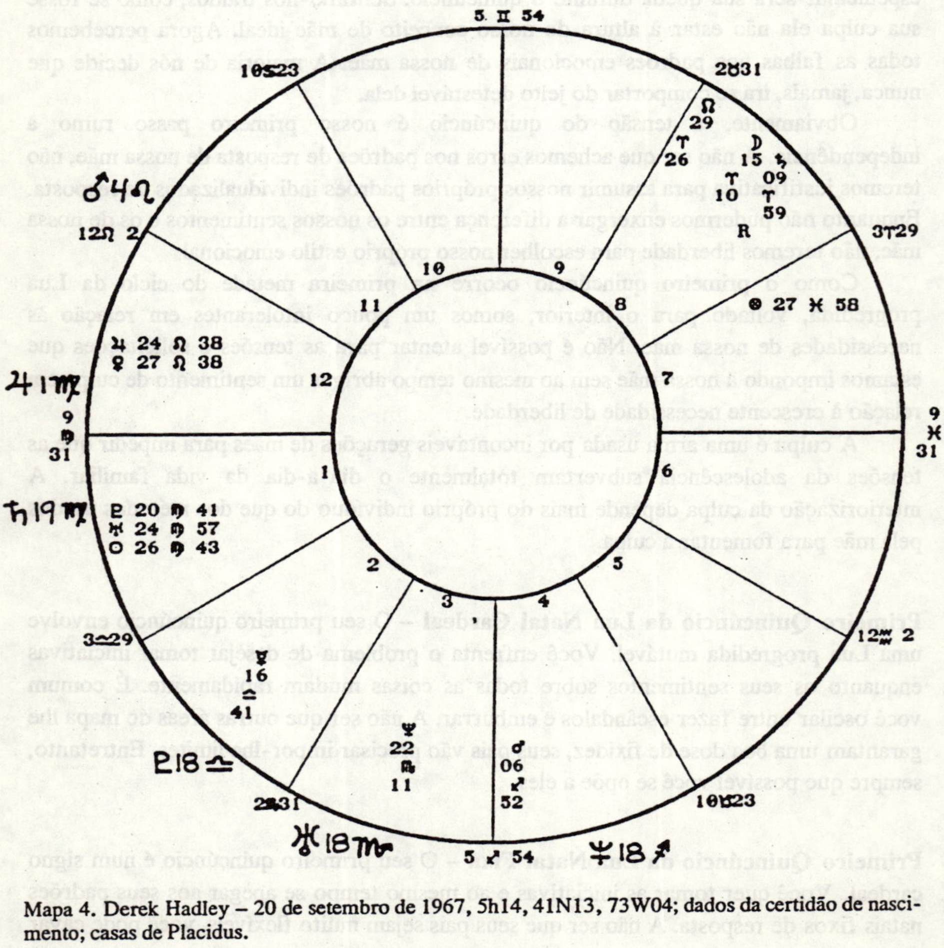

Mapa 4. Derek Hadley – 20 de setembro de 1967, 5h14, 41N13, 73W04; dados da certidão de nascimento; casas de Placidus.

ESTUDO DE CASO

O mapa 4, de Derek Hadley, na página 44, mostra como as tensões do primeiro quincúncio podem ser amplificadas por outros aspectos da Lua progredida e trânsitos difíceis dos planetas exteriores.

Derek é um garoto extremamente inteligente que mora num bairro de classe média alta. Ele é o terceiro de quatro filhos. O pai e mãe ocupam altos cargos executivos na indústria. Seu pai viaja bastante, deixando a educação das crianças a cargo da mãe.

Quando a Lua progredida de Derek fez trígono com a Lua natal, houve um trânsito muito difícil dos planetas exteriores sobre a sua oposição natal Lua-Mercúrio. Plutão em trânsito fez conjunção com o Mercúrio de Derek, opondo-se à sua Lua natal, e Urano em trânsito fez quincúncio com a Lua natal de Derek. A despeito desses aspectos, o período do trígono foi bastante calmo, e mesmo razoavelmente feliz. Derek

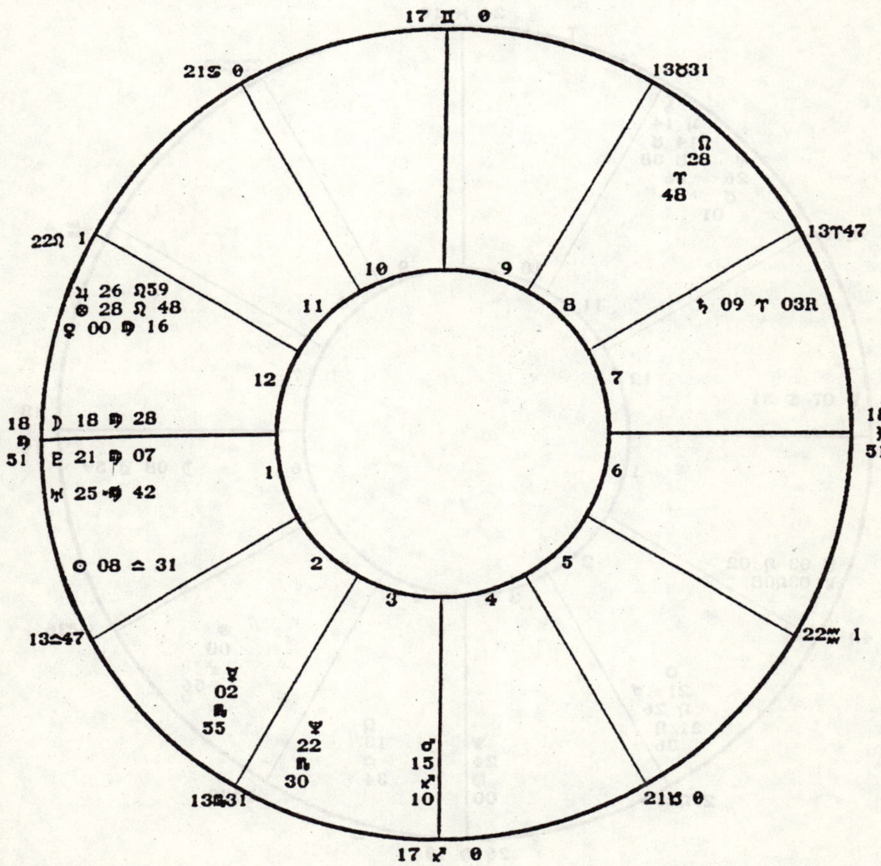

Mapa 5. Derek Hadley – Mapa 4 progredido para 2 de outubro de 1979 usando o passo médio do Sol em ascensão reta para o Meio-do-Céu.

estava na sexta série, num estabelecimento em que os alunos da sexta até a oitava série freqüentam a mesma escola. Seguindo um procedimento mais ou menos comum em seu bairro, Derek decidiu "sair" com uma das meninas de sua classe. Ele levava os livros dela e sentava a seu lado em todas as aulas que tinham juntos. Ela foi jantar na casa dele; ele foi jantar na casa dela. Durante todo esse período, Derek foi muito bem na escola. Sua Lua progredida estava, na verdade, anulando o simbolismo negativo de Plutão e Urano em trânsito.

Embora Derek e sua mãe discutissem, essas desavenças eram do tipo que sempre há em família. Mesmo essas brigas diminuíram quando a Lua progredida de Derek ficou em conjunção com Júpiter e Vênus natais.

A tranqüilidade do período do trígono terminou abruptamente quando a Lua progredida chegou aos 7° de Virgem e fez uma quadratura com seu Marte natal. A esta altura sua namorada se cansou de fazer tudo o que ele queria, e rompeu com ele. Derek foi ficando mais e mais zangado. Ele a importunava por telefone e na escola. Tanto a mãe de Derek como a mãe da menina ficaram furiosas. Quando a Lua progredida de Derek estava a um minuto de arco da quadratura com Marte natal, ele se aproximou da menina na escola, jogou-a contra a parede e lhe deu alguns socos.

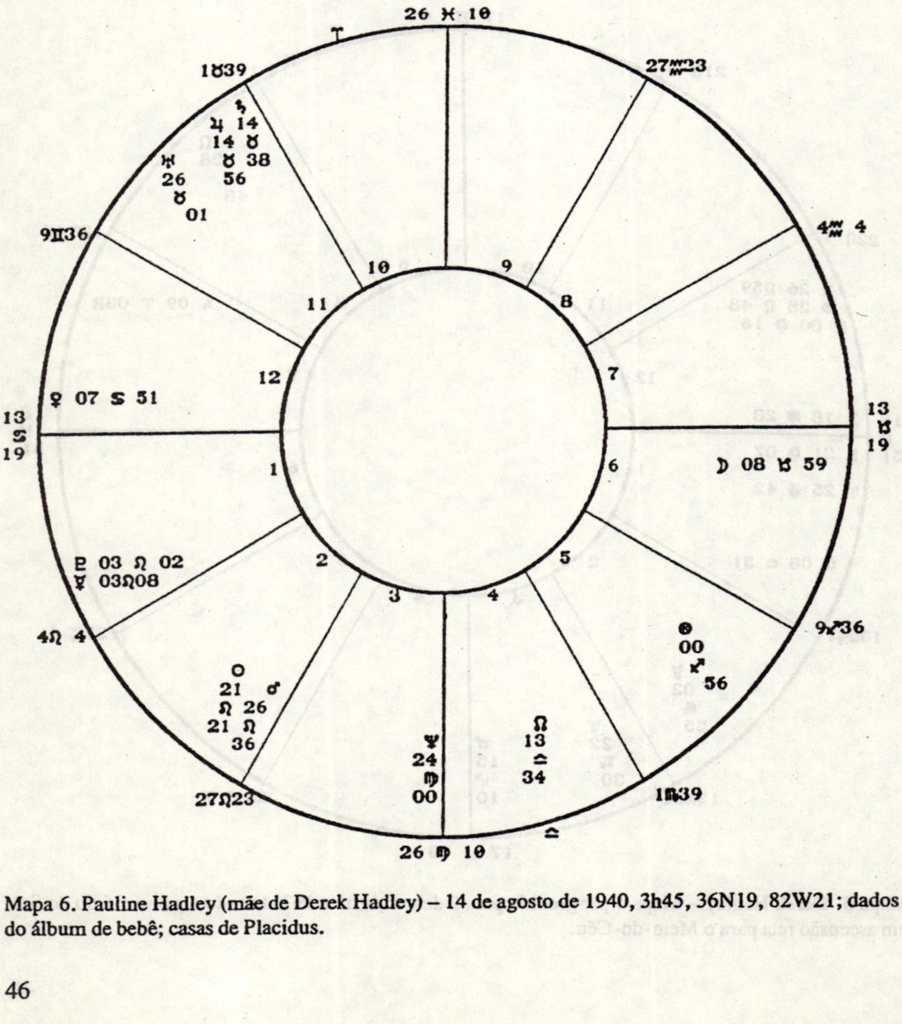

Mapa 6. Pauline Hadley (mãe de Derek Hadley) – 14 de agosto de 1940, 3h45, 36N19, 82W21; dados do álbum de bebê; casas de Placidus.

Derek não desistia. Embora a menina, a essa altura, se recusasse a falar com ele, Derek enveredou pela grosseria verbal, com as amigas dela, inclusive. Foi ainda mais longe nas agressões verbais, perdendo a maioria dos seus amigos de escola. Quando a sua Lua progredida se aproximou de um quincúncio com Saturno natal, ele foi suspenso da escola por dizer obscenidades às professoras.

A situação em casa havia se deteriorado a ponto de chegar a contínuas brigas com a mãe (veja o Mapa 6 na página 46). Pauline tentou todas as abordagens possíveis. Mãe e filho foram para um terapeuta. Embora isso ajudasse a definir a luta pelo poder travada pelos dois, não há terapia que consiga sanar uma tal situação. Pauline tentou firmeza, castigo, isolamento e outros métodos que pudessem funcionar. Derek derrotou todos.

A Lua progredida de Derek efetivamente formou um quincúncio com a Lua natal em 13 de julho de 1979. Em outubro (Mapa 5), sua Lua progredida estava a 18° de Virgem, Saturno em trânsito a 19° de Virgem, Plutão em trânsito a 18° de Libra, Urano em trânsito a 18° de Escorpião, e Netuno em trânsito a 18° de Sagitário. Derek foi suspenso por dar um soco em outra menina que havia debochado dele quando ele a convidara para "sair". Depois desse incidente, a agressividade de Derek concentrou-se em sua mãe, para pesar dela e alívio da direção da escola. O pai de Derek só se envolveu com a situação quando o menino começou a agredir fisicamente a mãe. Com a intervenção do pai, Derek se acalmou, ao menos exteriormente.

A PRIMEIRA OPOSIÇÃO

Quando o quincúncio se transformar em oposição, você terá a atenção deslocada de sua mãe para as outras pessoas. Se você resolveu interiorizar doses maciças de culpa durante o quincúncio, vai enfrentar a tensão inevitável envolvida no relacionamento com os outros de um ponto de vista amedrontado ou apologético. Por outro lado, se você moderou a sua culpa com auto-aceitação (um caso muito raro entre as pessoas de treze anos), a tendência será equilibrar as suas necessidades com as dos outros. Já, se você rejeitou totalmente qualquer culpa ou responsabilidade pela tensão do quincúncio, pode tornar-se insensível às necessidades dos outros. Nesse último caso, tenderá a culpar o mundo inteiro pelos transtornos de sua vida e achar que os outros são responsáveis por sua felicidade ou desgraça.

A oposição é um aspecto de ação, ao contrário do quincúncio, que geralmente simboliza tensão. O quincúncio preparou o caminho para a oposição, trazendo à luz as falhas do seu relacionamento emocional com sua mãe. Na época em que a Lua progredida estiver realmente em oposição com a colocação natal, você deverá estar afirmando sua independência em relação à sua mãe. Isto não significa rodadas de gritarias ou outras manifestações externas de rebeldia. Entretanto, quase com certeza, é exatamente o que acontece entre você e seus pais durante o ano da oposição.

Não tem sentido discutir se sua mãe, por exemplo, foi superprotetora, ou se você sutilmente a forçou a ser assim. Se conseguir se desligar do conceito de culpa, você será capaz de perdoar sua mãe e você mesmo pela dor que há quando se deixa o terreno relativamente seguro da infância.

O exemplo para a oposição é Ann Martin (Mapa 7 na página 48), irmã mais velha de Anthony Martin cujo mapa usamos para a primeira quadratura. Ao contrário

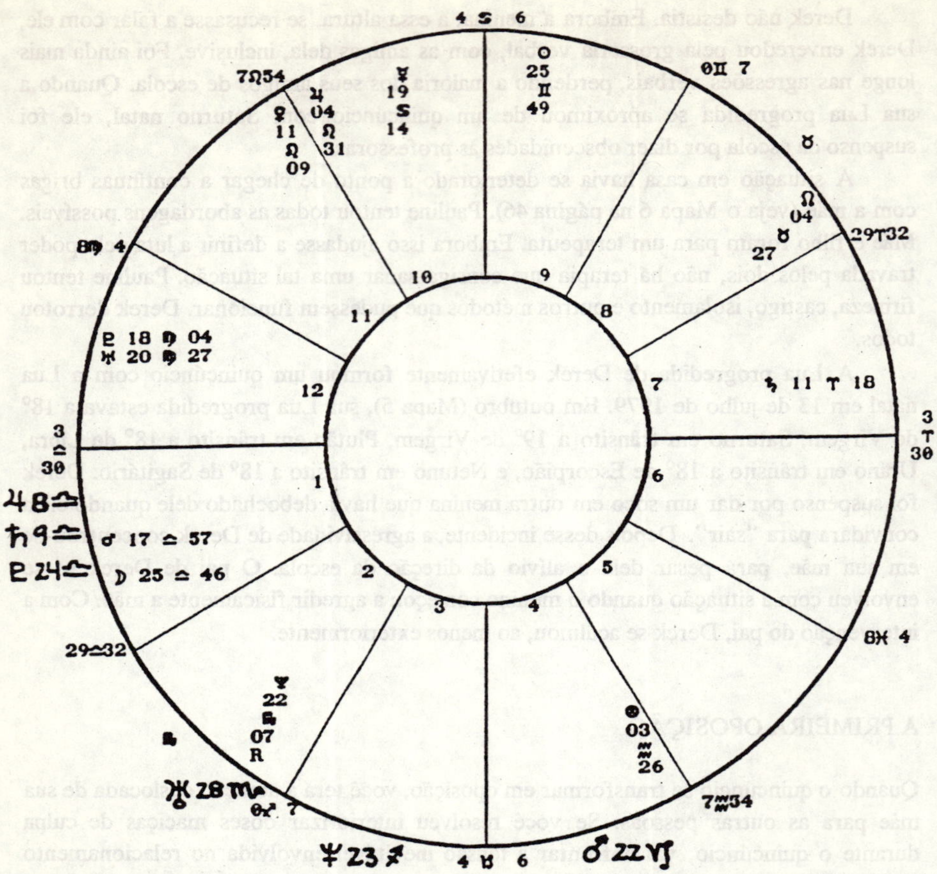

Mapa 7. Ann Martin – 17 de junho de 1967, 13h21, 42N22, 71W03; dados da certidão de nascimento; casas de Placidus.

dos dois exemplos anteriores, a oposição de Ann simboliza uma transição relativamente fácil para a adolescência.

A sinastria entre o mapa de Ann e o de sua mãe (Mapa 3 na página 38) é complexa. Embora o Sol de Ann esteja em oposição à conjunção Sol-Lua-Mercúrio em Sagitário de sua mãe, a Lua de Ann faz um sextil com essa conjunção. O Mercúrio de Ann faz uma quadratura tanto com a sua conjunção Marte-Lua, como com o Marte de sua mãe. Embora essas poderosas ligações pudessem significar atrito, os aspectos partilhados por mãe e filha indicam a compreensão que cada uma tem das dificuldades enfrentadas pela outra na vida cotidiana. Ann tem um trígono entre o Sol e a conjunção Marte-Lua, que reflete o trígono de sua mãe entre a conjunção Mercúrio-Sol-Lua e Marte.

As emoções de Ann fluem facilmente e ela é capaz de agir com base nas emoções, conforme indica o trígono do Sol na conjunção Lua-Marte. Os signos de fogo e ar em geral se dão bem, já que as duas triplicidades admiram os atributos yang da outra. Além disso, a conjunção Sol-Mercúrio de Beverly aumenta o respeito pelo intelecto, normal nos signos de fogo. Assim, ela gosta da capacidade que a filha tem de intelectualizar os sentimentos.

Quando a Lua progredida de Ann fez oposição à Lua natal (Mapa 8, abaixo), também fez um trígono com a conjunção natal de sua mãe, de Mercúrio-Sol-Lua em Sagitário, além de um sextil com o Sol natal de Ann. Essa combinação levou a um incomum nível de compreensão entre mãe e filha. É verdade que Ann tem suas crises de humor e de rebeldia. Entretanto, Beverly não achou que o comportamento da filha durante a oposição fosse especialmente difícil. Sem dúvida, essa apreciação da mãe deveu-se ao fato de o comportamento do outro filho, Anthony, ser tão terrível durante esse mesmo período. Com o divórcio e o comportamento atroz de Anthony, Beverly simplesmente não tinha tempo nem forças para os jogos comuns da adolescência. Sem ter a quem se opor, Ann aparentemente não viu necessidade de contribuir para aumentar o caos.

Oposição da Lua Natal Cardeal – Você conquista a independência rapidamente durante a oposição. A ordem da Lua cardeal é: "Faça alguma coisa!" O eixo yang Áries-Libra tende para muito barulho e pouca ação, porque você está oscilando entre

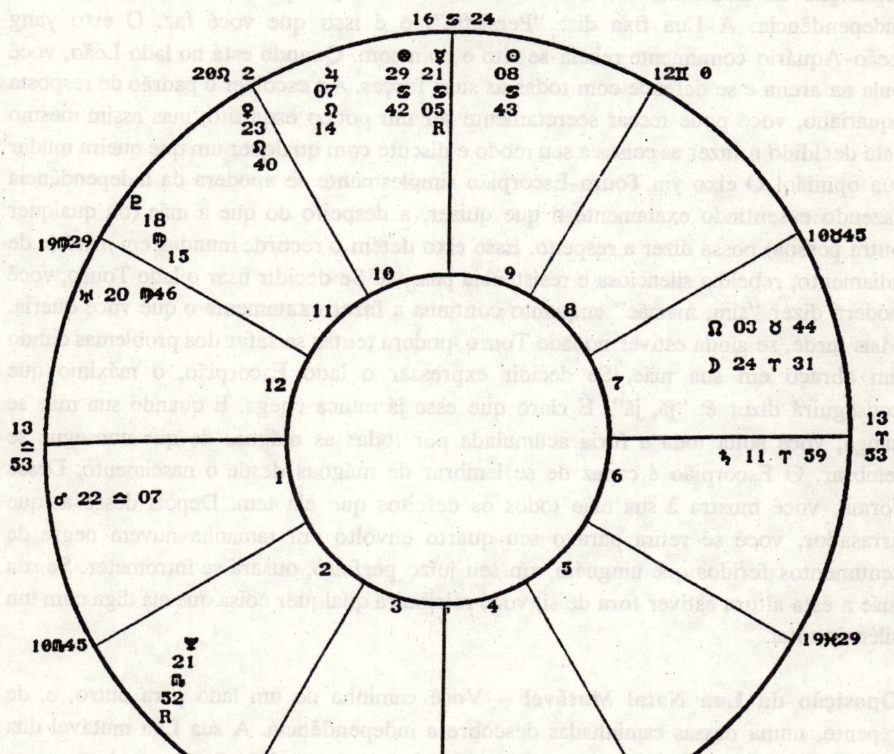

Mapa 8. Ann Martin – Mapa 7 progredido para 20 de dezembro de 1980, usando o passo médio do Sol em ascensão reta para o Meio-do-Céu.

"fazer" e "pensar". Em qualquer situação, é possível escolher entre atirar à queima-roupa (expressando Áries primeiro) ou vacilar sem tomar nenhuma decisão (expressando Libra). Se você se decidir por Libra, pode depois explodir com Áries se as decisões tomadas pelos outros em vista da sua indecisão não lhe agradarem. Se escolher primeiro a expressão de Áries, poderá mudar para Libra a fim de apaziguar os outros. Depois de agir, você pode raciocinar e até mesmo concordar com o outro ponto de vista. Dessa forma, será capaz até de desarmar completamente o adversário e atingir o seu objetivo. O eixo yin Câncer-Capricórnio geralmente se envolve em afirmações mais tranqüilas, porque você está tentando tomar uma decisão a respeito do sentimento de culpa. Se decidir expressar o lado Capricórnio, você aceita a total responsabilidade por tudo, tornando-se o maior mártir da história, sem deixar que ninguém saiba disso. Seu sofrimento silencioso deve-se em parte ao fato de que você é mesmo responsável por tudo, e em parte ao desejo capricorniano de assumir o controle de todas as suas reações. Se escolher o lado Câncer, você deixa os outros saberem do seu trauma emocional e ao mesmo tempo tenta fazer com que eles se sintam culpados por feri-lo. Claro, você se recusa a esquecer os seus sentimentos feridos.

Oposição da Lua Natal Fixa – Você caminha devagar e sem descanso rumo à sua independência. A Lua fixa diz: "Persista!", e é isso que você faz. O eixo yang Leão-Aquário comumente rebela-se alto e bom som. Quando está no lado Leão, você pula na arena e se defende com todas as suas forças. Ao escolher o padrão de resposta aquariano, você pode recear secretamente ser um pouco esquisito, mas assim mesmo está decidido a fazer as coisas a seu modo e discute com qualquer um que queira mudar sua opinião. O eixo yin Touro-Escorpião simplesmente se apodera da independência fazendo e sentindo exatamente o que quiser, a despeito do que a mãe (ou qualquer outra pessoa) possa dizer a respeito. Esse eixo detém o recorde mundial em matéria de adiamento, rebeldia silenciosa e resistência passiva. Se decidir usar o lado Touro, você poderá dizer "sim, mamãe" enquanto continua a fazer exatamente o que você queria. Mais tarde, se ainda estiver no lado Touro, poderá tentar se safar dos problemas dando um abraço em sua mãe. Se decidir expressar o lado Escorpião, o máximo que conseguirá dizer é: "já, já". É claro que esse já nunca chega. E quando sua mãe se zanga, você solta toda a fúria acumulada por todas as mágoas de que consegue se lembrar. O Escorpião é capaz de se lembrar de mágoas desde o nascimento. Dessa forma, você mostra à sua mãe todos os defeitos que ela tem. Depois desse ataque arrasador, você se retira para o seu quarto envolto em tamanha nuvem negra de sentimentos feridos que ninguém, em seu juízo perfeito, ousará se intrometer. Se sua mãe a esta altura estiver fora de si, você retribuirá qualquer coisa que ela diga com um silêncio total.

Oposição da Lua Natal Mutável – Você caminha de um lado para outro, e, de repente, numa dessas caminhadas descobre a independência. A sua Lua mutável diz: "Tente!" O eixo yang Gêmeos-Sagitário faz suas explorações sem descanso e verbalmente. Quando você está no lado Gêmeos, você tem algo a dizer a respeito de tudo o que sente, e o que sente provavelmente vai mudar no meio da explicação. Além disso, enquanto oscila entre Gêmeos e Sagitário, você pode mudar de assunto com tanta rapidez que talvez sua mãe nem perceba. Aí a reprimenda se transforma numa discussão sobre os méritos relativos de várias formas de disciplina. Enquanto está se expressando pelo lado Sagitário, você tenderá a fazer algumas incursões por tópicos emocionais mais amplos, embora totalmente irrelevantes. Assim, você consegue acabar com a conversa dizendo "de qualquer jeito eles vão destruir o mundo, então tudo isso é bobagem". Se isso funcionar, o jogo muda inteiramente e quando sua mãe conseguir se lembrar o que era mesmo que ela queria dizer, você já terá ido embora há pelo menos uma hora. O eixo yin Virgem-Peixes examina cada sentimento nos mínimos detalhes. Esta é a combinação de signos que tem maior autocrítica. Embora a característica mutável de mudar de assunto esteja presente, você personaliza essa mudança. Se sua mãe diz: "Sua camisa está suja", você ouve: "Você está sujo". Então, se decidir expressar o lado Peixes desse eixo, você corre para o seu quarto ou sai de casa, enquanto sua mãe fica imaginando o que foi que o perturbou. Se escolher a expressão virginiana, você imediatamente diz à sua mãe que ela sempre o persegue, enquanto por dentro fica imaginando qual a razão que a levou a dizer que você está sujo.

O SEGUNDO QUINCÚNCIO

O último aspecto do grupo da adolescência é o segundo quincúncio. Logo que você começa a alcançar um equilíbrio na sua capacidade de interação com os outros num nível emocional, uma nova fonte de tensão – o sexo – entra em sua vida. O segundo quincúncio é um quincúncio de Casa VIII, ou minguante. O quincúncio de Casa VIII, como o de Casa VI, não é um aspecto de ação. Assim, ele apenas simboliza uma crescente consciência da sua própria sexualidade. Mesmo que você não queira se tornar sexualmente ativo nesse período (entre quatorze e dezesseis anos), o sexo torna-se parte da sua vida emocional.

Se você se tornou inseguro a respeito do seu valor como ser humano, pode ser que durante o segundo quincúncio você se envolva em padrões de comportamento autodestrutivos. Para muitas pessoas, este é um período altamente rebelde. Carros velozes, drogas (álcool, maconha), cigarros, sexo, tudo isso pode contribuir para tornar esse período confuso e difícil. É claro que nem todo o mundo passa por todas essas experiências, ou mesmo por algumas delas, durante o segundo quincúncio. Mas quase todo o mundo pelo menos pensa nessas coisas proibidas, que alguns de nossos colegas experimentam.

A descrição geral a respeito das quadruplicidades, dada a seguir, pode não ajustar-se muito a você. Muitas pessoas elaboram esse segundo quincúncio da Lua progredida namorando alguém que projeta claramente as qualidades da quadruplicidade da sua Lua progredida. Com freqüência, este é o primeiro amor, e representa uma parte extremamente importante do processo de amadurecimento, pois através desse relacionamento as pessoas conhecem melhor os seus próprios padrões de resposta, tensões e conflitos.

Segundo Quincúncio da Lua Natal Cardeal – O seu segundo quincúncio envolve uma Lua progredida fixa. O seu hábito de iniciar as respostas emocionais encontra agora um obstáculo, já que você está lidando com um desejo conflitante de manter o *status quo*. A posição progredida mostra que você deseja agarrar-se aos seus padrões de resposta, pelo menos até ter certeza de seus sentimentos. Ao mesmo tempo, sua Lua natal cardeal quer ação. As suas respostas emocionais ao sexo podem tornar-se bastante estáveis.

Segundo Quincúncio da Lua Natal Fixa – Quando a sua Lua progredida em signo mutável faz um quincúncio com a posição natal, a única coisa garantida na sua vida emocional é que seus sentimentos vão mudar. Quanto mais você tentar agarrar-se a velhos hábitos, mais as situações em que se envolver exigirão flexibilidade. Quando você contar com sua mãe para dizer que não pode ir a uma festa, ela vai dizer que pode, estragando a sua desculpa. Quando você realmente quiser ir a algum lugar, pode apostar que ela não vai deixar.

Segundo Quincúncio da Lua Natal Mutável – A sua Lua progredida em signo cardeal faz um quincúncio com o signo natal. Enquanto uma parte de você está "indo com a correnteza", outra parte quer lançar-se em novas aventuras. Além disso, a sua Lua cardeal progredida quer decidir que sentimentos são bons ou maus, certos ou errados. Enquanto isso, no fundo do seu coração, a sua Lua natal mutável sabe que essas divisões absolutas entre os sentimentos são ridículas.

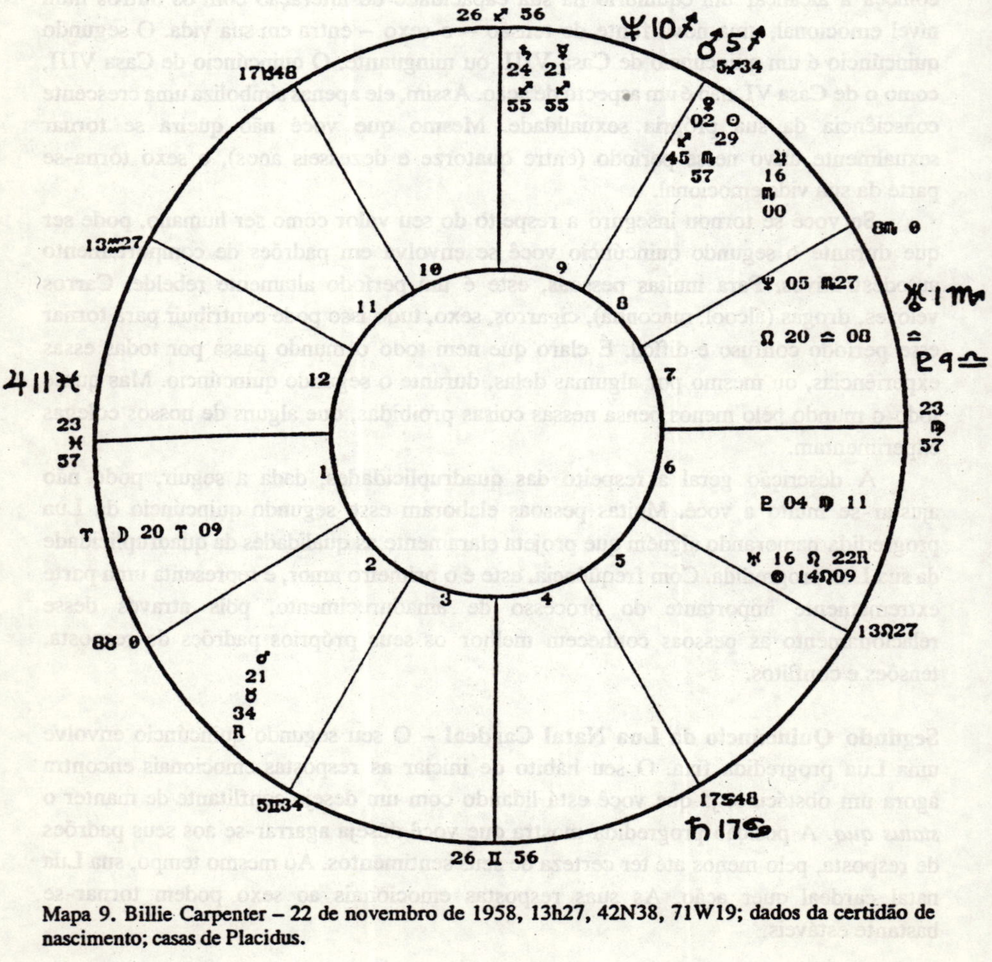

Mapa 9. Billie Carpenter – 22 de novembro de 1958, 13h27, 42N38, 71W19; dados da certidão de nascimento; casas de Placidus.

A REBELDIA E O SEGUNDO QUINCÚNCIO

ESTUDO DE CASO

O exemplo do quincúncio, Billie Carpenter (Mapa 9 na página 52), é uma mulher que foi uma adolescente rebelde. Seus trânsitos de planetas exteriores não foram especialmente difíceis na época do segundo quincúncio, mas Saturno em trânsito afligia seu mapa, em quadratura com a Lua natal e o nodo norte, em quincúncio com Mercúrio natal e com Saturno natal. O mapa progredido mostra a confusão de sua vida.

No mapa secundário progredido (Mapa 10, abaixo), vemos que a Lua progredida de Billie tinha acabado de entrar em conjunção com Júpiter progredido, e fazia uma oposição a Marte progredido e uma quadratura com Urano progredido. O Sol progredido de Billie aproximava-se de um quincúncio com Marte progredido. Comparando as posições natais e progredidas, vemos que a sua Lua progredida faz um quincúncio com a Lua natal, uma oposição com Marte natal, um semi-sextil com Mercúrio natal, e um semi-sextil com o nodo norte natal. O Sol progredido de Billie faz um trígono com Urano natal.

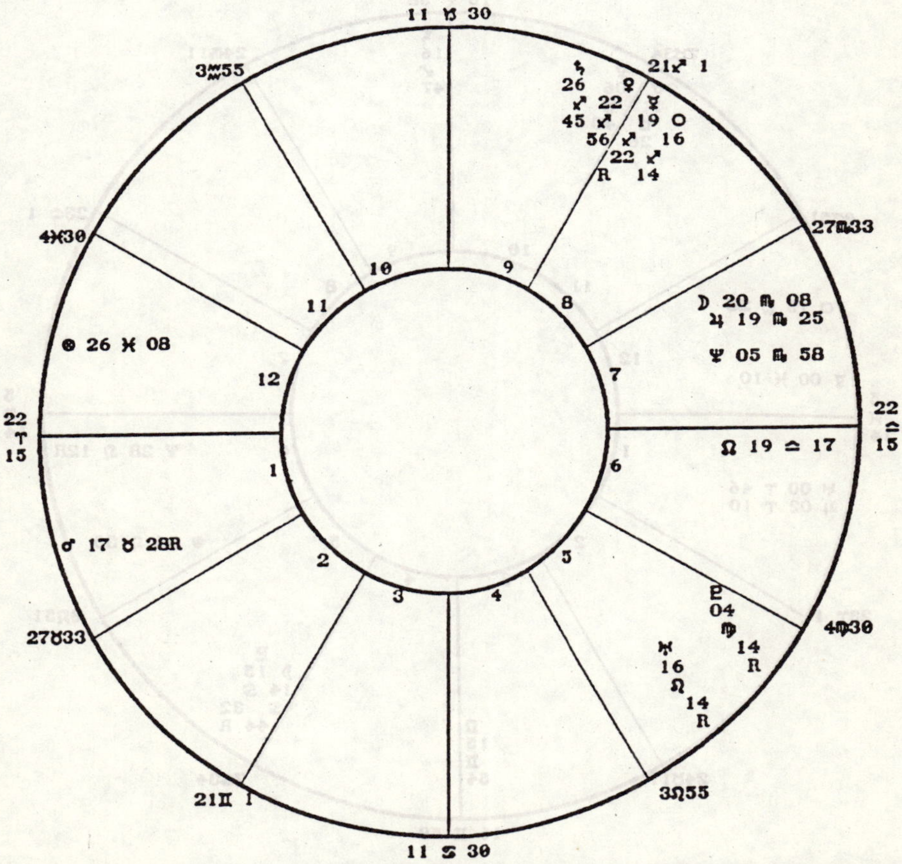

Mapa 10. Billie Carpenter – Mapa 9 progredido para 18 de dezembro de 1974 usando o passo médio do Sol em ascensão reta para o Meio-do-Céu.

Desde os treze anos, Billie vinha experimentando todo tipo de droga que conseguia. Ela não tem certeza de quando começou a usar drogas; assim, isso não pode ser delineado astrologicamente. Aos dezesseis anos, já havia fugido de casa várias vezes, embora nunca por mais que alguns dias, pois ela tem uma extrema dependência em relação à mãe. Tanto a dependência das drogas como as fugas de casa aumentaram em 1974. Ela não era destrutiva em relação a outras pessoas e nunca demonstrava raiva da mãe, embora demonstrasse facilmente frustração e raiva em relação ao relacionamento com o pai.

A sinastria entre o mapa de Billie e o de sua mãe (Mapa 11, abaixo) não é tão clara ou fácil quanto a sinastria entre Ann Martin e sua mãe. A Lua de Billie faz uma cruz-T com a conjunção Lua-Plutão de sua mãe em oposição a Marte. A oposição Júpiter-Marte de Billie faz um sextil/trígono com a configuração Lua-Plutão-Marte no mapa de Martha. O grande trígono Lua-Urano-Mercúrio de Billie liga-se ao Saturno de Martha (em conjunção com o Mercúrio de Billie). Como a hora de nascimento de Martha foi obtida pela tradição oral, é possível que o Ascendente das duas esteja em conjunção. A sinastria sugere que a dependência pode ser mútua, já que Billie expressava os desejos da própria Martha. Martha tem, provavelmente, tanto o Sol

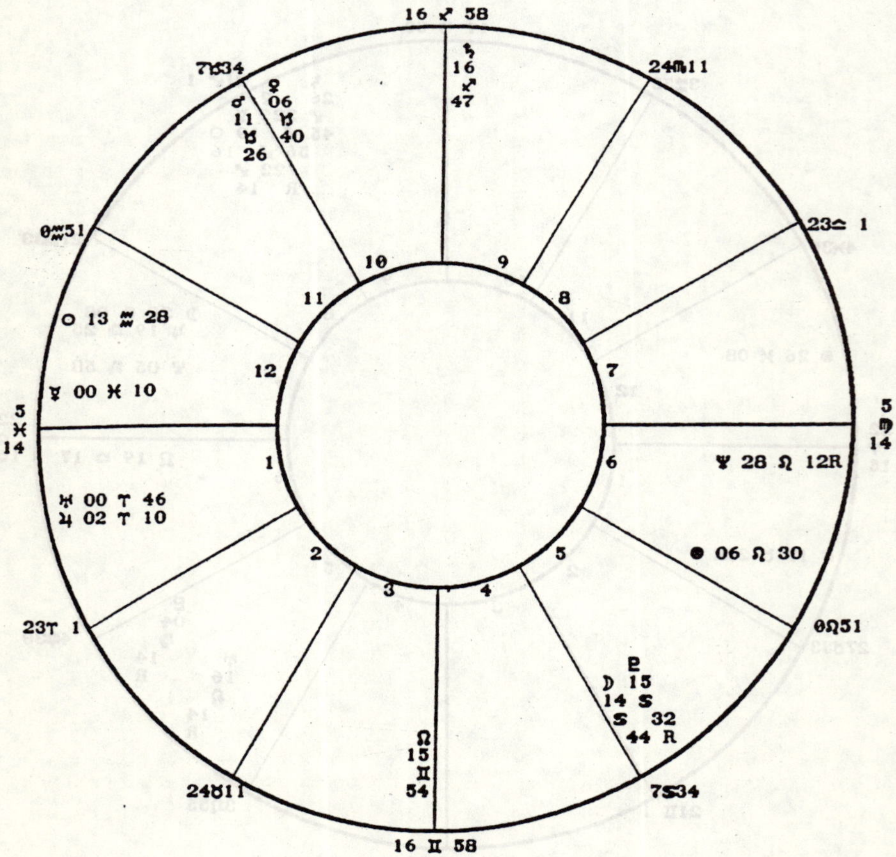

Mapa 11. Martha Carpenter (mãe de Billie Carpenter) – 3 de fevereiro de 1928, 8h00, 42N05, 71W38; dados dos registros familiares (orais); casas de Placidus.

como Mercúrio na Casa XII, pois demonstra dificuldade em expressar-se bem. A conjunção Sol-Vênus de Billie faz um trígono com a conjunção Urano-Júpiter de sua mãe. Uma podia usar as energias da outra para se expressar no mundo.

Na época do segundo quincúncio da Lua progredida com a Lua natal, o grande trígono do mapa de Billie estava em pleno funcionamento. Três ministros, dois conselheiros de jovens e um assistente social (todas pessoas de Casa IX) constantemente socorriam Billie, levavam-na para o hospital, desintoxicavam-na e tentavam ajudá-la a ver que quem ela estava prejudicando era a si mesma.

Billie abandonou a escola nas férias do Natal (logo depois de a Lua progredida ter efetivamente feito o quincúncio com a Lua natal). Começou a sair com um homem grosseiro, tanto do ponto de vista físico como emocional. Em 1973, Billie fez uma pequena tentativa de voltar à escola, mas quando o seu Sol progredido formou um quincúncio com Marte progredido, abandonou os estudos de vez. Desde então, teve vários empregos em fábricas, sempre caindo na categoria "os últimos a serem contratados são os primeiros a serem despedidos". Jamais ganhou muito acima do salário mínimo. Nunca saiu de casa. Não consegue ficar longe da mãe mais que alguns dias. Ainda dependente de drogas, mas desde 1975 tem-se limitado ao álcool e à maconha. Foi reprovada nos exames de madureza em três ocasiões.

O SEGUNDO TRÍGONO

A idealização e a tranqüilidade do trígono agora influenciam a sua interação com os outros. A influência da Casa IX do trígono minguante lhe dá abertura para novos conceitos e novas idéias. O mundo se move mais suavemente para você. Embora você esteja consciente dos defeitos dos seus pais e do relacionamento com eles, você tem confiança de que não vai repetir esses erros.

Muito pouca gente chega aos dezoito anos tendo resolvido completamente seus problemas pessoais. Entretanto, muitos sentem ter chegado a um ponto em que se compreendem melhor. Mesmo a problemática Billie, do exemplo acima, atingiu uma espécie de equilíbrio quando sua Lua progredida fez trígono com a posição natal. Nessa época ela conseguiu seu primeiro emprego um pouco mais gratificante numa fábrica. Já não brigava tanto com o pai; sentia-se melhor consigo mesma. Começou a participar das despesas da casa, e muitas vezes comprava alguma coisa para a mãe ou para a casa. O namorado que a maltratou tanto na época do quincúncio foi preso. Dessa forma, ele ficou fora da vida dela durante os dois anos em que a Lua progredida fazia trígono com a Lua natal.

Segundo Trígono da Lua Natal em Fogo – Você explode de energia e confiança enquanto a sua Lua progredida está no signo que faz trígono com a sua Lua natal. Você tem certeza de poder fazer alguma coisa a respeito da maioria dos problemas que enfrenta, e em geral tem razão. Desde que não tente também resolver os problemas dos outros, você vai se sair bem. Você pode idealizar demais a resistência emocional, esperar resultados instantâneos, ou sugerir soluções que os outros achem simplistas.

Segundo Trígono da Lua Natal em Terra – Você desenvolveu um padrão de respostas que parece funcionar bem para você. Sente-se satisfeito em poder lidar com o estresse do dia-a-dia de uma forma realista e firme. Cuidado com a tendência a acreditar que o seu padrão de respostas é o único padrão normal que existe. Os outros podem achá-lo um pouco arrogante!

Segundo Trígono da Lua Natal em Ar – Você atingiu um equilíbrio na sua análise das emoções. Suas respostas pessoais não o angustiam mais e você não tem tanta urgência em ficar comparando as suas respostas com as dos outros. Como você refletiu sobre os seus padrões, a sua tendência é analisar as reações dos outros. Tenha cuidado, pois a menos que alguém lhe peça ajuda numa questão emocional, a sua intromissão pode ser ofensiva. Nem todos gostam de refletir sobre as razões de seus atos.

Segundo Trígono da Lua Natal em Água – Durante os dois anos e meio em que a sua Lua progredida faz um trígono por signo com a posição natal, a maioria dos seus relacionamentos flui positivamente. Você adquiriu a capacidade de confiar na sua natureza reativa básica. Assim, esse é o tempo de confiar no seu forte lado intuitivo. Você descobre que pode detectar os sentimentos de pessoas que estão na mesma sala

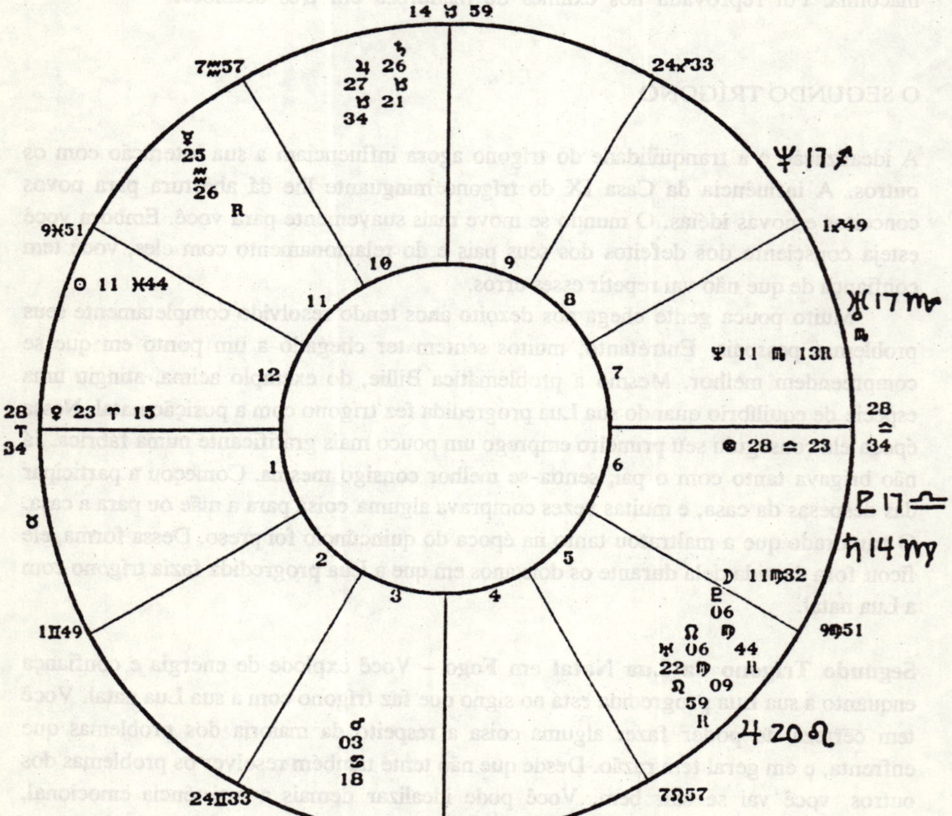

Mapa 12. Carolyn Diamond – 2 de março de 1961, 8h10, 42N38, 71W19; dados da certidão de nascimento; casas de Placidus.

que você, ou até mesmo receber impulsos psíquicos dos outros. No mínimo, você sabe de imediato o que outra pessoa sente a seu respeito, e se você quer ou não levar adiante uma amizade.

USO TRADICIONAL DO SEGUNDO TRÍGONO

ESTUDO DE CASO

O exemplo para o trígono minguante (segundo trígono), Carolyn Diamond (Mapa 12 na página 54), representa outra expressão totalmente válida da energia do trígono. Pode não ser a forma que cada um de nós escolheria para expressar a energia, mas tem coerência interna.

Carolyn não deu nenhuma demonstração exterior de rebeldia, como foi o caso de Billie, durante os quincúncios e a primeira oposição entre a Lua natal e a Lua progredida. Em vez disso, Carolyn aparentemente passou por essas tensões com um mínimo de perturbações para si mesma e para os outros.

No começo do verão de 1978, quando sua Lua progredida fazia trígono com a Lua natal, Carolyn ficou noiva. Ela se casou em 15 de agosto de 1979 (Mapa 13 na página 56). Embora os indicadores de casamento pululem por todo esse mapa, a data não foi escolhida astrologicamente (pelo menos não conscientemente!). Júpiter progredido estava a 1°11' além de uma conjunção exata com o Meio-do-Céu, e Vênus progredido a 32' além de uma conjunção com o Ascendente natal. A Lua progredida aproximava-se (1°4') de uma conjunção com o Ascendente progredido, e estava a 2°1' de um trígono com Saturno natal. Vênus progredido encontrava-se a 54' de uma quadratura com Júpiter progredido, a 22' de uma quadratura com o meio ponto entre Júpiter/Saturno progredidos, e a 11' de uma quadratura com o ponto médio entre Júpiter natal e Júpiter progredido. As quadraturas entre Vênus e Saturno são excelentes indicadores de um casamento duradouro, pois indicam estabilidade e a capacidade de aceitar responsabilidades.

Isso indica um casamento para sempre? Nada num mapa pode indicar tal coisa, por mais que a desejemos. Entretanto, o casamento parece ter tido um excelente começo. Carolyn e o marido têm seus empregos: ele é vendedor e ela garçonete. Os dois parecem bastante felizes e estão economizando com a intenção de formar sua família.

É interessante notar que esse exemplo perturbou mais os estudantes que o de Billie. Parece que muitos de nós estão completamente imbuídos de uma ética do trabalho que exige que adiemos o casamento até termos conseguido alguma coisa. O conceito de um casal sem ambições materialistas específicas e que não está em busca de situações de trabalho de alta pressão parece um anátema. Muitos estudantes que trabalharam com o exemplo de Carolyn se desdobraram para achar falhas no relacionamento, como se desejassem que todos os casamentos entre adolescentes fossem um fracasso.

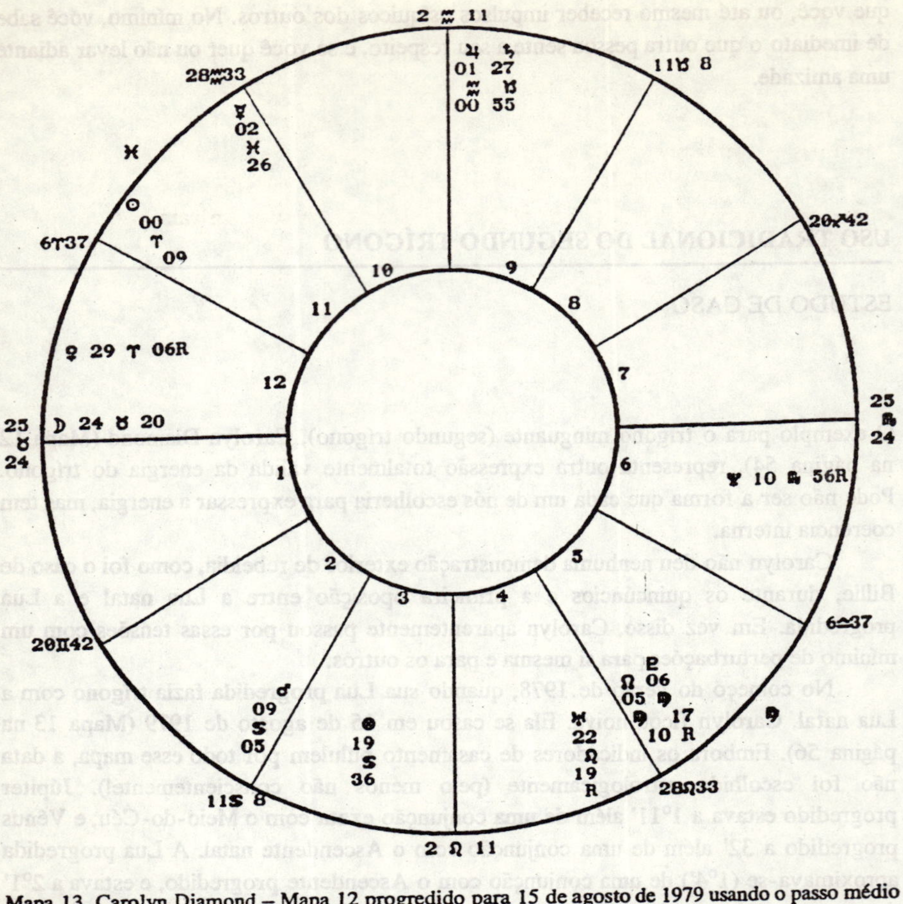

Mapa 13. Carolyn Diamond – Mapa 12 progredido para 15 de agosto de 1979 usando o passo médio do Sol em ascensão reta para o Meio-do-Céu.

A SEGUNDA QUADRATURA

Quando chegamos à época da segunda quadratura (minguante) entre a Lua progredida e sua posição natal, nos desligamos mais completamente de nossos pais. Agora somos legalmente adultos, já que a quadratura ocorre mais ou menos aos 21 anos. Ou estamos na universidade ou estamos por nossa conta, procurando emprego, conhecendo gente nova, estabelecendo nossa vida. Aqueles que ainda não se desligaram da mãe geralmente percebem que esse período reacende todos os problemas do relacionamento com ela. Podemos passar daí para outra forma de rebeldia, tentando ser tão diferentes dela quanto possível. Ou podemos de repente como que ceder e nos tornar muito mais parecidos com a pessoa que nossa mãe queria que fôssemos. Em geral, qualquer uma das respostas implica uma raiva considerável, embora essa raiva na maioria das vezes permaneça oculta de nós mesmos e de nossas mães. Assim, sentimo-nos tensos, perturbados, agressivos, apesar de não conseguirmos entender muito bem a razão desse desconforto. Se pudermos direcionar a agressividade para uma carreira, seremos capazes de colocar uma energia significativa no nosso desenvolvimento.

Entrevistei universitários a respeito da época dessa quadratura minguante (segunda quadratura), e vi que com freqüência foi nessa ocasião que eles decidiram mudar a disciplina de graduação, e rejeitaram ou aceitaram um caminho escolhido, aberta ou dissimuladamente, por seus pais.

Segunda Quadratura da Lua Natal Cardeal – Esta quadratura permite que você manifeste o mais caro desejo de sua Lua cardeal – a independência. Mesmo que a Lua natal esteja em Câncer (que demanda muita proteção), você quer expressar suas emoções à sua moda. Se não puder descarregar sua raiva adolescente em sua mãe, você poderá revoltar-se contra qualquer pessoa que represente uma autoridade ou que tenha importância emocional em sua vida. Como você toma a iniciativa da maioria dos intercâmbios emocionais de sua vida, terá de examinar a sua situação interna se começar a se envolver continuamente em situações estressantes.

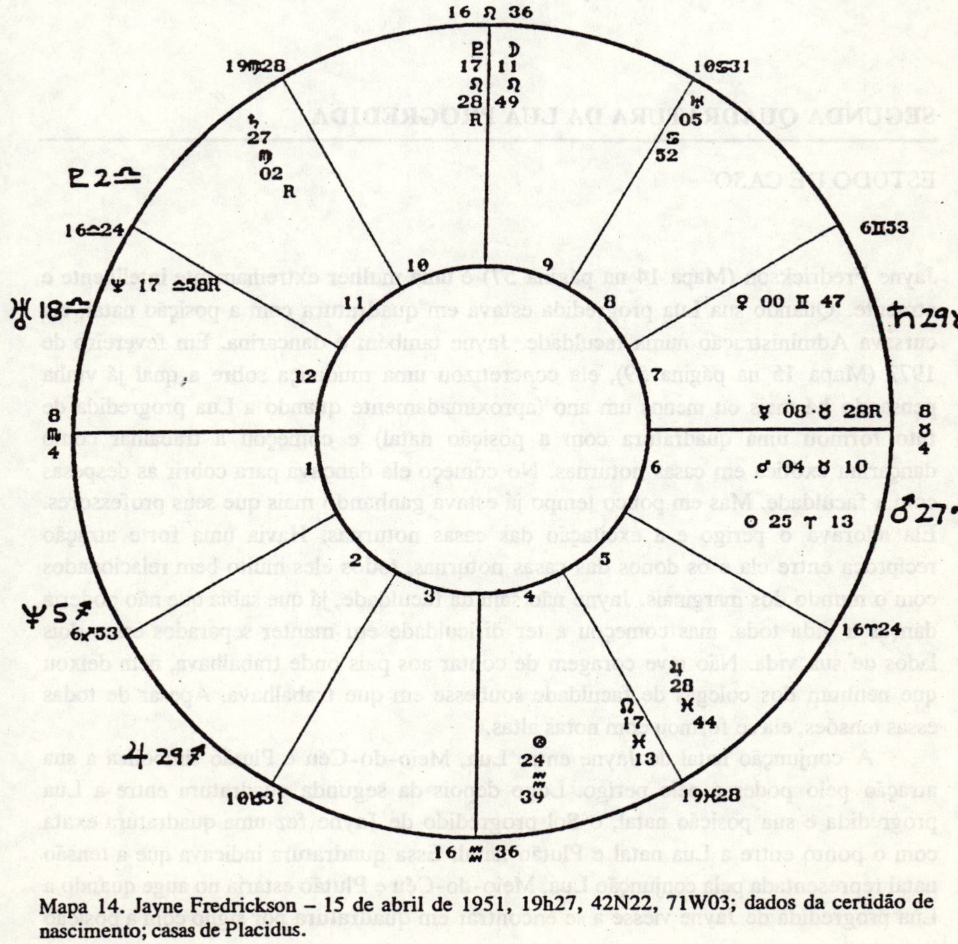

Mapa 14. Jayne Fredrickson – 15 de abril de 1951, 19h27, 42N22, 71W03; dados da certidão de nascimento; casas de Placidus.

Segunda quadratura da Lua Natal Fixa – Durante essa segunda quadratura, é provável que você se depare com situações que vão requerer alguma mudança na sua natureza emocional responsiva. Mas você resistirá tenazmente à mudança, pois a quadratura enfatiza a sua fixidez natal. Você precisa retroceder um pouco a fim de determinar por que as situações em que se encontra são perturbadoras. Você receia que qualquer mudança nos seus sentimentos resulte numa perda de segurança, ou numa perda da sua capacidade de se apoiar em suas próprias respostas? Mesmo que não queira mudar as suas respostas instintivas aos acontecimentos, é preciso que você as compreenda antes de poder aceitá-las totalmente.

Segunda Quadratura da Lua Natal Mutável – Você pode ter a sensação de que toda a sua vida emocional está se desintegrando por causa das inúmeras viradas nas suas respostas. Às vezes você está lá em cima, no momento seguinte está lá embaixo. O simples reconhecimento de que, para você, isso é normal, pode lhe dar mais tranqüilidade. Durante a segunda quadratura, é muito importante que você durma bastante, já que consome uma enorme quantidade de energia com sua preocupação sobre essas flutuações emocionais. Se a situação ficar muito difícil, terá de se livrar dos sentimentos de culpa e acusação, que são as duas maiores causas do seu estresse.

SEGUNDA QUADRATURA DA LUA PROGREDIDA

ESTUDO DE CASO

Jayne Fredrickson (Mapa 14 na página 57) é uma mulher extremamente inteligente e atraente. Quando sua Lua progredida estava em quadratura com a posição natal, ela cursava Administração numa faculdade. Jayne também é dançarina. Em fevereiro de 1972 (Mapa 15 na página 59), ela concretizou uma mudança sobre a qual já vinha pensando há mais ou menos um ano (aproximadamente quando a Lua progredida de fato formou uma quadratura com a posição natal) e começou a trabalhar como dançarina exótica em casas noturnas. No começo ela dançava para cobrir as despesas com a faculdade. Mas em pouco tempo já estava ganhando mais que seus professores. Ela adorava o perigo e a excitação das casas noturnas. Havia uma forte atração recíproca entre ela e os donos das casas noturnas, todos eles muito bem relacionados com o mundo dos marginais. Jayne não saiu da faculdade, já que sabia que não poderia dançar a vida toda, mas começou a ter dificuldade em manter separados esses dois lados de sua vida. Não teve coragem de contar aos pais onde trabalhava, nem deixou que nenhum dos colegas de faculdade soubesse em que trabalhava. Apesar de todas essas tensões, ela se formou com notas altas.

A conjunção natal de Jayne entre Lua, Meio-do-Céu e Plutão simboliza a sua atração pelo poder e pelo perigo. Logo depois da segunda quadratura entre a Lua progredida e sua posição natal, o Sol progredido de Jayne fez uma quadratura exata com o ponto entre a Lua natal e Plutão natal. Essa quadratura indicava que a tensão natal representada pela conjunção Lua, Meio-do-Céu e Plutão estaria no auge quando a Lua progredida de Jayne viesse a se encontrar em quadratura por signo com a posição

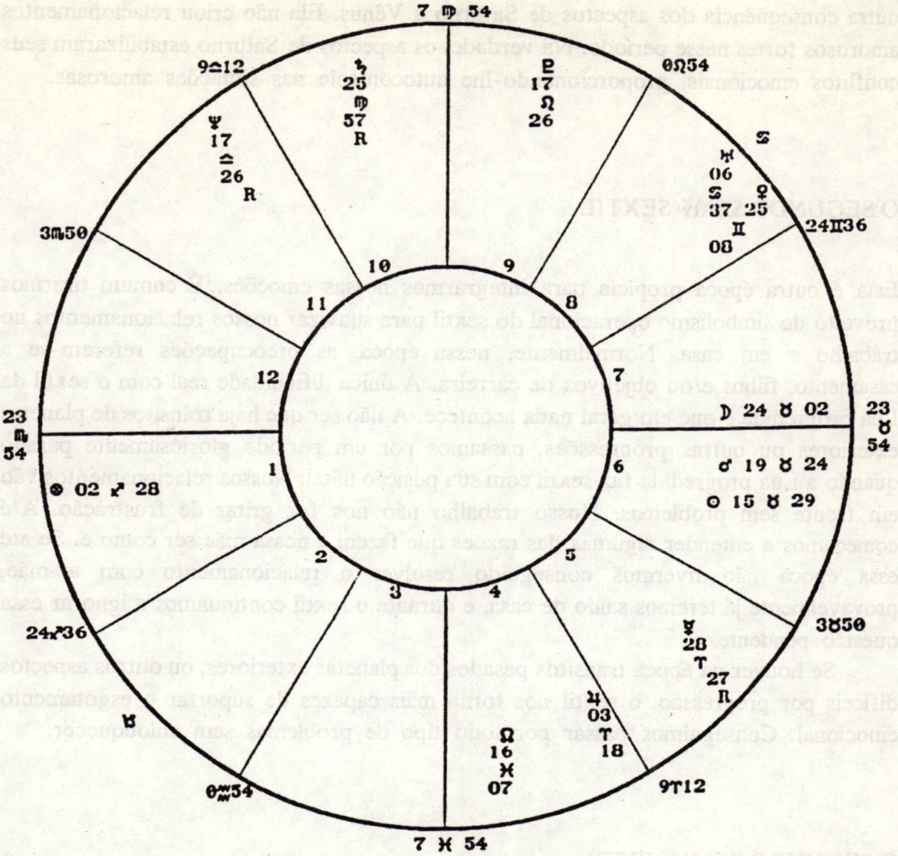

Mapa 15. Jayne Fredrickson – Mapa 14 progredido para 6 de fevereiro de 1972 usando o passo médio do Sol em ascensão reta para o Meio-do-Céu.

natal. O meio ponto entre o Sol progredido e Marte progredido de Jayne fazia uma quadratura exata com o seu Plutão progredido. Essa configuração indica perigo, possível violência e um enérgico esforço físico. Além do mais, Urano em trânsito começou a opor-se ao Sol natal de Jayne nessa época. Na maioria das vezes, esse aspecto se manifesta como uma mudança radical na autopercepção, em geral, provocada por uma súbita exposição ao perigo ou ao estresse físico. Como Urano em trânsito estava em conjunção com o Netuno natal de Jayne em sua Casa XII, o efeito total dessas mudanças em sua auto-imagem não era visível para Jayne. Todas as configurações que indicam perigo manifestaram-se externamente através do emprego de Jayne como dançarina. Em 1972, o Saturno progredido de Jayne entrou em quadratura com Vênus progredido, enquanto Saturno em trânsito fazia conjunção com Vênus natal. Todos os relacionamentos com os donos das casas noturnas giravam em torno da questão do controle. É claro que eles eram bem mais velhos do que Jayne, outra conseqüência dos aspectos de Saturno a Vênus. Ela não criou relacionamentos amorosos fortes nesse período. Na verdade, os aspectos de Saturno estabilizaram seus conflitos emocionais, proporcionando-lhe autocontrole nas situações amorosas.

O SEGUNDO SEMI-SEXTIL

Esta é outra época propícia para integrarmos nossas emoções. É comum tirarmos proveito do simbolismo operacional do sextil para suavizar nossos relacionamentos no trabalho e em casa. Normalmente, nessa época, as preocupações referem-se a casamento, filhos e/ou objetivos de carreira. A única dificuldade real com o sextil da Lua progredida é que em geral nada acontece. A não ser que haja trânsitos de planetas exteriores ou outras progressões, passamos por um período gloriosamente parado quando a Lua progredida faz sextil com sua posição natal. Nossos relacionamentos vão em frente sem problemas. Nosso trabalho não nos faz gritar de frustração. Até começamos a entender algumas das razões que fazem a nossa mãe ser como é. Se até essa época não tivermos conseguido resolver o relacionamento com a mãe, provavelmente já teremos saído de casa, e durante o sextil continuamos a ignorar essa questão pendente.

Se houver na época trânsitos pesados dos planetas exteriores, ou outros aspectos difíceis por progressão, o sextil nos torna mais capazes de suportar o esgotamento emocional. Conseguimos passar por todo tipo de problemas sem enlouquecer.

O SEGUNDO SEMI-SEXTIL

Os semi-sextis não são aspectos de ação.[10] Assim, raramente há acontecimentos associados a essa posição da Lua progredida. Entretanto, é um período em que começamos a reavaliar nossos sentimentos sobre quase todos os aspectos de nossa vida. A Lua está no signo anterior à sua posição natal, e tende a nos lembrar das possíveis desvantagens dos nossos padrões habituais de resposta. Durante o primeiro semi-sextil, em nossa infância, experimentamos novos padrões de resposta com nossa mãe. Agora parece que tentamos diferentes padrões de resposta conosco mesmos, de uma forma oculta, tipo Casa XII. Embora possamos não manifestar abertamente qualquer tensão ou ansiedade, estamos nos preparando para a conjunção. Se a Lua progredida receber aspectos fortes de outras posições natais, podemos ficar bastante confusos quanto às nossas próprias reações aos acontecimentos de nossa vida.

10 Acho o semi-sextil um aspecto ligeiramente difícil, já que liga dois planetas da mesma forma que um quincúncio. Os planetas separados por 30° diferem em triplicidade, quadruplicidade e polaridade. Dessa forma as energias não podem fundir-se harmoniosamente. O semi-sextil indica mais tensão do que ação.

ESTUDO DE CASO

O exemplo que se segue (Mapa 16, abaixo), ilustra esse tipo de dificuldade criada pelo semi-sextil minguante (segundo semi-sextil). A influência da Casa XII é aumentada neste caso, pois a Lua natal de Marjorie está na sua Casa I. No ano em que o aspecto de semi-sextil da Lua progredida se tornou exato, Marte progredido de Marjorie fez uma quadratura com Júpiter progredido, e o Sol progredido fez um quincúncio com Urano progredido. Quando comparamos o mapa progredido (Mapa 17 na página 64) e o mapa natal, ainda vemos os seguintes aspectos: Nódulo progredido em quadratura com Marte natal, Sol progredido aproximando-se de uma oposição a Plutão progredido, Lua progredida em quadratura com Mercúrio em conjunção com a cúspide da Casa XII, em conjunção com Saturno e em semi-sextil com Vênus natal e com a Lua natal.

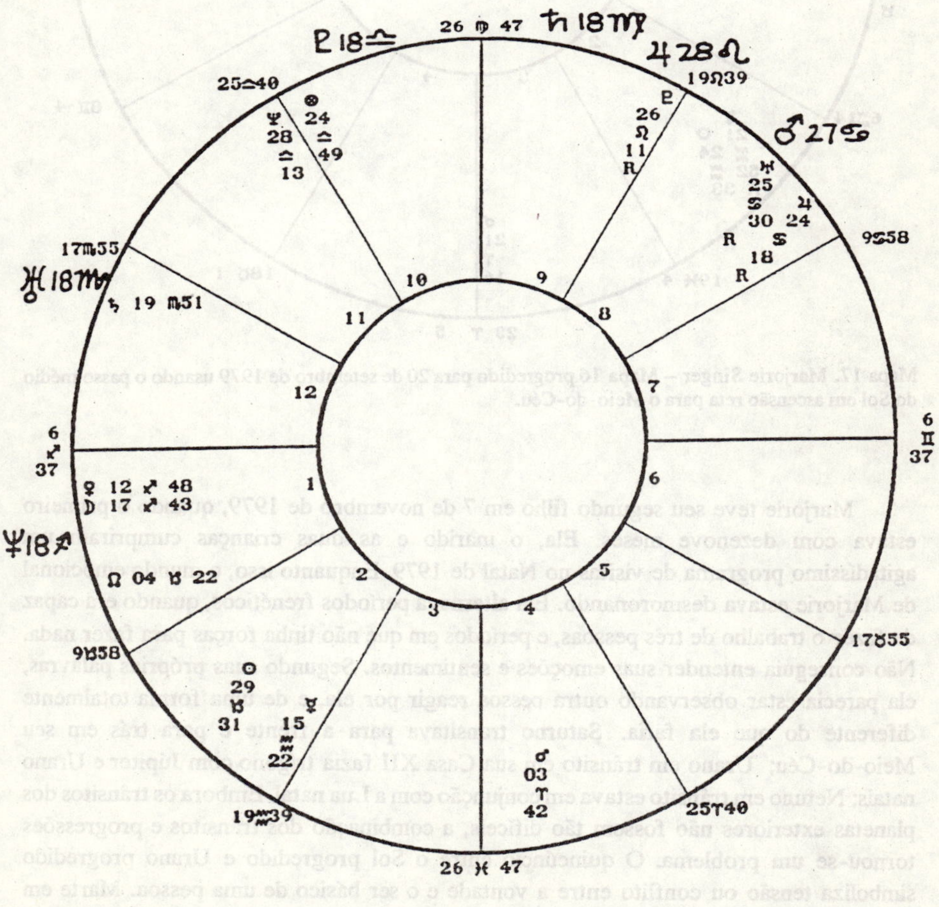

Mapa 16. Marjorie Singer – 20 de janeiro de 1955, 3h45, 44N04, 73W10; dados do registro hospitalar; casas de Placidus.

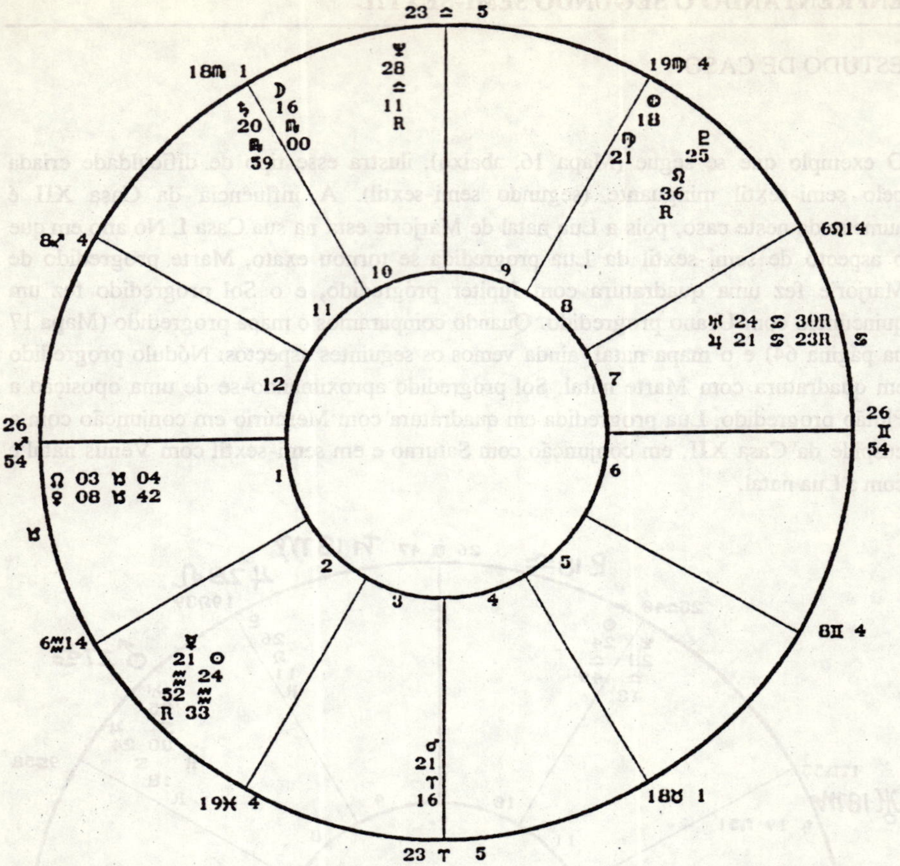

Mapa 17. Marjorie Singer – Mapa 16 progredido para 20 de setembro de 1979 usando o passo médio do Sol em ascensão reta para o Meio-do-Céu.

Marjorie teve seu segundo filho em 7 de novembro de 1979, quando o primeiro estava com dezenove meses. Ela, o marido e as duas crianças cumpriram um agitadíssimo programa de visitas no Natal de 1979. Enquanto isso, o mundo emocional de Marjorie estava desmoronando. Ela alternava períodos frenéticos, quando era capaz de fazer o trabalho de três pessoas, e períodos em que não tinha forças para fazer nada. Não conseguia entender suas emoções e sentimentos. Segundo suas próprias palavras, ela parecia estar observando outra pessoa reagir por ela, e de uma forma totalmente diferente do que ela faria. Saturno transitava para a frente e para trás em seu Meio-do-Céu; Urano em trânsito em sua Casa XII fazia trígono com Júpiter e Urano natais; Netuno em trânsito estava em conjunção com a Lua natal. Embora os trânsitos dos planetas exteriores não fossem tão difíceis, a combinação dos trânsitos e progressões tornou-se um problema. O quincúncio entre o Sol progredido e Urano progredido simboliza tensão ou conflito entre a vontade e o ser básico de uma pessoa. Marte em quadratura com Júpiter simboliza energia expressa de forma grandiosa ou incontrolável. Quando Netuno em trânsito fez conjunção com a Lua natal de Marjorie, ela começou a ter alucinações. À medida que os aspectos iam ficando mais exatos, ela começou a ter mais dificuldade em distinguir as alucinações da realidade. Em 17 de março de 1980, Marjorie foi hospitalizada com um colapso nervoso.[11]

A CONJUNÇÃO DA LUA PROGREDIDA COM A LUA NATAL

Muitos livros sobre astrologia definem a conjunção como um aspecto variável, indicando que não é nem favorável nem difícil. Isso é especialmente verdadeiro no caso da conjunção entre a Lua progredida e a Lua natal. Aqui, a posição por signo e os aspectos natais da Lua determinam se o ano da conjunção será mais suave ou mais difícil.

Se você tem a Lua natal em Touro, por exemplo, signo de sua exaltação, e seus únicos aspectos são um trígono e dois sextis, a conjunção provavelmente será muito tranqüila. O ano poderá, na realidade, ser verdadeiramente feliz. Por outro lado, você pode ter a Lua natal em Áries, em quadratura com Saturno, Marte, Mercúrio e o Meio-do-Céu, em oposição a Netuno e ao Ascendente, em trígono com Plutão e em sextil com Urano (como eu tenho). Nesse caso, o ano da conjunção pode bem ser um ano de mal-estar emocional, e de acontecimentos mais ou menos diferentes.

Considerando esses dois extremos e toda a gama intermediária, o problema de definir a qualidade do ano da conjunção torna-se enorme. Para cada exemplo difícil, existe um tranqüilo, e igualmente válido. Para cada um de nós que se depara com acontecimentos específicos, há outro que tem um ano pacífico, sem fatos marcantes.

Há, entretanto, um contexto comum a todos os anos da conjunção: é a reavaliação. Somos capazes de olhar para o passado e para o futuro, avaliando nossos sentimentos passados e projetando nossas reações futuras. Nossa natureza responsiva natal intensifica-se, já que todos os aspectos natais da Lua ficarão exatos no ano da conjunção. Lembra-se da quadratura Lua-Marte no seu mapa natal? Você vai ter conflitos com as mulheres de sua vida. Se já tem alguma compreensão da sua natureza reativa, você poderá identificar até que ponto você contribui para as tensões à sua volta. Você tem uma oposição natal Lua-Saturno? Então precisa trabalhar a sua tendência a assumir responsabilidades muito depressa. Talvez você ande por aí se desculpando por todos os acontecimentos negativos, mesmo que não tenha nada a ver com eles. Você terá que descobrir por que se sente tão culpado a respeito de coisas que você não causou.

Enquanto a sua Lua progredida está no mesmo signo da sua Lua natal, você pode, em sentido figurado, voltar para casa a fim de descobrir as respostas de que gostamos e as que nos tornam infelizes. Podemos descobrir algumas das razões de nosso comportamento, e decidir se queremos manter padrões de comportamento que não nos tragam paz. Se batermos em retirada, e continuarmos culpando alguma outra pessoa pelas nossas respostas, é porque a nossa escolha foi ignorar o potencial de crescimento que temos.

Não ponha a culpa em sua mãe. Ela pode tê-lo odiado, amado, sufocado com afeto (muitas vezes uma situação de controle levemente disfarçada), ou rejeitado

11 Para uma análise mais exata do mapa, ver capítulo 5.

completamente, mas você não é sua mãe. Você é a única pessoa que pode decidir como vai responder às situações. Quando conseguir perdoar o fato de sua mãe ser um ser humano com defeitos, você poderá perdoar as suas próprias incoerências.

A conjunção é o início do ciclo adulto de sua vida. Só você pode fazer a opção de entrar nesse ciclo como um ser humano livre e total.

COMO EU VEJO O MUNDO?

O ASCENDENTE PROGREDIDO

O eixo do Ascendente – o último componente da nossa trilogia estrutural – simboliza a face que mostramos ao mundo, a *persona* que projetamos para os outros, a janela através da qual filtramos as informações sobre o que há no mundo ao nosso redor. O signo e o grau do horizonte leste no momento do nosso nascimento é o Ascendente, a cúspide da Casa I. Está em oposição, a 180°, do Descendente, ou cúspide da Casa VII. Tudo que faz aspecto com o Ascendente, também o faz com o Descendente. Como o Ascendente e o Descendente constituem um eixo, às vezes é difícil separar totalmente o significado dos dois lados.

O conceito tradicional de Ascendente indica que o lado leste do eixo mostra como você encara o mundo. É a interação entre você e o meio ambiente imediato. É a personalidade que você exibe. O Descendente lida com tudo que não é você, com todas as outras pessoas no mundo, e com os seus parceiros. Vimos que o Sol e a Lua definem o seu ser físico e emocional. Quando essas duas partes se combinam com o Ascendente, podemos acrescentar mais detalhes ao quadro, e a combinação nos fala dessa indefinível centelha que é a personalidade. Quando o Ascendente progride para um signo diferente, a sua visão ou perspectiva do mundo transformam-se. Nesta seção, investigaremos algumas das transformações indicadas pela mudança do Ascendente.

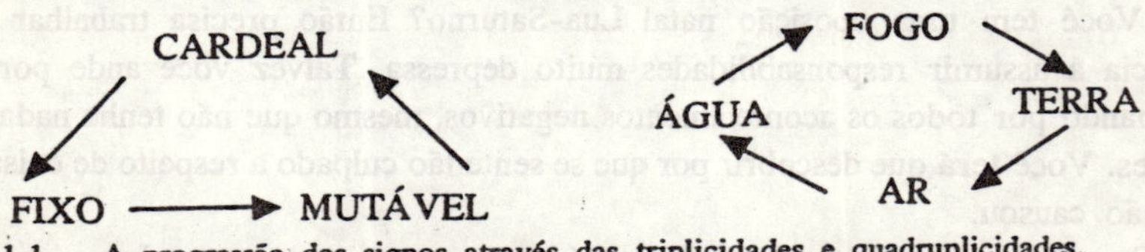

Figura 1.1. A progressão dos signos através das triplicidades e quadruplicidades.

Vamos imaginar as diferenças entre duas pessoas nascidas no mesmo dia, no mesmo hospital, mas com algumas horas de diferença, para esclarecer o significado do Ascendente natal. Jim e Joan têm o Sol em Peixes e a Lua em Escorpião. O Ascendente de Jim é Câncer, e o de Joan é Leão.

Joan, com o Ascendente em Leão, terá mais dificuldade em reconciliar a sua abordagem do mundo exterior com sua natureza básica e seus padrões de resposta emocional. O Sol em Peixes não gosta de se gabar nem de se exibir, e a Lua em Escorpião certamente não quer expor-se emocionalmente. Entretanto, o Ascendente em Leão simboliza o desejo de ser notada e elogiada, um desejo de ter destaque no ambiente.

Por outro lado, Jim, cujo Ascendente é Câncer, sente-se bastante à vontade com a projeção da sensibilidade que acompanha esse signo. Enquanto Joan pode detestar as lágrimas comuns com o Sol em Peixes, Jim poderá usar as lágrimas e/ou os estados de espírito em seu benefício.

Para todos nós, à medida que o mapa progride, o Ascendente avança para o signo seguinte, e nós amadurecemos para um novo estágio de crescimento pessoal. Não importa que esse novo signo seja mais ou menos compatível com nossas posições natais; nós mudaremos nossa visão e abordagem do meio. Para visualizar o padrão do movimento progredido, veja a Figura 1.1, que mostra como os signos progridem em termos de triplicidades e quadruplicidades.

O ritmo de ascensão dos signos não é constante, dependendo da latitude do nascimento e do próprio signo. O Quadro 1.3 na página 68 dá as diferenças no ritmo de ascensão nos sistemas Placidus e Koch para a latitude norte. Seguindo o Quadro 1.3, você verá que se tem o Ascendente a 0° de Leão ou Escorpião, e nasceu no hemisfério norte, seu Ascendente só mudará de signo quando você tiver quarenta anos. Isso com certeza contribui para a fama que esses dois signos têm de exercerem uma poderosa influência quando no Ascendente. Por outro lado, se o seu Ascendente está a 0° de Touro ou de Aquário, aos quarenta anos seu Ascendente progredido já terá percorrido dois terços de Gêmeos ou de Peixes!

Ascendente Progredido de Cardeal para Fixo – O Ascendente cardeal simboliza o desejo de se movimentar em seu ambiente. Você tem necessidade de tomar iniciativas e deixa sua marca no ambiente. Quando seu Ascendente progride para um signo fixo, você tende a solidificar suas conquistas; torna-se mais coerente na interação com o mundo. Muitas vezes essa combinação produz autoconfiança, pois o seu signo cardeal natal começa as coisas que o signo progredido fixo termina.

Ascendente Progredido de Fixo para Mutável – O Ascendente natal fixo simboliza a tendência a estabelecer trocas sólidas, garantidas e testadas com o meio ambiente. A progressão do seu Ascendente para um signo mutável abre as portas da flexibilidade. Você se torna mais descontraído, adquirindo assim a capacidade de adaptar-se a novas situações.

Ascendente Progredido de Mutável para Cardeal – O Ascendente natal mutável simboliza a sua capacidade de rápida adaptação às exigências de qualquer situação externa. Esta flexibilidade implica um dilema, pois você poderá sentir-se confuso em relação à sua postura em uma quantidade de situações. Quando o Ascendente progride para um signo cardeal, você nota uma crescente capacidade de tomar decisões a respeito da visão que quer que os outros tenham de você.

Ascendente Progredido de Fogo para Terra – Quando você tem um Ascendente natal em fogo, a tendência é abordar o mundo com ímpeto e entusiasmo. Quando seu Ascendente entra em terra, você pode acrescentar circunspecção e senso prático ao seu estilo. A terra é reativa, e agora você pode aprender a reagir às pistas dadas pelo ambiente em vez de se lançar à ação de imediato.

*Quadro 1.3 Tabela de arcos de ascensão dos signos zodiacais no hemisfério norte**[12]

Lat.	♈	♉	♊	♋	♌	♍	♎	♏	♐	♑	♒	♓
0	27 55	29 54	32 11	32 11	29 54	27 55	27 55	29 54	32 11	32 11	29 54	27 55
5	26 54	29 5	31 51	32 31	30 44	28 56	28 56	30 44	32 31	31 51	29 5	26 54
10	25 51	28 15	31 30	32 51	31 34	29 58	29 58	31 34	32 51	31 30	28 15	25 51
15	24 47	27 23	31 9	33 13	32 26	31 2	31 2	32 26	33 13	31 9	27 23	24 47
20	23 40	26 28	30 47	33 35	33 21	32 9	32 9	33 21	33 35	30 47	26 28	23 40
21	23 26	26 17	30 42	33 40	33 32	32 23	32 23	33 32	33 40	30 42	26 17	23 26
22	23 12	26 5	30 37	33 45	33 44	32 37	32 37	33 44	33 45	30 37	26 5	23 12
23	22 58	25 53	30 32	33 50	33 56	32 51	32 51	33 56	33 50	30 32	25 53	22 58
24	22 43	25 41	30 27	33 55	34 8	33 6	33 6	34 8	33 55	30 27	25 41	22 43
25	22 29	25 29	30 22	34 0	34 20	33 20	33 20	34 20	34 0	30 22	25 29	22 29
26	22 14	25 17	30 17	34 5	34 32	33 35	33 35	34 32	34 5	30 17	25 17	22 14
27	21 58	25 4	30 12	34 10	34 45	33 51	33 51	34 45	34 10	30 12	25 4	21 58
28	21 43	24 51	30 6	34 16	34 58	34 6	34 6	34 58	34 16	30 6	24 51	21 43
29	21 27	24 38	30 1	34 21	35 11	34 22	34 22	35 11	34 21	30 1	24 38	21 27
30	21 11	24 24	29 55	34 27	35 25	34 38	34 38	35 25	34 27	29 55	24 24	21 11
31	20 54	24 10	29 49	34 33	35 39	34 55	34 55	35 39	34 33	29 49	24 10	20 54
32	20 37	23 56	29 43	34 39	35 53	35 12	35 12	35 53	34 39	29 43	23 56	20 37
33	20 20	23 42	29 37	34 45	36 7	35 29	35 29	36 7	34 45	29 37	23 42	20 20
34	20 2	23 27	29 30	34 51	36 22	35 47	35 47	36 22	34 51	29 30	23 27	20 2
35	19 44	23 11	29 24	34 58	36 38	36 5	36 5	36 38	34 58	29 24	23 11	19 44
36	19 26	22 55	29 17	35 5	36 54	36 23	36 23	36 54	35 5	29 17	22 55	19 26
37	19 7	22 39	29 10	35 12	37 10	36 43	36 43	37 10	35 12	29 10	22 39	19 7
38	18 47	22 22	29 2	35 19	37 27	37 2	37 2	37 27	35 19	29 2	22 22	18 47
39	18 27	22 5	28 55	35 37	37 44	37 22	37 22	37 44	35 27	28 55	22 5	18 27
40	18 6	21 47	28 47	35 35	38 2	37 43	37 43	38 2	35 35	28 47	21 47	18 6
41	17 45	21 28	28 38	35 43	38 21	38 4	38 4	38 21	35 43	28 38	21 28	17 45
42	17 23	21 8	28 30	35 52	38 41	38 26	38 26	38 41	35 52	28 30	21 8	17 23
43	17 0	20 48	28 21	36 1	39 1	38 49	38 49	39 1	36 1	28 21	20 48	17 0
44	16 36	20 27	28 11	36 11	39 22	39 13	39 13	39 22	36 11	28 11	20 27	16 36

Quadro 1.3 (continuação)

Lat.	♈	♉	♊	♋	♌	♍	♎	♏	♐	♑	♒	♓
45	16 12	20 5	28 1	36 21	39 44	39 37	39 37	39 44	36 21	28 1	20 5	16 12
46	15 46	19 42	27 50	36 32	40 7	40 3	40 3	40 7	36 32	27 50	19 42	15 46
47	15 20	19 18	27 39	36 43	40 31	40 29	40 29	40 31	36 43	27 39	19 18	15 20
48	14 53	18 53	27 27	36 55	40 56	40 56	40 56	40 56	36 55	27 27	18 53	14 53
49	14 24	18 26	27 14	37 8	41 23	41 25	41 25	41 23	37 8	27 14	18 26	14 24
50	13 55	17 58	27 0	37 22	41 51	41 55	41 55	41 51	37 22	27 0	17 58	13 55
51	13 23	17 28	26 45	37 37	42 21	42 26	42 26	42 21	37 37	26 45	17 28	13 23
52	12 51	16 57	26 29	37 53	42 52	42 58	42 58	42 52	37 53	26 29	16 57	12 51
53	12 17	16 23	26 12	38 10	43 26	43 32	43 32	43 26	38 10	26 12	16 23	12 17
54	11 41	15 47	25 53	38 29	44 2	44 8	44 8	44 2	38 29	25 53	15 47	11 41
55	11 3	15 9	25 32	38 50	44 40	44 46	44 46	44 40	38 50	25 32	15 9	11 3
56	10 24	14 27	25 8	39 14	45 22	45 25	45 25	45 22	39 14	25 8	14 27	10 24
57	9 42	13 42	24 42	39 40	46 7	46 7	46 7	46 7	39 40	24 42	13 42	9 42
58	8 57	12 54	24 12	40 10	46 55	46 52	46 52	46 55	40 10	24 12	12 54	8 57
59	8 10	12 0	23 38	40 44	47 49	47 39	47 39	47 49	40 44	23 38	12 0	8 10
60	7 19	11 1	22 58	41 24	48 48	48 30	48 30	48 48	41 24	22 58	11 1	7 19
61	6 26	9 55	22 10	42 12	49 54	49 24	49 24	49 54	42 12	22 10	9 55	6 26
62	5 28	8 42	21 11	43 11	51 7	50 21	51 21	51 7	43 11	21 11	8 42	5 28
63	4 26	7 18	19 56	44 26	52 31	51 23	51 23	52 31	44 26	19 56	7 18	4 26
64	3 19	5 41	18 13	46 8	54 8	52 30	52 30	54 8	46 8	18 13	5 41	3 19
65	2 6	3 48	15 40	48 42	56 1	53 43	53 43	56 1	48 42	15 40	3 48	2 6
66	0 47	1 30	10 47	53 35	58 19	55 2	55 2	58 19	53 35	10 47	1 30	0 47

* **Ache a coluna da latitude à esquerda (Lat.), procure na tabela o signo apropriado. Esses valores (em anos) são o tempo que cada signo leva para cruzar o Ascendente se você estiver usando casas de Placidus ou Koch. (Copyright © Robert Hand. Reproduzido com autorização.)**

12 Para o hemisfério sul, inverta os signos. Áries passa para Libra, Touro para Escorpião etc.

Ascendente Progredido de Terra para Ar – Quando você tem um signo de terra ascendendo, a sua tendência é dar bastante importância ao resultado prático de seu impacto sobre o meio. Você espera até ter coletado informação suficiente antes de responder aos estímulos. A progressão para um signo de ar traz não somente padrões intelectuais de comportamento, mas também uma consciência crescente da sua necessidade de agir e não só reagir em algumas situações.

Ascendente Progredido de Ar para Água – Quando você tem um signo aéreo ascendendo, você reflete e age sobre todas as coisas. A comunicação é a sua ligação mais vital com o mundo. A progressão do seu Ascendente para água introduz a necessidade de reagir ao meio. Além disso, o signo de água acentua a sua crescente capacidade de usar as pistas emocionais no entendimento do seu impacto sobre os outros e vice-versa.

Ascendente Progredido de Água para Fogo – Quando você tem um signo de água ascendendo, você tende a reagir ao meio de forma bastante emocional. Quando seu Ascendente progride para fogo, você quer desencadear a atividade. Você quer ser visto e apreciado pelo que é. A combinação pode ser difícil tanto no caso de o seu Sol natal como a sua Lua natal estarem em signo de terra ou água. Entretanto, se o seu Sol natal ou sua Lua natal estiverem em signo de fogo ou ar, essa progressão vai lhe dar a sensação de que está voltando para casa, de que pode exibir ao mundo sua verdadeira natureza.

MUDANÇAS DE COMBINAÇÕES

ESTUDOS DE CASOS

Os exemplos seguintes mostram mudanças de polaridade do Sol, da Lua e do Ascendente em duas pessoas. A análise dá uma idéia de como se inicia a comparação entre o mapa natal e o mapa progredido.

O mapa natal de Sandra (Mapa 18) mostra o Sol em Libra (yang), a Lua em Gêmeos (yang) e o Ascendente em Capricórnio (yin). Essa combinação simboliza uma dificuldade na auto-expressão (Sol) ou na expressão dos sentimentos (Lua). Tanto o Sol como a Lua estão em ar; a abordagem intelectual é a força básica de sua personalidade e de seu padrão de respostas emocionais.

Porém, o Ascendente Capricórnio de Sandra projeta ao mundo exterior uma imagem prática e reativa. Embora a natureza cardeal de Capricórnio permita, em parte, a expressão dos impulsos iniciadores de Libra, a natureza yin do signo de terra incita a uma cautela que nem sempre é fácil manter.

Quando Sandra estava no final da casa dos 20 (Mapa 19), seu Sol e seu Ascendente tinham progredido para o signo seguinte, mudando de polaridades. Sandra tinha mais facilidade em projetar seu ser essencial (Sol natal) e sua natureza habitual de reações (Lua natal) através do Ascendente progredido em Aquário. Sua forte natureza intelectual adaptou-se facilmente a esse signo aéreo. Enquanto isso, seu Sol progredido, em Escorpião, usava o simbolismo do Ascendente natal em Capricórnio como forma de expressão. Apesar da presença da triplicidade de ar, com o Ascendente progredido, o Sol natal e a Lua natal, o Sol progredido combina com o Ascendente natal proporcionando um inegável componente yin à personalidade de Sandra durante vinte e oito anos. Nesse período, a Lua em progressão fez a volta por todos os signos. Quando sua Lua progredida estava em signos de terra ou água, Sandra podia usar tanto o yin como o yang como meio de auto-expressão. Quando a Lua progredida estava em fogo ou ar, Sandra tendia a projetar-se mais agressivamente.

O próximo exemplo (Mapas 20, 21 e 22) é mais complicado e não mostra uma combinação tão fácil das influências natais e progredidas. Isso deve-se ao fato de o Sol de David estar bem no fim de Peixes, enquanto seu Ascendente está no começo de Câncer.

A combinação natal de David mostra que apesar de ser emocional e sensível, ele tem dificuldade de expressar seus sentimentos. Às vezes fica preocupado quanto a ter ou não sentimentos profundos, quando se descobre usando a emoção como forma de manipular os outros.

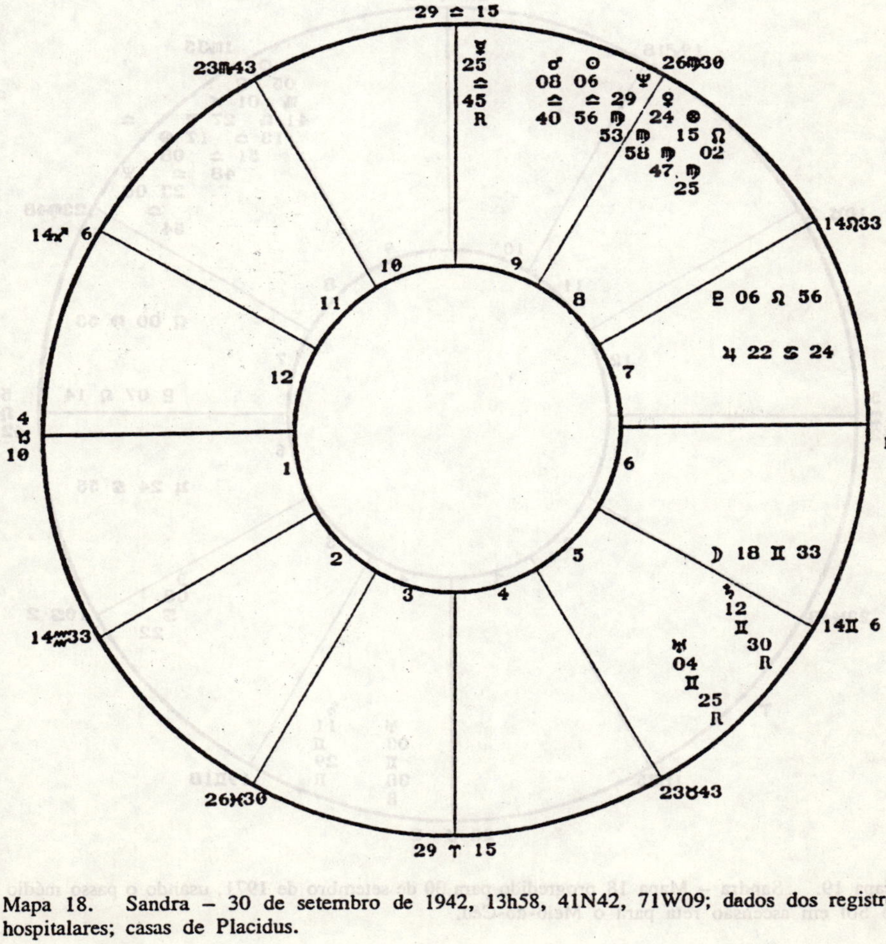

Mapa 18. Sandra – 30 de setembro de 1942, 13h58, 41N42, 71W09; dados dos registros hospitalares; casas de Placidus.

O Sol de David progrediu para Áries quando ele estava com dois anos de idade, mas seu Ascendente só entrou em Leão aos 25 anos. Assim, ele não tinha um meio efetivo de projetar seu Sol progredido durante a infância. Os subterrâneos agressivos da progressão em Áries só vinham à superfície através da hábil manipulação dos pais, professores e irmãos com a emoção da água.

Até os trinta e dois anos, o Sol progredido de David ficou em fogo. Nessa época, ele estava mais desejoso de mostrar o seu lado yang em suas interações com o mundo. Voltou à faculdade (interrompida por causa da Segunda Guerra), formou-se, começou a lecionar, casou-se. Embora conseguisse projetar maior autoconfiança, em retrospecto ele não tem certeza se nesse período realmente tinha mais confiança em si (Ascendente progredido ainda em Câncer). Quando o Sol de David progrediu para Touro, ele aparentemente abandonou totalmente o estilo leonino de interação, exceto nos contatos emocionais. Tanto o Sol natal como o Sol progredido encontravam uma expressão mais fácil através do Ascendente natal em Câncer. Quando David reage num nível puramente emocional, as partes leoninas de sua personalidade tornam-se mais evidentes. Se o acontecimento é negativo, ele grita e bate o pé bem ativamente. Se o

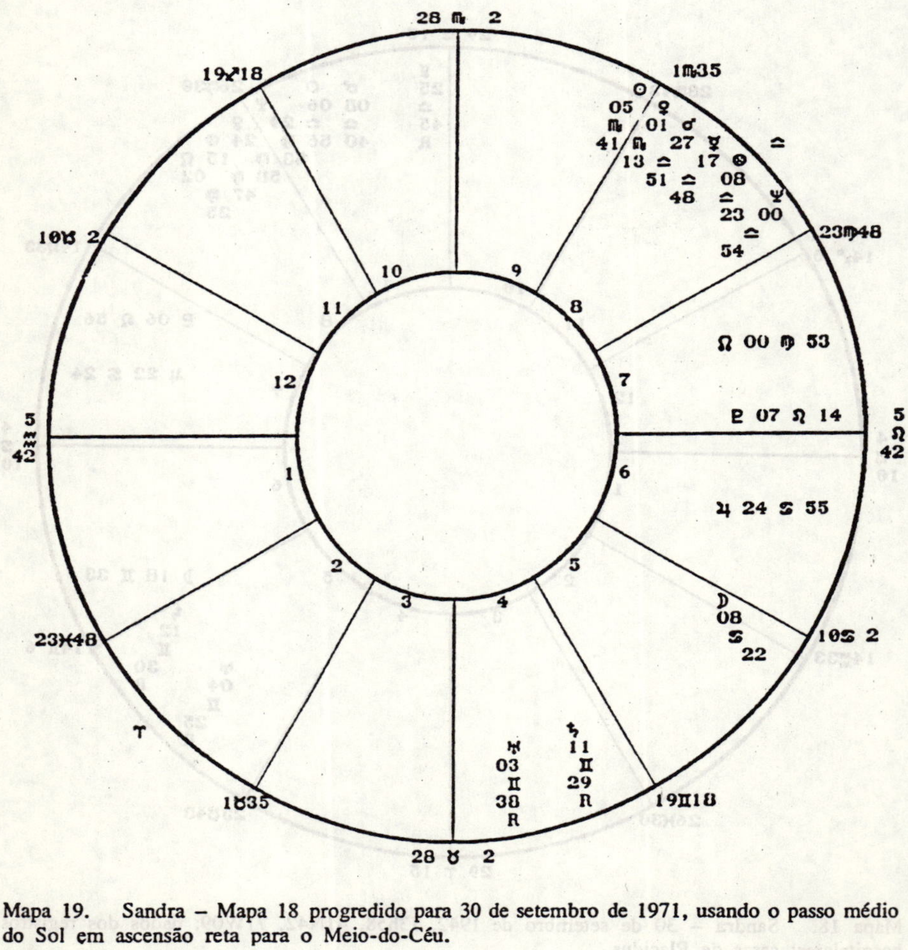

Mapa 19. Sandra – Mapa 18 progredido para 30 de setembro de 1971, usando o passo médio do Sol em ascensão reta para o Meio-do-Céu.

acontecimento é positivo, ele assume a direção e imediatamente age de alguma forma física. O maior problema de David é a sua incapacidade de integrar os lados yin e yang de sua natureza, pois esses lados estão muito rigidamente definidos. Ele não se esquece de mágoas passadas e tem dificuldade em admitir suas fortes tendências à manipulação.

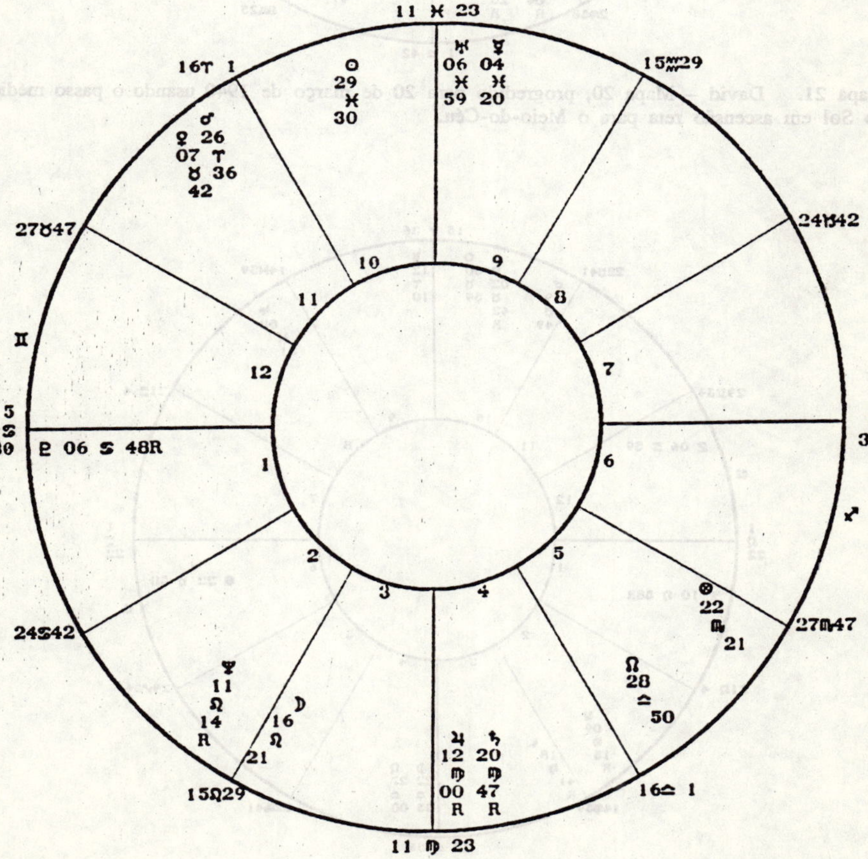

Mapa 20. David – 20 de março de 1921, 10h45, 42N21, 71W03; dados do álbum de bebê; casas de Placidus.

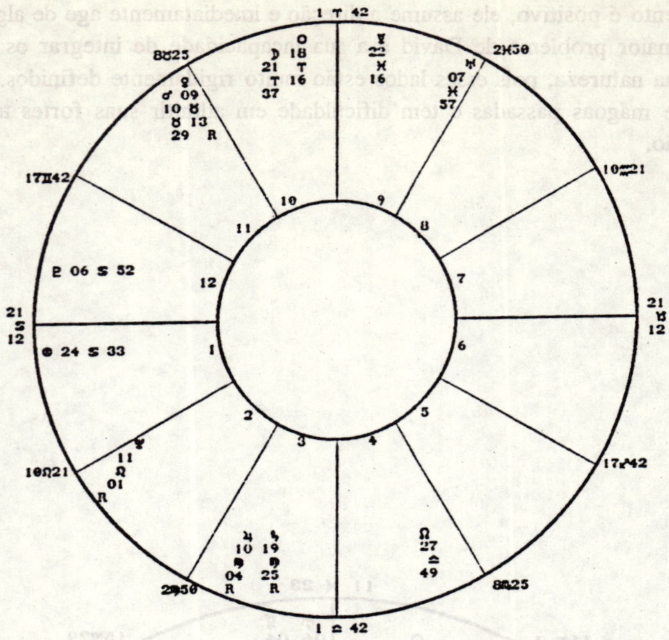

Mapa 21. David – Mapa 20, progredido para 20 de março de 1940 usando o passo médio do Sol em ascensão reta para o Meio-do-Céu.

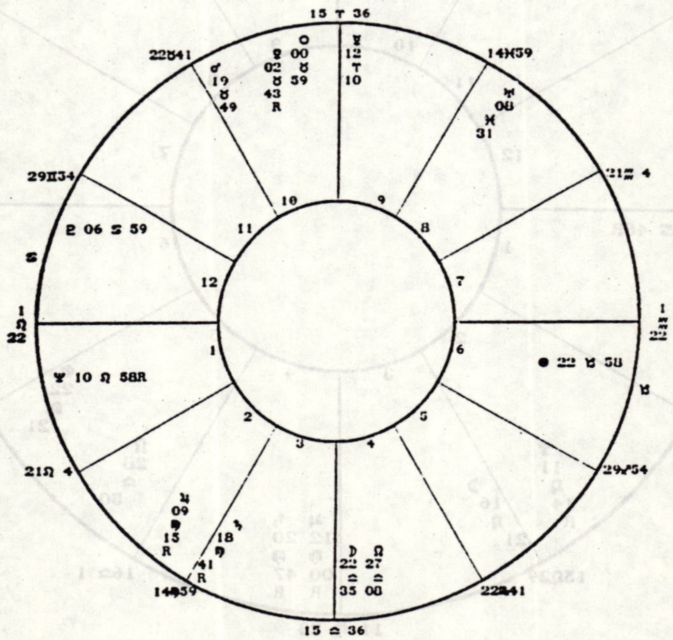

Mapa 22. David – Mapa 20, progredido para 20 de março de 1953 usando o passo médio do Sol em ascensão reta para o Meio-do-Céu.

2
ANATOMIA BÁSICA
O mapa como um todo

DAR E RECEBER

DIVISÃO DOS HEMISFÉRIOS

Todo círculo pode ser dividido em dois hemisférios, ou metades, traçando-se uma linha através de seu centro. Quando dividimos um mapa em hemisférios, as linhas divisórias geralmente se confundem com o eixo Ascendente/Descendente (sentido horizontal) ou Meio-do-Céu/Fundo-do-Céu (vertical). (Figura 2.1, página 78.)

Vamos examinar primeiro a divisão horizontal do mapa. Os planetas acima do eixo do Ascendente estão no hemisfério sul, enquanto os planetas abaixo do eixo encontram-se no hemisfério norte. Quando a maioria dos planetas cai no hemisfério norte do seu mapa (abaixo do horizonte) a tendência é ser introspectivo, buscando e encontrando forças dentro de você mesmo para solucionar os problemas do dia-a-dia. Inversamente, se você tem a maioria dos planetas na metade sul do seu mapa (acima do horizonte), a tendência é procurar fora de você as soluções para os problemas cotidianos e a força para enfrentar as dificuldades. Geralmente, os termos "introvertido" (maioria abaixo do horizonte) e "extrovertido" (maioria acima do horizonte) são aplicados a essa divisão. Tais rótulos são por demais carregados e enganosos. A maioria de nós tende a acreditar que as pessoas introvertidas não são amistosas e que as extrovertidas são superficiais. Este não é o verdadeiro significado dessas palavras, nem da divisão dos hemisférios.

Como veremos na análise do mapa de Toby (Mapa 23 na página 80) e do de Tina (Mapa 25 na página 82), nem todos os que têm a maioria dos planetas abaixo do horizonte são eremitas, nem todos os que têm a maioria dos planetas acima do horizonte são volúveis e exibidos.

A outra grande divisão de hemisférios verifica-se ao longo do eixo vertical, ou Meio-do-Céu/Fundo-do-Céu. Quando você tem a maioria dos seus planetas no lado oriental da carta, ou lado do Ascendente, está acostumado a tomar decisões baseado nos seus próprios desejos e necessidades no momento da decisão. Quando a maioria dos seus planetas encontra-se do lado ocidental, ou do Descendente, geralmente você baseia suas decisões nos desejos e necessidades dos outros. Nenhum hemisfério é intrinsecamente "melhor" ou "mais espiritual" que o outro.

Termos simplistas como "autocentrado", "auto-suficiente", ou "desenfreadamente individualista" em relação ao hemisfério oriental, e "auto-imolador" ou "mártir" em relação ao hemisfério ocidental, refletem mais os preconceitos do astrólogo do que o significado real de uma forte ênfase em um dos hemisférios. Da mesma forma que ocorre com os hemisférios sul e norte, as tendências inerentes às posições de signo do Sol, da Lua e do Ascendente serão enfatizadas ou amortecidas pela distribuição dos planetas no hemisfério ocidental ou oriental.

A ênfase de hemisfério muda muito devagar com a progressão do mapa. Geralmente, a ênfase natal permanece por toda a vida. A Figura 2.2 demonstra por que essa divisão de hemisférios muda tão devagar.

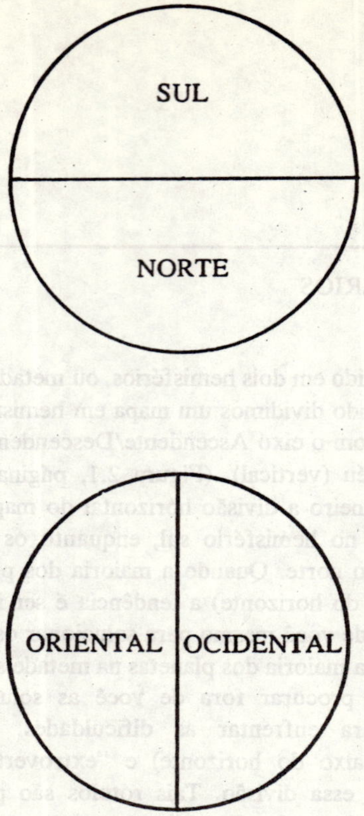

Figura 2.1. Hemisférios.

Quando o mapa progride, as cúspides se movem em sentido horário, enquanto os planetas se movem em sentido anti-horário. O Sol, Mercúrio, Vênus e Marte geralmente se movem na mesma proporção, ou mais rapidamente que as cúspides, enquanto os planetas de Júpiter em diante sempre se movem muito mais devagar que as cúspides. Devido a essas diferenças no ritmo de progressão, é freqüente os planetas interiores permanecerem na mesma casa natal, ou perto dela, enquanto os planetas exteriores mudam de casa à medida que as cúspides progridem no mapa secundário.

Por causa do movimento relativo dos planetas, não é comum um mapa em que uma forte ênfase num hemisfério seja invertida pela progressão do mapa. Os planetas de Júpiter em diante se movem tão devagar que o movimento dos ângulos os leva no sentido horário, enquanto os planetas mais rápidos permanecem na mesma posição em relação aos ângulos. Isto significa que a maioria dos mapas que mostram uma forte ênfase natal num dos hemisférios se tornam mais equilibrados à medida que o mapa progride.

Como qualquer outra regra ou generalização astrológica, esta também tem exceções. A importância de compreender a ênfase num hemisfério na análise de uma progressão secundária está nos mapas excepcionais, naqueles poucos mapas em que efetivamente haja uma mudança radical de ênfase durante a vida do indivíduo.

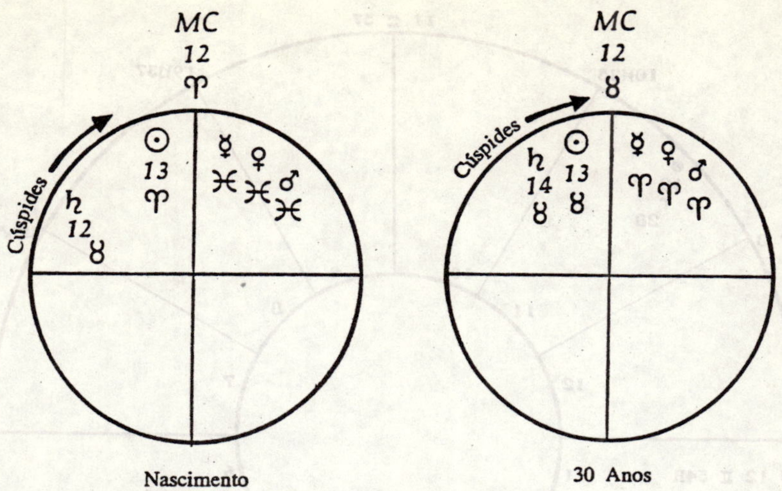

Figura 2.2 Mudanças na ênfase em hemisfério por progressão.

Os exemplos desta seção mostram os quatro extremos da divisão em hemisférios. Nos primeiros dois não há mudança de ênfase durante a progressão. Os dois segundos tornam-se mais equilibrados à medida que a progressão avança. O último caso é o mapa de uma mulher onde houve uma total inversão da ênfase aos 29 anos.

O primeiro exemplo, Toby (Mapas 23 e 24 nas páginas 80 e 81), com Gêmeos no Ascendente, Sol em Libra e Lua em Leão, tem os dez planetas abaixo do horizonte. Mas a tríplice natureza yang do seu Sol, da sua Lua e do seu Ascendente com certeza não indicam uma pessoa solitária. (É claro que Urano na Casa I também indica uma natureza mais ou menos desinibida, e tenho certeza que vocês poderão encontrar pelo menos mais nove razões astrológicas para explicar a efervescência de Toby.)

Essa divisão em hemisférios, porém, dá a Toby uma certa estabilidade. Ela tem, e usa, a força interior para lidar com os inevitáveis problemas de sua vida. Embora goste de pessoas e muitas vezes seja a "alma da festa", Toby também consegue ficar sozinha sem ansiedade excessiva. Se ela tivesse nascido doze horas antes ou depois, viver sozinha poderia ser um grande problema. Como as coisas são, Toby é bastante auto-suficiente.

O mapa de Toby progredido para trinta e cinco anos mostra que não houve mudança na ênfase em hemisfério. Em toda sua vida, ela não vai ter mais que três planetas acima do horizonte no mapa progredido. A ênfase em hemisfério vai sempre fazer um contraponto ao triplo yang do Sol, da Lua e do Ascendente natais. Toby sempre vai ser capaz de lançar mão de seus próprios recursos para atingir seus objetivos.

Os mapas de Tina (25 e 26 na página 82) fazem um interessante contraste, pois Tina tem uma personalidade com um triplo yin – Sol em Virgem, Lua em Câncer, Escorpião no Ascendente. A despeito do fato de que os seus dez planetas

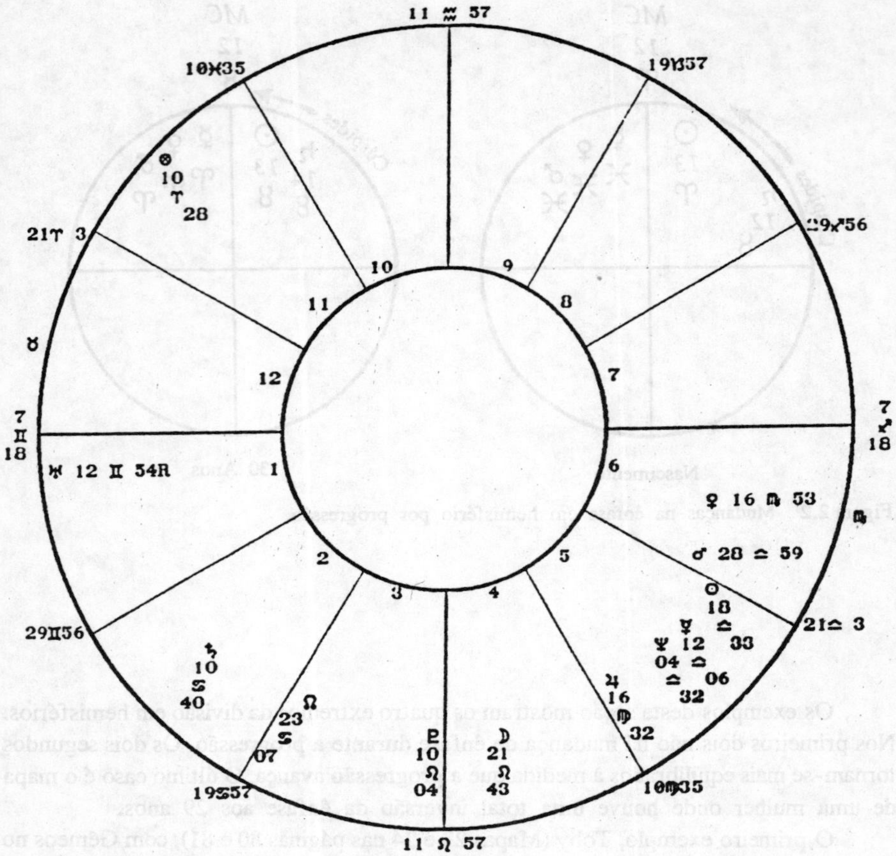

Mapa 23. Toby – 11 de outubro de 1944, 20h20, 42N21, 71W03; dados dos registros hospitalares; casas de Placidus.

estejam acima do horizonte, Tina foi terrivelmente tímida na infância e teve que trabalhar conscientemente na construção da sua autoconfiança. Tina aceitava as caçoadas de seus pais e de seus colegas como uma confirmação da sua própria baixa auto-imagem. Ela só saiu do isolamento auto-imposto provocado por sua timidez depois de terminar o colegial.

A ênfase no hemisfério sul, aqui, indica que Tina não fica feliz com a solidão. De fato, ela nunca viveu por sua conta, só tendo saído da casa de seus pais para se casar.

Quando seu Ascendente progrediu para um signo yang – Sagitário – Tina começou a ter mais facilidade em se aventurar pelo mundo e conseguiu seu primeiro emprego. Quando seu Sol progredido entrou em Libra, Tina tornou-se mais ativa num grupo de voluntários e concorreu a uma posição mais ou menos importante na diretoria. Venceu facilmente essa eleição e desempenhou suas obrigações bastante bem. A esta altura, ela se sente bastante segura de sua competência e de sua capacidade de lidar com as dificuldades que possam aparecer em sua vida.

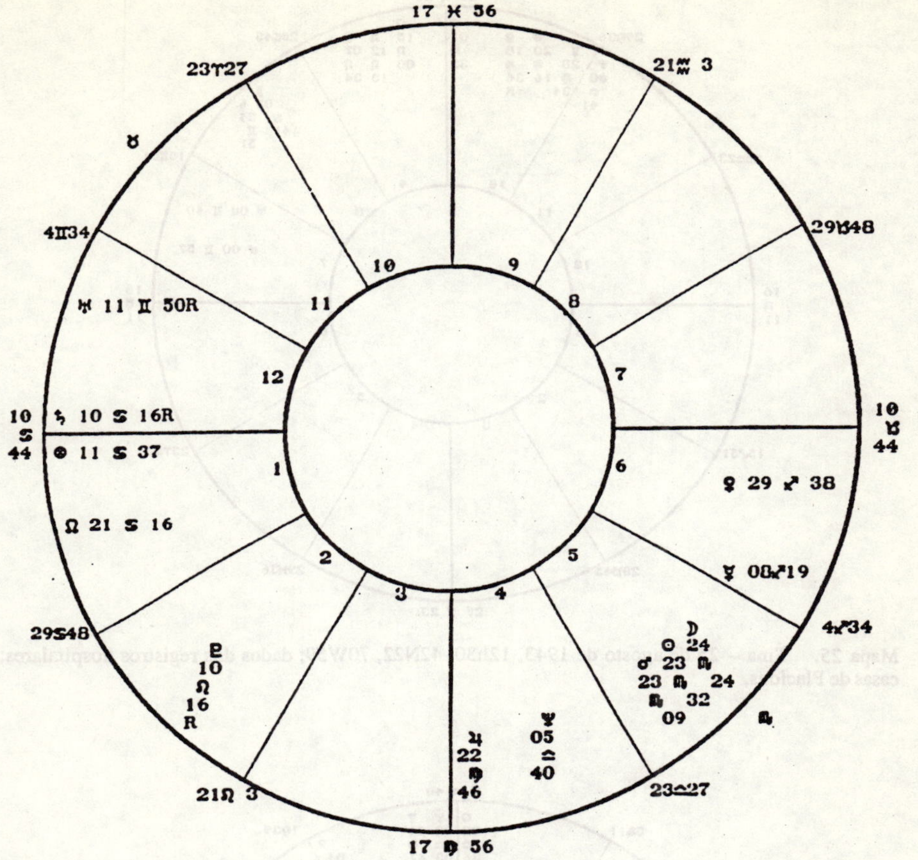

Mapa 24. Toby – Mapa 23, progredido para 11 de outubro de 1979, usando o passo médio do Sol em ascensão reta para o Meio-do-Céu.

Nosso próximo exemplo, Sophie (Mapas 27 e 28 na página 83), tem oito planetas no hemisfério ocidental, o Sol em Gêmeos, a Lua em Libra e Sagitário ascendendo. A descrição geral de uma personalidade com um triplo yang indica que Sophie deveria ser desinibida, ativa, cheia de iniciativa. Entretanto, devido à ênfase do hemisfério ocidental, com Mercúrio em Câncer e Saturno no Ascendente (e formando a alça desse mapa tipo balde), muito pouco dessa agressividade yang aparece exteriormente.

Sophie é bastante tímida; em geral fala suavemente e é um pouco solitária. Entretanto, por trás disso, existe de fato uma pessoa forte, inclinada à análise das situações e que segue, no fim das contas, seu próprio caminho. Em suas próprias palavras, ela tende a "se desdobrar pelos outros", às vezes chegando a se sacrificar em seu próprio detrimento.

À medida que o mapa foi progredindo, o desequilíbrio de hemisférios foi desaparecendo. Aos cinqüenta e três anos, conforme se pode ver, ela estava com quatro planetas no hemisfério oriental e seis no ocidental. A essa altura, Sophie já tinha aprendido a dizer "não" a algumas exigências dos outros.

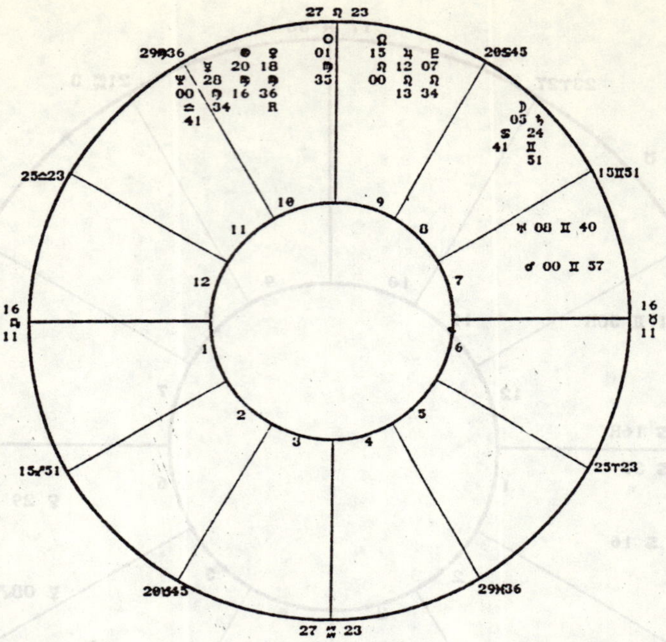

Mapa 25. Tina – 25 de agosto de 1943, 12h30, 42N22, 70W59; dados dos registros hospitalares; casas de Placidus.

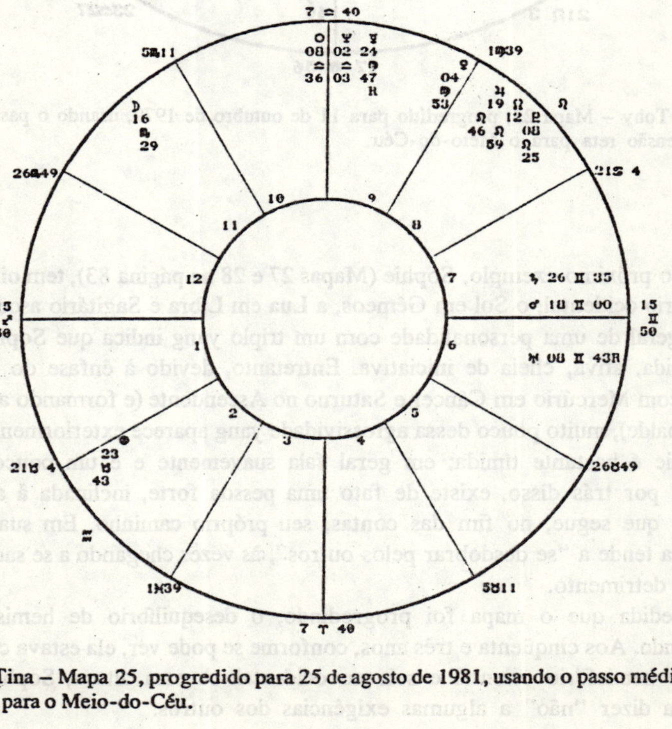

Mapa 26. Tina – Mapa 25, progredido para 25 de agosto de 1981, usando o passo médio do Sol em ascensão reta para o Meio-do-Céu.

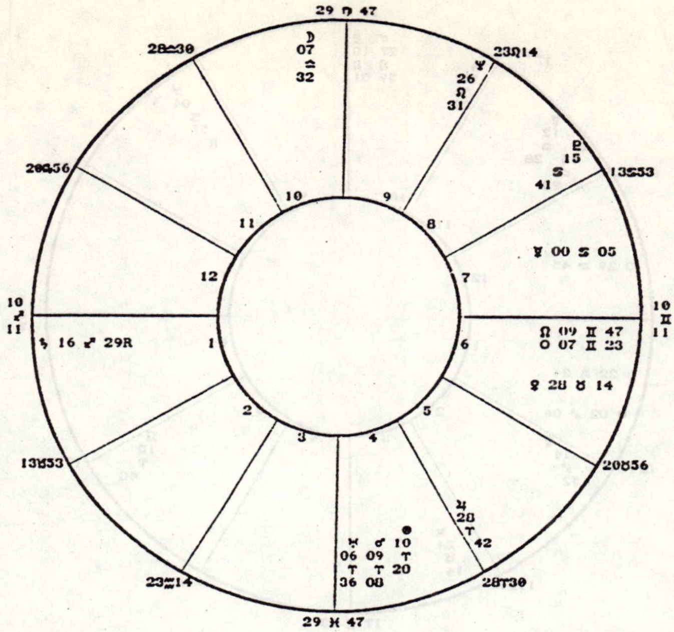

Mapa 27. Sophie – 28 de maio de 1928, 20h30, 41N55, 73W59; dados dos registros familiares; casas de Placidus.

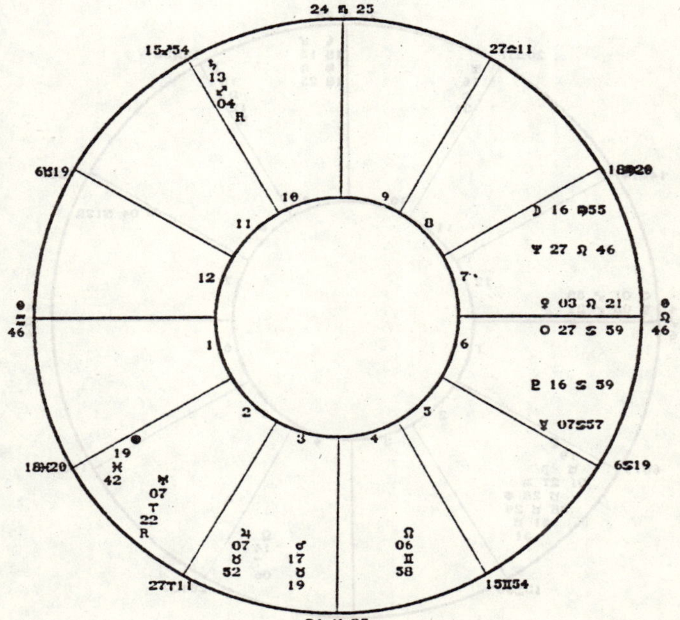

Mapa 28. Sophie – Mapa 27, progredido para 28 de maio de 1981, usando o passo médio do Sol em ascensão reta para o Meio-do-Céu.

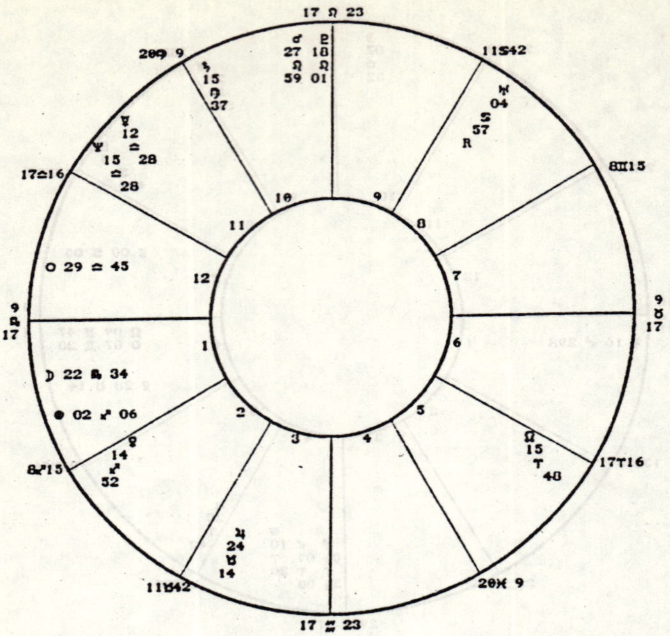

Mapa 29. Steve – 23 de outubro de 1949, 7h09, 40N42, 74W00; dados dos registros hospitalares; casas de Placidus.

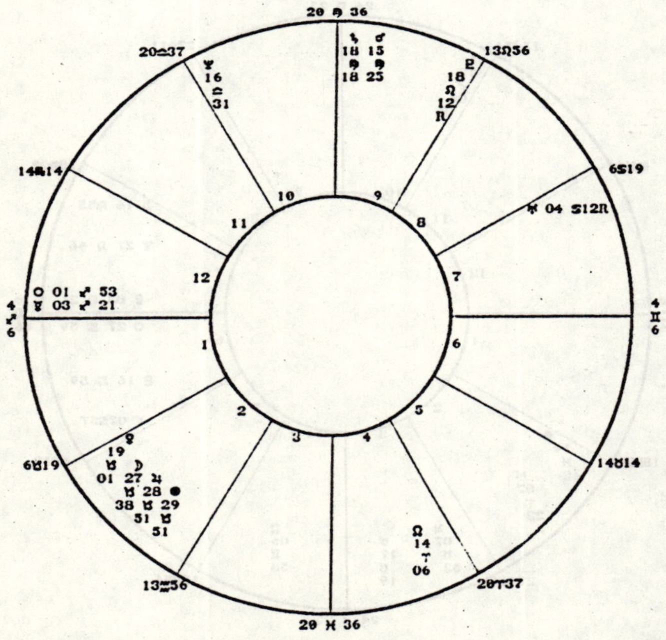

Mapa 30. Steve – Mapa 29, progredido para 23 de outubro de 1981, usando o passo médio do Sol em ascensão reta para o Meio-do-Céu.

Steve (Mapas 29 e 30 na página 84) tem uma forte ênfase no hemisfério oriental, com nove planetas desse lado. Seu Sol em Libra é yang, a Lua e o Ascendente em Escorpião são yin. Embora a Lua na Casa I num signo yin pudesse indicar sensibilidade ao meio ambiente, nesse caso manifesta-se como uma atitude extremamente desconfiada e discreta em relação aos outros. Como o regente de Escorpião (Plutão) está conjunto ao Meio-do-Céu, em Steve acentuam-se as qualidades de Escorpião. Ele usa a emoção para manipular o ambiente, em especial as mulheres de sua vida. Na infância, ele constantemente introduzia modificações no seu relacionamento com os pais, a irmã e os professores visando dominar sua mãe (Sophie, Mapas 27 e 28, é a mãe de Steve).

Com a progressão, a distribuição de planetas nos hemisférios tornou-se mais equilibrada. O extremo autocentrismo que caracterizou sua infância começou a diminuir, embora ele ainda tenha dificuldade com a questão de domínio-controle. Entretanto, está se relacionando de uma forma mais equilibrada.

Os exemplos acima mostraram o efeito típico das progressões secundárias sobre a ênfase em hemisférios. A maioria dos mapas ou permanece com o mesmo padrão ou tende a um maior equilíbrio.

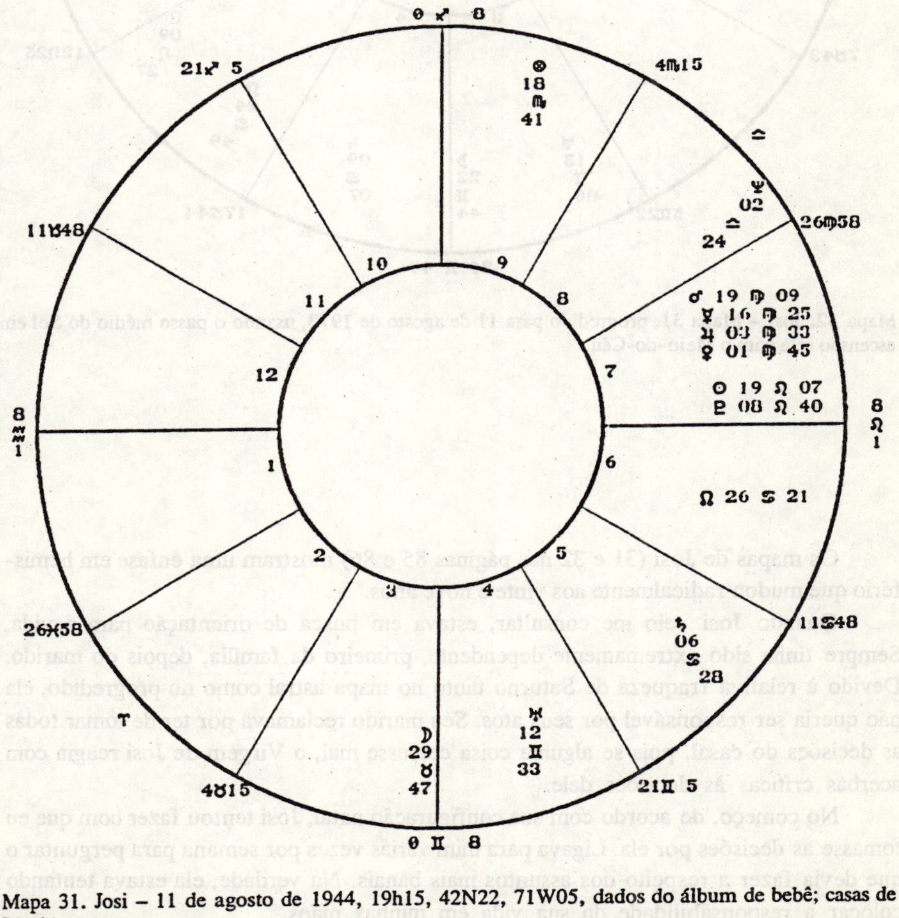

Mapa 31. Josi – 11 de agosto de 1944, 19h15, 42N22, 71W05, dados do álbum de bebê; casas de Placidus.

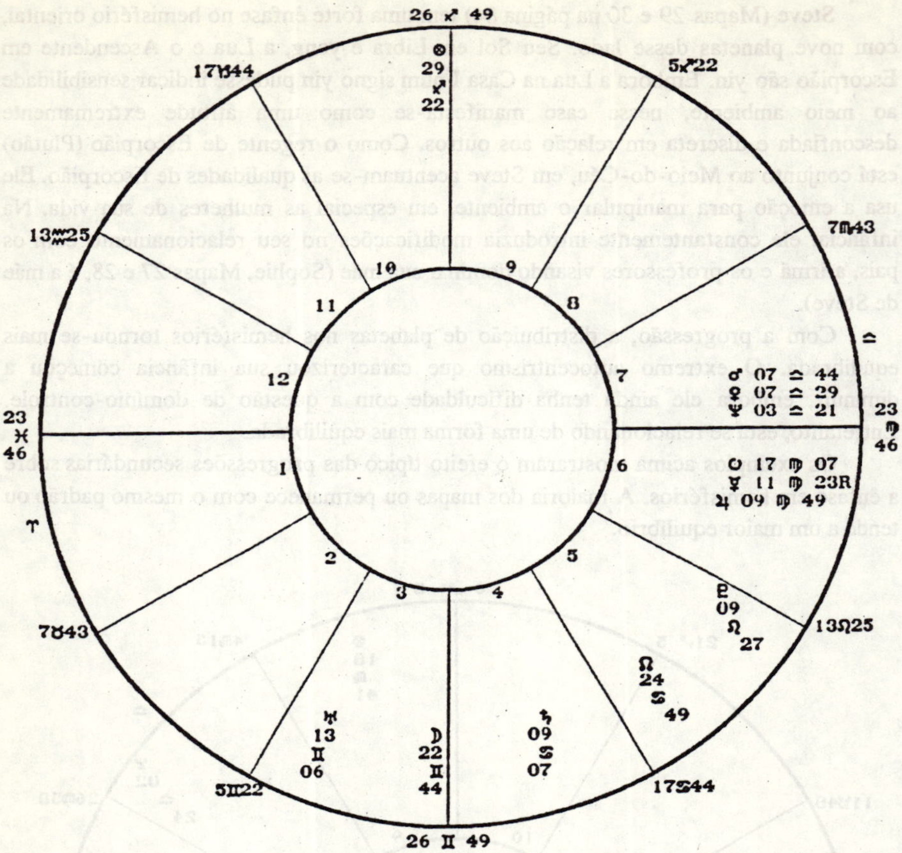

Mapa 32. Josi – Mapa 31, progredido para 11 de agosto de 1973, usando o passo médio do Sol em ascensão reta para o Meio-do-Céu.

Os mapas de Josi (31 e 32 nas páginas 85 e 86) mostram uma ênfase em hemisfério que mudou radicalmente aos vinte e nove anos.

Quando Josi veio me consultar, estava em busca de orientação para a vida. Sempre tinha sido extremamente dependente, primeiro da família, depois do marido. Devido à relativa fraqueza de Saturno tanto no mapa astral como no progredido, ela não queria ser responsável por seus atos. Seu marido reclamava por ter de tomar todas as decisões do casal, pois se alguma coisa corresse mal, o Virgem de Josi reagia com acerbas críticas às decisões dele.

No começo, de acordo com sua configuração natal, Josi tentou fazer com que eu tomasse as decisões por ela. Ligava para mim várias vezes por semana para perguntar o que devia fazer a respeito dos assuntos mais banais. Na verdade, ela estava tentando colocar a responsabilidade da sua vida em minhas mãos.

Sugeri, sem êxito, que procurasse ajuda psiquiátrica. Josi não conseguia entender, ou aceitar, o fato de que seus problemas estivessem ligados ao desejo de que outra pessoa dirigisse sua vida.

Diante da necessidade de Josi de desenvolver o senso de comunhão e participação, e aproveitando o fato de ela ser católica, sugeri que procurasse um grupo de Católicos Carismáticos perto de sua casa. Uma vez que decididamente ela não queria fazer uma terapia que lhe revelasse as causas do seu problema, e como eu não sou psicoterapeuta, achei que esse grupo religioso poderia dar o ânimo e a aprovação que ela desejava.

Quando a conjunção Marte-Vênus atingiu um ponto exato no mapa progredido de Josi, começando a fazer uma quadratura com Saturno progredido e um sextil com Plutão progredido, ela tornou-se uma Cristã renascida. Como membro dessa seita religiosa, Josi começou a ter mais facilidade em lidar com os problemas do dia-a-dia. Sua necessidade de dependência, projetada nos outros através das posições natais, passou a ser projetada num "outro" interior, ou num sistema de crença religiosa. Dentro desse sistema, as escolhas são proibidas ou restringidas.

Será que a extroversão se transformou em introversão com a mudança nos hemisférios? Não exatamente. Dentro dos parâmetros do seu envolvimento religioso, Josi procurava, e recebia, a aprovação dos outros. A essa altura, a maioria das suas amizades e relacionamentos sociais limitava-se ao grupo da igreja. Dentro desse grupo, sua divisão natal era ainda mais evidente, já que ela buscava conselhos e direção dos outros membros do grupo. No mundo como um todo, entretanto, o mapa progredido de Josi descrevia com mais precisão as suas interações.

Gradualmente, ela começou a parar de pedir permissão ao marido e a outras pessoas quando tinha de tomar decisões. Começou a lidar com as realidades do dia-a-dia (Casa VI) de uma forma ligeiramente menos compulsiva. Embora ainda mantivesse a casa em perfeita ordem, desenvolveu uma atitude um pouco mais descontraída em relação à limpeza. De vez em quando convidava amigos para irem à sua casa, mesmo sabendo que os convidados estariam usando sua casa e provavelmente iriam sujar alguma coisa.

Finalmente, resolveu fazer uma terapia (no ano em que seu Saturno progredido estava em quadratura com a conjunção Marte-Vênus progredida). A esta altura ela já não vinha me ver (de acordo com a sua crença, a astrologia é coisa do demônio). Portanto, a informação que tenho sobre essa época é por ouvir dizer. Mas, de acordo com seus parentes, ela está indo muito bem, tem um emprego, e não demonstra muita dificuldade em tomar as decisões do dia-a-dia.

FOCO SOBRE O MUNDO

O FORMATO DO MAPA

Depois de determinar a ênfase nos hemisférios, examino o formato geral do mapa para estabelecer os parâmetros gerais ou os padrões a partir dos quais a pessoa opera. Marc

Edmund Jones escreveu extensamente a respeito do formato dos mapas[13], porém esse tipo de análise exaustiva está além do propósito deste livro. Vamos nos limitar a discutir aqui as seis formas mais simples: a tigela, o feixe, o balde, a balança, a locomotiva, e o salpicado/espalhado.

O formato do mapa muda lentamente à medida que os planetas progridem na roda. Um feixe se transforma em tigela ou locomotiva (ou vice-versa) e, com a progressão da Lua, pode às vezes transformar-se em balde. Uma balança, por sua vez, pode virar um espalhado ou locomotiva de acordo com a progressão dos planetas. As diferenças no formato do seu mapa natal e do seu mapa progredido simbolizam um padrão diferente na sua abordagem geral da vida.

TIGELA

O mapa tipo tigela tem todos os planetas dentro de uma distância de 180°, ou uma oposição. O hemisfério que contém os planetas não corresponde, necessariamente, ao hemisfério determinado pelo eixo do Ascendente ou do Meio-do-Céu.

Se o seu mapa é do tipo tigela, você enfrenta constantes e importantes opções em sua vida. Essa opção sempre envolve a questão do interesse próprio *versus* auto-sacrifício. Parece que quase nunca há uma área intermediária onde esses extremos se juntem.

Se decidir guardar seus talentos para si, você pode tornar-se muito amargo. Tendo sempre guardado suas posses e capacidades, você pode descobrir no fim da vida que a tigela tão vigiada está quase vazia, e o que sobrou está azedo e podre. Por outro lado, se decidir dedicar seus talentos e habilidades em benefício dos outros, sua tigela nunca estará vazia. No fim da vida, ela estará cheia até as bordas com as realizações de uma existência altruísta.

A realidade da vida de um mapa tipo tigela está em algum lugar entre esses dois extremos. Se a sua personalidade carecesse completamente de interesses egoístas, você não precisaria se encarnar e não estaria lendo isto com seu corpo físico. Aqueles que estão aqui tentando chegar a uma comunhão altruísta manifestam o que há de melhor nesse tipo de mapa (o Mapa 23 da página 80 é do tipo tigela).

FEIXE

No feixe, todos os planetas encontram-se no espaço de um trígono, ou 120°. Se você tem esse tipo de mapa, sua vida caracteriza-se por um extremo interesse em alguma área. O feixe sempre significa uma ênfase numa das divisões dos hemisférios. Se ele se cruza com o eixo Asc/Desc (como no Mapa 31 na página 85), a ênfase recai sobre o hemisfério norte ou sul. Ocasionalmente, o feixe terá sete ou mais planetas num quadrante (veja Mapa 31). Nesse caso, os assuntos desse quadrante terão uma importância primordial na vida.

A concentração de planetas no mapa tipo feixe reforça sua necessidade de sair de você e usar seus talentos e habilidades para o bem dos outros. Isso pode ser mais

13 Jones, Marc Edmund, *The Guide to Horoscopic Interpretation*, David Mckay, Filadélfia, Pensilvânia, 1972.

evidente para as pessoas à sua volta do que para você. As pessoas com esse tipo de mapa geralmente são brilhantes em determinadas áreas da vida. Entretanto, se não decidirem desenvolver as outras áreas, o reduzido campo de especialização pode tornar-se mais uma prisão do que uma verdadeira forma de auto-expressão.

BALDE

No balde, há nove planetas dentro do espaço de uma oposição (180°), com um planeta opondo-se ao centro da oposição (a alça do balde). O planeta que faz essa oposição não forma nenhum sextil, ou aspecto menor com outro planeta. Alguns astrólogos insistem que um verdadeiro balde não tem qualquer planeta a menos de 90° da alça. (O Mapa 7 na página 48 e o Mapa 27 na página 83 são do tipo balde).

O Sol, Mercúrio e Vênus nunca podem ser a alça do balde, já que a distância entre eles nunca é superior a 60°.

No balde, o planeta que forma a alça constitui o destaque. Quando esse planeta forma oposições quase exatas, todo o simbolismo do mapa pode estar centralizado nele. A tendência é expressar as energias através das lentes desse planeta.

BALANÇA

O mapa tipo balança tem dois grupos de planetas, cada um dentro de uma distância de cerca de 90°, opondo-se um ao outro. (O Mapa 4 na página 44 é desse tipo.) Quando você tem um mapa tipo balança, sua tendência será alternar-se entre dois tipos de comportamento. Quanto mais oposições houver na balança, mais extremadas serão as mudanças de comportamento. Sempre há uma tensão interna que conduz à ação. A resolução dos problemas inerentes a esse tipo de mapa depende basicamente da sua honestidade em relação à sua tendência a criar tensão em qualquer situação.

LOCOMOTIVA

Na locomotiva, os planetas estão espaçados no mapa de modo a restar um espaço vazio idêntico a um trígono, ou 120°. (O Mapa 14 na página 59 e o Mapa 16 na página 63 são do tipo locomotiva.) O planeta mais próximo do trígono vazio em sentido horário é aquele que tem o destaque, ou a direção. Você canaliza suas energias de acordo com a direção do planeta guia, conforme a casa e o signo ocupados. Você tem uma determinação exclusiva, semelhante a um trem que só corre por um trilho. Cada planeta que ocupe a posição de guia tem possibilidades negativas e positivas. Por exemplo, Netuno como guia pode significar um caminho artístico ou musical, ou simplesmente um caminho nebuloso e muito obscuro!

SALPICADO/ESPALHADO

O mapa salpicado ou espalhado tem todos os planetas distribuídos igualmente pelo mapa. Não há um espaço vazio superior a 90°. O tipo espalhado tem vários planetas em posições angulares, enquanto o tipo salpicado pode ou não ter muitos planetas angulares. Geralmente é muito difícil distinguir um tipo do outro, e por isso apresento os dois juntos. Marc Edmund Jones, num seminário, classificou o meu mapa como espalhado, e em outra conversa classificou-o como salpicado. Depois disso parei de me preocupar em saber qual é. (O Mapa 23 na página 80 e o Mapa 12 na página 56 são do tipo espalhado.)

Se você tem um mapa salpicado ou espalhado, é difícil distinguir-se numa área específica, pois sua tendência será dispersar as suas habilidades e talentos num espectro amplo. Você é o "renascentista". Não obstante, é muito comum você atrair a atenção, já que quando esse tipo de mapa se combina com muita inteligência, você é capaz não só de dominar vários campos, mas também de transferir informações de uma área para outra com relativa facilidade. Assim, o pediatra também é um ativista político, o violinista também é um cientista político.

FORMATO DO MAPA PROGREDIDO

O formato do mapa muda devagar, de acordo com as progressões. Não há uma regra prática que permita dizer "hoje isso é uma tigela, amanhã será uma locomotiva". A diferença nos estilos de vida também não muda do dia para a noite. O método mais simples e direto de entender as mudanças indicadas pelas progressões no formato dos mapas é o uso das palavras-chave para cada tipo.

Assim, a tigela (auto-sacrifício *versus* interesse próprio) passa para feixe (concentração numa área da vida), para locomotiva (tremenda energia concentrada num só trilho), ou, através da Lua progredida, para balde (a Lua, como alça, em destaque). O feixe (concentração numa área da vida) passa para balde (alça em destaque) ou tigela (interesse próprio *versus* auto-sacrifício) etc. O mapa espalhado (energia dispersa em muitas áreas) geralmente passa para locomotiva (energia num só trilho), enquanto a locomotiva pode passar para espalhado.

FORMAÇÕES MISTAS

SIGNOS INTERCEPTADOS E ÂNGULOS MISTOS

Todo signo interceptado em seu mapa natal vai, mais cedo ou mais tarde, de acordo com as progressões, ocupar a cúspide daquela casa. É como se a expressão do signo interceptado fosse adiada até você ter adquirido experiência para utilizar a força do signo interceptado na área de sua vida simbolizada por aquela casa.

Os mapas com signos interceptados têm quadruplicidades diferentes nos ângulos. Assim, se você tem Capricórnio (cardeal) no Ascendente e nasceu no hemisfério norte, provavelmente terá Escorpião (fixo) no Meio-do-Céu. Se você nasceu no hemisfério sul, provavelmente tem Virgem (mutável) no Meio-do-Céu quando o Ascendente é Capricórnio. Se o seu Ascendente é Câncer (cardeal), você pode ter um Meio-do-Céu em Peixes (mutável) no hemisfério norte, ou Touro (fixo) no hemisfério sul.

Embora haja benefícios aparentes para quem tem um trígono ou sextil mundano entre os ângulos, com certa freqüência esse relacionamento coloca problemas. Em primeiro lugar, você não integra muito bem a sua abordagem do mundo com a carreira ou objetivos de vida. Embora os dois tenham a mesma polaridade, o seu Ascendente vai incitá-lo a tomar providências, ou a se fixar, ou a ser flexível, enquanto o Meio-do-Céu indica que as suas necessidades não são satisfeitas por sua projeção através do Ascendente. A segunda dificuldade é que nem sempre você é capaz de identificar e utilizar o seu lado yin e o seu lado yang. Quando o Ascendente e o Meio-do-Céu formam um sextil ou trígono mundano, você poderá projetar uma das polaridades nas outras pessoas da sua vida, forçando-as a proporcionar essa expressão para você.

Assim, se você tem Câncer ascendendo e o Meio-do-Céu em Peixes, você pode exigir que seu cônjuge ou sua família desempenhem as funções yang para você, enquanto você projeta o seu lado yin. Por outro lado, se tem Aquário ascendendo e o Meio-do-Céu em Sagitário, você pode projetar-se de uma forma completamente yang, apoiando-se nos membros de sua família para satisfazer as necessidades yin de sua vida.

Isso nem sempre funciona às mil maravilhas, como na simples descrição acima. Josi (Mapa 31 na página 85) tem Aquário ascendendo, Sagitário no Meio-do-Céu, Sol em Leão e Lua em Touro. Apesar do predomínio do lado yang, ela exigia que as outras pessoas de sua vida desempenhassem as funções yang para ela.

A progressão do mapa remedia essa situação de mistura de quadruplicidades, ou pelo menos ajuda um pouco. Por exemplo, se você tem Sagitário no Meio-do-Céu e Aquário no Ascendente, o seu Ascendente vai progredir para Peixes – mutável como o seu MC – embora o seu MC vá progredir para Capricórnio, um signo cardeal. Se você tem o MC em Peixes e Câncer no Ascendente, o seu Ascendente progride para fixo (o que não ajuda muito o seu MC mutável), mas o seu MC progride para cardeal, o que está de acordo com o seu Ascendente natal. Isso não elimina o problema da mistura, já que você tem que combinar sua projeção natural ou natal com a projeção atual ou progredida. Por outro lado, você adquire uma capacidade ímpar de entender todas as quadruplicidades, que vão se alternar com relativa freqüência nas cúspides de suas casas angulares.

Sem levar em conta o que acontece nos ângulos do seu mapa, se há quadruplicidades mistas nos ângulos é porque você tem dois signos interceptados em casas opostas. Sempre que uma casa contém um signo interceptado, você vivencia dois diferentes modos de ação nos assuntos daquela casa. As casas que contêm o signo interceptado precisam ser expandidas, enquanto as que são muito pequenas, cuja cúspide está no mesmo signo da casa seguinte, indicam áreas da sua vida que deveriam ser menos enfatizadas.

As Casas I até VI envolvem o eu, e as Casas VII a XII envolvem o mundo exterior. Cada casa se inter-relaciona com a casa oposta na roda. Assim, o significado da Casa I não pode ser totalmente compreendido sem que se leve em conta o significado da Casa VII; o significado da Casa II relaciona-se com o da VIII; e assim por diante. Ao discutir a interceptação de signos, é preciso considerar esse inter-relacionamento, chave da integração do ser interno e externo de uma pessoa.

Na análise que se segue das interceptações, as casas são tratadas como pares, já que todas as interceptações ocorrem dessa forma.

CASA I – CASA VII

EU E OS OUTROS

Signos Cardeais nas Cúspides – Signos Fixos Interceptados – Os signos cardeais se lançam no relacionamento com o meio ambiente e com os outros, pois preferem tomar a iniciativa nessas áreas. Quando o signo interceptado progride até ocupar a cúspide da Casa I e da Casa VII, você solidifica esses padrões de relacionamento.

Signos Fixos nas Cúspides – Signos Mutáveis Interceptados – Os signos fixos nas Casas I e VII gostam de classificar o meio ambiente e as outras pessoas, relacionando-se então com eles de uma forma planejada e preconcebida. Quando o signo mutável ocupa a cúspide, você começa a variar a sua forma de relacionar-se. Os clichês e os preconceitos não o satisfarão mais. É como se livrar de um enorme peso que o impedia de gozar a espontaneidade do signo mutável no período em que ele ficou interceptado.

Signos Mutáveis nas Cúspides – Signos Cardeais Interceptados – Você é mutável nas suas interações com o meio ambiente e outras pessoas. Quando o signo cardeal progride para a cúspide, você toma decisões com mais facilidade, toma iniciativas mais freqüentemente. Você pode decidir se quer projetar uma imagem flexível e acomodadora ou uma imagem mais decisiva e orientada para a ação.

CASA II – CASA VIII

MEU E DE VOCÊS

Signos Cardeais nas Cúspides – Signos Fixos Interceptados – Os signos cardeais conceitualizam a noção de "meu" e "de vocês" e então tomam iniciativas ligadas a essas idéias. Quando os signos fixos interceptados progridem para o eixo Casa II/Casa VIII, você acrescenta ao seu sistema de valores o conceito "eu fico com o que é meu, vocês ficam com o que é de vocês".

Signos Fixos nas Cúspides – Signos Mutáveis Interceptados – Os signos fixos no eixo Casa II/Casa VIII são famosos pela possessividade do seu sistema de valores – "eu fico com o que é meu, vocês ficam com o que é de vocês". Quando o signo mutável interceptado progride para as cúspides, há uma libertação desse conceito, pois os signos mutáveis indicam que o meu e o de vocês dependem das circunstâncias.

Signos Mutáveis nas Cúspides – Signos Cardeais Interceptados – Aqui você parte do conceito mutável de que o meu e o de vocês podem ser relativos, em direção a uma sensação de que às vezes é preciso tomar decisões claras sobre valores e posses. O signo cardeal não é necessariamente mais possessivo que o mutável, mas quando o signo cardeal interceptado progride para a cúspide, você vai perceber uma crescente necessidade de saber o que é seu e o que não é.

CASA III – CASA IX

EU PENSO E ELES PENSAM

Signos Cardeais nas Cúspides – Signos Fixos Interceptados – Os signos cardeais nas Casas III e IX são abertos a conceitos novos, dão início a novas idéias. Quando o signo fixo interceptado progride para essas cúspides, você vai começar a se fixar em algumas de suas velhas filosofias. Você pode começar a perceber que só gosta de mudar o seu jeito de pensar quando a mudança parte de você. Os signos cardeais não são flexíveis – eles apenas gostam de dar início a coisas novas.

Signos Fixos nas Cúspides – Signos Mutáveis Interceptados – Você se agarra a idéias e filosofias, já que gosta de testá-las antes de introduzir qualquer mudança. Quando o signo mutável interceptado progride para as cúspides, é provável que no começo você deteste. Mudanças demais podem fazer com que você volte imediatamente para a sua expressão natal. Entretanto, depois de ter tido tempo para se acostumar, vai começar a gostar da capacidade de levar em conta filosofias e pontos de vista diferentes.

Signos Mutáveis nas Cúspides – Signos Cardeais Interceptados – essa mudança provavelmente vai pegá-lo quando você não estiver olhando. Os seus signos natais indicam uma abordagem flexível da filosofia e do pensamento. Com a mudança para signos cardeais, você pode, sem perceber, transformar-se num panfletário, pois os signos cardeais realmente acreditam que há uma maneira "certa" de fazer as coisas.

CASA IV – CASA X

DE ONDE VENHO E PARA ONDE VOU

Signos Cardeais nas Cúspides – Signos Fixos Interceptados – Quando o seu eixo MC/FC é cardeal, você tende a tomar as iniciativas em relação à sua carreira e à sua vida familiar. Se você tem um eixo yang Áries-Libra, você se precipita em mudanças; se tem um eixo yin Câncer-Capricórnio, você é um pouco mais conservador. A característica cardeal que todos vocês partilham é a crença de que, primeiro, há uma forma correta de fazer as coisas e, segundo, a forma correta é a de vocês. Quando os signos fixos interceptados progridem para esses ângulos, você pode tornar-se totalmente obstinado em relação à maneira "certa" de enxergar os seus antepassados, a sua carreira, a decoração da sua casa, ou os seus objetivos espirituais. Por outro lado, você pode começar a acreditar que não é mais possível mudar nem a sua destinação nem a sua origem. O segredo sobre o qual você pode querer refletir é que você *pode* mudar o modo como se sente a respeito de sua origem, e que você *pode* escolher sua destinação.

Signos Fixos nas Cúspides – Signos Mutáveis Interceptados – Depois de ter chegado a conclusões sobre o seu passado familiar e o direcionamento de sua carreira, você pode tornar-se muito teimoso e arrogante. Entretanto, o seu trunfo é o signo interceptado mutável. Quando esses signos progridem para as cúspides do seu eixo MC/FC, você pode perder muito da rigidez que atormentou sua infância. Pode até começar uma segunda carreira!

Signos Mutáveis nas Cúspides – Signos Cardeais Interceptados – Quando você tem signos mutáveis no eixo MC/FC, sua tendência é não ter um único objetivo de carreira. Há tantas coisas interessantes – coisas que você quer fazer, lugares onde quer viver – que você não pensa em se fixar. Assim que os signos cardeais interceptados progridam para esses ângulos, você descobrirá que pode escolher o seu direcionamento com muito mais facilidade. Vai ocorrer-lhe que algumas abordagens funcionam melhor que outras. Embora nunca venha a ser muito dogmático em suas escolhas, você vai ficar um pouco mais estabilizado.

CASA V – CASA XI

MEUS PRAZERES E ATIVIDADES EM GRUPO

Signos Cardeais nas Cúspides – Signos Fixos Interceptados – Tendo signos cardeais nas cúspides das Casas V e XI, você vai gostar de iniciar atividades em grupo e de decidir aonde ir e o que fazer no seu tempo de lazer. O mais importante é que você vai gostar de fazer as coisas a seu modo, em ambos os casos. À medida que os signos fixos interceptados progredirem para essas cúspides, você descobrirá que tem muito mais determinação em levar a cabo os projetos que iniciou tanto em grupo como sozinho. Você poderá jogar fora, ou terminar de vez aquele agasalho, poderá mudar de amigos, ou assumir mais responsabilidades nas suas atividades de grupo.

Signos Fixos nas Cúspides – Signos Mutáveis Interceptados – Você realmente gosta das atividades de lazer em família e dos seus velhos amigos. Não se sente à vontade num grupo de estranhos e não tem muito interesse em participar de novas aventuras, principalmente se não conhece muito bem os demais integrantes do grupo. Quando os signos mutáveis interceptados progridem para as cúspides dessas casas, você vai se sentir mais descontraído no meio de grupos, e vai sentir mais prazer com acontecimentos não-programados. Finalmente vai conseguir parar de fazer coisas que realmente não lhe dão prazer. Sua tendência é sempre levar a cabo os projetos iniciados, mas agora você poderá mudar de idéia no meio do processo, quando isso parecer sensato.

Signos Mutáveis nas Cúspides – Signos Cardeais Interceptados – Quando você tem signos mutáveis no eixo Casa V – Casa XI você praticamente tenta de tudo nas atividades em grupo, e aceita quase todos os desafios que envolvam os seus muitos talentos e habilidades. Você só não é muito bom para terminar as coisas. A interceptação dos signos cardeais não vai ajudá-lo a terminar o que iniciou, mas vai dar-lhe ímpeto para continuar fazendo suas experiências.

CASA VI – CASA XII

AS RESPONSABILIDADES DO DIA-A-DIA E A IRRESPONSABILIDADE PESSOAL

Signos Cardeais nas Cúspides – Signos Fixos Interceptados – Quando você tem signos cardeais nesse eixo, você prefere lançar-se imediatamente ao trabalho diário e ao mesmo tempo tenta seriamente não parecer agressivo ao esconder seu lado irresponsável de Casa XII (de preferência jogando-o sobre outra pessoa). Quando os signos fixos interceptados progredirem para essas cúspides, você será capaz de solidificar mais a rotina diária, preferindo não alterar o que está funcionando bem. Você precisará vigiar a tendência de bloquear suas necessidades subconscientes, o que é fácil para quem tem essa combinação.

Signos Fixos nas Cúspides – Signos Mutáveis Interceptados – Com signos fixos nessas cúspides, você estabelece uma rotina e adere a ela apesar do seu medo inconsciente à rigidez. A progressão dos signos mutáveis interceptados para o eixo VI – XII geralmente proporciona uma válvula de escape, porque você fica menos apegado ao trabalho diário, e se torna capaz de identificar e desculpar algumas de suas próprias irresponsabilidades.

Signos Mutáveis nas Cúspides – Signos Cardeais Interceptados – Você pode ser uma dessas pessoas que fazem listas de tarefas impecáveis, mas não conseguem manter-se dentro de uma rotina. O medo subconsciente da vacilação o segura. Você sente muita culpa por não cumprir as listas que faz. Quando os signos cardeais interceptados progridem para essas cúspides, você vai ter mais facilidade em estabelecer prioridades. Quando perceber que fez as coisas importantes, a sua irresponsabilidade acumulando roupa suja por alguns dias já não vai perturbá-lo tanto. Depois de parar de sentir tanta culpa por causa da roupa suja, vai ser muito mais fácil cuidar dela antes de ficar sem roupa para trocar.

A ROUPA QUE DÁ COCEIRA

O PLANETA VAZIO DE CURSO

O planeta que ocupa o grau mais elevado em qualquer signo é o planeta vazio de curso no seu mapa. Classificando os planetas por grau (de 0° a 30°), você começa a lista com qualquer planeta a 0° de qualquer signo, e em seguida, a 1°, a 2°, e assim por diante até 29°. Nesse tipo de classificação, o planeta vazio de curso fica em último. Os principais trânsitos e progressões aspectam todos os outros planetas antes de aspectar o planeta vazio de curso. Se houver dois planetas no grau mais elevado, o que tiver mais minutos é o planeta vazio de curso. Se houver dois planetas exatamente no mesmo grau e minuto, o planeta mais rápido tem precedência e é o planeta vazio de curso. Nesse momento, Plutão está mais rápido que Netuno e tem precedência sobre Netuno, se os dois estiverem no mesmo grau e minuto no seu mapa (por exemplo, ambos a 29°7' –

Plutão em Libra, Netuno em Sagitário – em 13 de março de 1983). Tirando essa exceção, o resto dos planetas comporta-se de forma mais ou menos regular: Júpiter é sempre mais rápido que Saturno, Marte é sempre mais rápido que os planetas de Júpiter em diante, e por aí afora. Neste contexto o que importa é a velocidade relativa da órbita, não o fato de o planeta estar direto ou retrógrado. Conforme se vê na figura 2.3, em geral não é difícil determinar qual é o planeta vazio de curso.

☉ 9°♒01′	♃ 10°♒39′	☉ 29°♒03′	♃ 18°♒18′
☽ 16°♒18′	♄ 26°♊09′	☽ 14°♈25′	♄ 28°♊45′
☿ 2°♌05′	♅ 18°♎56′	☿ 26°♒13′	♅ 19°♎13′
♀ 0°♌46′	♆ 5°♐12′	♀ 26°♌16′	♆ 4°♐50′
♂ 6°♈33′	♇ 1°♎46′	♂ 19°♈08′	♇ 2°♎06′
♄ é o planeta vazio de curso em 26°		☉ é o planeta vazio de curso em 29°	

Figura 2.3 Planetas vazios de curso.

Quando o Sol ou a Lua são o planeta vazio de curso, esta posição assume um significado maior em sua vida, pois as luminárias simbolizam o seu ser físico e emocional. Quando o Sol é o planeta vazio de curso, como no segundo exemplo na Figura 2.3, a sua tendência é colocar a si próprio e as suas necessidades físicas em último lugar. Pode ser que você seja descuidado com sua saúde ou sua segurança física. Talvez você use as mesmas roupas até elas se desintegrarem, simplesmente porque não pensa em comprar coisas para seu corpo. Conservar um casaco por vinte anos não faz mal, porém ignorar o cuidado com seu próprio corpo, sim. Você precisa se enxergar sob uma luz mais positiva, ter atitudes um pouco mais egoístas.

Quando a Lua é o planeta vazio de curso, você coloca as emoções em último lugar. Isso não é bom, pois você pode adiar as respostas habitualmente, de modo que quando, afinal, você reage emocionalmente, não se trata de uma resposta nítida a um determinado estímulo. Sua resposta emocional, quando acontece, somada a todas as coisas que você adiou, pode ter pouco a ver com o estímulo gerador. Você precisa ser estimulado a explorar os sentimentos para poder perceber o estresse emocional antes que ele atinja níveis difíceis.

O planeta vazio de curso indica alguma frustração na casa regida por ele. Não é um tipo de frustração ostensiva ou mutiladora, é mais como uma roupa que dá coceira. A roupa não é incômoda o bastante para que você não possa vesti-la, mas acaba influindo nas atividades do dia porque, depois de algum tempo, você tem consciência permanente da coceira. A casa (ou casas) regida pelo planeta vazio de curso indica uma área da vida na qual você nunca está completamente à vontade. Se o planeta vazio de curso rege um signo que está interceptado, e assim não é a cúspide de nenhuma casa, nenhuma área de frustração é simbolizada. Mas se o planeta vazio de curso for Mercúrio ou Vênus, que regem dois signos cada um, e se um dos signos regidos cobrir duas casas, você pode ter até três casas envolvidas neste simbolismo.

PLANETAS VAZIOS DE CURSO E O MAPA PROGREDIDO

Dorothea Lynde me ensinou o significado do planeta vazio de curso no mapa natal. Experimentei usá-lo no mapa progredido e achei os resultados bastante interessantes. Freqüentemente, a casa progredida regida pelo planeta vazio de curso progredido é uma fonte de pequena irritação não facilmente explicada através de nenhum outro simbolismo do mapa. A irritação é sempre pequena e poderia ser evitada se você desse atenção aos assuntos da casa envolvida antes que as coisas se complicassem.

Embora o planeta vazio de curso no seu mapa natal permaneça o mesmo por toda a vida, o planeta vazio de curso no mapa progredido muda. A cada dois anos e meio, a sua Lua progredida muda de signo. Depois de a Lua progredida fazer o último aspecto e antes de mudar de signo ela é o planeta vazio de curso. A casa que tiver Câncer na cúspide no seu mapa progredido vai indicar onde estará a frustração até a Lua entrar no signo seguinte. Se o seu Júpiter progredido estiver a 29º50' de um signo e a sua Lua progredida estiver para mudar de signo, a Lua progredida (que avança mais ou menos 2' por dia) só vai ser o planeta vazio de curso durante cinco dias. Neste caso, pode ser que não dê tempo de notar a ligeira frustração da Lua vazia de curso. É mais provável que você perceba a irritação na casa regida por Júpiter no seu mapa progredido.

As descrições seguintes funcionam tanto para a colocação natal como para a progredida do planeta vazio de curso. A única diferença é que no mapa natal o significado vale para a vida toda, e no mapa progredido somente até o planeta regente mudar de signo. Nunca tive confirmação de efeitos dos planetas vazios de curso progredidos sobre as casas natais, a não ser que o signo das casas natal e progredida seja o mesmo.

Planeta Vazio de Curso Rege a Casa I – Você se sente insatisfeito com a sua personalidade ou com a face que mostra ao mundo. Você sempre consegue pensar no que deveria ter dito ou feito quando a oportunidade para dizer ou fazer já passou. Você só aceita a perfeição de si mesmo. Você ressuscita preocupações adolescentes a respeito de seu rosto e sua estampa. Relaxe. Ninguém está olhando.

Planeta Vazio de Curso Rege a Casa II – Você sente inquietação por dinheiro e finanças. Essa preocupação raramente tem qualquer coisa a ver com sua verdadeira situação financeira. Pode ser que você passe tranqüilamente por períodos de pobreza quando o seu planeta vazio de curso não rege a Casa II, e comece a ter coceiras em períodos de relativa riqueza quando ele rege. Uma manifestação interessante é estocar alimentos, neste período, por via das dúvidas. Alguns de meus clientes guardavam caixas de latas de atum, de sopa e outros gêneros e depois comiam tudo quando esse período terminava.

Planeta Vazio de Curso Rege a Casa III – Os irmãos ou as comunicações podem tornar-se uma fonte de irritação. Pode ser que você tenha dificuldade em entender os outros, ou ache que os outros não o entendem bem. Entretanto, no mapa secundário progredido, essa casa indica com mais freqüência pequenos problemas mecânicos. Aparentemente, agora o seu carro demanda mais atenção e cuidado, embora você cuide bem dele. Sua secretária eletrônica adquire um cérebro próprio e apaga mensagens ao sabor do acaso ou acrescenta sons misteriosos aos recados gravados.

Planeta Vazio de Curso Rege a Casa IV – Você fica com um pouco de dificuldade em terminar as coisas, pois mesmo quando decide que estão terminadas, descobre que esqueceu alguma coisa. Há pequenas coisas que não funcionam bem em casa. Faça um estoque de lâmpadas; todas começam a queimar. Quando você sai de casa não consegue se lembrar se apagou ou não o forno antes de sair. É melhor habituar-se a verificar tudo antes de sair do que ficar se preocupando depois.

Planeta Vazio de Curso Rege a Casa V – Você fica cansado de sensibilidades e flores (ou de sua falta) no jogo do amor. As estratégias do namoro tornam-se cansativas. Se você é casado, seus talentos ou *hobbies* podem vir a ser mais uma fonte de exasperação do que de relaxamento. Seus filhos, principalmente o mais velho, podem ficar malcriados com você. O filme que você quer ver no vídeo é sempre o que alguém já levou, de modo que você acaba pagando quatro dólares para ver *A vingança do produtor classe B*. A sua TV mostra pessoas verdes e neve vermelha.

Planeta Vazio de Curso Rege a Casa VI – Sua rotina diária se desintegra ou torna-se pesada. Os cachorrinhos começam a mastigar os móveis. Alguém liga uma britadeira debaixo da janela onde você trabalha. O homem do conserto aparece de repente, fora da hora marcada. A sua máquina de lavar desliza e bate numa parede. A tinturaria fecha.

Planeta Vazio de Curso Rege a Casa VII – Os outros em geral o aborrecem. Sua mulher deixa coisas na pia sempre que você quer usá-la. O hábito de (preencha como quiser: pigarrear, chegar tarde...) do seu parceiro torna-se insuportável. Você consegue enxergar claramente os defeitos dos outros e sabe que Mark Twain estava certo quando disse: "Nada precisa tanto de reformas como os hábitos dos outros."

Planeta Vazio de Curso Rege a Casa VIII – Algumas vezes isso reflete tensão sexual. Você lê algum artigo e fica pesando se o seu relacionamento atual é normal ou não. Pode ser que seu parceiro vá para a cama de meias e você perca o interesse. Ou então você fica preocupado com o dinheiro aplicado em sociedades, ou com os impostos. Esta é uma época terrível para tentar enxugar sua declaração de renda, pois você vai se preocupar tanto com a maldita coisa que a economia não vai valer a pena.

Planeta Vazio de Curso Rege a Casa IX – Os seus sogros começam a se comportar exatamente como os sogros das piadas, mas você não acha muita graça. Coisas idiotas acontecem em suas viagens. Você precisa de alfinetes e não sabe como dizer isso em grego. Se está na universidade, você acorda às seis da manhã para ser o primeiro a matricular-se no fabuloso curso dado pelo mais ilustre professor da faculdade, foi por causa dele que você veio estudar nessa faculdade. Bem, quando as matrículas começam às 10 horas, você descobre que ele está num retiro espiritual e o curso está sendo dado por D. Idiot*, um aluno do último ano.

Planeta Vazio de Curso Rege a Casa X – Você começa a se perguntar se escolheu a carreira certa. Todos os chefes (incluindo você mesmo, se trabalhar por conta própria) esperam o máximo de perfeição. Seu pai interior crítico faz hora extra, recordando-lhe todas as decisões profissionais que você podia ter tomado de forma diferente. Sua imagem pública não o satisfaz, mas você não tem muita certeza do que preferiria ser. Você suspira por uma carreira de desocupado de praia.

Planeta Vazio de Curso Rege a Casa XI – Você conclui que todos os seus objetivos são uma droga, mas não há alternativas. Os grupos com os quais se associa nunca fazem o que diziam que iam fazer. Então você decide ir para o boliche (ou para a biblioteca, ou para o museu, ou...) quando todo o mundo sabe que a turma tinha decidido ir à casa de Melvin jogar vôlei.

Planeta Vazio de Curso Rege a Casa XII – Sua tendência é enterrar pensamentos ou motivações subconscientes o mais longe possível da consciência. Você fica ressentido quando lhe dizem que pode haver razões para as suas atitudes ilógicas. (Você pode não gostar da implicação de que as sua atitudes são ilógicas.) Qualquer restrição – como uma hospitalização – é particularmente difícil de agüentar nesse período. Você sabe que Robert Lovelace tinha pedras na cabeça ao dizer: "Muros de pedra não fazem uma prisão, nem barras de ferro uma gaiola."

NOSSA PESSOA IDEAL

A ASSINATURA

A assinatura do seu mapa é o signo indicado pela combinação da quadruplicidade que contiver mais planetas e da triplicidade que contiver mais planetas. Para determinar a assinatura, conte o número de planetas em signos cardeais, em signos fixos e em signos mutáveis. Conte, então, o número de planetas em fogo, em terra, em ar e em água. Os dois tipos que tiverem o maior número de planetas determinam a assinatura. No caso de empate você pode somar o Ascendente, mas some tanto na quadruplicidade como na triplicidade.

* O nome "D. Idiot", uma brincadeira da autora, no original inglês "D" soa, mais ou menos, como "The" que é O; assim temos "D". ("The") Idiot, ou seja, O. Idiota. O humor perde-se na tradução.

A assinatura de um mapa é o símbolo da personalidade ideal em que tentamos nos tornar. Para entender rapidamente o que isso quer dizer, tome as qualidades positivas de cada signo de sua assinatura e acrescente "Eu gostaria de ser mais..." em frente de cada característica. Em outras palavras, se você tiver uma assinatura Áries, você vai querer ser mais agressivo, mais enérgico, mais iniciador. Se tiver uma assinatura Touro, você tenderá a ser mais paciente, persistente, leal, confiável. Já uma assinatura Gêmeos, o levará a ser mais verbal, curioso, flexível. Ninguém deseja os traços negativos, assim você nem vai ser alguém que não pára de falar, se sua assinatura for Gêmeos, nem vai ser alguém que não pára de reclamar se a sua assinatura for Câncer.

Quando a sua assinatura é a mesma do seu signo solar (o que acontece em pouco mais de 25% dos casos, já que Mercúrio e Vênus freqüentemente ocupam o mesmo signo do Sol) você quer ser exatamente o que já é. A mulher a que se refere a Figura abaixo tem o Sol em Capricórnio e sua assinatura é Capricórnio. Ela está muito satisfeita com suas características capricornianas.

Se o seu Sol natal está no mesmo signo de sua assinatura progredida, você está se tornando mais consciente das forças inerentes ao seu "eu" interno no seu ser básico. Se o seu Sol progredido está no mesmo signo da sua assinatura natal, você está se tornando mais parecido com a sua pessoa ideal. Quando o seu Sol natal está no mesmo signo de sua assinatura natal e o seu Sol progredido no mesmo signo de sua assinatura progredida (Figura 2.5, nos exemplos), você continua se esforçando para manifestar os melhores atributos tanto do seu simbolismo natal quanto do progredido. Quando sua assinatura progredida encontra-se num signo diferente do seu Sol natal e do seu Sol progredido, você começou a enxergar áreas na sua vida que podem ser melhoradas, principalmente se sua assinatura natal estava no mesmo signo do seu Sol natal.

☉28°♑	♃27°♍				Fogo: 2
☽ 4°♈	♄ 5°♒		Cardeal: 6		Terra: 4
☿ 5°♑	♅ 9°♊	=	Fixo: 1	e	Ar: 2
♀15°♓	♆ 6°♎		Mutável: 3		Água: 2
♂10°♑	♇ 9°♌				

Figura 2.4. A assinatura é Capricórnio, pois a maioria é cardeal/terra. (Dados de nascimento de uma mulher nascida em 18/1/1945, 23h20, 71W17, 41N57; dados dos registros familiares.)

Mas o que fazer com um mapa que não tem assinatura, e o que fazer nas épocas em que a assinatura progredida não está de acordo nem com o Sol progredido nem com o Sol natal? Se o seu mapa natal não tem uma assinatura clara (como no exemplo da Figura 2.6 na página 101), você não tem uma idéia clara do que gostaria de ser. Isso não significa que não tenha objetivos, pois a assinatura nada tem a ver com objetivos. Em vez disso, a sua personalidade ideal não é exatamente como nenhum dos signos. A falta de assinatura não vai causar-lhe problemas, a não ser

☉28°♒	♃25°♍	=	Cardeal: 3	Fogo: 2
☽ ♉	♄ 4°♎		Fixo: 5	Terra: 2
☿20°♒	♅ 9°♊		Mutável: 3	e Ar: 5
♀14°♈	♆ 6°♎			Água: 1
♂ 2°♒	♇ 9°♌			

Figura 2.5. A assinatura é Aquário, pois a maioria é fixo/ar. Esta é a assinatura progredida correspondente aos dados usados na Figura 2.4.

para o astrólogo que precisa definir o predomínio de uma quadruplicidade ou triplicidade, em vez de simplesmente dizer-lhe quais são as características positivas de um signo. Você sempre vai ter um predomínio de uma quadruplicidade ou triplicidade, pois com a adição do Ascendente aos planetas, você chega a onze pontos que serão divididos por três ou quatro. Você vai tentar aumentar o seu uso do simbolismo daquele elemento ou qualidade que contiver a maioria.

Os dados do mapa usados nas Figuras 2.4, 2.5 e 2.6 são um exemplo de como a assinatura pode mudar no decorrer da vida. Como o Sol natal dessa mulher estava a 28° de Capricórnio, ele progrediu para Aquário muito antes de sua assinatura mudar para Aquário.

☉ 5°♓	♃25°♍	=	Cardeal: 3	Fogo: 3
☽ ♌	♄ 4°♎		Fixo: 3	Terra: 1
☿ 1°♓	♅ 9°♊		Mutável: 4	e Ar: 3
♀20°♈	♆ 6°♎			Água: 3
♂ 7°♑	♇ 9°♌			

Figura 2.6. Este é o mesmo exemplo usado na Figura 2.4, com o mapa progredido para trinta e seis anos de idade. Agora não há assinatura. Ao adicionar-se o Ascendente (água fixa), haverá um empate na quadruplicidade entre fixo e mutável, e maioria de água.

Durante a maior parte dos seus primeiros trinta anos, a sua assinatura permaneceu Capricórnio a despeito do seu Sol progredido estar em Aquário. A combinação do Sol progredido em Aquário com a assinatura progredida Capricórnio resultou numa abordagem um tanto linear, ou em termos de branco/preto, em relação à maioria das suas escolhas. Depois que a assinatura progredida ficou de acordo com o Sol progredido, e sua assinatura natal ficou de acordo com o seu Sol natal, ela começou a usar mais (e gostar mais) do lado mais mental e yang (Aquário) de sua personalidade, que até então havia suprimido um pouco por causa da assinatura capricorniana.

Quando seus planetas progrediram para signos mutáveis, ela começou a admitir a rigidez dos padrões que estavam emperrando sua criatividade. A combinação de cardeal e fixo não permitia a flexibilidade. A nova ênfase nos mutáveis, embora estimule a mudança, ainda não é suficientemente pronunciada para sobrepujar a sua cardinalidade natal inerente, isto é, ela só gosta da mudança que parte dela mesma. Os anos em que sua Lua progredida está em Sagitário, Gêmeos ou Peixes são os anos de maior flexibilidade para ela nesse período de sua vida, pois então há cinco planetas em signos mutáveis e a maioria em fogo, ar ou água.

Quando a sua assinatura é diferente do seu signo solar, essa diferença pode ser quanto a elemento, qualidade ou ambos. As descrições que se seguem dessas diferenças aplicam-se à análise natal e progredida, embora a análise natal se refira a um fundo constante ou a uma lição para toda a vida, enquanto a análise progredida tem seus limites dentro do período da progressão.

DIFERENÇAS DE QUADRUPLICIDADE

Sol Cardeal – Assinatura Fixa – Você quer levar as coisas até o fim. Se Mercúrio estiver num signo cardeal junto com o seu Sol, esse desejo pode não ser consciente. Se Mercúrio estiver num signo fixo, você realmente acha que se sente mais à vontade com aquilo que já foi testado e garantido. Entretanto, você pode ter um desejo íntimo de tomar iniciativas devido ao posicionamento do seu Sol. Assim, é possível que comece coisas novas e nunca se desvie da sua decisão original sobre como levá-las até o fim. Você pode querer não se envolver em tantos projetos novos, pois sua pessoa ideal termina absolutamente tudo.

Sol Cardeal – Assinatura Mutável – Você realmente quer ser mais flexível. Assim, ouve atentamente as opiniões alheias, e então parte para fazer o que você sabia que ia fazer desde o começo. Você realmente só gosta de mudanças quando a idéia foi sua.

Sol Fixo – Assinatura Cardeal – Você quer ser mais inovador, mas por dentro é um teimoso amedrontado. Assim, tenta inovar através dos meios já testados. Você pode fazer incursões em várias áreas, mas está determinado a terminar tudo o que começa. Mesmo se um ideal for de fato tolo ou impraticável, você não vai desistir enquanto não cair de exaustão e deixar os outros também exaustos.

Sol Fixo – Assinatura Mutável – Você gosta da frase de Emerson: "Uma lógica tola é o demônio das mentes pequenas" a tal ponto que a repete o tempo todo, principalmente se o seu Mercúrio também estiver no signo do Sol. Você não gosta de mudar de idéia, não importa como seja sua pessoa ideal. Você quer que todos os outros sejam flexíveis para que você possa se acomodar.

Sol Mutável – Assinatura Cardeal – Você quer ser mais decidido na tomada de decisões, mas dá ouvidos às opiniões alheias. Quer lançar-se em coisas novas num autêntico estilo cardeal, mas vacila quanto ao alvo. Você pode achar que Churchill referia-se a essa combinação quando disse: "Decididos apenas a ser indecisos, resolvidos a ser irresolutos...".

Sol Mutável – Assinatura Fixa – Você quer ser mais obstinado; costuma acusar-se de "não ter espinha dorsal", sempre que vacila. Você é capaz de oscilar entre dar ouvidos a todos e não dar ouvidos a ninguém. Quer terminar o que começa. Assim, pode preferir não começar nada a deixar alguma coisa inacabada.

DIFERENÇAS DE TRIPLICIDADE

Sol em Fogo – Assinatura Terra – Há uma diferença yin-yang aqui, indicando que existe uma luta básica dentro de você entre a projeção masculina e feminina. Como o seu Sol é yang e sua assinatura yin, você quer ser mais receptivo, mais reativo. Sua escolha é mostrar o seu lado yin através da firmeza ou senso prático. Se for mulher, pode tentar ser tão boa que ninguém consegue pôr defeitos no seu desempenho. Se for homem, tenta agir de forma cuidadosa e lógica para contrabalançar sua tendência a tomar decisões impetuosamente.

Sol em Fogo – Assinatura Ar – Essa combinação, na verdade, funciona muito facilmente, pois o seu Sol e a sua assinatura têm a mesma polaridade. Você quer ser mais intelectual; esse desejo mais complementa do que conflita a tendência do seu Sol para a ação. Você pode conseguir um considerável sucesso, pois tenta pensar e agir a partir de cada dado novo.

Sol em Fogo – Assinatura Água – A combinação de fogo e água tende a fazer aflorar o mais intenso conflito yin-yang, pois em nossa sociedade o estereótipo do "homem macho" é fogo e da "mulher total" é água. Você quer ser emocional, sensível e fluir, enquanto seu signo de Sol indica uma personalidade rude, enérgica, orientada para a ação. Se você for mulher, pode tentar esconder ou negar seu Sol yang. Embora possa ser bastante inteligente, você pode tentar transmitir uma imagem social de ingenuidade. Se for homem, você quer desenvolver mais sensibilidade e sentimentos, e na verdade pode fazer exatamente isso. Entretanto, não se sente muito à vontade com essa projeção e reluta em admitir esse desconforto.

Sol em Terra – Assinatura Ar – A diferença yin-yang indica aqui um conflito entre os lados masculino e feminino de sua personalidade. O seu Sol é yin, indicando uma natureza receptiva e prática. A assinatura mostra que você quer ser mais assertivo, principalmente em áreas intelectuais. Se for mulher, admite críticas à sua culinária, mas não tolera que a chamem de idiota. Você pode, na verdade, desempenhar muito bem todas as tarefas tradicionalmente "femininas", mas prefere ser apreciada por sua inteligência yang. Se for homem, com essa combinação pode não gostar de admitir sua competência em assuntos domésticos. Geralmente, você racionaliza sua habilidade como uma necessidade de sobrevivência, enquanto a sua mente está, é claro, na área que você resolveu desenvolver e exibir.

Sol em Terra – Assinatura Água – Esta é uma combinação fácil, já que tanto a terra como a água são yin. Você tenta ser mais emocional e se deixar fluir; o seu Sol yin indica que você não se importa em mostrar uma imagem protetora e sensível. Você pode decidir viver ou associar-se com pessoas que tenham facilidade em expressar as emoções. Ou então, resolve viver com uma pessoa que não consegue expressar bem suas emoções, pois então você funcionará gloriosamente como o barômetro emocional do relacionamento.

Sol em Terra – Assinatura Fogo – Verifica-se aqui uma diferença de polaridade yin-yang, assim como uma tendência para a ação em contraste com uma preocupação com o lado prático. Você pode tentar ser mais espontâneo, na verdade planejando com antecipação esses atos aparentemente espontâneos. Isso pode desembocar num comportamento bastante forçado. Se for homem, a assinatura yang indica que você tenta ser mais masculino. Você pode tornar-se bastante intransigente em relação à supremacia masculina, já que está inseguro a respeito de sua própria masculinidade. Se for mulher, você quer ser mais assertiva. Ressente-se do menor sinal de domínio masculino, mas sabe que sua colocação é ambivalente. Depois de preparar o jantar, fazer algumas arrumações e ver se todos têm roupas limpas para o dia seguinte, você vai a uma reunião feminista.

Sol em Ar – Assinatura Água – A diferença de polaridade yin-yang indica aqui que você pode tentar tornar-se mais sensível e menos intelectual no trato com os outros. Você idealiza a emoção ou a receptividade. Se for mulher, essa combinação tende a indicar que você quer ser a "mulher total" vivendo à sombra de um homem. Seu Sol em ar, entretanto, revela que não é nem um pouco desamparada. Você pode ser mais forte que a maioria dos homens, especialmente em áreas intelectuais. Se for homem, você considera a sensibilidade e o cuidado pelos outros como os seus mais altos ideais. Você pode escrever poemas sobre as maravilhas do sentimento enquanto a sua mulher ou namorada está cuidando de todos os assuntos da casa. Você pode reivindicar para os homens o direito de chorar, mas você mesmo não suporta perder o controle na frente de ninguém.

Sol em Ar – Assinatura Fogo – Os elementos yang funcionam bem juntos, de modo que geralmente essa combinação é fácil. Sua assinatura em fogo incita o seu Sol aéreo à ação. Você adora histórias de heroísmo, mas é claro que realmente quer refletir um pouco antes de agir. Para alguns, a solução é uma infindável tentativa de pensar mais rapidamente. Você gostaria de ter reflexos instantâneos se a ação reflexa fosse a correta. Geralmente você é um ótimo pensador e fazedor, conseguindo muitas realizações.

Sol em Ar – Assinatura Terra – Seu Sol é yang e sua assinatura yin. Você tenta combinar os dois simbolismos em algum tipo de intelecto prático. Procura transformar todas as coisas em ferramentas úteis e quer ser bom em tudo. Se for mulher, gosta de dirigir as coisas com perfeição. Essa combinação pode conduzir à síndrome da "super-mulher", pois você quer se sair bem no emprego, ter filhos maravilhosos e ser uma dona-de-casa perfeita. O conjunto desses fatores tende a levá-la a uma exaustão nervosa antes mesmo de descobrir o conflito yin-yang que está na base desse comportamento. Se for homem, também pode querer ser androginamente perfeito. Você quer ser responsivo e responsável, tanto quanto agressivo e intelectual; ao impor a si próprio exigências impossíveis, você pode se achar num beco sem saída. Tanto os homens como as mulheres com essa combinação têm muita dificuldade em admitir que eles mesmos se impõem para si uma sobrecarga de trabalho.

Sol em Água – Assinatura Fogo – Essa combinação de água e fogo traz à tona o mais intenso conflito yin-yang dentro de você. Quando o seu Sol está em água e a sua assinatura é fogo, você quer ser mais agressivo e menos emocional. Seja homem ou mulher, você pode tentar erradicar as respostas "superemocionais", talvez chegando até a negá-las ou escondê-las. Esse é um comportamento defensivo, destinado a encobrir o que você considera uma fraqueza – a sua sensibilidade. Se for mulher, vai querer arranjar-se sozinha. Você pode ser uma feminista fervorosa. Entretanto, vai desencavar o seu Sol em água sempre que queira manipular alguém. Se for homem, também idealiza um áspero individualismo. Entretanto, não se dá ao luxo de desenterrar o seu lado yin quando lhe é conveniente, pois teme o seu lado feminino que você realmente não entende. Você tenta manter uma postura inabalável em qualquer situação, pois a sociedade reforça o seu medo de que o emocionalismo seja um indício de fraqueza. Aceitar e demonstrar o seu Sol em água requer uma enorme dose de coragem e honestidade.

Sol em Água – Assinatura Terra – Como a água e a terra são yin, esta é uma combinação fácil. Você quer se tornar mais prático, mas nesse processo não desdenha a sensibilidade e a emoção que são parte do seu Sol em água. Você gostaria de ser mais voluntarioso em relação à vida em geral. Como o seu ser interior reage rápida e completamente ao estímulo emocional, pode ser que depois você passe algum tempo justificando as suas reações emocionais. O seu ser ideal pensa no resultado (no autêntico estilo da terra) antes de fazer qualquer coisa, mas geralmente você se satisfaz quando consegue fundamentar a sua sensibilidade na lógica. O pior efeito dessa combinação é a possibilidade de enfadar os outros com a sua necessidade de racionalizar o seu lado emocional. Se você conseguir pôr em prática o seu ser ideal, você será como a terra molhada que produz abundantemente.

Sol em Água – Assinatura Ar – A diferença de polaridade aqui, com o Sol yin e a assinatura yang, simboliza um conflito entre a sua natureza feminina e o seu desejo de projetar-se masculinamente. Você pode tentar intelectualizar a emoção. Através das suas constantes tentativas de transformar o seu yin em yang, você pode acabar sendo muito bom em jogos de "análises". Embora seja capaz de explicar em detalhes todas as suas dependências emocionais, usando um complicado jargão psicológico, pode ser que você não tenha nenhuma compreensão instintiva da sua própria natureza sentimental. Se for mulher, é muito provável que use o seu Sol yin para manipular os outros, pois você racionaliza com facilidade se perceber o que está fazendo. Você prefere considerar-se intelectual, racional e auto-suficiente e lança mão da linguagem psicológica para justificar qualquer incoerência nessa sua imagem. Os homens com essa combinação sentem-se à vontade quando analisam situações íntimas. Gostam da terapia de grupo na qual encenam, pois são muito bons na revelação ostensiva do seu lado yin aquático, enquanto na verdade estão praticando um jogo intelectual, yang e agressivo.

A EXPRESSÃO DAS ENERGIAS

REGÊNCIA, DETRIMENTO, EXALTAÇÃO E QUEDA

Regência, detrimento, exaltação e queda são termos que caíram em desuso em muitos círculos astrológicos por evocarem um tipo de astrologia de bola de cristal. Mas isso não deve ser necessariamente assim, porque se entendermos o significado desses termos antigos, a aplicação dos seus princípios não deverá ser negativa ou restritiva.

Regência – Os planetas regem os signos através dos quais sua energia se expressa de modo mais claro e fácil. O maior problema com a palavra "regência" é que ela implica algum tipo de controle, autoridade ou governo. Os planetas não nos controlam, nem controlam signos. Se substituirmos a palavra "regência" por "afinidade", poucos astrólogos vão saber do que estou falando. Assim, estou mantendo a palavra tradicional, com um significado mais novo.

Quadro 2.1. Expressões planetárias

Planeta	Exaltação	Queda	Regência	Detrimento
Sol	Áries	Libra	Leão	Aquário
Lua	Touro	Escorpião	Câncer	Capricórnio
Mercúrio	Aquário	Leão	Virgem ou Gêmeos	Peixes ou Sagitário
Vênus	Peixes	Virgem	Touro ou Libra	Escorpião ou Áries
Marte	Capricórnio	Câncer	Áries ou Escorpião	Libra ou Touro
Júpiter	Câncer	Capricórnio	Sagitário ou Peixes	Gêmeos ou Virgem
Saturno	Libra	Áries	Capricórnio ou Aquário	Câncer ou Leão
Urano	Escorpião	Touro	Aquário	Leão
Netuno	Câncer	Capricórnio	Peixes	Virgem
Plutão	Leão	Aquário	Escorpião	Touro

Detrimento – O signo oposto àquele que um planeta rege é chamado o signo de seu detrimento. Isso simplesmente significa que a energia do planeta é difícil de ser expressa através desse signo. Você ainda tem a energia do planeta, mas não a coloca em funcionamento tão facilmente como alguém que tenha o mesmo planeta num signo mais compatível.

Exaltação – Os planetas se exaltam nos signos através dos quais se expressam rapidamente, mas não tão facilmente como nos signos que regem. A energia do planeta é um pouco alterada no signo de sua exaltação, mas esta mudança não interfere de forma alguma com sua capacidade de expressar a energia do planeta.

Queda – O signo oposto àquele no qual o planeta se exalta é chamado de sua "queda". Você não expressa a energia de um planeta em queda tão facilmente como se esse mesmo planeta estivesse no signo de sua regência ou exaltação, mas também não com tanta dificuldade como se estivesse no signo de seu detrimento.

As exaltações dos três planetas exteriores ainda estão em debate. As associações entre os signos e esses planetas dadas no Quadro 2.1. mostram a minha opinião. Como os planetas exteriores permanecem muito tempo em cada signo, seus posicionamentos por signo parecem influir mais sobre uma geração do que sobre um indivíduo. Assim, a atribuição da exaltação aos planetas exteriores pode ter um valor questionável. Examine as épocas históricas em que os planetas exteriores ocuparam os signos de sua regência, detrimento, exaltação e queda, e depois decida por si mesmo qual a atribuição correta.

As regências tradicionais de Marte (Escorpião), Saturno (Aquário) e Júpiter (Peixes), indicadas entre parênteses, eu as chamo no texto (e na prática) de regentes tradicionais, mas considero-as exaltações devido à sua força nesses signos, pois embora não estejam tão fortes como nos signos de sua regência, estão aí tão fortes como nos signos de sua exaltação.[14]

Quando um planeta rege um signo, ele tem precedência sobre qualquer outro planeta naquele signo. Em outras palavras, Marte em Áries está mais forte do que qualquer outro planeta colocado nesse signo. A energia simbolizada por Marte é mais clara e mais facilmente expressa quando Marte se encontra no signo de sua regência. Quando Marte está em Capricórnio, onde se exalta, a energia ainda é forte, embora um pouco controlada. A energia simbolizada pelo planeta Marte se expressa de uma forma capricorniana, que tende a dirigir e organizar o comportamento. A energia não é diminuída pela colocação em Capricórnio, mas sim canalizada. De forma semelhante, Marte está forte em Escorpião, onde a energia se manifesta de forma profunda e intensa, geralmente num único sentido fixo. Marte em Capricórnio organiza e controla as coisas de modo a torná-las realidade. Marte em Escorpião direciona-se poderosamente no sentido de uma total transformação ou mudança do que quer que toque. Em Capricórnio, Saturno influencia a expressão de Marte. Em Escorpião, Plutão exerce uma influência análoga sobre a expressão de Marte.

Da mesma forma, Saturno rege Capricórnio. Saturno é o símbolo da cristalização. É o planeta mais forte em Capricórnio, onde se expressa de maneira clara e fácil como disciplina e ordem. No signo de sua exaltação, Libra, Saturno é o legislador, porque através de Libra ele amplia o raio de ação de disciplina e ordem pela inclusão do "outro". Então, o símbolo da realidade torna-se o símbolo da lei. Saturno em Aquário é igualmente forte, pois através do ar fixo Saturno transforma as idéias em realidades. A inventividade prática ocorre quando Saturno está em Aquário.

Júpiter rege Sagitário. Júpiter é o símbolo da expansão, crescimento e ética. Para alguns, isso significa que Júpiter, e não Saturno, está relacionado com a lei. Entretanto, as leis que controlam e disciplinam são de Saturno. A ética que eleva e dirige é de Júpiter. Júpiter exalta-se em Câncer. É no lar, com o símbolo materno protetor, que a criança desenvolve inicialmente um senso de ética, assim como a capacidade de expandir-se e crescer física e mentalmente. Em Câncer, o símbolo do centauro idealista

14 Para uma discussão em profundidade dos conceitos de regência, detrimento, exaltação e queda, veja Hand, Robert, *Horoscope Symbols*. Para Research, Gloucester, Massachusetts, 1981, pp. 200-210 (em geral, ele discorda do que eu disse). Também Sakoian, Frances e Acker, Louis, *The Astrologer's Handbook*, Harper and Row, Nova York, 1973, pp. 242-250 (em geral, eles concordam com o que eu disse).

é focalizado no cuidado individual. Quando Júpiter está em Peixes, sua regência tradicional, há ênfase semelhante no cuidado, mas em Peixes esse cuidado direciona-se para uma empatia com o mundo em geral.

Esses conceitos de exaltação e queda são relevantes no mapa progredido quando um planeta muda de signo. Qualquer planeta natal que caia no signo de sua regência ou exaltação será expresso através do signo natal de uma maneira poderosa, por toda a vida. Embora a expressão da energia de um planeta se altere quando há mudança de signo por progressão, não se notará grande diferença quando o posicionamento natal é mais forte por regência ou exaltação.

Por exemplo, se seu Mercúrio natal está em Aquário, e direto, ele vai progredir para Peixes. Mercúrio exalta-se em Aquário e está em detrimento em Peixes. Como seu Mercúrio natal é significativamente mais forte que seu Mercúrio progredido, você não vai expressar essa progressão para Peixes, a não ser que seu Mercúrio progredido faça conjunção com um ângulo ou outros aspectos importantes. Você vai continuar a pensar e agir como uma pessoa que tem Mercúrio em Aquário.

Quando um planeta encontra-se num signo ao qual não está ligado por regência, detrimento, exaltação ou queda, e progride para outro signo ao qual também não está ligado dessa forma, os signos progredido e natal terão mais ou menos a mesma força. Por exemplo, Marte não tem dignidade ou fraqueza em Aquário nem em Peixes. Vênus não tem ligação com Gêmeos, Câncer ou Leão nem por exaltação, regência ou seus opostos. Quando você tem planetas em qualquer dos posicionamentos acima, você deve examinar a colocação por casa e os aspectos para determinar qual simbolismo vai ser expresso, o natal ou o progredido.

Com Júpiter, geralmente é muito difícil distinguir os efeitos das progressões de Áries para Touro ou de Libra para Escorpião (ou vice-versa com o movimento retrógrado), porque nenhum desses signos aumenta ou diminui a expressão de Júpiter. Da mesma forma, a expressão de Saturno não muda muito quando ele progride de Touro para Gêmeos, ou de Escorpião para Sagitário. Embora a posição por decanato possa fazer uma pequena diferença, essas mudanças de Júpiter e Saturno só são perceptíveis quando o planeta é angular ou está fortemente aspectado.

É ainda mais difícil atribuir mudanças específicas em relação à época em que os três planetas exteriores mudam de signo. Ainda não temos a posição exata de Plutão em nenhuma efeméride, pois ainda não observamos uma órbita completa de Plutão em volta do Sol. Nem podemos precisar o tempo em que Plutão muda de signo, a não ser através de medições astronômicas extremamente sofisticadas. As mudanças de signo dos três planetas exteriores, na verdade, refletem muito mais as mudanças generacionais do que pessoais. Em conseqüência, as partes que lidam com esses planetas na análise das mudanças de signo são bem mais reduzidas do que no caso dos planetas interiores.

Cada um de nós é uma combinação dos nossos mapas natal e progredido. O uso dos conceitos de regência, detrimento, exaltação e queda, especialmente em relação aos planetas interiores, ajuda-nos a compreender como as energias se combinam para nos fornecer a expressão atual de nossas energias vitais.

3
COM A FORÇA TODA
Angularidade

OS ÂNGULOS

A CRUZ DA VIDA

Qualquer planeta colocado nas Casas I, IV, VII ou X do seu mapa é um planeta angular, pois estas são as casas angulares. Entretanto, essa definição geral tem dois sérios inconvenientes. Primeiro, ela não leva em conta a força de um planeta numa casa cadente a 5° de um ângulo. Segundo, essa definição atribui a mesma força a um planeta a 15° ou mais de um ângulo, o que não resiste ao confronto com a realidade.

Daqui para a frente, vamos nos referir a qualquer planeta a 5° de um ângulo como planeta angular, enquanto qualquer planeta em casa angular, porém a mais de 5° de um ângulo, será chamado simplesmente de "planeta em casa angular".

Qualquer planeta conjunto a um ângulo faz com que a sua interação naquele quadrante específico de sua vida seja matizada pelo simbolismo do planeta. Só podemos discutir os efeitos gerais dessas conjunções aqui, porque o efeito particular da conjunção envolve o simbolismo do signo em questão e dos aspectos do planeta.

Há três tipos de conjunção com os ângulos. A primeira, de maior influência, é a conjunção de um planeta natal com um ângulo natal. Em seguida, os dois tipos de conjunção mais importantes formados pelas progressões são os ângulos progredidos em conjunção com as posições natais e progredidas, e os planetas progredidos em conjunção com os ângulos natais.

Todos nós temos algum desses tipos de angularidade em algum ponto de nossa vida. Os planetas interiores em movimento direto nas casas cadentes, quando progredidos, fazem conjunção com os ângulos natais. Os ângulos progredidos fazem conjunção com os planetas natais nas nossas casas angulares ou sucedentes.

PARA ONDE VOU?

PLANETAS EM CONJUNÇÃO COM O MEIO-DO-CÉU

O Meio-do-Céu (MC) simboliza o seu rumo na vida, a sua carreira, o caminho que você decidiu seguir. Se esticar os dois braços para os lados, o seu braço esquerdo simboliza o seu Ascendente, e o direito, o Descendente. Eles estão nos cantos de sua visão periférica. A direção bem em frente simboliza o seu Meio-do-Céu. Assim como você vê o que está bem à frente com a maior clareza, o que quer que esteja no Meio-do-Céu, ou perto dele, é uma influência altamente notória na sua vida. Quanto menor for a distância entre a longitude do Meio-do-Céu e de um planeta, tanto maior será a sua influência.

Há uma designação especial para o planeta mais próximo do Meio-do-Céu, que não obedece à regra dos 5°. O planeta mais próximo do MC em seu mapa é chamado "acidentalmente dignificado". Para estar acidentalmente dignificado, um planeta precisa estar no máximo a 60° do MC. Se não houver nenhum planeta a 60° ou menos do MC, nenhum estará acidentalmente dignificado.

Quando os seus ângulos progridem, diferentes planetas ficarão acidentalmente dignificados. Haverá um ano de transição quando o MC progredido estiver exatamente entre dois planetas. Durante esse ano você estará vivendo uma poderosa configuração de meio ponto, e se encontrará num estado de fluxo em relação aos seus objetivos de vida ou de carreira. Em seguida, virão vários anos caracterizados pelo novo planeta acidentalmente dignificado. A influência de um planeta acidentalmente dignificado, mas não em conjunção com o MC, embora não seja tão forte quanto numa conjunção, é, não obstante, suficientemente importante para alterar as suas idéias sobre o que é importante em relação às escolhas de carreira assim como em relação à forma como você deseja introduzir mudanças na sua carreira.

Durante o período em que o Meio-do-Céu progredido fica até 1° antes ou depois de qualquer planeta natal ou progredido, a influência desse planeta será extremamente pronunciada na sua vida. Qualquer aspecto a esta posição afetará a sua carreira ou o rumo de sua vida. Assim, se o seu Meio-do-Céu progredido estava a 28° de Áries, em conjunção com Júpiter natal em 29° de Áries em janeiro de 1983, haveria uma oposição de Plutão em trânsito a essa conjunção. A oposição de Plutão em trânsito a Júpiter natal poderia ser sentida sem o mapa progredido, mas não necessariamente em termos de mudanças na carreira ou no rumo da vida, se não se considerasse a posição do Meio-do-Céu progredido.[15]

Quando um planeta progredido entra em conjunção com o seu Meio-do-Céu natal, é muito provável que você introduza mudanças radicais nos rumos de sua vida. Todos os planetas (à exceção da Lua) progridem tão devagar que qualquer um deles ficará a alguns minutos do MC durante um ano. Toda vez que o seu MC natal receber aspectos de um planeta em trânsito ou da Lua progredida, você verá o simbolismo do planeta progredido manifestando-se através de acontecimentos.

Cada um dos planetas tem um significado diferente quando se encontra acidentalmente dignificado ou em conjunção com o MC natal ou progredido. A seguir vou explicar o simbolismo de cada um.

PROGRESSÕES SOL – MEIO-DO-CÉU

Dependendo do método que você escolha para progredir o Meio-do-Céu, o Sol não muda de posição, ou muda muito pouco, em relação ao Meio-do-Céu progredido.[16]

15 Se você trabalhar com o dial de 90°, a posição do MC progredido (pelo menos se você progredir conforme sugiro na página 292) aparece regularmente sob a forma de acontecimentos. O MC progredido é muito útil na retificação de mapas.

16 A única exceção a essa regra é o método de progressão cotidiano, a que não me referi neste livro. Os outros métodos de calcular o Meio-do-Céu por progressão secundária usam mais ou menos a mesma velocidade do Sol progredido.

Assim, a não ser que você tenha nascido ao meio-dia, o seu Sol progredido não entrará em conjunção com o seu Meio-do-Céu progredido.

Como o Sol e o Meio-do-Céu progridem aproximadamente um grau por ano, o seu Sol progredido entrará em conjunção com o seu Meio-do-Céu natal se o Sol natal estiver nas Casas VII, VIII, IX ou a uma distância de 60 a 70 graus do Meio-do-Céu natal. O seu Meio-do-Céu vai progredir até entrar em conjunção com o seu Sol natal, se o seu Sol natal estiver nas Casas X, XI ou XII ou a uma distância de 60° a 70° do seu Meio-do-Céu natal.

Quando o seu sol natal está na Casa VIII ou IX, a conjunção com o Meio-do-Céu implica o deslocamento do Sol de Casa IX para a X. O mês em que a conjunção fica exata vai significar alguma recompensa, algum reconhecimento especial por suas realizações, principalmente nas áreas de estudos superiores ou comunicação de massa. Para algumas pessoas, pode significar longas viagens. Se o seu Sol progredido estiver muito aflito, esse reconhecimento pode não ser agradável. (Você pode encabeçar a lista de "Procura-se" do FBI!) O fato de essa conjunção significar fama ou infâmia vai depender de você: agora você colhe os frutos de suas opções enquanto o Sol estava na Casa IX.

Quando o seu Sol natal se encontrar na Casa X ou XI, o Meio-do-Céu progredido entrará em conjunção com o Sol natal. Provavelmente o que acontecer quando o Meio-do-Céu progredido entrar em conjunção com o Sol natal não vai ser muito surpreendente, já que você esteve trabalhando nesse sentido todo o tempo em que o Sol se encontrou na Casa X do seu mapa progredido. Enquanto o seu Sol natal está na Casa X do seu mapa progredido, a sua tendência é aliar os objetivos físicos e espirituais na vida. Isso significa que você não conseguirá trabalhar numa fábrica de armamentos se decidiu que entre seus objetivos espirituais está a luta pelo desarmamento mundial. Você vai fazer escolhas que realmente integram seu ser interior com os seus rumos físicos e espirituais na vida. Assim, quando o seu Meio-do-Céu progredido estiver em conjunção com o seu Sol natal, você saberá de onde vem o reconhecimento, e o que significa.

PROGRESSÕES LUA – MEIO-DO-CÉU

Quando a Lua está acidentalmente dignificada no seu mapa natal, você demonstra suas emoções com razoável facilidade. Se sua Lua faz quadratura com seu Ascendente ou está em aspecto com seu Saturno natal, você pode não ter consciência do impacto emocional que provoca sobre os outros. Uma das palavras-chave associadas à Lua é sensibilidade. Quando a Lua é o planeta mais próximo do seu MC, você é de fato sensível, mas pode optar por ser sensível a si mesmo e não às necessidades dos outros. Se optar por ser sensível a si mesmo, você sempre será passível de ser magoado pelas figuras que representam autoridade na sua vida. Você poderá chorar e fugir dessas figuras, não querendo perceber que as suas próprias respostas estão contribuindo para o que acontece.

Você tem a opção de usar essa sua Lua elevada de forma muito mais positiva. Você reage de forma instintiva e imediata aos estímulos apresentados pela carreira ou pelas figuras de autoridade. Você pode crescer através do envolvimento emocional com a sua carreira ou caminho de vida. Você investe tremendamente na proteção ou cuidado pelos outros. Quer você decida ter seus próprios filhos ou não, você poderá crescer ajudando os outros a crescer. Adotar crianças, ser um "irmão mais velho" ou "irmã mais velha", treinar equipes esportivas, assim como muitas outras carreiras ligadas à formação dos outros, oferecem possibilidades de crescimento devido à colocação da sua Lua.

O seu Meio-do-Céu progredido fará conjunção com a sua Lua natal se esta estiver até 60º depois do MC. No ano em que o MC progredido faz conjunção com a sua Lua, você vai vivenciar o auge do simbolismo da Lua na Casa X. Você vai precisar tomar cuidado com a sua tendência de encarar de forma muito pessoal tudo o que ocorre em sua carreira. A não ser que haja fortes aspectos de outros planetas progredidos ou dos planetas exteriores em trânsito, não é provável que você introduza mudanças na sua carreira, mas sim nas respostas a todo o conceito de carreira/rumo de vida.

Todos nós passamos por uma conjunção Lua progredida – Meio-do-Céu natal e Meio-do-Céu progredido durante nossos primeiros 28 anos de vida, e outra vez a cada vinte e oito anos. Se você voltar no tempo e se lembrar do que aconteceu na primeira conjunção, poderá ter uma idéia do que esperar nas próximas conjunções.

Diferentemente do que ocorre com outras conjunções de planetas progredidos com o Meio-do-Céu natal ou progredido, a Lua progredida leva apenas seis meses para ficar dentro de órbita (uso uma órbita de 3º), fazer a conjunção e sair de órbita. Durante esses seis meses, você vai descobrir que está mais sensível a tudo o que acontece em sua carreira ou rumo de vida. Esta é uma das posições mais comuns da Lua progredida por ocasião do casamento.

Se a sua Lua progredida faz aspecto com qualquer planeta natal quando está conjunta ao MC natal ou progredido, você vai ver que começará a revisar todo e qualquer problema emocional não-resolvido relacionado com aquele planeta. Você não vai apenas revisar esses problemas, mas também incorporá-los, de uma forma ou de outra, à sua vida imediata. Se os aspectos forem suaves (sextil ou trígono) você tirará força do outro planeta no sentido de estabilizar suas respostas emocionais a mudanças de carreira ou rumo de vida. Se os aspectos forem difíceis (quadraturas e oposições), você vai trabalhar no sentido de deslindar o problema, ou simplesmente incluí-lo em quaisquer mudanças de carreira que você faça. No último caso, poderá sentir-se emocionalmente em baixa quando a Lua progredida entra em conjunção com o Meio-do-Céu natal ou progredido (quando geralmente se está emocionalmente em alta). Nesse caso, é um bom indício de que está carregando alguma bagagem emocional dispensável.

PROGRESSÕES MERCÚRIO – MEIO-DO-CÉU

Quando Mercúrio é o planeta mais próximo do Meio-do-Céu no seu mapa natal, você é conhecido pela inteligência, loquacidade, destreza, ou as três coisas juntas. Você pode ser o vendedor com facilidade de comunicação, ou o honrado erudito cujas produções são regularmente editadas. Mercúrio também pode simbolizar o tagarela inveterado que sabe de tudo e conta tudo.

A simples presença de Mercúrio próximo do MC no seu mapa não garante um QI elevado (ou qualquer outra medida de inteligência). Uma pessoa altamente psíquica ou com extraordinário controle motor pode ter Mercúrio acidentalmente dignificado e não ser bem-sucedida na escola.

Quando o MC progredido entra em conjunção com o seu Mercúrio natal, temos a culminação de um ciclo de vários anos de Mercúrio na Casa X. À medida que o MC progredido chega mais perto de Mercúrio natal, você pensa cada vez mais sobre os rumos de sua vida. A conjunção do MC progredido com Mercúrio natal não vai automaticamente fazê-lo ansiar por objetivos ou direções espirituais. Cada um de nós tem liberdade para desenvolver ou ignorar o lado espiritual da vida. Para os que preferem operar num nível mais mundano, a conjunção significa considerável quantidade de pensamento (e possivelmente preocupação) sobre a carreira ou emprego. Podemos procurar um emprego que requeira maior capacidade de comunicação, ou podemos nos colocar numa posição em que a comunicação com figuras de autoridade seja essencial. Ou ainda, podemos cansar nossos amigos até a morte falando sem parar sobre o nosso emprego, o nosso chefe, a nossa última operação e a opinião do médico. (A cúspide da Casa X também significa tratamento médico.)

É claro que num mundo ideal todos nós nos voltaríamos para a filosofia e começaríamos a aprender os objetivos espirituais últimos dessa encarnação quando o Meio-do-Céu progredido fizesse conjunção com nosso Mercúrio natal, e levasse Mercúrio para a Casa IX no mapa progredido. Os que já desenvolveram alguma compreensão espiritual freqüentemente descobrem que essa é uma época de aumento de curiosidade e aprendizado em relação aos fins últimos. Para a maioria, a conjunção combina a iluminação espiritual com o pensamento e a preocupação sobre a forma de ganhar a vida.

Se você verificar os dois meses seguintes ao seu aniversário numa efeméride, verá se Mercúrio progredido vai fazer conjunção com o seu Meio-do-Céu natal, e com que freqüência. É muito comum ocorrerem claras mudanças de carreira enquanto Mercúrio progredido está em conjunção com o Meio-do-Céu natal. A maioria das pessoas envolve-se conscientemente com a direção e o conteúdo dessas mudanças profissionais que ocorrem na progressão de Mercúrio conjunto ao Meio-do-Céu natal. Aproveite esse conhecimento para formular um rumo de vida que a conduza aos seus objetivos!

PROGRESSÕES VÊNUS – MEIO-DO-CÉU

Quando Vênus é o planeta acidentalmente dignificado em seu mapa, geralmente você é conhecido por seu amor à beleza e às artes. Essa colocação de Vênus próximo do MC, em geral é acompanhada de gentileza e de um senso de afetuosidade e apoio despreendidos. Embora essa posição não seja uma garantia de um corpo ou rosto bonitos, aqueles que têm Vênus acidentalmente dignificado têm uma aura de graça e proporção em suas carreiras, quaisquer que sejam elas.

Há, é claro, alguns inconvenientes com Vênus acidentalmente dignificado, pois até os planetas benéficos têm seu lado sombrio.[17] Uma possível dificuldade tem sido

17 Planetas benéficos e maléficos – Os planetas benéficos são Vênus e Júpiter. Consideram-se fáceis de integrar o aspectos formados com qualquer um desses planetas. Os planetas maléficos são Marte e Saturno. Seus aspectos são considerados difíceis de integrar. Algumas pessoas incluem

exacerbada pela crença atualmente popularizada de que se você só tem pensamentos amorosos e harmoniosos, somente coisas amorosas e harmoniosas acontecerão em sua vida. Embora essa filosofia tenha algum mérito (em larga medida criamos as nossas realidades), esta crença pode levar a um arrasador sentimento de culpa se acontecerem coisas negativas. Se, por exemplo, você é um artista ou gostaria de ser um artista, seus bons pensamentos não vão vender os seus quadros. Pintar quadros melhores vai vender os seus quadros, mas isto é uma função de Saturno, não de Vênus.

O outro perigo potencial de Vênus perto do MC é a auto-indulgência. Quando você tem Vênus próximo do MC, e opta mais pelo lado mundano do que pelo espiritual, você pode envolver-se totalmente no princípio do prazer. Como a energia de Vênus é muito atraente, pode ser que os outros permitam que você se torne a menina ou menino insuportável. Um dia o mundo poderá desabar em cima de você por causa da sua auto-indulgência em relação a comida, bebida, drogas ou outros mecanismos de prazer.

Quando o seu MC progredido entra em conjunção com seu Vênus natal, você vai começar a classificar os seus sentimentos sobre as coisas e pessoas que ama. Por essa época, você será mais capaz de discernir os obstáculos que cria à harmonia. Se aceitar parte da responsabilidade pela desarmonia sem chegar ao extremo de assumir a culpa total pelas dificuldades, você poderá começar a modificar os seus comportamentos improdutivos. Provavelmente terá de ir de um extremo a outro – da completa responsabilidade até a irresponsabilidade completa – até chegar ao meio-termo da auto-aceitação e do amor-próprio.

Quando seu Vênus progredido faz conjunção com o seu MC natal, você adquire uma nova visão da importância da harmonia e da paz na sua carreira e no rumo de sua vida. Você não estará mais disposto a tolerar o caos (ou a sujeira) profissionalmente, nem continuará a trabalhar para uma pessoa briguenta. A não ser que haja esse tipo de dificuldade em sua vida, a conjunção não significa mudança de emprego. Se estiver engajado numa carreira em que seu Vênus apareça, verá que até o final do ano seu chefe não vai ver defeitos em você. Embora isso possa soar maravilhoso, é preciso haver alguns aspectos difíceis para o bom aproveitamento da energia. Se este for o único aspecto importante ao seu MC, e se você não se casar (esta é uma excelente colocação para casamento), você pode simplesmente curtir a sua glória, não fazer nada e mais tarde cair na dura realidade.

PROGRESSÕES MARTE – MEIO-DO-CÉU

Quando Marte está acidentalmente dignificado no seu mapa natal, você prefere a ação a qualquer outro modo de vida. Freqüentemente, Marte encontra-se a cinco graus do MC nos mapas de atletas, cirurgiões e militares.[18]

Urano, Netuno e Plutão entre os maléficos, mas acho que isso é ir um pouco longe demais. Teríamos então cinco planetas maus e só dois bons, já que o Sol e a Lua não contam por serem luminárias e a maioria das pessoas concorda que Mercúrio é neutro. Pode ser que ainda não tenhamos aprendido a integrar a energia dos planetas exteriores, mas não acho que sua energia seja sempre difícil.

18 Gauquelin, Michel, *Planetary Heredity*, Paris Planete. Paris, França, 1966.

Se sua opção não for desenvolver o lado positivo de Marte através de sua carreira e curso de vida, você pode simplesmente ser conhecido pelo mau gênio. Não é possível esconder o seu fogo atrás de um tapume, pois a energia de Marte vai incendiar o tapume e provocar um incêndio que todos verão.

Se Marte não está acidentalmente dignificado em seu mapa natal, mas fica em dignidade acidental por progressão, você verá que enquanto Marte estiver mais próximo do seu MC você estará muito mais assertivo.

Se Marte estiver progredindo em direção ao seu MC, a sua energia pode ser canalizada através da educação superior (universidade, estágios) ou através de experiências que envolvam viagens (serviço militar, trabalhos que requeiram bastante motivação, ou a simples mudança de residência). Toda essa energia pode ser dirigida para a concretização de algum objetivo de vida ou de carreira. Ao mesmo tempo, quanto maior a aproximação entre Marte e o seu MC natal, mais você precisará domesticar suas tendências agressivas. Em nossa sociedade, a raiva, a emoção mais reprimida, não é permitida socialmente. Uma pessoa boa nunca fica brava com coisa alguma. Essa atitude irrealista fomenta uma culpa terrível e perverte uma resposta absolutamene saudável e bem-fundamentada. Sem a energia de Marte, não poderíamos funcionar porque nos faltaria a força da autodeterminação.

Enquanto fazemos elogios ao uso do esforço físico para descarregar a energia de Marte (por exemplo, cortar lenha ou surrar tapetes, o que não é fácil para quem mora num apartamento), somos levados a repreender quem grita palavrões enquanto corta lenha ou surra o tapete. Talvez a necessidade dessa descarga tenha contribuído para o interesse no estudo das artes marciais orientais. A prática de algumas dessas artes requer que a pessoa grite e pule.

Se puder arquitetar alguma forma de descarregar a energia excessiva, você será capaz de direcionar sua energia enquanto Marte faz conjunção com o seu MC natal. Aí você poderá esperar um grande avanço ou um acontecimento importante na sua carreira, no ano em que a conjunção se torna exata. Se você não desenvolveu mecanismos de descarga, os acontecimentos associados a essa conjunção poderão ser bastante negativos. A posição por signo, e os aspectos, indicam as melhores válvulas de escape. Por exemplo, Marte em Peixes conjunto ao MC natal pode sugerir competição de natação, velejar, surfar ou coisa semelhante; Marte em Touro conjunto ao MC se daria melhor arando a terra para um novo jardim.

Quando o seu Meio-do-Céu progredido entra em conjunção com seu Marte, este planeta já ficou na Casa X do seu mapa progredido por vários anos. Com Marte na Casa X você dirige sua energia para opções de carreira. A preferência é ser seu próprio patrão. Se isso for possível, é uma boa opção. Você não se dá bem numa carreira que não exija ação, ou na qual tenha de obedecer a um chefe ditatorial. Se você se engajou numa carreira ou emprego que não requeira muita energia, Marte pode às vezes aparecer através de brigas de rua. Assim que entender a ligação entre o seus sentimentos agressivos e a falta de progresso no trabalho, você será capaz de direcionar seus esforços para áreas mais produtivas. Se tentar, poderá provavelmente desenvolver uma carreira enquanto continua no emprego que lhe garante a sobrevivência. O que você faz então é remover o tédio da Casa X, passá-lo para a casa VI das tarefas diárias, e liberar a energia da Casa X para ganhos futuros.

PROGRESSÕES JÚPITER – MEIO-DO-CÉU

Júpiter tem um passo médio de seis graus por mês em movimento direto, e muito menos quando está retrógrado ou chegando a estacionário. Assim, seu Júpiter natal e seu Júpiter progredido não ficarão a mais que 18° de distância na sua vida. Além disso, a não ser que seu Júpiter natal esteja a menos de 18° do MC natal, ele não vai progredir até uma conjunção com o MC natal durante a sua vida. Se o seu Júpiter natal está na Casa X, XI ou XII, seu Meio-do-Céu progredido poderá avançar até ficar conjunto a Júpiter progredido ou Júpiter natal.

Quando Júpiter é o planeta mais elevado no seu mapa, você é conhecido por seus planos grandiosos, otimismo, grande senso de humor e um tremendo carisma. Se Júpiter faz aspecto com seu Netuno natal, você pode ser um grande contador de histórias ou, de uma forma menos brilhante, um grande mentiroso. Júpiter freqüentemente se encontra a 5° do MC nos mapas de políticos, advogados e humoristas.

Conforme explicado acima, Júpiter progredido só entrará em conjunção com o seu MC natal se estiver a 18° do seu MC no nascimento. Quando essa conjunção ocorre, você atinge o auge do carisma pessoal. Pode significar que você ganhe uma importante eleição, publique um livro importante, tenha um grande progresso na sua carreira. Mesmo que o seu Júpiter progredido não esteja bem aspectado, raramente simboliza acontecimentos difíceis ou negativos. O pior problema dessa conjunção geralmente é o peso. Você vai ter de entrar num regime rigoroso, apesar de todos os outros benefícios associados a Júpiter.

Quando o seu Meio-do-Céu progredido entra em conjunção com Júpiter natal ou progredido, você vai causar impacto maior no mundo à sua volta. Se seus objetivos de carreira tiverem sido completamente frustrados, você poderá ter problemas por causa de excesso de consumo de comida ou bebida. Júpiter, por si só, apenas simboliza o excesso. Se você desenvolveu largas vias de expansão na sua carreira ou objetivos de vida, a conjunção do seu Meio-do-Céu progredido com Júpiter natal ou progredido indica um tremendo sucesso. Os anos entre as duas conjunções (com as posições natal e progredida) são anos de crescimento quase ilimitado. Aproveite esse período para concretizar seus objetivos mais importantes. Apenas a sua visão poderá limitar as realizações que você pode esperar para essa época.

PROGRESSÕES SATURNO – MEIO-DO-CÉU

Quando Saturno é o planeta acidentalmente dignificado no seu mapa, a sua tendência é ter um exagerado senso de responsabilidade. Esta é a colocação mais poderosa de Saturno, como regente natural da Casa X. Saturno acidentalmente dignificado não assegura nem o êxito nem o fracasso de seus objetivos profissionais. Em vez disso, indica que você leva sua carreira muito a sério, qualquer que seja ela. Saturno no Meio-do-Céu é o personificação da ética de trabalho dos Puritanos. Você acredita que se alguma coisa vale a pena ser feita, ela deverá ser bem feita. Saturno aqui é ao mesmo tempo o faxineiro que limpa todos os cantos, e o presidente do banco que verifica se os cantos estão limpos.

Se você é consciencioso a respeito dos detalhes da sua carreira, você terá sucesso. Entretanto, Saturno simboliza a necessidade de uma rígida honestidade no desenvolvimento dessa carreira. Sem essa honestidade, a influência saturniana garante que mais cedo ou mais tarde você vai pagar pela desonestidade. Ou você vai ser pego, ou vai cair em desgraça, ou vai sofrer tanto pelo esforço de parecer honesto e direito que os ganhos materiais que possa ter tido serão inferiores ao pessimismo que sente em relação à carreira.

Se Saturno não está acidentalmente dignificado em seu mapa natal, mas se torna acidentalmente dignificado com as progressões, os anos em que ele estiver mais próximo do Meio-do-Céu progredido são anos em que você atenta seriamente para a sua carreira. Esses serão anos de trabalho duro e poderão trazer um possível pessimismo a respeito de sua capacidade. Quando o seu Meio-do-Céu progredido se aproxima do seu Saturno natal ou progredido, o seu chefe pode ser extremamente exigente. O relacionamento com seus superiores está diretamente relacionado ao relacionamento com seu pai (ou com quem desempenhou a função disciplinadora em sua vida). Se esse relacionamento com seu pai não foi bem resolvido, você transfere o problema para o seu superior. Não vai adiantar mudar de emprego, pois é preciso que nessa época você adquira o senso do seu próprio valor. Se conseguir separar seu pai e seu chefe, você poderá usar a dignidade acidental de Saturno para lançar as bases de uma carreira de enorme sucesso depois que o Meio-do-Céu progredido entrar em conjunção com Saturno natal e progredido. Infelizmente, pode ser que você não enxergue seu sucesso. Saturno pode dar-lhe tal necessidade de perfeição que tudo que você vê são as imperfeições. Dê uma parada, consulte outras pessoas, ou mesmo faça uma lista de suas realizações. Pode ser que só você não esteja percebendo seu estrondoso sucesso.

PLANETAS EXTERIORES EM CONJUNÇÃO COM O MEIO-DO-CÉU

Os planetas exteriores – Urano, Netuno e Plutão – movem-se tão devagar que não chegam a uma conjunção exata com o Meio-do-Céu a não ser que estejam a poucos graus do Meio-do-Céu no mapa natal. Além do mais, quando o fazem, podem permanecer a alguns minutos da conjunção por muito anos. Considerando que não sabemos a hora de nascimento de ninguém com a precisão de menos de um minuto, e considerando que realmente não conhecemos a posição de Plutão com uma precisão de menos de 10' de arco, realmente não podemos determinar a data em que Plutão vai fazer uma conjunção exata com o Meio-do-Céu natal.

Sabemos, isto sim, que quando qualquer um dos planetas exteriores está a 30' do Meio-do-Céu, temos uma manifestação extremamente intensa da energia daquele planeta em nossa vida. Em vez de tentar datar os acontecimentos através dessa conjunção, use os aspectos de trânsito (ou aspectos entre outras posições progredidas e a conjunção MC/planeta) para isso. A conjunção de um planeta exterior ao seu MC natal serve mais como um pano de fundo do que como um indicador.

Assim, o único tipo de dignidade acidental significativo, além da dignidade acidental natal, é a conjunção do Meio-do-Céu progredido com as posições natais e progredidas dos planetas exteriores.

PROGRESSÕES URANO – MEIO-DO-CÉU

Se Urano é o planeta acidentalmente dignificado em seu mapa, você tende a ser não-convencional. Freqüentemente tem problemas com as figuras que representam autoridade. Embora não admita isso como um problema, essa era a opinião de seus pais quando você era pequeno. Urano simboliza o inventor, o inovador, o anarquista. Quanto mais perto Urano estiver do seu MC, mais evidente será a sua inconvencionalidade.

Como todas as generalizações astrológicas, esta também deve ser entendida dentro do contexto do seu meio ambiente. O seu comportamento precisa ser mais estranho em algumas partes do mundo para ser considerado inconvencional. Por exemplo, um intenso desejo de se tornar um produtor de cinema ou um operador de câmera não é considerado incomum para uma criança criada em Hollywood (Califórnia, EUA), mas pode ser considerado bem fora do normal se essa criança for da cidadezinha de Ava (Missouri, EUA). Ao mesmo tempo, a criança de Ava que desejasse ser um guia de caça teria a compreensão (e provavelmente o apoio) de sua comunidade, enquanto a criança de Hollywood sem dúvida enfrentaria muitos obstáculos se quisesse seguir essa carreira.

Qualquer pessoa que tenha Urano nas Casas X ou XI do mapa natal terá Urano acidentalmente dignificado em algum ponto do mapa progredido. Na época em que Urano estiver mais próximo do seu Meio-do-Céu progredido, você vai tentar carreiras diferentes, filosofias diferentes, rumos de vida diferentes. Vai sentir-se atraído pelo mais novo, o menos estável, o mais desafiador em qualquer dessas áreas. Quando o seu Meio-do-Céu progredido estiver realmente em conjunção com seu Urano natal e progredido, você vai ter um ano de fluxo em sua vida na medida em que vai quebrando a rotina. Duas áreas de enorme interesse para as pessoas que têm Urano acidentalmente dignificado em seu mapa progredido são a astrologia (regida por Urano) e a eletrônica. Esta é uma maravilhosa colocação para Urano nessa década de 80, caracterizada pela alta tecnologia, pois o trabalho com computadores, comunicações e inovações ajusta-se muito bem a ela. Urano não garante nada, a não ser que você vai mudar de idéia a respeito de seus objetivos e rumo de vida. Depende de você comandar essa mudança para que mais tarde possa colher seus frutos.

PROGRESSÕES NETUNO – MEIO-DO-CÉU

Quando Netuno está acidentalmente dignificado em seu mapa natal, você pode ter dom para música ou arte. Netuno também se relaciona com a capacidade psíquica, a mentira, e as coisas vagas em geral. A imaginação, a inspiração estão sob a influência de Netuno e o abuso de drogas também. Beethoven, Tchaikovsky e Johannes Brahms tinham Netuno acidentalmente dignificado, como também Max Heindel, o conhecido ocultista, e Joanne Woodward, a atriz.

Quando o seu MC progredido entra em conjunção com seu Netuno natal ou progredido (o que provavelmente ocorrerá no mesmo ano), o lado imaginativo e criativo de sua carreira é reforçado. Se você não tem Netuno acidentalmente dignificado em seu mapa natal, mas ele se torna acidentalmente dignificado no seu mapa progredido, os anos em que Netuno estiver mais próximo do Meio do Céu podem ser anos de criatividade ou indefinição, ou as duas coisas juntas. Se você nunca desenvolveu o seu lado artístico, poderá sentir-se vagamente descontente consigo mesmo e com sua carreira, enquanto Netuno está bem próximo do Meio-do-Céu. Quando você não tem formas de dar vazão à energia simbolizada por Netuno, o lado negativo, que envolve drogas e álcool, pode vir à tona. Isso pode resultar numa queda da sua capacidade de concentração em seus objetivos profissionais. A não ser que você consiga canalizar essa energia para uma área de prestação de serviços aos outros, ou no seu próprio desenvolvimento e crescimento espiritual, você pode perder a ambição e a vontade de realizar, na conjunção Netuno – Meio-do-Céu. Esta conjunção pode ser difícil principalmente para as pessoas cujos parâmetros são mais mundanos, já que sem uma válvula de escape netuniana nas artes ou na ajuda aos outros, a conjunção de Netuno com o Meio-do-Céu progredido pode ser desastrosa.

PROGRESSÕES PLUTÃO – MEIO-DO-CÉU

Quando o mais distante planeta, Plutão, está acidentalmente dignificado em seu mapa natal, a sua personalidade é forte e dominadora. Embora o pouco que se tenha escrito sobre Plutão assim colocado pareça indicar que há uma ênfase nas profissões de soldado e cirurgião, Plutão parece ter uma influência muito mais ampla. Schubert e Berlioz tinham Plutão acidentalmente dignificado; Helena Blavatsky, Ernest Hemingway e Richard Nixon têm Plutão como o planeta mais próximo do MC em seus mapas. O contexto que une essas proeminentes personalidades é a profundidade e a força. Como Plutão simboliza o mais profundo de cada pessoa, não é surpreendente encontrar Plutão no MC de indivíduos especialmente dominadores.

Diferentemente de Netuno, Plutão não confere qualquer nebulosidade à sua personalidade. Nos anos em que Plutão estiver acidentalmente dignificado em seu mapa progredido, você se torna uma pessoa de um único propósito, às vezes um fanático, na busca de seus objetivos.

Devido ao movimento lento do planeta, o seu MC progredido fará conjunção com Plutão natal e progredido no espaço de um ano. Esse ano será caracterizado como um período de tempo em que você se torna capaz de trabalhar com o maior afinco na busca de um determinado objetivo.

Se você teve dificuldades anteriores com figuras representando autoridade, ou se as suas configurações natais sugerem problemas potenciais desse tipo, você pode sentir um intenso desconforto em relação a essas figuras durante o período de tempo de tais conjunções. É de bom alvitre sugerir que você trabalhe sozinho, ou por conta própria, durante esse período. É claro que se isso for possível, é uma ótima forma de usar o simbolismo de domínio. Entretanto, nem todos têm os meios ou a capacidade de ser seu próprio patrão. Se você tiver de trabalhar para alguém durante este período, terá de examinar o seus conflitos internos em relação à autoridade para poder compreender o que está se manifestando na sua carreira. Você vai sentir uma forte compulsão no sentido de introduzir importantes e permanentes mudanças na sua carreira. Certifique-se de refletir cuidadosamente sobre essas mudanças, pois quando se trata de Plutão não há posssibilidade de reconstruir o que foi destruído. Essa configuração pode ser a mais poderosa influência da sua vida em termos de carreira e objetivos de vida.

PLANETAS EM CONJUNÇÃO COM O ASCENDENTE

O Ascendente, no seu mapa, simboliza a projeção do seu ego, o seu *interface* com o meio ambiente, e portanto a sua personalidade. Através do Ascendente, você age ou reage às questões e acontecimentos do mundo lá fora. Essa interação é alterada de formas específicas quando há planetas conjuntos ao Ascendente.

A órbita de influência numa conjunção depende em certa medida do planeta envolvido. Se pensarmos em termos de tempo em lugar de graus, essa variação na órbita do aspecto torna-se lógica. Os aspectos que nunca podem ficar exatos são em geral menos influentes do que aqueles que vão se tornar exatos por progressão no decorrer da vida.

Por exemplo, planetas na Casa XII conjuntos ao Ascendente podem, ou não, ficar em conjunção com o Ascendente natal por progressão. Se Plutão está na Casa XII, a 5° do Ascendente, não vai fazer conjunção com ele. Isso não significa que não tenha influência, mas Saturno ou Júpiter ou um dos planetas interiores (em movimento direto) vai progredir até o Ascendente ou avançar pela Casa I. Sua influência será mais evidente em sua vida, pois, por assim dizer, eles vão sair do armário, e durante grande parte de sua existência atuarão a partir da Casa I natal.

O seu Ascendente vai progredir e entrar em conjunção com qualquer planeta na sua Casa I. Quando há um planeta a 5° do Ascendente do lado da Casa I, sua abordagem do meio ambiente vai demonstrar mais a energia daquele planeta do que a do signo. Seu Ascendente progredido estará em conjunção com esse planeta dentro dos seus primeiros sete anos de vida, deslocando a energia do planeta para a sua Casa XII, dos hábitos e da ação subconsciente arraigada. Você nem vai notar que sua abordagem do mundo é completamente matizada pelo planeta conjunto ao Ascendente natal.

PROGRESSÕES SOL – ASCENDENTE

Quando você nasce ao alvorecer, com o Sol no Ascendente, coloca-se por inteiro nas suas interações com o meio ambiente. Você projeta o seu ser básico, saudando o mundo com sua totalidade. Você se sai melhor quando pode estar na liderança, já que precisa do reconhecimento do seu ambiente imediato. Não desdenhe os aquários, pois sentir-se-á mais feliz sendo o maior peixe de um lago pequeno do que em ser um peixe médio no oceano.

Quando o seu Sol e o seu Ascendente ficam em conjunção por progressão, você tem um ano de importante reconhecimento. É melhor preparar-se para esse ano, pois assim você conseguirá um reconhecimento do tipo positivo. Essa conjunção geralmente significa um acontecimento importante na vida, uma realização de um tipo ou outro, que o coloca no centro das atenções. Se você não fez nada para merecer recompensa, o ano da conjunção pode estar cheio de ataques de gênio ou algum outro tipo adverso de notoriedade. Nesse ano, você conseguirá fama ou infâmia.

PROGRESSÕES LUA – ASCENDENTE

Quando a Lua está em conjunção com seu Ascendente natal, você projeta uma personalidade emocional, formativa, flutuante e reativa. Poderá ter dificuldade em tomar iniciativas no seu ambiente, já que estará constantemente respondendo a estímulos. Quando a conjunção está num signo yang, essa reatividade pode ser muito frustrante, e talvez você reaja e aja tão rapidamente como se estivesse de fato iniciando as ações. Com essa combinação, você se fará ouvir. Você é muito sensível, em especial a quaisquer insultos, ofensas ou insinuações, reais ou imaginários. Você pode agarrar-se emocionalmente aos outros, algumas vezes a ponto de alienar o apoio de que precisa tão desesperadamente.

Diferentemente dos outros planetas, a Lua progredida completa a volta em torno do mapa a cada vinte oito anos. Assim, a conjunção do Ascendente progredido com a Lua natal é bem diferente, em efeito, da conjunção da Lua progredida com o Ascendente natal ou progredido. Quando o Ascendente progredido entra em conjunção com a Lua natal, seu efeito vigora durante o ano em que o Ascendente está a 1° da posição da sua Lua natal. Nesse espaço de tempo, você vai vivenciar intensas reações emocinais aos acontecimentos do mundo exterior. Se a Lua natal estiver a 5° do seu Ascendente natal e na Casa I, isso vai ocorrer durante a infância. Você deveria investigar os acontecimentos desse ano para entender as reações emocionais ou bloqueios que aparecem mais tarde na maturidade.

Esse ano também é fundamental em relação à saúde dos anos posteriores, pois sua Lua natal imediatamente passa para a Casa XII por progressão; ali os acontecimentos ocorridos durante a conjunção com o Ascendente são enterrados no subconsciente. Se isso significar um bloqueio importante nas respostas emocionais, você pode precisar da ajuda de um terapeuta para deslindar o significado interno desse ano.

Ao contrário, a conjunção da sua Lua progredida com o seu Ascendente natal e/ou progredido é mais ou menos rápida, pois há um período de seis meses (3° se aplicando, a 3° se separando) em que se verifica um leve efeito, e apenas um período de um mês (30' se aplicando, 30' se separando) em que o efeito é bastante forte. Essas conjunções simbolizam um novo começo emocional, uma nova fase em sua vida. Durante aproximadamente dois anos, antes de a Lua progredida fazer conjunção com o seu Ascendente, ela avança através da Casa XII do seu mapa. Nesse período, você provavelmente não vai notar quaisquer reações ou transtornos emocionais, pois seu crescimento está ocorrendo num nível interno, subconsciente. Quando a sua Lua progredida entra na sua Casa I, as mudanças internas tornam-se bastante visíveis, para você e para os outros. É freqüente as pessoas se casarem ou terem filhos na conjunção da Lua progredida com o Ascendente natal ou progredido. Qualquer que seja o acontecimento, há uma ênfase nas respostas emocionais durante mais ou menos dois anos, ou o período em que a Lua progredida permanece na sua Casa I.

PROGRESSÕES MERCÚRIO – ASCENDENTE

Quando você tem Mercúrio conjunto ao Ascendente natal, sua tendência é refletir ou preocupar-se com sua projeção sobre o mundo. Se a conjunção é a partir da Casa XII, você pode não falar muito, e ter uma voz bastante suave. Por outro lado, se a conjunção é na Casa I, você pode falar aos borbotões; assim ou você domina uma conversa ou nem participa dela. Do lado positivo, você é muito adaptável a situações cambiantes, mas essa mesma adaptabilidade pode conduzir à indecisão. Você é agitado e pode ter muita dificuldade em ficar quieto. O seu Sol está por perto, e do posicionamento de casa do seu Sol depende o significado verdadeiro de Mercúrio em conjunção com o Ascendente. Se o Sol estiver na Casa XII, você oscila entre a fala incessante e o completo silêncio, pois não tem muita certeza de querer ser visto (ou ouvido). Se o seu Sol está na Casa I e Mercúrio em conjunção com o Ascendente, você sabe que quer ser visto e ouvido.

É preciso considerar a posição do Sol natal e progredido na análise de uma conjunção progredida de Mercúrio com o Ascendente. Se o Sol natal e progredido indicam reticência tipo Casa XII, as características expostas abaixo vão ser amortecidas. Se o posicionamento do Sol indicar ação expansiva de Casa I, as características que se seguem serão enfatizadas.

Você vai vivenciar uma acentuação da capacidade verbal e uma vontade de ficar em movimento, na conjunção de Mercúrio com o Ascendente. À medida que você se torna mais consciente do seu ambiente, você pode vacilar entre pensar sobre os atos ou agir para mudar a sua projeção pessoal. Quando Mercúrio progredido cruza o seu Ascendente natal, simbolicamente você está tirando o pensamento consciente de Casa XII oculta e expressando-o no mundo exterior. Agora você se torna mais assertivo e mais capaz de verbalizar suas idéias. Quando seu Ascendente progredido entra em conjunção com seu Mercúrio natal, você se desloca de um parâmetro altamente verbal (Mercúrio na Casa I) do qual ouvir os outros não é uma faceta muito desenvolvida, para uma projeção que inclui prestar atenção aos pensamentos dos outros. Essa conjunção por progressão sempre indica uma mudança na sua projeção consciente sobre o ambiente, mas a direção da mudança é indicada pela direção do movimento do planeta.

PROGRESSÕES VÊNUS – ASCENDENTE

Quando Vênus está conjunto ao Ascendente, você projeta o princípio do prazer. Geralmente você é muito agradável, e as pessoas acham-no maravilhoso – a não ser que seus desejos sejam frustrados. Nesse caso, você pode tornar-se bastante manipulativo. Se o charme não funcionar, você vai recorrer a outras táticas, pois com Vênus conjunto ao Ascendente, você quer as coisas a seu modo. Como você projeta uma face amorosa e suave ao mundo, geralmente consegue o que quer sem ter de travar uma batalha.

Durante o ano em que Vênus fica conjunto ao Ascendente por progressão, você usa tanto o charme como a manipulação para atingir seus objetivos. Este é tradicionalmente considerado um aspecto de casamento, embora curiosamente nos meus arquivos eu não tenha nenhum casamento ocorrido quando Vênus fazia conjunção com o Ascendente natal ou progredido. Você poderá verificar esse fato com os dados de seus clientes.

Conclui que esse é um ano de ascensão social, aquisição de coisas bonitas, percepção do lado bonito das coisas. Você pode tornar-se mais consciente da sua aparência pessoal, tentando melhorar sua forma física ou pelo menos apresentar-se melhor. Ao mesmo tempo, tem dificuldades em se privar de qualquer coisa que queira. Assim, acaba tendo problemas com o peso.

Quando seu Ascendente progredido faz conjunção com seu Vênus natal, Vênus está entrando na Casa XII do seu mapa progredido. Se Vênus natal estiver a 7º ou 8º do Ascendente natal, isso ocorre durante a infância. Nesse caso, você pode tornar-se totalmente inconsciente das formas que usa para manipular os outros e conseguir o que deseja na vida. Você internalizou a criança encantadora que passa a fazer parte da sua mente inconsciente. Essa criança encantadora não é necessariamente negativa, pois, a não ser que seus desejos sejam totalmente autocentrados, pode simplesmente significar uma pessoa de maneiras agradáveis que cativa a todos.

Quando seu Vênus progredido entra em conjunção com o seu Ascendente natal, Vênus está saindo da Casa XII oculta e entrando na Casa I do seu mapa natal. Você passa a ter oportunidade de liberar o seu lado suave e romântico, aproveitar as coisas boas que percebe à sua volta, expressar o amor e o deleite. É muito mais provável que agora você se apaixone por pessoas disponíveis (e não pessoas casadas, ou que estão a dez milhões de quilômetros de distância, ou padres e freiras).

A coisa mais marcante nessa conjunção Ascendente-Vênus por progressão é uma quase ausência total de acontecimentos importantes. Como a maioria dos acontecimentos que achamos "importantes" são negativos, eu poderia concluir que Vênus protege, de alguma forma, contra as coisas negativas. Entretanto, nenhum dos meus clientes conseguiu quaisquer realizações importantes no ano em que Vênus estava em conjunção com o Ascendente. Talvez uma conclusão melhor fosse que Vênus conjunto ao Ascendente indica um aproveitamento tranqüilo e não fatigante dos objetos e pessoas a seu redor.

Se você ceder ao lado negativo de Vênus, o lado auto-indulgente, egoísta e sensual, os anos que se seguem à conjunção podem ser anos de acontecimentos. Isso acontece quando as coisas que você fez (ou deixou de fazer) durante o ano da conjunção tornam-se mais evidentes para você e para os outros. Aí ninguém vai se interessar pela criança mimada e doce que encantou a todos na conjunção Vênus-Ascendente.

PROGRESSÕES MARTE – ASCENDENTE

Todo o mundo percebe quando você tem Marte em conjunção com o Ascendente. Você tem um alto nível de energia em todas as suas interações com o meio. Muitas pessoas assim são crianças difíceis, com acessos de gênio que causam espanto e raiva nos adultos. Se o seu Marte estiver bem aspectado, isso significa que você foi simplesmente um jovem ativo e agressivo. Se o seu Marte não estiver tão bem aspectado, você pode ter sido maltratado, embora isso nos leve à questão duvidosa de quem maltratou quem, pois com esse posicionamento você consegue irritar qualquer pessoa quando é contrariado. Você não demonstra raiva tão abertamente como quando Marte está conjunto ao seu Ascendente na Casa XII, mas mesmo assim deseja reformular o meio para ajustá-lo às suas necessidades pessoais.

Quando Marte faz conjunção com o seu Ascendente por progressão, você tem de lidar com suas tendências agressivas. Algumas vezes esse parece não ser absolutamente o caso, já que podem estar acontecendo coisas em sua vida que absolutamente requeiram que você coloque todas as suas energias na reestruturação, no seu sentido mais ativo, do meio. Se alguém quis instalar um depósito de lixo nuclear no seu quintal quando Marte entrou em conjunção com o Ascendente, ou se um vulcão entrou em erupção e você mora perto, não precisa ler mais nada. Você não vai ter de enfrentar problemas subconscientes porque vai estar muito ocupado lidando com o aqui e o agora. Isso não deve levá-lo ao pânico, pois a maioria das pessoas não vive grandes desastres quando Marte faz conjunção com o Ascendente. Algumas pessoas, porém, decidem mudar-se para perto de um vulcão depois de sua erupção com o objetivo de prestar auxílio. Esta é uma resposta muito adequada e útil à energia de Marte em conjunção com o Ascendente. Outras podem decidir tomar providências diferentes para remediar as conseqüências de catástrofes naturais. Se isso ocorrer, você não estará fugindo de Marte; você o estará usando bem.

O resto de nós pode querer ir e fazer alguma coisa parecida, mas há responsabilidades que nos mantêm no lugar onde estamos. Para nós, Marte em conjunção com o Ascendente por progressão significa que precisamos examinar longa e cuidadosamente nossas tendências agressivas. Se o seu Ascendente progredido faz conjunção com o seu Marte natal, você vai internalizar os acontecimentos desse ano, supostamente tirando lições dos resultados das ações tomadas. Se Marte progredido faz conjunção com o seu Ascendente natal, você está trazendo a energia da Casa XII oculta para a Casa I. Você se surpreenderá com a quantidade de mudanças que poderá introduzir no seu ambiente. Você pode não perceber isso como uma emergência de energia, mas sim como uma parte necessária do seu crescimento.

Se achar que alguém está sendo completamente detestável durante o ano em que Marte faz conjunção com o seu Ascendente, você deveria analisar o seu próprio comportamento. É fácil projetar essa energia, transformando-a em responsabilidade de outra pessoa. Com muita freqüência, isso simboliza dificuldades nos relacionamentos pessoais (divórcios, brigas, discussões) porque você não admite a sua parcela de responsabilidade no que está acontecendo.

PROGRESSÕES JÚPITER – ASCENDENTE

A atração, o carisma e a efervescência naturais de Júpiter em conjunção com o Ascendente natal tornam-no um político perfeito. Você é aberto, otimista e entusiasmado. Pode ser jactancioso ou exagerado, mas geralmente os outros recebem isso com bom-humor já que você tem um maravilhoso senso do ridículo. Às vezes, essa conjunção significa um comportamento argumentativo, pois você gosta de adotar uma postura grandiosa. Se outros fatores no seu mapa indicarem uma frustração ou limitação às suas ações, você poderá ter problemas de peso.

Embora Júpiter em conjunção com o Ascendente natal esteja muitas vezes relacionado com graus de obesidade variáveis, nem todos com essa colocação têm o mesmo problema. Os que não sofrem de excesso de peso são os que se envolvem com algum projeto ou "causa" destinados a melhorar a vida dos outros. Parece que para liberar toda a fé e o entusiasmo desse posicionamento de Júpiter é preciso sair de atividades egoístas ou autocentradas e ampliar o campo de visão. Quando a atenção vai mais além do âmbito da própria família, pode-se esquecer o regime, pois o peso normaliza-se rapidamente.

Quando Júpiter entra em conjunção com o Ascendente por progressão, você vivencia um ano em que todas as coisas parecem ser possíveis. Embora isso possa ser muito positivo, pois a energia é muito vivaz, há o sério risco de se ir longe demais, deixando para trás uma fileira de promessas não cumpridas.

Não é muito provável que você possa datar acontecimentos através da conjunção de Júpiter progredido com o seu Ascendente natal, pois Júpiter move-se devagar e o Ascendente dificilmente é calculado com exatidão de minutos. Durante o(s) ano(s) em que Júpiter estiver dentro de alguns minutos de arco do seu Ascendente natal, você poderá receber algum crédito espetacular.

Por outro lado, a conjunção do seu Ascendente progredido com Júpiter natal não é tão difícil de datar. Pode haver um desvio considerável se houver um erro de alguns minutos na hora do nascimento; por outro lado, a conjunção pode ser usada para retificar a hora do nascimento, já que a posição de Júpiter é exata. As duas conjunções geralmente ocorrem durante uma mudança fundamental (quase sempre favorável) na sua abordagem do meio ambiente. Você vai ter de ser muito negativo ou sem reação para que alguma coisa realmente difícil ocorra com qualquer uma das conjunções Júpiter-Ascendente (mas, isso pode ser feito: é só afogar-se numa garrafa de gim e expandir todos os maus hábitos, mas a maior parte das pessoas não faz tanto esforço assim para fracassar).

PROGRESSÕES SATURNO – ASCENDENTE

Se você tem Saturno em conjunção com o Ascendente natal, você é tímido, conservador e carece de autoconfiança. Pode sentir-se não-amado ou não-querido. Se você for até as raízes desse sentimento, poderá descobrir que seus pais não esperavam ou realmente não desejavam uma criança quando você apareceu. Embora seja provável que eles logo tenham se reconciliado com a idéia de ter você por perto, os bebês percebem a rejeição. Você pode carregar esse sentimento de rejeição até a maturidade, nunca entendendo a causa subjacente. Para compensar tal sentimento de inadequação pessoal, muitas pessoas tornam-se especialistas, ou pelo menos adquirem excelente formação escolar. Você sente que precisa estar certo e ser reverenciado no seu ambiente. Algumas vezes, Saturno em conjunção com o Ascendente natal torna a pessoa super-responsável, legalista e mesmo rígida a respeito de "regras" de comportamento.

Nos anos em que Saturno faz conjunção com o seu Ascendente por progressão, você pode sentir-se bastante alienado do seu ambiente. Psicologicamente, você está num patamar baixo, tendendo a preocupar-se com suas opções e seu impacto sobre os outros. A tendência é assumir responsabilidades automaticamente e desculpar-se por acontecimentos que estão absolutamente fora do seu controle. Você pode optar pelo uso desse período para se tornar o maior especialista do mundo em algum assunto. Nesse caso, não vai receber nenhum crédito até que a conjunção se desfaça, mas aí então você vai ser reconhecido.

Quando o Ascendente progredido faz conjunção com Saturno natal, você pode cavar e desenterrar algumas das causas de suas inseguranças. Você vai decidir assumir o controle das suas interações, pois Saturno significa controle. Essa conjunção também indica liberação, pois Saturno está saindo da Casa I em direção à XII. Você será capaz de traçar os limites exatos da sua responsabilidade pessoal. Poderá, então, parar de tentar carregar o mundo nas costas e continuar a viver a sua vida.

A despeito de todas as dificuldades mencionadas acima, Saturno em conjunção com o Ascendente é um forte indício de sucesso, já que implica ambição, persistência e trabalho duro. Os que não têm esse aspecto tendem a dizer "que coisa horrível", mas os que têm esse aspecto simplesmente continuam com o seu negócio, isto é, ter sucesso nessa vida.

OS PLANETAS EXTERIORES E O ASCENDENTE

Os três planetas exteriores podem ficar a um grau de sua posição natal durante trinta anos num mapa progredido. Como geralmente só temos, no máximo, uma precisão de 15 minutos de órbita nos ângulos, não podemos datar muita coisa pela conjunção da posição progredida dos três planetas exteriores com os ângulos natais. A discussão que se segue considera somente a conjunção do ângulo progredido com a posição natal (e progredida) dos planetas exteriores. Geralmente, o ângulo entra em conjunção com a posição natal e progredida no mesmo ano, espalhando o efeito da conjunção pelo tempo decorrido entre a posição natal e a progredida.

PROGRESSÕES URANO – ASCENDENTE

Se você tem Urano conjunto ao seu Ascendente natal, você é altamente individualista e abre caminho para o novo rompendo e varrendo o velho. Seus pais provavelmente não são da opinião de que Urano conjunto ao Ascendente seja uma bênção, pois quando o velho inclui a hora de ir para a cama, o uso do banheiro, as portas, as janelas e o vaso antigo favorito de mamãe, os pais descobrem que é difícil varrer os pedaços sem desejar também varrer o fazedor de pedaços.

Sem preocupar-se com as etiquetas sociais, você adora o inconvencional, aproveitando todas as chances para moldar o ambiente de acordo com suas idéias. A não ser que desenvolva o lado humanitário e social do seu Urano natal, você pode acabar ficando aprisionado num padrão de infindáveis ondas de revolta contra o mundo a seu redor. Aí, quanto mais olhar para o que acontece à sua volta, mais contrariado você fica, e mais o seu comportamento se torna errático. Se conseguir discriminar um pouco, poderá determinar o que o incomoda mais nas suas interações, e então preparar-se para modificar situações específicas. Se você não puder, ou não quiser direcionar-se para as coisas passíveis de mudança, sua vida poderá tornar-se muito frustrante.

Quando seu Ascendente progredido entra em conjunção com seu Urano natal ou progredido, você poderá vivenciar uma mudança total no seu mundo. Algumas das mudanças que ocorrem incluem o deslocamento para um ambiente totalmente diferente e fora do comum (como a Lua), o aparecimento (ou desaparecimento) súbito de pessoas da sua vida, a recepção de um reconhecimento totalmente inesperado, no bom ou no mau sentido. O que quer que aconteça, provavelmente será uma surpresa, mesmo considerando que a conjunção é o clímax dos anos em que Urano esteve na Casa I do seu mapa progredido. Na realidade, você esteve se preparando para a mudança durante muito, muito tempo. No ano em que o seu Ascendente progredido forma as conjunções, você se afastará completamente do seu comportamento anterior. Se o seu Urano natal estiver recebendo aspectos por trânsito durante esse ano, esses trânsitos fomentarão muito mais mudanças do que normalmente ocorreria somente por sua influência.

PROGRESSÕES NETUNO – ASCENDENTE

Com Netuno conjunto ao seu Ascendente natal, a escada da sua vida está assentada num creme, por cima de uma nuvem. Surpreendentemente, muitas vezes você completa a escalada até seu ser superior, lance por lance, sem se preocupar com o fato que o alicerce não é muito firme e está muito submerso.

Netuno conjunto ao Ascendente simboliza a sua personalidade sensível, possivelmente psíquica, facilmente perturbada por condições disruptivas no meio ambiente, e em geral completamente sem contato com a realidade. O sonhador, o planejador, o artista e o escapista são tipos de Netuno. Emily Dickinson, no poema 214, estrofe 2, capta o espírito fugidio de Netuno conjunto ao Ascendente:

Inebriate of Air am I
and Debauchee of Dew
Reeling – through endless summer days –
From inns of Molten Blue

[Estou inebriado de ar
e bêbado de orvalho
cambaleando – por incontáveis dias de verão –
pelas estalagens de azul líquido]

Quando seu Ascendente progredido entra em conjunção com seu Netuno natal, você descobre que a sua realidade cuidadosamente construída começa a despedaçar-se, dissolvendo-se na fumaça dos intervalos e das incertezas. Esse período pode ser de muito crescimento psíquico, mas também pode ser que você se emaranhe numa teia de autodecepção – uma fuga de qualquer realidade difícil da sua vida. Você pode simplesmente recusar-se a ver as coisas desagradáveis que estão bem na sua frente. Assim, enquanto todos lhe dizem que deve estar tendo alguma dificuldade com algum fato corrente, você alegremente insiste em que tudo está bem.

Você precisa determinar como reagir a Netuno de forma geral antes de decidir como vai lidar com a conjunção. Os trânsitos por Netuno tendem a fomentar acontecimentos que envolvem a forma como você se projeta no mundo, durante o ano em que o seu Ascendente progredido faz conjunção com Netuno. É quase impossível definir com clareza os acontecimentos desse ano, pois você não consegue enxergá-los claramente. Dessa forma, tal conjunção, em geral, só consegue ser analisada em retrospecto, pois há muita nebulosidade presente enquanto as coisas acontecem.

PROGRESSÕES PLUTÃO – ASCENDENTE

Quando você tem Plutão conjunto ao seu Ascendente natal, você é uma máquina de força, determinado a mudar o ambiente de uma forma completa. Você pode não agir de imediato, mas quando o faz, todos no ambiente notam a transformação que você está levando a efeito. Você integra ou desintegra tudo à sua volta. Poder, força e domínio geralmente são temas constantes em sua vida. Na infância, você costumava testar e resistir às pressões para obedecer, e na idade adulta com freqüência exerce pressões sobre os outros. Você pode ser totalmente inconsciente do impacto que causa nas pessoas a seu redor, principalmente se o seu Plutão natal está a 6° ou 7° do Ascendente natal e entrou na sua Casa XII durante a infância.

Quando seu Ascendente progredido entra em conjunção com seu Plutão natal e progredido, você sente e projeta uma tremenda força no sentido de introduzir mudanças permanentes no mundo à sua volta. Você pode antagonizar bastante os outros nessa época, principalmente se houver aspectos por trânsito a seu Plutão natal, que tendem a desencadear o potencial de mudança inerente a este aspecto. Na ausência de influências por trânsito sobre seu Plutão natal, você vivencia essa conjunção como uma época de confronto com o seu ambiente imediato. Esse confronto define os limites do seu poder pessoal. Não se iluda como fato de que Plutão geralmente age sob a superfície, pois embora você possa não estar agindo abertamente no sentido de efetuar as mudanças, está muito ocupado manipulando o ambiente para fazê-lo mover-se na sua direção.

DE ONDE EU VENHO?

PLANETAS EM CONJUNÇÃO COM O FUNDO-DO-CÉU

O Fundo-do-Céu, Nadir ou cúspide da Casa IV (FC – Fundo-do-Céu ou IC – *Imum Coeli*, em latim) simboliza o seu ser interior, em contraste com o MC que simboliza a sua direção tanto na vida espiritual como na profissional. O FC é de onde você vem, o que lhe é mais caro, e como você conduz a sua vida particular, pessoal. O FC simboliza o "eu" sem suas projeções no mundo exterior. Simboliza o seu ser interno por si só.

A Casa IV também representa várias áreas mundanas da sua vida, assim como a Casa X significa o seu patrão, o seu pai, a sua reputação. A Casa IV mostra como você termina as coisas (o signo do FC e qualquer planeta na Casa IV vão influir nisso). O seu lar (imóvel) está ligado à sua Casa IV; a visão de sua mãe é filtrada pela Casa IV, assim como suas ligações com o passado e com seus antepassados (através da posse de objetos antigos ou mesmo somente pela tradição). O FC liga você a suas raízes, tanto psicológicas como físicas. Acredito que o FC também esteja associado a vidas passadas e a laços passados, mas isso não é fácil de provar.

A tensão entre os conceitos "para onde vou" e "de onde venho" são inerentes à oposição entre o Fundo-do-Céu e o Meio-do-Céu. Os aspectos a um implicam em aspectos ao outro. Dessa maneira, parte da minha análise de uma conjunção ao FC é a análise da oposição ao MC, assim como parte de uma conjunção ao MC é uma oposição ao FC.

Se você nasceu à meia-noite e tem o seu Sol conjunto ao FC natal, geralmente faz grandes exibições de bravura para esconder sua real timidez. Essas bravatas são mais evidentes no caso de homens, já que nossa sociedade franze o cenho ao homem medroso. Assim, você pode parecer mais egoísta que seu irmão que tem o Sol conjunto ao MC. Quando o seu Sol está conjunto ao FC, você precisa superar obstáculos para ser reconhecido. Entretanto, você tem uma firmeza de propósito e de identidade interna que são de muita valia quando sua vida exterior se torna difícil. Seus objetivos e rumos de vida derivam diretamente do seu próprio senso de identidade. Como o FC e o Sol progridem mais ou menos à mesma velocidade (dependendo do método usado para progredir os ângulos), uma conjunção natal vai durar por toda a vida no seu mapa progredido.

Quando o seu Sol progredido entra em conjunção com o seu FC natal ou quando o seu FC progredido entra em conjunção com o seu Sol natal, você vivencia um senso de estar enraizado, ou ligado, a acontecimentos passados, ou mesmo à herança de seus antepassados. Você se torna cada vez mais sensível ao que ocorre na sua casa, pois poderá identificar-se completamente com esses acontecimentos. As crianças estão rebeldes? O forro está rachando? Você poderá achar que a paz ou o conforto domésticos dependem inteiramente de você. Por outro lado, você pode adquirir uma obsessão a respeito de como termina as coisas. Se você se identificar com o produto final dos seus esforços, poderá desenvolver muitas razões para se sentir inadequado. Ninguém termina tudo perfeitamente ou em glória resplandecente. No lado positivo, essa conjunção em geral ocorre quando você realmente termina algum projeto importante de sua vida.

Quando o seu FC progredido entra em conjunção com o seu Sol natal, deslocando o Sol para a Casa III no seu mapa progredido, você sente mais vontade de comunicar as suas necessidades básicas aos outros.[19] Também é provável que venha a conhecer seus vizinhos ou ter um envolvimento maior com seus irmãos (pessoas de Casa III).

Quando o seu Sol progredido entra em conjunção com o seu FC natal, ele está se deslocando da Casa III natal para a Casa IV natal. Se você nunca deu muita atenção às suas bases ou aos assuntos domésticos, é época de uma mudança nos seus hábitos. Até o mais acabado tipo nômade sagitariano pode decidir deitar raízes quando o Sol progredido entra em conjunção com o FC natal. Se você já se assentou, vai tornar o seu lar mais compatível com sua visão de si mesmo. Quer o seu gosto seja ultramoderno ou vitoriano, você vai querer transformar o seu lar numa extensão de você mesmo.

19 Embora a mente consciente seja regida por Mercúrio, a Casa III também está ligada à comunicação. A forma como você se comunica é na realidade uma combinação da posição, signo e aspectos de Mercúrio, e da Casa III. Tanto o signo da Casa III como os planetas aí localizados afetam sua forma de comunicar-se. A maior parte dessa comunicação é em nível mundano ou cotidiano, envolvendo conversas telefônicas, intercâmbios diários ou pequenas cartas. Oscar Weber dizia que Vênus na Casa III caracteriza a "mentalidade alegre" e que Júpiter na Casa III pode contrabalançar um Mercúrio na Casa XII, indicando que a pessoa não é tão calada quanto o posicionamento de Mercúrio poderia fazer supor. A comunicação é rápida e clara se Mercúrio em Escorpião ocupar a Casa III.

PROGRESSÕES LUA – FUNDO-DO-CÉU

Quando você tem a Lua em conjunção com o FC no mapa natal, você é ao mesmo tempo muito ligado emocionalmente à noção de lar, raízes e família, e sensível a todos os tipos de mágoas em relação a essas mesmas fontes. Você pode achar que sua mãe o cobriu de tanto carinho emocional que é muito difícil separar-se dela. Ao mesmo tempo, muitas pessoas com essa colocação acham que a mãe lhes proporciona uma âncora contra as incertezas do mundo exterior. De qualquer forma, é difícil ser tão emocionalmente completo como você acha que sua mãe é, e é custoso desligar-se da idéia de maternidade e cuidados maternais. Você precisa de uma base emocional, de um lar, e vai chegar a extremos para conseguir o que precisa.

Diferentemente dos outros planetas, a Lua progredida faz uma volta completa no mapa a cada 28 anos. Assim, uma conjunção do seu FC progredido com a sua Lua natal dura duas vezes mais que a conjunção da sua Lua progredida com o FC natal ou progredido. A conjunção do FC progredido com a sua Lua natal dura mais ou menos um ano (concedendo uma órbita de 30' à conjunção). No decorrer desse ano, você fica muito sensível aos assuntos relacionados com o seu lar ou com a sua mãe. Você pode ficar muito ligado a sua mãe e a seu lar, ou tentar ser, você mesmo, a pessoa mais protetora e maternal dentro de sua casa. Quando as circunstâncias no mundo exterior estiverem difíceis, você se retrai para dentro de casa a fim de curar as feridas e recuperar-se.

Quando a sua Lua progredida entra em conjunção com o seu FC natal ou progredido, você inicia uma interação (que vai durar dois anos) com os andaimes emocionais das estruturas da sua realidade. Essa conjunção pode coincidir com fatos como casamento, nascimento de filhos, ou com uma época em que você tem de tomar conta de um de seus pais. Ela simboliza um intercâmbio emocional em casa – você dá e recebe força emocional. Qualquer coisa que aconteça em casa nessa época vai ser sentido com invulgar profundidade emocional, e você vai reagir de forma rápida e completa a cada acontecimento.

PROGRESSÕES MERCÚRIO – FUNDO-DO-CÉU

Quando Mercúrio está conjunto ao FC no mapa natal, você se preocupa com seu lar, com sua mãe, e com a forma pela qual termina as coisas. Você prefere ter um ambiente intelectual em sua casa, e se na infância você não viveu num lar voltado para atividades intelectuais, você criará esse ambiente no seu próprio lar. Pode ser que você seja um pouco esnobe intelectualmente, pelo menos dentro de casa. Por outro lado, Mercúrio aqui pode indicar uma grande destreza manual, e um de seus *hobbies* poderá ser uma oficina ou estúdio caseiros onde você possa fazer consertos e criar.

Quando seu FC e seu Mercúrio estão conjuntos por progressão, você atinge um ponto de crise no que diz respeito à sua comunicação e sua vida doméstica. Geralmente essa crise na comunicação envolve sua carreira (Mercúrio em oposição ao seu MC). Se você tiver apoio em casa, poderá corrigir as dificuldades de comunicação no trabalho. Se não tiver esse apoio, poderá trazer para o seu lar os problemas da Casa X, aumentando o fosso entre você e os outros na cena doméstica.

Quando seu Mercúrio progredido encontra-se conjunto ao seu FC natal, Mercúrio está se deslocando da Casa III das comunicações para a Casa IV do lar. Isso implica que as mudanças na comunicação envolvem crescentes tentativas de comunicação dentro da família. Embora o FC em geral signifique a mãe (ou por oposição ao MC, o pai) a maioria de nós geralmente conversa mais com o marido, ou a esposa, quando Mercúrio progredido entra em conjunção com o FC. Entretanto, o tópico mais comum nessas conversas são os pais, ou o nosso conceito da função de pai/mãe. Quem não é casado conversa com os amigos ou com o terapeuta sobre esses assuntos.

Pelo contrário, quando o FC progredido entra em conjunção com Mercúrio natal, o movimento é da Casa IV para a Casa III. Isso indica que você pode transportar para o mundo exterior quaisquer habilidades de comunicação que tenha desenvolvido enquanto Mercúrio encontrava-se na sua Casa IV, através da Casa III das comunicações conscientes. Durante o ano da conjunção, é provável que você fale dos mesmos assuntos em que o seu amigo – cujo Mercúrio progredido está conjunto ao FC natal – está pensando. Entretanto, devido à direção da sua progressão, você estará encontrando apoio entre seus vizinhos e irmãos, e vai ver que as preocupações associadas com a conjunção de Mercúrio ao FC determinam o tom de seus padrões diários de comunicação.

PROGRESSÕES VÊNUS – FUNDO-DO-CÉU

Quando Vênus está conjunto ao FC no seu mapa natal, você procura e encontra harmonia no seu lar. Você se cerca de beleza, suavidade, conforto. É um romântico incurável, principalmente na privacidade do seu lar. Esse romantismo oculto pode causar-lhe algumas dificuldades na carreira, pois as duras realidades do mundo exterior lhe desagradam. Enquanto você consegue fazer de seu lar um refúgio contra os duros choques de personalidades do mundo exterior, pode recolher-se ao seu oásis pessoal para renovar-se. Você precisa se cercar de cores e tecidos suaves, pois sabe que a qualidade calmante do prazer (mesmo nas coisas pequenas) é o que lhe permite lidar com tudo o mais na vida.

A mudança abrupta não é a marca registrada de Vênus em conjunção com qualquer dos ângulos por progressão. Em vez disso, você se torna consciente da necessidade de suavizar a forma e os contornos de sua vida, e de reconhecer o seu amor à beleza e à sensualidade. Vênus em conjunção com qualquer dos ângulos significa casamento, pois indica uma mudança na sua visão de si mesmo em relação às coisas e pessoas que você ama. Mas o casamento não é a única possibilidade, já que você pode simplesmente chegar ao ponto de aceitar o romântico secreto que vive dentro de você. Quando a progressão leva Vênus da Casa IV para a Casa III, você descobre mais prazer na comunicação, nos irmãos, nos vizinhos. Quando a conjunção se move da Casa III para a Casa IV, você suaviza todas as coisas na sua casa, coloca almofadas, tapetes, tudo que seja bonito.

A única forma de conseguir repercussões negativas com a conjunção de Vênus com o FC é tornar-se guloso demais. Se você ficar sentado em casa comendo chocolate e esperando que todos os sirvam, sua volta à realidade, com o término da conjunção, vai ser um tombo. Você não apenas vai ter a aparência de uma casa (Casa IV ou não), mas também os outros vão estar cansados de viver com uma *prima donna*.

PROGRESSÕES MARTE – FUNDO-DO-CÉU

Marte em conjunção com o FC (no mapa natal ou por progressão) é como uma fornalha no porão. Se houver uma construção que proteja o fogo, e tubos para espalhar o calor pela casa, é uma coisa maravilhosa. Mas, de vez em quando, é preciso vigiar o fogo para ter certeza de que está tudo bem.

Quando Marte faz conjunção com o FC no mapa natal, você dispõe de uma infindável energia para despender em casa. Em geral, isso significa simplesmente energia demais, e resulta em irritação. Para falar francamente, é comum haver brigas em sua casa. Quando você era pequeno, provavelmente fazia sua mãe subir pelas paredes. Agora, como adulto, você ainda traz todos os seus problemas para casa. É uma colocação maravilhosa para quem quer trabalhar em casa, porque então há um canal legítimo para a expressão da energia que se cria na cena doméstica.

Quando o seu FC e o seu Marte entram em conjunção por progressão, você vai ter que aprender a lidar com sua raiva, sua agressividade e sua energia. Pode ser que acredite que a sua fúria é invisível para o mundo, mas isso não é verdade. Embora você só possa querer expressar seus sentimentos em casa, a tensão causada por essa conjunção não pode ser escondida. Às vezes alguém descobre um uso perfeito para a conjunção Marte-FC e começa a construir uma casa, reformar uma estrutura já existente, montar uma oficina na garagem ou no quarto de hóspedes. Tenho um cliente que passou esse ano como "chefe da casa" numa instituição para adolescentes problemáticos. Os meninos fizeram sua viagem marciana com ele o tempo todo. Graças a seu Marte ele teve energia para lidar com os meninos.

Felizmente, uma progressão não é uma coisa súbita. Você tem tempo de imaginar o que vai querer fazer com a energia da conjunção. Somente quando você não vigia o fogo no porão, mesmo quando a luz da fornalha está piscando, você tem problemas de fato com a conjunção de Marte com o FC por progressão. Os trânsitos por essa conjunção (ou por Marte natal, ou pelo FC natal) poderão desencadear todo tipo de mudanças em casa. Mas é você quem determina o resultado final de tais mudanças.

PROGRESSÕES JÚPITER – FUNDO-DO-CÉU

Quando você tem essa conjunção no seu mapa natal, você termina as coisas com pompa. Prefere ter uma casa ampla, aberta, hospitaleira e de bom-gosto. Provavelmente você foi criado num lar que tinha essas características. Você também pode ser um pouco falastrão, principalmente em casa, mas sua quase extravagante generosidade para com a família em geral compensa esse traço. Tal posicionamento em geral indica um bom relacionamento com seus pais, e em especial com a mãe.

Quando o FC e Júpiter entram em conjunção por progressão, você se sente otimista e bem-sucedido em casa. Muitas vezes parece que Papai Noel faz sua chegada durante essa conjunção, tal é sua vontade de gastar irrestritamente em coisas que possam ser aproveitadas em casa. Se você estiver usando a generosidade como um disfarce para as preocupações com sua carreira (oposição ao MC), poderá ficar altamente endividado antes de perceber o que está acontecendo. Você poderá mudar-se para instalações mais amplas, ou aumentar o espaço de que dispõe. É preciso tomar cuidado com o excesso de otimismo (lembre-se de que alguém tem de pagar a casa e reformas). O maior problema da conjunção Júpiter-FC é a falência, mas em geral há poucos outros problemas.

Sei de algumas pessoas que vão dar um jeito para evitar as experiências agradáveis enquanto Júpiter estiver no seu FC por progressão. Basicamente, Júpiter expande tudo o que toca. Assim, enquanto ele estiver conjunto ao FC, você pode expandir de forma negativa, se quiser. Isso significa que se estiver com dificuldades em casa ou no estabelecimento de um lar, a presença de Júpiter no FC pode permitir-lhe aumentar os problemas preexistentes em proporções gigantescas. A maioria de nós tem um Saturno, em algum lugar do mapa, que nos impede de abandonar toda a responsabilidade enquanto Júpiter, o incrível otimista, faz conjunção com o FC. Mas se você conseguir ignorar Saturno durante essa conjunção, poderá correr riscos que o levarão a sérias encrencas. (Júpiter também está associado ao jogo.) Essa *não* é a época certa para largar o emprego e mudar para Las Vegas, a não ser que haja bons aspectos em Saturno. Mesmo assim, eu sugeriria que esperasse um ano, até a conjunção acabar.

PROGRESSÕES SATURNO – FUNDO-DO-CÉU

Quando você tem Saturno conjunto ao FC no mapa natal, durante sua infância seus pais podem ter exigido perfeição de você. Então, ao chegar à idade adulta, você exige essa mesma perfeição de si próprio. O medo da imperfeição daí resultante pode fazer com que você tenha dificuldade em decidir quando uma tarefa está terminada. (Você sempre pode refazer alguma parte, tornando-a melhor!)

É perfeitamente possível você viver dentro de um armário, pois isso elimina qualquer necessidade de espaço ou conforto no seu ambiente. Por outro lado, sobretudo se for mulher, a tendência é sentir-se mal se tudo não estiver impecável em casa, mesmo que trabalhe o dia todo fora. Se for criado um grande conflito entre o lar e a carreira, você resolve despender mais energia no que for menos agradável (ou no que se parecer mais com o "dever").

Se você é homem e tem Saturno em conjunção com o FC, pode envolver-se com uma casa que parece estar sempre precisando de consertos, de um homem habilidoso, principalmente se você não for habilidoso e detestar fazer consertos. Os assuntos domésticos vão consumir o seu tempo de lazer até você estar permanentemente cansado no trabalho. Tanto os homens como as mulheres com Saturno em conjunção com o FC precisam levar menos a sério os assuntos domésticos.

No ano em que o seu Saturno e o seu FC estão conjuntos por progressão, é preciso reunir todas as pequenas culpas que você foi adquirindo a respeito de assuntos domésticos. Se possível, contrate alguém para pintar a casa ou esfregar o chão. Jogue fora todas as coisas que estão abarrotando sua casa e tornando seu trabalho tão difícil. Não queira restaurar aquela complicadíssima moldura vitoriana. Pinte-a. Pare de encenar jogos de crítica e culpa com seu marido/esposa pois estará forçando seu parceiro a entrar no papel do pai crítico. O ano da conjunção Saturno-FC por progressão é o fundo do poço, pois você tem que lidar com a versão internalizada do seu pai/mãe crítico.

OS PLANETAS EXTERIORES E O FUNDO-DO-CÉU

Os três planetas exteriores movem-se tão vagarosamente que as únicas conjunções que ocorrem são a conjunção natal e a conjunção do FC progredido com a posição natal e progredida do planeta.

PROGRESSÕES URANO – FUNDO-DO-CÉU

Quando você tem essa conjunção no mapa natal, provavelmente sua mãe sente a certeza de que você se encarnou apenas para deixá-la louca. É claro que você também pode ter escolhido uma mulher louca para ser sua mãe. Mas se ela não estava louca quando você nasceu, e não ficou louca quando você cresceu, não foi sua culpa. Entre as súbitas mudanças de seu comportamento e sua vontade indomável, seus pais podem ter perdido as esperanças de algum dia conseguir educá-lo.

Se o seu lar na infância foi realmente caótico, pode ser que a única voz lúcida tenha sido a sua. Entretanto, se o seu lar na infância tendia para a normalidade, você devia trazer a agitação. Quando o seu FC progredido entra em conjunção com o seu Urano natal e progredido (as duas conjunções geralmente ocorrem no mesmo ano), seu lar, suas atitudes em relação à carreira, e/ou o relacionamento com seus pais passam por uma mudança fundamental. Se também houver trânsitos importantes por Urano natal, você poderá ter de reavaliar todas essas áreas. Pode ser que você não perceba o papel que vai desempenhar nessas mudanças, porque é mais fácil vê-las como acidentes do destino. Na realidade, você estava trabalhando em direção a essas mudanças durante os cinco anos em que Urano estava a 5º do seu FC progredido.

PROGRESSÕES NETUNO – FUNDO-DO-CÉU

Se você tem Netuno conjunto ao FC no mapa natal, provavelmente você construiu um mundo de sonhos no seu lar da infância, um mundo repleto de pessoas e animaizinhos invisíveis. Fugidio como o luar, pode ser que você não tenha estabelecido um relacionamento firme com sua mãe, preferindo a pessoa idealizada que você criou à mãe real que tem. Pode ter havido circunstâncias dentro do seu lar que tenham reforçado o seu senso de irrealidade ou o seu desejo de fugir para um mundo imaginário. Em conseqüência, você não tem certeza de como vai terminar as coisas, preferindo deixá-las como estão até que por si mesmas resolvam-se, ou ao menos que desapareçam da sua vista.

Quando seu FC progredido entra em conjunção com seu Netuno natal e progredido, você raramente sente a conjunção diretamente. É preciso que haja muitos outros aspectos por trânsito para que você seja literalmente arrastado por uma inundação. Em vez disso, você vê a conjunção depois de ter acabado, quando então percebe uma maior capacidade de articular seus sonhos, uma melhor capacidade de enxergar a realidade do seu lar, e a sensação de que você saiu de um intenso nevoeiro. Durante o ano da conjunção, você poderá estar mais consciente das influências psíquicas, e mais receptivo a elas. Entretanto, o senso de irrealidade que acompanha essa conjunção geralmente confunde os acontecimentos psíquicos de modo que você só consegue classificá-los muito tempo depois.

PROGRESSÕES PLUTÃO – FUNDO-DO-CÉU

Quando você tem Plutão conjunto ao FC em seu mapa natal, é preciso lidar com uma figura materna extremamente dominadora. O resultado dessa dominação precoce é, ou a interiorização de padrões de dominação, assim você se torna figura dominadora, ou uma abdicação aparente do papel dominador, assim você tenta abrir caminho através de manipulação sutil. Apesar da postura suave e não-assumida que você demonstra na vida, essa conjunção natal indica uma vontade de ferro mais ou menos enraizada. Você pode revelar seu lado dominador somente em casa, onde não será contestado.

Quando seu FC progredido entra em conjunção com seu Plutão natal e progredido, manifestam-se problemas até então ocultos, de autodeterminação e poder. À medida que a conjunção se efetiva, você pode passar por uma completa transformação, tornando muito mais importante o processo de tomada de decisões em casa ou no trabalho. A oposição do MC progredido a Plutão geralmente simboliza uma determinação de afirmar seus próprios objetivos de carreira, independentemente do que o seu chefe possa querer. Isso só vai criar problemas caso você não admita que é isso que está fazendo. Se insistir em manter uma charada interior, onde o chefe é o tomador de decisões e você um peão mandado, vai achar que o ano da conjunção de Plutão com o seu FC progredido é um ano de tremenda pressão a partir da área profissional. Quaisquer mudanças que efetuar neste ano, no lar ou na profissão, serão permanentes, portanto pense bem antes de concretizá-las.

O QUE VOCÊ VAI ME MOSTRAR?

PLANETAS EM CONJUNÇÃO COM O DESCENDENTE

O Descendente, ou cúspide da Casa VII, simboliza o "outro" na sua vida. Assim como o Ascendente é como você se projeta no meio, o Descendente é como você age ou reage com todas as outras pessoas do mundo. Como se trata de um eixo, qualquer planeta que faça aspecto com o seu Ascendente também o faz com o Descendente. Esse eixo significa o confronto com o mundo fora de você, iniciado no momento do seu nascimento. O lado do Ascendente significa a sua projeção de si mesmo, a sua *persona*, enquanto o Descendente significa tudo que não é você, todas as outras pessoas lá fora que não são especificamente simbolizadas por outras casas. A Casa VII, assim, lida com os relacionamentos em geral. A cúspide da Casa VII reflete tanto os relacionamentos íntimos (casamento) como distantes (outras pessoas em geral), harmoniosos (associações) ou desagradáveis (inimigos conhecidos). À exceção dos avós, a Casa VII não diz respeito diretamente aos membros da família, que são indicados pela Casa IV (a mãe), a Casa X (o pai), Casa III (os irmãos), Casa V (os filhos), nem com o vizinhos (Casa III) ou amigos (Casa XI). A Casa VII significa associações de qualquer tipo, através do casamento ou de negócios. As suas interações envolvendo a Casa VII o levam a relacionamentos em que não há um papel-padrão específico a seguir. A não ser no caso de casamentos extremamente tradicionais em que cada parceiro segue papéis culturais específicos, os relacionamentos de Casa VII não são automáticos. Temos papéis específicos a desempenhar como filho, irmão, pai e mesmo papéis mais ou menos definidos como vizinho e amigo (embora isso possa variar de região para região). O relacionamento com os superiores ou as autoridades (Casa X) também é bem definido. Ao contrário, o seu relacionamento de Casa VII é muito mais independente. Você decide como lidar com o casamento, com as associações, com as pessoas no mercado ou na rua, nas festas ou reuniões de negócios onde há pessoas que não gostam de você.

A maneira pela qual você decide relacionar-se com os outros depende da *persona* que você pretende mostrar ao mundo. Esta *persona* depende dos seus relacionamentos com as pessoas no mundo à sua volta. Esta é a interação do eixo Ascendente/Descendente; o Ascendente é o "eu" que vou lhe mostrar, e o Descendente é o "você" que eu vejo.

PROGRESSÕES SOL – DESCENDENTE

Quando o seu Sol natal e o seu Descendente estão conjuntos, você vê os outros em termos de você mesmo. Facilmente impressionável pelos outros, você pode tentar ser tudo para todos. A não ser que tenha uma forte identidade interna, poderá vivenciar períodos em que duvida de si mesmo. Isso se deve, em parte, a uma tendência a buscar confirmação de sua própria identidade nos outros. Com muita freqüência, o Sol conjunto ao Descendente faz com que a pessoa queira que os outros lhe digam quem é e como deveria agir. Se este é seu caso, você precisa pensar sobre o seu direito de existir como pessoa independente. Embora você tenha precocemente desenvolvido as habilidades sociais do tato e da cooperação, há ocasiões em que esse comportamento precisa ser abandonado se não quiser ser o capacho do mundo.

Em conseqüência da sua dependência em relação às pistas dadas pelos outros, você não funciona bem sozinho. Permite-se uma sujeição contínua aos caprichos e manias de seu cônjuge, sócio, ou pessoas que o rodeiam. Você pode ter muita dificuldade em suportar a pressão de seus pares. Se o seu Sol natal estiver bem aspectado, tais dificuldades serão minimizadas, mas a despeito dos aspectos do Sol natal, você pode aprender a se diferenciar dos outros na medida em que vai crescendo.

Quando o seu Sol e o seu Descendente estão conjuntos por progressão, você vivencia um ano em que as necessidades dos outros sobrepujam as suas. Isso pode significar um grande amor, uma sociedade, ou um casamento.

Quando o seu Sol progredido entra em conjunção com seu Descendente natal, o Sol progredido está passando da Casa VI para a Casa VII do seu mapa natal. Você está no processo de mudar a sua auto-imagem no serviço ou na rotina diária em relação ao trabalho, para maior identificação do seu ser interno (Sol) com as outras pessoas. Quando o movimento é no sentido contrário, e o seu Descendente progredido entra em conjunção com o seu Sol natal, o seu Sol natal está passando da Casa VII do mapa progredido para a Casa VI. Você está passando de uma íntima identificação com os outros para uma identificação com a idéia de serviço ou rotina diária de trabalho.

O terceiro tipo de conjunção, quando o Sol progredido faz conjunção com o Descendente progredido, só ocorre quando o seu Ascendente é um signo de ascensão rápida ou muito lenta. Além disso, esse último tipo de conjunção se dilui em vários anos porque o Descendente e o Sol progridem mais ou menos à mesma velocidade. Você precisa examinar as posições do Sol natal no mapa progredido e do Sol progredido no mapa natal para ter uma idéia de como usar a energia dessa conjunção.

PROGRESSÕES LUA – DESCENDENTE

Diferentemente dos outros planetas, a Lua progredida dá a volta completa no mapa a cada vinte e oito anos. Assim, o significado da Lua progredida em conjunção com a cúspide da Casa VII é bastante diferente do significado do Descendente progredido em conjunção com a Lua natal. A Lua progredida simboliza fenômenos emocionais cíclicos e freqüentemente associa-se a importantes acontecimentos na vida quando está em conjunção com qualquer ângulo do seu mapa. A sua Lua natal simboliza sua natureza responsiva interna. Há uma probabilidade de mudanças em toda sua postura emocional quando os ângulos progredidos fazem conjunção com a posição de sua Lua natal.

Quando a sua Lua natal está conjunta ao Descendente, você procura reafirmação emocional nos outros. É provável que se envolva na vida pessoal das pessoas à sua volta a fim de garantir o intercâmbio emocional de que precisa para validar os seus próprios sentimentos. Você pode passar uma noite em claro com alguém que esteja em crise, mas necessita constantemente do apoio dos outros e pode recorrer à manipulação para ter a confirmação de que é amado. Você precisa separar amor de dependência. De outra forma, pode cair num casamento em que é completamente dependente do apoio emocional do seu parceiro, ou vice-versa.

No ano em que seu Descendente progredido faz conjunção com a sua Lua, você vai vivenciar muitos dos sentimentos associados com a conjunção natal. Vai sentir a necessidade de afirmar sua capacidade de dar e receber apoio emocional. É preciso distinguir quais sentimentos são seus e quais são, na realidade, um reflexo do estado de espírito dos outros.

A conjunção da sua Lua progredida com o seu Descendente natal simboliza uma virada no foco de suas respostas emocionais. Durante os quatorze anos em que a Lua progredida ficou abaixo do horizonte, você interiorizou os seus padrões de resposta. A conjunção com a cúspide da Casa VII inicia um ciclo de quatorze anos acima do horizonte, quando você aprende a exteriorizar as suas respostas emocionais, começando pela expressão dos seus sentimentos nos relacionamentos. Os dois anos seguintes à conjunção são anos em que você estará preocupado com as respostas e necessidades do seu parceiro, do seu segundo filho, ou de outras pessoas em geral. Essa conjunção freqüentemente simboliza casamento, nascimento de filhos, ou assinala a época em que você sai da casa de seus pais para criar seu próprio espaço.

PROGRESSÕES MERCÚRIO – DESCENDENTE

Quando você tem Mercúrio conjunto ao Descendente no mapa natal, pensa constantemente nos outros e preocupa-se com seus contatos com eles. Como você está sempre consciente da avaliação pública, tende a esforçar-se para ser amado. A curiosidade é característica de Mercúrio, e você tem uma curiosidade infindável a respeito dos outros. Você pode estar tão interessado em saber como os outros funcionam que pode deixar completamente de lado as suas próprias motivações. Embora isso o torne um diligente repórter, também pode criar algumas dificuldades nas suas interações mais mundanas. A sua tendência para a análise tende a ser interpretada como crítica, ou pior, como interferência indevida, e você vai afastar as próprias pessoas que está tentando entender.

Quando Mercúrio faz conjunção com o seu Descendente por progressão, você vivencia um ano em que os assuntos dos outros dominam a sua consciência. Quando o Descendente progredido faz conjunção com seu Mercúrio natal, você se concentra no estabelecimento de contatos que possam enriquecer a sua rotina diária, porque o seu Mercúrio natal está passando da Casa VII para a VI no mapa progredido. Quando o seu Mercúrio progredido faz conjunção com a cúspide da Casa VII natal, você está mudando de uma concentração nos detalhes da vida diária para uma visão muito mais ampla do mundo. Aqui o seu Mercúrio progredido, entrando na Casa VII do seu mapa natal, está passando para o hemisfério acima do horizonte. Esse movimento não só envolve os relacionamentos, como também traz Mercúrio para o hemisfério sul, voltado para o mundo exterior. A conjunção em qualquer sentido freqüentemente está mais relacionada com algum acontecimento que abra portas intelectuais do que com casamento ou nascimento de filhos. Nesse período, aparecem pessoas na sua vida que lhe dão estímulo intelectual.

PROGRESSÕES VÊNUS – DESCENDENTE

Quando tem Vênus conjunto ao Descendente no mapa natal, você pode, de fato, ser chamado "filho de Deus", pois é um pacificador. Preferindo a harmonia em todos os seus contatos com os outros, você tende a amenizar todos os desacordos. Alguns inconvenientes, entretanto, também acompanham esse posicionamento de Vênus. Você prefere pessoas de status, e tende a ser um pouco esnobe. O grande esforço que faz para ser amável pode ser o disfarce de uma insegurança interna a respeito de sua capacidade de ser amado. Você pode achar que os outros são mais dignos de amor que você, mas tende a atrair pessoas gentis e generosas para os seus relacionamentos. Embora isso seja maravilhoso – caso você conclua ser a única pessoa egoísta, auto-indulgente ou preguiçosa do mundo – essa conjunção natal pode destruir a sua autoconfiança.

Quando Vênus forma conjunção com o seu Descendente por progressão, você atrai relacionamentos harmoniosos. Durante o ano em que essa conjunção está exata, você vai sentir um forte desejo de agradar aos outros (em particular a seus parceiros). É um posicionamento excelente para casamento, e muito freqüentemente coincide com a decisão de se casar. Qualquer casamento realizado sob essa conjunção vai ganhar forças por sua determinação em proporcionar a seu parceiro as qualidades venusianas de amor e conforto. Além do mais, tal conjunção indica que você provavelmente vai escolher uma pessoa que retribua o seu afeto.

Por outro lado, quando Vênus progredido está com conjunção com a cúspide da Casa VII natal, Vênus está passando da sua Casa VI natal, de trabalho e serviço, para a sua Casa VII, de relacionamentos. Além disso, Vênus está transitando do hemisfério norte, voltado para o interior (abaixo do horizonte) para o hemisfério sul, voltado para o exterior (acima do horizonte). Você verá que tem mais facilidade em se relacionar depois da conjunção. Vai atrair gentileza, porque será mais capaz de mostrar o seu lado gentil ao resto do mundo.

Quando o Descendente secundário progredido entra em conjunção com seu Vênus natal, o movimento das cúspides secundárias leva seu Vênus da Casa VII para a Casa VI do mapa progredido. Isso geralmente é acompanhado da melhora das condições em sua vida de trabalho, pois a Casa VI envolve a rotina diária. Vênus na Casa VI não muda nada em sua carreira, mas torna a competição mais amena.

PROGRESSÕES MARTE – DESCENDENTE

Quando você tem Marte conjunto ao Descendente natal, é possível que os outros achem que seu único motivo para se casar é ter um *sparring* dentro de casa. As pessoas irritam você. Por causa de sua impaciência com todos e tudo você deve ser péssimo vendedor. Você é extremamente competitivo e precisa desenvolver o autocontrole. Como nem sempre admite suas tendências agressivas, pode achar que os outros sempre brigam com você. Se conseguir integrar seus instintos de competição de uma forma positiva, Marte poderá dar-lhe uma infindável energia para a sua realização. Uma das melhores formas de integrar a sua natureza altamente competitiva é a escolha de uma carreira bastante energética e interativa. Se sua Casa X indica a capacidade de se direcionar para uma carreira absorvente, você pode usar o seu Marte de Casa VII com todas as pessoas que encontra no mundo dos negócios. As discussões que acabariam com uma pessoa de Vênus no Descendente vão, pelo contrário, servir de estímulo para você.

Quando Marte está conjunto à cúspide da Casa VII por progressão, você vai vivenciar, no mínimo, um ano de energia intensamente dirigida. Essa conjunção em especial é freqüentemente associada a acontecimentos, pois mesmo um planeta interior transitando pode acentuar essa energia. O fato de os acontecimentos serem positivos, ou não, depende do grau de autocontrole alcançado.

Observe cuidadosamente os trânsitos desse ano, pois com certeza você vai se lembrar das coisas que acontecerão agora. Os casamentos feitos no ano da conjunção geralmente são apressados, deixando a você (e a seu parceiro) vários anos de arrependimento pela frente. Se você já for casado, o ano da conjunção pode acompanhar tremendas dificuldades no casamento. Marte aqui não indica automaticamente um divórcio, mas revela, isso sim, a necessidade de reformular o seu gênio e a sua competitividade dentro do casamento.

Quando seu Marte progredido faz conjunção com a cúspide da Casa VII natal, ele está passando da sua Casa VI natal (abaixo do horizonte) para a Casa VII natal (acima do horizonte). Sua iniciativa, vigor e energia agora serão abertamente direcionados para os relacionamentos. O que você atrai num relacionamento está diretamente ligado ao grau de compreensão e ao uso que você faz da sua energia iniciadora.

Quando seu Descendente progredido faz conjunção com seu Marte natal (ou quando seu Marte progredido está retrógrado na conjunção com o Descendente natal), o sentido da mudança é diferente, pois Marte passa da Casa VII para a Casa VI. Nesse caso, você direciona sua energia para a rotina diária, e mais para as suas próprias necessidades internas. Se puder incorporar na sua rotina diária uma atividade altamente energética, Marte na Casa VI pode melhorar sua saúde em geral. Se você recusa a engajar-se numa atividade física no dia-a-dia, poderá achar que seus colegas de trabalho são uma constante fonte de irritação.

PROGRESSÕES JÚPITER – DESCENDENTE

Quando tem Júpiter conjunto ao Descendente natal, você é aberto e expansivo com os outros. Muito dessa sua abertura pode ser às suas próprias custas, pois você é dado a fazer brincadeiras com suas fraquezas (todos os Capricórnios e Escorpiões que estiverem lendo isso devem estar arrepiados). Você é idealista a respeito dos outros, mas, ao mesmo tempo, não é contra usá-los em benefício próprio. Você procura associar-se com gente bem sucedida, admirando a riqueza e o poder dos outros. Se seus indicadores de carreira de Casa X mostrarem um forte potencial interativo, você pode se dar muito bem no trabalho público (leis, trabalho social, mediação) ou no governo, pois você adora dar conselhos.

Júpiter progride muito lentamente (14' a 15' por ano, quando está rápido e direto). Assim, a conjunção de Júpiter progredido com o seu Descendente natal pode perdurar por alguns anos, mesmo que você saiba o horário de nascimento com precisão de segundos. Enquanto seu Júpiter progredido está dentro de 15' de arco do seu Descendente (o maior grau de precisão que se pode obter a partir da posição do Ascendente), todas as características da conjunção natal estarão acentuadas. Embora você possa casar com um milionário e viver feliz para sempre, Júpiter significa mais do que isso em termos de crescimento potencial pessoal. Você vai atrair pessoas e relacionamentos grandiosos, através dos quais poderá crescer e expandir-se. Quando seu Descendente progredido faz conjunção com seu Júpiter natal e/ou progredido, você geralmente vivencia um ano maravilhoso em termos de sucesso através de associações. O seu sócio, ou cônjuge, podem ser muito bem sucedidos, permitindo que você também desfrute da glória. Não se engane: você trabalhou muito para que essa glória fosse alcançada, mesmo que não receba o crédito.

Se tiver acabado de passar por alguns anos de aspectos saturnianos difíceis, a conjunção pode ser o indício de que chegou a hora de colher os frutos e obter reconhecimento por seu esforço passado. A não ser que tenha algum tipo de influência de Saturno, a conjunção pode não trazer-lhe um sucesso duradouro, pois Júpiter fala alto mas não executa necessariamente bem.

A área específica em que essa conjunção quase sempre representa um enorme sucesso é o casamento. Um casamento realizado sob essa conjunção significa expansão, crescimento e muita diversão.

PROGRESSÕES SATURNO – DESCENDENTE

Se você tiver Saturno conjunto ao Descendente no mapa natal, você pode ser considerado um pouco frio, pois tem dificuldades na interação com os outros. A oposição de Saturno ao seu Ascendente indica que se preocupa consigo mesmo, pois sua interação com o meio ambiente não lhe agrada. O medo da rejeição pode ser a causa de sua retração nos relacionamentos. Sua cuidadosa ponderação de cada ato pode fazê-lo parecer extremamente calculista. Na realidade, você tem medo de errar.

Existem boas razões para essa seriedade em suas alianças, pois com Saturno nessa posição é freqüente você acabar assumindo responsabilidades pelos outros. Como nunca tem certeza de poder controlar seu próprio impacto sobre o meio, você acha difícil assumir essa responsabilidade. Esta é a conseqüência mais ou menos clássica do posicionamento de Saturno conjunto ao Descendente natal. Mesmo odiando ser responsável por qualquer outra pessoa, geralmente é sobre você que recai esse tipo de responsabilidade. E isso acontece porque com Saturno angular você realmente tem a consciência da noção de dever. É comum os outros acharem que você só assume a responsabilidade para poder controlar as pessoas, mas quando Saturno está conjunto ao Descendente, você aceita a responsabilidade porque acha que tem de aceitar. Dessa forma, ou você adia o casamento até conseguir sólida base financeira para a sua família, não importa o que aconteça, ou se casa com uma pessoa muito mais velha, que possa proporcionar-lhe a estabilidade e a segurança de que você desesperadamente precisa. Se escolher a segunda opção, você pode permitir (ou exigir) que seu parceiro assuma completamente, o seu Saturno. Nesse caso, você pode continuar sendo uma criança, desde que faça tudo o que o seu pai/mãe substituto exigir.

A maior velocidade que Saturno pode atingir numa progressão secundária é 7' por ano. É claro que uma conjunção de Saturno progredido com o seu Descendente natal leva alguns anos para se completar, mesmo que você admita apenas 10' de órbita na aplicação e separação. Geralmente ninguém determina o Ascendente com tamanha precisão. Se você chegar aos noventa anos, tendo Saturno em movimento direto rápido por ocasião do nascimento, Saturno vai progredir mais ou menos 10°. Assim a maioria das pessoas com Saturno progredido em conjunção com o Descendente natal já tem uma conjunção de Saturno natal e do Descendente natal. Durante os anos em que Saturno progredido estiver mais próximo do Descendente natal, o simbolismo natal discutido acima vai estar muito mais forte. Os trânsitos por esta posição podem favorecer a aceitação de responsabilidades extremamente limitadoras. Tente distribuir um pouco das suas responsabilidades. Se você tem mais dez irmãos, insista em que eles também contribuam para o sustento de seus pais. Não assuma uma carga que de tão pesada pode torná-lo amargo.

Quando o Descendente progredido faz conjunção com Saturno natal ou progredido, o acontecimento mais comum é o casamento, e, de fato, este é um excelente indicador de casamento. Entretanto, se não houver outros aspectos da Lua (natal ou progredida) e/ou Vênus (natal ou progredido), Saturno conjunto ao Descendente não significará casamento. Na presença de outros indicadores de casamento, a conjunção Saturno-Descendente traz a realidade, a forma, e principalmente um compromisso de longo prazo ao casamento. Não acho que esses sejam traços negativos num casamento.

Se Saturno e o seu Descendente estão em conjunção e você nem está casando, nem iniciando negócios em sociedade (que, como o casamento, também se caracterizam por fidelidade duradoura), você vai passar por um ano de séria introspecção, dúvida sobre si mesmo, e questionamento dos seus propósitos, sobretudo no que diz respeito a relacionamentos. Você poderá desembaraçar-se de qualquer relacionamento que não inclua responsabilidade e propósito.

OS PLANETAS EXTERIORES E O DESCENDENTE

Os três planetas exteriores progridem tão lentamente que a única conjunção não presente no mapa natal é aquela entre o ângulo progredido e suas posições natais e progredidas. Isso geralmente ocorre no mesmo ano.

PROGRESSÕES URANO – DESCENDENTE

Quando você tem essa conjunção no seu mapa natal, provavelmente aconteceram, em sua infância, coisas dilacerantes que o levaram a ter enorme desejo de liberdade. Você pode ter sido difícil de educar, com uma acentuada tendência a quebrar todas as regras que seus pais impunham, às vezes antes mesmo que eles começassem a impor regras. Ao atingir a idade adulta, você gravitou em torno de pessoas originais ou incomuns. Embora isso leve a ligações mais ou menos excitantes, o magnetismo acaba deixando-o às voltas com relacionamentos que terminam tão de repente quanto começaram. É provável que você se case com alguém só porque essa pessoa é, de alguma forma, incomum. Mais tarde, esse mesmo comportamento que o atraiu no início começa a deixá-lo maluco. Se você escolhe alguém que se recusa a deixar-se prender, pode descobrir que a necessidade de liberdade do seu parceiro é um sério impedimento à sua própria liberdade. Apesar desse desejo de mudança e excitação, Urano conjunto ao Descendente não é competitivo. Em vez disso, tal posição simboliza que você de fato gosta de ficar o mais longe possível do centro.

Quando seu Descendente progredido faz conjunção com seu Urano natal ou progredido, os relacionamentos existentes passam por uma mudança. É difícil, mas não impossível, manter um relacionamento no ano em que seu Descendente progredido faz conjunção com Urano. Se o seu parceiro lhe der liberdade, você poderá ordenar a confusão causada por tal conjunção. Todo o seu conceito de interação com o mundo exterior estará se alterando. Aspectos formados por planetas em trânsito ou por outros planetas progredidos a seu Urano natal, durante este ano, indicarão a direção que a mudança provavelmente tomará. Não é um aspecto maravilhoso para casamento, pois você ainda não formou uma idéia clara a respeito dos relacionamentos, mas se está decidido a casar durante esse ano, nenhum astrólogo conseguirá fazê-lo mudar de idéia.

PROGRESSÕES NETUNO – DESCENDENTE

Com Netuno no Descendente do mapa natal, você tende a romantizar sua visão do mundo. Christopher Marlowe capta isso no seu poema "O pastor apaixonado para sua amada", que começa:

Come live with me and be my love
And we will all the pleasures prove,
That valleys, groves, hills and fields,
Woods or steepy mountains yields.

[Venha viver comigo e ser meu amor
E provaremos todos os prazeres,
Que os vales, matas, montes e campos,
Bosques e montanhas podem proporcionar.]

A despeito da verdadeira natureza das pessoas que o rodeiam, você prefere idealizar o seu contato com elas. Como você constantemente se recusa a ver os outros como seres humanos, com defeitos humanos, as pessoas mentem para você, o enganam, o decepcionam. É claro que você também é responsável por essa desonestidade dos outros, já que a oposição de Netuno ao seu Ascendente indica que você usa lentes cor-de-rosa sempre que examina o seu próprio comportamento. Netuno conjunto ao Descendente pode indicar uma necessidade de venerar os outros para se sentir querido. Você pode, de boa vontade, ser um mártir. É difícil, e às vezes exasperante, associar-se com alguém que continuamente atribui motivações sublimes às ações dos outros. ("Ele devia estar num estado de enorme confusão interior para roubar três lojas e matar quatro pessoas. Sinto pena do pobre coitado. O QUÊ? VOCÊS QUEREM PRENDÊ-LO?")

Quando você chega a esse ponto nos braços de Netuno, é porque tirou da sua cabeça o conceito de responsabilidade pessoal. Felizmente todos nós temos Saturno em algum lugar do mapa, equilibrando Netuno com uma dose de realidade.

Quando seu Descendente progredido faz conjunção com seu Netuno natal ou progredido, o ano caracteriza-se por relacionamentos idealistas, confusão, prestação de serviços aos outros. Durante esse ano vai ser muito difícil ter certeza das razões dos seus atos, ou dos atos dos outros. Os relacionamentos parecem estar envoltos numa brilhante bruma de ideais, que se dissolvem quando a conjunção se separa. Depois que a conjunção leva Netuno para a Casa VI, é possível que você se junte a *Sir* Walter Raleigh no seu triste poema "Resposta da Ninfa ao Pastor" (estrofes 1, 2, 3):

If all the world and love were young
And truth in every shepherd's tongue,
These pretty pleasures might me move
To live with thee and be thy love.

Time drives the flocks from field to fold
When rivers rage and rocks grow cold,
And Philomen becometh dumb;
The rest complain of cares to come

The flowers do fade, and wanton fields
To wayward winter reckoning yields;
A honey tongue, a heart of gall
Is fancy's spring, but sorrow's fall

[Se o mundo e o amor fossem sempre jovens
E as palavras do pastor sempre verdadeiras
Esses lindos prazeres poderiam levar-me
A viver contigo e ser teu amor.

O tempo leva os rebanhos dos pastos para o aprisco
Quando os rios se enraivecem e as rochas gelam
E Filomena emudece;
O tranqüilo lamento de preocupações por vir.

As flores fenecem, e os campos viçosos
Conduzem às instáveis conseqüências do inverno;
Língua de mel, coração de fel
Primavera de fantasia, outono de pesar.]

PROGRESSÕES PLUTÃO – DESCENDENTE

No seu primeiro encontro, dois cães executam uma série de manobras para, na sua linguagem, determinar quem vai dominar o relacionamento recém-iniciado. Se os dois não forem capazes de decidir rapidamente de quem é o domínio, vai haver briga. Se tem Plutão conjunto ao Descendente no seu mapa natal, você executa manobras semelhantes, verbalmente, toda vez que conhece alguém. O domínio e a submissão nos relacionamentos são fatores-chave na sua vida. Diferentemente dos cães, entretanto, você não se sente atraído por pessoas que não reagem aos seus sinais. Os relacionamentos significam mudança. Você vai mudar o outro, ou ser mudado por ele, mas para você nenhum relacionamento significativo pode deixar as duas pessoas inalteradas. Os que optam pelo crescimento espiritual nesta vida acham que cada relacionamento profundo envolve a transformação no sentido de uma mais alta expressão do ser. Entretanto, quando sua opção não é transcender o plano material, as mudanças podem assumir a forma de marcas no seu inventário – cada nova marca significando mais uma pessoa sob o seu domínio.

Quando o seu Descendente progredido faz conjunção com seu Plutão natal ou progredido, você se depara com a questão do domínio nos seus relacionamentos pessoais. Quaisquer mudanças efetuadas nesses relacionamentos durante o ano serão permanentes. Os aspectos formados por planetas em trânsito – ou outros planetas progredidos – e seu Plutão natal vão simbolizar as áreas de sua vida afetadas por tal influência transformadora.

4
MUDANDO A EXPRESSÃO
Os planetas progredidos

COMO CRESCEMOS?

MUDANÇAS DE SIGNOS

À medida que seu mapa natal progride, muitos de seus planetas mudam de signo. Esse capítulo esboça o significado básico de cada planeta em cada signo e o significado da progressão para o signo seguinte.

A influência de qualquer signo progredido depende da força do planeta naquele signo. Quando um planeta progride para um signo no qual sua energia é facilmente expressa, tendemos a incorporar rapidamente o simbolismo da progressão ao nosso estilo de vida.

Embora cada posição progredida exerça alguma influência sobre nossa projeção total, não vamos adotar permanentemente um simbolismo progredido que seja contraproducente. Se um planeta progredir para o signo de seu detrimento ou queda, só expressamos o simbolismo do planeta através daquele signo quando o planeta está angular ou fortemente aspectado. Depois que os aspectos terminarem, voltaremos à expressão natal, mais forte, do planeta.

Quando os planetas se tornam estacionários, passando a diretos ou retrógrados no seu mapa progredido, a posição zodiacal (signo, grau, minuto) do ponto estacionário permanece como um ponto sensível no seu mapa. Assim, mesmo depois de o planeta se afastar daquela posição, você verá que trânsitos e outras progressões por aquela posição podem desencadear acontecimentos. Os planetas de Júpiter em diante não se distanciam muito daquela estação durante a sua vida, tornando quase impossível diferenciar a estação da posição progredida do planeta, mas os planetas interiores movem-se rápido o suficiente para tornar perceptível o efeito da posição de estação.

Mercúrio fica retrógrado três vezes por ano, durante três semanas de cada vez. Três semanas equivalem a 21 anos quando se conta um dia por ano nas progressões secundárias. Assim, mesmo que Mercúrio esteja retrógrado durante uma parte de sua vida, haverá muitos anos em que ele estará direto. Vênus se torna retrógrado aproximadamente a cada ano e meio, permanecendo assim por cerca de seis semanas (ou quarenta e dois anos por progressão). A maioria de nós terá Vênus direto pelo menos durante uma parte da vida. Marte, ao contrário, fica retrógrado a cada dois anos, permanecendo assim durante dez ou onze semanas (setenta a oitenta anos). Se você nasceu quando Marte tinha acabado de ficar retrógrado, poderá tê-lo retrógrado por toda a vida. Saturno e Júpiter ficam retrógrados todo ano por períodos de quatro a cinco meses. Cerca de um terço das pessoas tem um deles, ou os dois, retrógrados. Os planetas exteriores ficam retrógrados a cada ano por cerca de cinco meses. Quase a metade das pessoas tem os planetas exteriores retrógrados.

O Quadro 4.1 mostra o movimento médio dos planetas (diretos) a cada ano e depois de 65 anos. Quando os planetas estão retrógrados, seu passo é muito mais lento. Se Júpiter fizer uma estação, tornando-se retrógrado ou direto no decorrer de sua vida, ele pode caminhar apenas um ou dois graus em 65 anos. Os três planetas exteriores podem avançar *menos de um grau* em 65 anos.

*Quadro 4.1 Passo médio máximo dos planetas quando diretos**

Significado pessoal do planeta	Planeta ou Meio-do-Céu	Passo máximo por ano **	Passo máximo em 65 anos **
Interior	Meio-do-Céu	1°	65° (2 signos + 5)
Interior	Sol	1°	65° (2 signos + 5)
Interior	Lua	13°	2 1/2 ciclos completos
Interior	Mercúrio	1° 20'	80° -90° (2-3 signos)
Interior	Vênus	1° 10'	70° -80° (2-3 signos)
Interior	Marte	40'-50'	44° -55° (1-2 signos)
Transição	Júpiter	14'	15°
Transição	Saturno	7'	8°
Exterior	Urano	2'-3'	3°
Exterior	Netuno	1'-2'	2°
Exterior	Plutão	1'-2'	2°

* Para informação sobre o Ascendente, veja Quadro 1.3 nas páginas 68 e 69.
** O passo médio é muito menor quando o planeta está fazendo uma estação. Consulte as efemérides para cada caso.

Poucas pessoas terão qualquer planeta depois de Marte mudando de signo durante sua vida. Além disso, o efeito de Júpiter ou Saturno mudando de signo não será muito pronunciado a não ser que estejam progredindo para um signo de sua regência ou exaltação, ou durante um período em que estejam aspectados por outros planetas progredidos ou pelos ângulos. O efeito dos três planetas exteriores mudando de signo por progressão se faz sentir mais sobre as gerações do que sobre as pessoas. Isso significa, na realidade, que aqueles que nasceram quando um dos três planetas exteriores estava para mudar de signo pertencem a uma época de mudança cultural. Estas são as pessoas que constroem as pontes entre os valores culturais antigos e a nova perspectiva.

Para usar esta seção na sua análise de um mapa progredido, procure cada planeta no seu signo natal. Você encontrará uma descrição bastante sucinta, com palavras-chave, primeiro para a posição natal e depois para o significado de cada progressão possível.[20] No fim da seção, discutiremos também os nodos norte e sul.

PROGRESSÕES PARA POSIÇÕES NATAIS EM ÁRIES

ÁRIES: YANG – CARDEAL – FOGO

SOL NATAL EM ÁRIES

Sol exaltado em Áries
Palavras-chave do Sol: força básica vital, o corpo físico, "eu" interno

Sol Natal em Áries Progredido para Touro – O Sol progredido entra em Touro entre as idades de uma semana (☉ natal 29° ♈ 59') e trinta anos (☉ natal 0° ♈ 00'). Seu Sol natal está exaltado, e assim a energia iniciadora de Áries vai sempre ser a

20 Para uma descrição mais completa dos signos natais, recomendo: Hone, Margaret, *Modern Textbook of Astrology*, L.N. Fowler & Co., Londres, Inglaterra, 1970; Sakoian, Frances, e Acker, Louis, *The Astrologer's Handbook*, Harper & Row, Nova York, 1973.

expressão mais forte de sua energia básica. Entretanto, Touro pode acrescentar a força da permanência. Essa combinação particular gera a capacidade de começar de novo quando surgem problemas, em vez de se apoiar na tendência fixa de continuar no mesmo caminho a despeito das dificuldades. Durante os trinta anos em que o seu Sol progredido está em Touro, você aprende a moderar muito da rudeza associada ao seu Áries natal. Embora você nunca vá ter a paciência de alguém cujo Sol natal esteja em Touro, sua experiência de vida vai lhe ensinar a apreciar a lealdade e a perseverança do seu Sol progredido em Touro.

Nem todos usam essa combinação de Touro e Áries para estabilizar sua natureza impulsiva. Se você optar pela combinação dos lados negativos desses dois signos, pode ser bombástico nas suas decisões instantâneas e depois se recusar a mudar de opinião sejam quais forem as circunstâncias. Nem Áries nem Touro são especialmente inclinados a ouvir as opiniões dos outros (embora Touro dê essa impressão, mas na realidade faz exatamente o que tinha planejado). A não ser que você faça um esforço para atentar para as necessidades das outras pessoas, você pode ficar isolado. Então o seu desejo ariano de ser o primeiro vai ser frustrado, já que é difícil ser o líder quando não há seguidores.

Sol Natal em Áries Progredido para Gêmeos – O Sol progredido entra em Gêmeos entre as idades de trinta (☉ natal 29° ♈ 59') e sessenta anos (☉natal 0° ♈ 00'). Depois dos trinta anos de progressão em Touro, o seu Sol entra em Gêmeos. Você vai ver que o Sol progredido em Gêmeos combina muito mais facilmente com a sua posição natal em Áries. As qualidades yang de Gêmeos, sua curiosidade e seu estilo desinibido misturam-se bem com seu yang natal de Áries. Você conserva, da progressão em Touro, a capacidade de avaliar o resultado prático dos seus atos, enquanto o vigor do seu ego encontra mais liberdade de expressão quando o seu Sol progredido entra em Gêmeos.

Gêmeos acrescenta flexibilidade à expressão do seu ser interno. Você se sente mais confortável com relação às suas incoerências internas. Se você trabalhou no sentido de cooperar com os outros e entender as suas necessidades, terá mais facilidade em aceitar as mudanças introduzidas pelos outros. Se você se deixou ficar na expressão negativa da combinação Áries/Touro, pode agora buscar formas alternativas de auto-expressão. A maneira exata de como você mudará a si mesmo depende, na verdade, da colocação do resto dos planetas no seu mapa. A influência de Gêmeos lhe dá tanto o desejo como a capacidade de mudar, se a mudança puder trazer resultados positivos.

Sol Natal em Áries Progredido para Câncer – O Sol progredido entra em Câncer entre as idades de sessenta (☉ natal 29° ♈ 59') e noventa anos (☉natal 0° ♈ 00'). Essa progressão devolve o seu Sol à quadruplicidade cardeal. Assim, a energia iniciadora do seu Áries natal poderá vir novamente à tona. Entretanto, a diferença da polaridade de Áries e Câncer simboliza sua última tentativa de equilibrar o yin e o yang. Se você optou pelo desenvolvimento do seu ser superior durante esta vida, não terá muita dificuldade na integração dos seus lados masculino e feminino. Se você nunca deu muita atenção a assuntos espirituais, a influência de Câncer proporciona a oportunidade perfeita para se queixar e lamentar-se pela falta de gratidão dos outros, principalmente dos membros da sua família.

Se você passou os trinta anos da progressão em Gêmeos pensando sobre como mudar sua perspectiva sem realmente iniciar qualquer mudança, poderá descobrir que a progressão em Câncer reforça preconceitos adquiridos durante a sua infância. Agora, entretanto, você pode acrescentar a emoção aos seus argumentos. Com a entrada do seu Sol progredido no último dos quatro elementos, você teve a oportunidade de aprender as quatro formas de auto-expressão (seu fogo natal, a terra através de Touro, o ar através de Gêmeos, e agora a água através de Câncer). A não ser que você tenha absolutamente se recusado a olhar para dentro de si durante a sua vida, agora tem uma forma interna de se identificar com todas as pessoas que encontrar. O impacto emocional do signo de Câncer lhe dá uma capacidade ímpar de empatia com os outros, desenvolvendo ao mesmo tempo a sua própria capacidade de reagir aos acontecimentos atuais de sua vida.

LUA NATAL EM ÁRIES

Palavras-chave da Lua: emoções, respostas à vida, padrões de hábitos.

Lua Natal em Áries Progredida para Áries – A cada vinte e oito anos, a Lua progredida faz conjunção com sua posição natal. Quando a sua Lua progredida está no mesmo signo de sua Lua natal, você se depara novamente com os problemas e alegrias inerentes à sua posição natal. Quando sua Lua progredida retorna para Áries, você tem de lidar com seu elevado nível de energia emocional, com sua tendência a tomar a iniciativa em contatos emocionais, com seu desejo de fazer alguma coisa a respeito de qualquer desconforto emocional, e com sua lendária explosividade emocional. Suas emoções podem se incendiar e se apagar com a rapidez de fogos de artifício no Ano Novo Chinês. Você precisa se assegurar de que os outros não ponham fogo em você só para vê-lo pular. Enquanto sua Lua progrediu através dos signos de terra e água, você teve a oportunidade de descobrir as vantagens de absorver o impacto emocional de um acontecimento antes de reagir a ele. Agora você precisa decidir até que ponto quer ser paciente nas suas respostas emocionais.

Lua Natal em Áries Progredida para Touro – A Lua está exaltada em Touro; assim, essa posição da Lua progredida é muito forte. Há um desequilíbrio yin-yang quando a sua Lua natal encontra-se em Áries e a sua Lua progredida em Touro. Você pode tentar agir e reagir ao mesmo tempo. Dessa forma, estará sempre ocupado fazendo alguma coisa a respeito daquilo que desencadeou suas emoções, antes de ter uma compreensão total do que ocorreu. Você sabe que deveria esperar, mas o seu posicionamento natal em Áries torna difícil a espera. Algumas vezes a posição em Touro aumenta suas tendências protetoras, mas não muda sua projeção yang das emoções. É possível que você recolha animais e/ou pessoas perdidas durante a progressão da sua Lua em Touro. A combinação da impulsividade e da tendência à proteção tornam-no particularmente sensível a histórias tristes.

Lua Natal em Áries Progredida para Gêmeos – Tanto Áries como Gêmeos são yang. Você se sente à vontade com a combinação da inclinação para agir e da análise intelectual da emoção. Você pode ter dificuldade para se assentar, já que a influência de

Gêmeos traz uma dispersão emocional. Entretanto, o relacionamento de sextil entre os dois signos na verdade funciona de forma favorável. Embora possa haver muitas situações diferentes que exijam uma reação ou um envolvimento, você se sente confiante na sua capacidade de lidar com cada situação. Além disso, você adquire a capacidade de se desligar de situações para poder analisá-las. Esse desligamento pode permitir que você veja como os outros o acionam emocionalmente. Assim, poderá decidir se deseja ou não reagir com seu hábito ariano de explodir, ou se prefere abandonar algumas de suas velhas reações. Quaisquer trânsitos ou progressões difíceis serão amenizados durante a progressão da Lua em Gêmeos.

Lua Natal em Áries Progredida para Câncer – A sua Lua progredida, regente de Câncer, é extremamente poderosa neste signo. Este também é o posicionamento de quadratura em relação à sua Lua natal, parte do ciclo de sete anos de crescimento emocional. (Veja Capítulo 1, "Não ponha a culpa em sua mãe", pág. 29, para um estudo adicional desse ciclo.) Tal posição acentua as dificuldades inerentes à sua Lua cardeal, o conflito entre a ação e a reação, já que a diferença yin-yang entre as posições natal e progredida aumenta o conflito. Suas emoções ficam muito intensas durante a progressão em Câncer. Você alterna a ação explosiva com uma intensificada sensibilidade emocional. Você pode se acusar de falta de sentimentos, tornando-se bastante piegas a respeito de sua suposta falta de compaixão.

Esta quadratura, dentre todos os posicionamentos por signo, pode ser a mais difícil para você, pois a intensidade de emoções indicada pelo signo de Câncer tende a sobrepujar a sua posição natal. A separação inicial de sua mãe, mais ou menos aos sete anos, provavelmente é turbulenta; a segunda quadratura crescente, que ocorre mais ou menos aos trinta e cinco anos, vai levá-lo a um exame da maneira como você satisfaz sua necessidade de proteção. Com a Lua natal em Áries, sua tendência é pensar em proteção em termos de dar, mais do que de receber. Enquanto a sua Lua progredida está em Câncer, você pode ter a idéia de que também tem necessidade de ser protegido. Isso significa a aceitação da sua própria vulnerabilidade, e não o uso do seu Áries natal para compensar, ou negar, a fraqueza. Aos sessenta e três anos, o ciclo se repete. Desta vez você precisa lidar com a vulnerabilidade das suas respostas emocionais, do ponto de vista da idéia da mortalidade. Se conseguir integrar a parte canceriana, sensível e carente, dentro de si, com sua natureza natal desinibida ariana, a última quadratura crescente não precisa ser difícil.

Lua Natal em Áries Progredida para Leão – Sempre que sua Lua progredida está no mesmo elemento de sua Lua natal, as respostas fluem facilmente. Aqui a natureza yang da posição natal e progredida o encoraja a iniciar as reações; ao mesmo tempo, a fixidez do signo progredido dá firmeza às suas emoções. Enquanto a sua Lua progredida está em Leão, pode ser que você se torne mais argumentativo e mais determinado a manter seus hábitos.

Você vai passar por situações existenciais difíceis com um mínimo de turbulência emocional na progressão da Lua em Leão, pois o trígono com o seu signo natal confere estabilidade às suas respostas. Este posicionamento não indica acontecimentos, mas ameniza qualquer simbolismo difícil de outras colocações. Este é um tempo para descansar e recuperar-se da turbulência emocional dos dois anos e meio em que sua Lua progredida estava em Câncer.

Lua Natal em Áries Progredida para Virgem – Esta posição é basicamente incompatível com sua Lua natal em Áries. O problema yin-yang aumenta durante esses dois anos e meio porque você pode se perder em pequenos problemas, reagindo a eles da forma yin, receptiva, enquanto sua colocação natal está ansiosa por envolver-se com coisas maiores. Você pode achar que os outros o estão perseguindo, drenando sua energia aos poucos até não sobrar nada. A essa altura sua Lua natal em Áries intervém com uma força agitada, varrendo as pequenas preocupações.

A tensão desse quincúncio crescente gira em torno da sua escravização emocional aos outros, e da experiência de servir ou ser subserviente às necessidades dos outros. A sua Lua natal em Áries não fica à vontade quando baseia suas reações nas necessidades dos outros, pois isso implica uma compreensão total, anterior a qualquer ação, das informações emocionais. Além disso, você não gosta de dar atenção à maneira pela qual efetivamente serve aos outros, já que prefere julgar-se emocionalmente livre.

Lua Natal em Áries Progredida para Libra – Este é o décimo quarto ano, ou a metade do ciclo de sua Lua progredida. A posição é yang, como o seu Áries natal. O exagero nas reações pode ser uma dificuldade. A oposição dos signos faz aflorar todos os problemas referentes à qualidade cardeal da sua Lua. Seus padrões de resposta flutuam, e você oscila entre a preocupação consigo mesmo (Áries) e a preocupação com os outros (Libra). Você deseja a paz, mas a sua posição natal em Áries indica que você realmente prefere a paz nos seus próprios termos. Enquanto a sua Lua progredida está em Libra, pode ser que você se afaste de situações desagradáveis em vez de brigar por causa delas.

A quadratura crescente (quando sua Lua progredida está em Câncer) é, de fato, uma parte muito mais difícil do ciclo da Lua progredida para a sua Lua em Áries do que a oposição, pois aqui a Lua natal e a Lua progredida se equivalem em força. Os problemas da oposição geralmente só são evidentes na época em que a oposição se efetiva, e não durante a totalidade dos dois anos e meio da progressão por Libra.

Lua Natal em Áries Progredida para Escorpião – A Lua está em queda em Escorpião, e esse signo é basicamente incompatível com a sua posição natal em Áries. A natureza yin da sua Lua progredida torna-o responsivo, e a influência de Escorpião sugere que é mais provável que você se mantenha em seus padrões de respostas (ou em seus ressentimentos) durante esses dois anos e meio. Você vai tentar ser calmo e receptivo, principalmente nos seus relacionamentos, mas o seu Áries natal vai acabar explodindo sob a pressão da tentativa de ser um Escorpião profundo e tenaz. Neste ponto, é provável que você utilize essa combinação para abandonar velhos hábitos e tentar um novo começo.

O quincúncio minguante freqüentemente implica tensão sexual. O primeiro ciclo, que ocorre mais ou menos aos quinze anos, é uma fase previsível no processo de amadurecimento, mas o segundo, mais ou menos aos quarenta e três anos, pode apanhá-lo de surpresa. Você vai precisar reavaliar a sua visão da sexualidade e dos papéis que assumiu ou rejeitou em função do seu sexo. Como o quincúncio minguante envolve o signo de Escorpião, pode ser que a tensão subjacente nunca venha à tona. Você precisa se questionar se a sua tensão emocional se deve realmente ao seu parceiro ou ao papel que você aceitou.

Lua Natal em Áries Progredida para Sagitário – Sempre que a sua Lua progredida se encontra no mesmo elemento da sua Lua natal, as respostas fluem facilmente. Você se sente confortável com a combinação entre a sua Lua natal e a sua Lua progredida. Tomar as iniciativas novamente parece ser o curso normal para você. Alguns de seus padrões de resposta tornam-se mais flexíveis. Se você não abandonou alguns velhos padrões de resposta enquanto a sua Lua progredida estava em Escorpião, a colocação em Sagitário – que deseja experimentar novidades – lhe permite desenvolver novos padrões consistentes com a sua posição natal em Áries.

Com a Lua natal em Áries, as desvantagens da posição em Sagitário (tendência a pular de uma resposta emocional para outra, exagero, tendência a minimizar ou ignorar acontecimentos importantes, tendência a se distanciar dos sentimentos) não são absolutamente dificuldades. Você quer um pouco de distância, pois é por natureza muito emotivo. Você vai usar as vantagens da Lua em Sagitário (idealização, capacidade de assumir riscos no terreno emocional, capacidade de ver o quadro todo) para equilibrar o seu fogo. Esta época poderá caracterizar-se pela serenidade emocional.

Lua Natal em Áries Progredida para Capricórnio – A Lua está em detrimento em Capricórnio. Esta é outra parte do seu ciclo emocional de crescimento correspondendo a sete anos. Vai haver dificuldade com o conflito yin-yang entre Capricórnio e Áries, assim como problemas relacionados com a qualidade cardeal. Pode ser que você tente controlar todas as suas respostas emocionais, concluindo que a natureza ígnea desenfreada da sua Lua natal em Áries é bastante imprópria e, o que é pior, na realidade interfere com suas ambições. Você está tentado resolver os conflitos cardeais, e ao mesmo tempo incorporando o yin e yang nos seus padrões de respostas. Como a Lua está em detrimento, é provável que você veja tudo o que está errado com a sua natureza responsiva e ignore tudo que há de bom e útil na sua energia ariana.

Durante essa época você fica particularmente vulnerável a críticas vindas de pessoas que você vê como autoridades. A posição progredida em Capricórnio indica que você dá ouvidos à crítica, enquanto a sua posição natal em Áries assegura que você imediatamente pula para a conclusão de que as suas respostas são inadequadas e, de alguma forma, "erradas". Antes de se enterrar num poço de infelicidade emocional, pense quão bem (ou mal) a pessoa que está dando os conselhos lida com a emoção. A sua Lua em Áries não é, por si só, melhor ou pior que qualquer outro posicionamento, mas *é* o seu. Você tem a opção de expressá-la de forma positiva.

Lua Natal em Áries Progredida para Aquário – O ar yang é compatível com o fogo yang, e essa combinação é mais fácil para você do que a progressão em Capricórnio. Pode ser que você tente intelectualizar as suas respostas emocionais. Você adquire a tendência a romper os relacionamentos que não reflitam a natureza yang da sua Lua natal e da sua Lua progredida. Durante essa progressão, seus sentimentos tendem a ficar mais obstinados.

Entretanto, essa é uma excelente posição progredida para você. É preciso que você se distancie um pouco de seus sentimentos, o que é estimulado pelo signo de ar. Depois dos anos capricornianos de dúvidas sobre si mesmo, você precisa de um pouco de teimosia, de uma certa capacidade de se fixar no seu terreno, de dizer aos outros e a si mesmo que os seus sentimentos são seus e são bons. A intelectualização permite-lhe diferenciar os seus lados dependente e independente, e o libera do medo de que algumas de suas respostas sejam "erradas". Aquário dá uma boa dose de equilíbrio a suas emoções, permitindo-lhe lidar com os acontecimentos desse período com pouca desordem interna.

Lua Natal em Áries Progredida para Peixes – O signo anterior à posição natal é sempre difícil, pois traz à tona áreas complicadas ou frágeis nos seus padrões de resposta. Há sempre um conflito yin-yang que sugere a necessidade de integrar os dois lados da sua natureza emocional. Peixes traz à tona a variabilidade nas suas respostas emocionais. Você se sente puxado para diferentes direções, reagindo quando deseja agir, agindo quando a reação seria mais adequada. Este é o posicionamento clássico da adivinhação. Qualquer que seja sua resposta, posteriormente você fica pensando numa forma melhor pela qual poderia ter conduzido a situação. Você acha que deveria simpatizar mais com as necessidades dos outros, mas quando se defronta com essas necessidades, tenta mudá-las. Quando a ação é impossível você se sente bastante frustrado, pois a energia gasta em ser simpático pode não dar resultados imediatos e o seu Áries natal não suporta a estagnação.

O outro ponto frágil reforçado por sua Lua progredida em Peixes é a aversão do seu Áries natal à demonstração aberta das emoções. Isso pode parecer uma contradição: você não é conhecido por suas explosões temperamentais? Tais explosões expressam bem Marte, mas não tão bem a Lua. Você não se sente bem chorando em público. Se alguma coisa de horrível acontece, você tem vontade de fazer algo a respeito, não de sentar e chorar. Enquanto a sua Lua progredida está em Peixes, pode lhe acontecer ter de agüentar alguém que chora, ou você mesmo chorar. De qualquer forma, é preciso admitir que você detesta demonstrar vulnerabilidade.

MERCÚRIO NATAL EM ÁRIES

Palavras-chave de Mercúrio: a mente consciente, padrões de pensamento e de fala, destreza manual.

Mercúrio Natal em Áries Progredido para Touro – Como Mercúrio não ganha nem perde força imediatamente através dessa progressão (Mercúrio não está nem exaltado nem debilitado em nenhum dos dois signos), você pode não sentir de fato a progressão para Touro por vários anos. A não ser que seu Mercúrio progredido, com a mudança de signo, se torne angular ou receba fortes aspectos, você só notará características de Touro nos seus padrões de pensamento consciente e/ou comunicações depois que Mercúrio avançar pelos primeiros dez graus de Touro.

Quando Mercúrio entra no segundo decanato (Virgem) de Touro, você vai descobrir que de alguma forma incorporou maior praticidade na organização de seus pensamentos e de seus padrões de linguagem. Na realidade, os outros poderão notar esse fato antes de você, pois vão achar mais fácil comunicar-se com você. Você vai ter uma tendência a pensar à frente com mais facilidade, considerando os resultados antes de uma série de pensamentos (ou atos). Melhor ainda, você poderá pensar no que vai falar antes de falar. Isso ajudará a controlar sua inclinação natal a meter os pés pelas mãos.

Mercúrio Natal em Áries Progredido para Gêmeos – Quando Mercúrio progride para Gêmeos, signo que rege, a mudança é perfeitamente perceptível. Num padrão de crescimento positivo, é uma transição maravilhosa, já que você pode tornar-se mais verbal, expressando com mais facilidade as ansiedades e entusiasmos da sua vida diária. Se sua opção não foi desenvolver os lados positivos de sua personalidade, a progressão para Gêmeos vai, mesmo assim, aumentar sua capacidade de verbalização, mas você poderá utilizá-la para expressar as tendências agressivas do seu posicionamento natal em Áries. Nesse caso, poderá discutir com mais vigor e por mais tempo, sem levar em consideração o ponto de vista alheio.

Mercúrio Natal em Áries Progredido para Câncer – Depois da progressão em Gêmeos, Mercúrio poderá entrar em Câncer. (Mercúrio avança no máximo 80° a 90° em sessenta e cinco anos. Se Mercúrio natal encontra-se na primeira metade de Áries, ou se seu passo diminui por causa da retrogradação logo antes do seu nascimento ou a qualquer época durante a sua vida, ele não vai entrar em Câncer.) Como Mercúrio é muito forte em Gêmeos, você vai ter incorporado muitas características geminianas à sua personalidade, ficando quase impossível detectar a transição para Câncer. Os amigos íntimos notarão que você, agora, não só expressa com mais facilidade suas emoções ou sentimentos, como também demonstra uma aumento em sua sensibilidade (ou talvez um aumento na sua capacidade de reclamar!). Câncer vai reforçar a sua qualidade natal cardeal, ajudando-o a focalizar seus pensamentos.

Mercúrio Natal em Áries em Progressão Retrógrada para Peixes – Você não vai perceber mudanças exteriores na passagem de Mercúrio de um signo essencialmente neutro (Áries) para o signo de seu detrimento (Peixes), já que seu Mercúrio natal é mais forte. Entretanto, se você tiver o Sol natal em Peixes, pode adotar a qualidade pisciana de pensamento, que é harmônica em relação ao seu Sol. Sua posição natal em Áries é vigorosa, apressada e agressiva, enquanto a posição progredida simboliza uma empatia, um pouco flutuante, com os outros. Se o seu Sol natal está em Áries, a progressão de Mercúrio para Peixes aumenta suas dúvidas sobre si mesmo sem alterar sua expressão exterior de pensamento. Dito simplesmente, você vai se arrepender mais vezes do que disser ou fizer.

VÊNUS NATAL EM ÁRIES

Vênus em detrimento em Áries
Palavras-chave de Vênus: amar, ser amado, prazer, auto-indulgência

Vênus Natal em Áries Progredido para Touro – Quando seu Vênus progride para Touro, signo que rege, o fogo de seu Áries natal pode acender uma firme chama de amor. A progressão de Vênus por Touro simboliza a estabilização de seus relacionamentos amorosos e de seus sentimentos em relação à posse. Você vai se tornar mais consciente das coisas que lhe dão prazer e conforto físico. Uma combinação positiva de Vênus natal em Áries e Vênus progredido em Touro pode resultar num estilo amoroso impulsivo, caloroso e afetuoso. Se sua opção não for desenvolver o lado mais elevado dessas posições, você poderá combinar a possessividade de Touro com o lado obstinado de Áries obtendo a compulsividade nas situações amorosas. Nesse caso, você poderá afugentar seus possíveis parceiros com seu apego instantâneo e permanente. Esse estilo de amar pode funcionar nos romances, mas não é muito viável na vida diária. Quando tiver frustrações amorosas, você poderá voltar-se para a geladeira, pois Vênus em Touro adora comida.

Você vai conservar a expressão taurina de Vênus (sensual, possessiva, protetora, em busca do prazer) para o resto de sua vida, pois seu Vênus não vai progredir para outro signo em que sua expressão seja mais fácil do que no seu signo de regência. Quer decida desenvolver o lado auto-indulgente, aquisitivo e materialista, ou o lado carinhoso, leal e compassivo de Vênus, você reconhecerá a influência de Touro.

Vênus Natal em Áries Progredido para Gêmeos – Quando Vênus progride de Touro para Gêmeos, a força da progressão em Touro ainda vai dominar. Durante essa progressão, as suas atitudes em relação às coisas e pessoas que você ama podem tornar-se ligeiramente mais flexíveis. A progressão em Gêmeos tende a levá-lo a falar um pouco mais livremente a respeito do amor, e você pode namorar com um pouco mais de facilidade, mas provavelmente não vai estar mais disposto a mudar seus relacionamentos do que no período em que Vênus estava em Touro. Se seus relacionamentos amorosos são difíceis, você pode começar a jogar o jogo do "não é horrível?" quando se queixa de todos os problemas causados pelas pessoas amadas. Você realmente não quer mudar a sua situação, se essa mudança significar uma perda de status, posses ou dinheiro (aqui se vê a influência de Touro).

Vênus Natal em Áries Progredido para Câncer – Os anos em que seu Vênus progredido esteve em Touro ainda são o simbolismo dominante, mesmo depois que Vênus ingressa em Câncer. Assim, é mais possível que essa posição reforce as características de Touro do que de Áries. A natureza yin de Câncer ajusta-se bastante bem a Touro, e você pode desenvolver a reatividade nas situações amorosas. Nos anos em que Vênus progredido ocupa Câncer, pode ser que você se torne bastante possessivo em relação a objetos e pessoas.

Vênus progride no máximo 70° a 80° em sessenta e cinco anos, de modo que se seu Vênus natal está a 29° Áries e movendo-se rapidamente, você já estará na casa dos cinqüenta antes dessa progressão. Você poderá livrar-se da tendência geminiana de se preocupar com as situações amorosas, o que nunca chega a ser uma parte importante da sua expressão a não ser que o signo de Gêmeos esteja forte no seu mapa natal. É só disso que você vai se libertar quando Vênus progride para Câncer, pois a influência da água indica que você vai querer manter tudo, ou ao menos conservar tudo que tenha qualquer possível valor sentimental. Você vai ter muita dificuldade em suportar mudanças nos relacionamentos amorosos com Vênus em Câncer. É preciso lembrar que o amor cresce melhor em liberdade, pois você sente medo de perder o afeto.

Vênus Natal em Áries em Progressão Retrógrada para Peixes – Vênus está exaltado em Peixes, o que traz à tona o seu lado mais suave e romântico. Peixes é o posicionamento mais idealista de Vênus. Você vai sonhar com cavaleiros em armaduras brilhantes e donzelas em perigo. Quando Vênus faz sua estação, tornando-se direto, você vai incorporar a arte, a música e a apreciação do belo em sua vida. Como a posição em Peixes é muito mais forte que a posição natal em Áries, é mais provável que você projete, e proteja, a qualidade pisciana de sua natureza amorosa durante toda a sua vida.

A única desvantagem da combinação Peixes/Áries é a sua determinação de colocar os seres amados num pedestal. Se você absolutamente recusar àqueles que ama o direito de serem humanos e falíveis, poderá ter muitas desilusões amorosas. Contrariamente à idéia popular, é muito difícil ser a pessoa adorada. O seu amor idealista tende a esmagar (ou apavorar) a pessoa que você quer ter em sua vida.

MARTE NATAL EM ÁRIES

Marte é o regente de Áries
Palavras-chave de Marte: energia, iniciativa, agressividade, raiva

Marte Natal em Áries Progredido para Touro – Como regente de Áries, Marte é extremamente poderoso nessa posição natal. É duvidoso que qualquer progressão altere significativamente a expressão natal de sua energia, exceto se Marte progredido se tornar angular ou receber fortes aspectos. A transição para Touro pode acrescentar uma certa estabilidade no tocante à finalização das coisas começadas, ou pode simplesmente torná-lo um pouco mais teimoso, querendo fazer tudo a seu modo. Uma combinação mais difícil da energia de Áries natal e da progressão de Marte para Touro é a recusa em esquecer raivas passadas. A não ser que você queira viver nos limites da raiva todo o tempo, não precisa passar por essa dificuldade. Se isso estiver acontecendo, é porque você está, de alguma forma, frustrando a sua expressão natal, seja porque não tem coragem de dizer à pessoa que o irrita que ela o irrita, seja porque não quer reconhecer o motivo de sua raiva. Use o seu Marte natal através da expressão física ativa (jogue vôlei, corra, lute karatê) para voltar a ter uma compreensão clara dos seus impulsos agressivos.

Marte Natal em Áries Progredido para Gêmeos – Quando seu Marte progride para Gêmeos, a natureza yang do signo progredido pode intensificar a sua iniciativa natal de Áries. No melhor dos casos, o signo aéreo mutável vai aumentar a sua capacidade de expressar os instintos agressivos; no pior dos casos, vai dispersar ligeiramente a sua energia de modo que você vai passar a ter muito mais projetos inacabados do que antes.

É interessante que o aspecto mais perceptível da progressão para Gêmeos é a ausência de Touro. Você abandona Touro quase que imediatamente quando seu Marte entra em Gêmeos. Assim, essa progressão parece devolvê-lo a suas inclinações natais. Em parte isto se deve à sua crescente capacidade de falar sobre a sua energia agressiva. A compatibilidade básica entre Áries e Gêmeos é responsável pelo resto da influência quase invisível de Gêmeos sobre o seu Marte progredido.

Marte Natal em Áries em Progressão Retrógrada para Peixes – A sua expressão de energia é mais forte e mais clara através da posição natal em Áries do que na progressão para Peixes. Se você não desenvolveu a honestidade na sua vida, verá que é mais fácil racionalizar as suas atitudes agressivas enquanto Marte encontra-se em

Peixes. Você pode direcionar mal a sua energia, gritando com o cachorro quando está realmente irritado com seu chefe. Sua posição natal indica que em geral, você sabe claramente quem ou o que causou a irritação. Assim, a progressão em Peixes não vai afetá-lo muito, a não ser que você na verdade tenha necessidade de ocultar de si mesmo as causas da sua agressividade.

JÚPITER NATAL EM ÁRIES

Palavras-chave de Júpiter: expansão, crescimento, fé, otimismo

Júpiter Natal em Áries Progredido para Touro – Júpiter progride no máximo 15° em sessenta e cinco anos. A não ser que seu Júpiter natal esteja na última parte de Áries e em movimento direto rápido, não vai progredir para Touro no decorrer de sua vida. Quando Júpiter progride para Touro, você tende a canalizar parte do seu entusiasmo para atividades específicas. Você ainda pode ter dificuldade em dizer "não" a qualquer projeto que pareça excitante. Se você perceber a influência de Touro, isso simplesmente vai moderar o seu desejo de assumir riscos enquanto expande seus horizontes. A maioria das pessoas vai considerar este fato como uma etapa normal do amadurecimento e não como uma mudança específica relacionada com a posição de Júpiter progredido.

Júpiter Natal em Áries em Progressão Retrógrada para Peixes – Quando Júpiter está retrógrado, avança apenas cerca de 6° em sessenta e cinco anos. Assim, a não ser que seu Júpiter natal esteja entre 0° e 5° de Áries e retrógrado, não vai progredir para Peixes. Júpiter está mais forte em Peixes (do qual é o regente tradicional) do que em Áries. A energia adquirida durante essa progressão geralmente tende para o serviço a outros, uma maior empatia e a capacidade de se expandir com graça e humildade. Se você não optou por desenvolver sua vida de uma forma positiva, esta progressão pode simbolizar uma crescente capacidade de dissimulação. Nesse caso, você será capaz de encantar a todos, tornando-se nesse processo um razoável farsante.

SATURNO NATAL EM ÁRIES

Saturno em queda em Áries
Palavras-chave de Saturno: dever, responsabilidade, realidade, restrições

Saturno Natal em Áries Progredido para Touro – Saturno progride no máximo 8° em sessenta e cinco anos. A não ser que seu Saturno natal esteja entre 24° e 30° de Áries e em movimento direto rápido, não vai progredir para Touro no decorrer da sua vida. Quando Saturno progride para Touro, as suas idéias sobre o dever e a responsabilidade podem tornar-se um pouco tacanhas. A fixidez de Touro intensifica o dilema natal a respeito do dever que restringe a ação. Entretanto, é mais fácil se acomodar às condições atuais da sua vida depois que Saturno progride para Touro, porque provavelmente você não vai ficar tão frustrado por causa do conflito entre os impulsos em direção à ação e à restrição.

Saturno Natal em Áries em Progressão Retrógrada para Peixes – Saturno só avança 3º em sessenta e cinco anos por progressão quando está retrógrado. Assim, a não ser que seu Saturno natal esteja nos três primeiros graus de Áries e retrógrado, não vai entrar em Peixes durante a sua vida. Quando Saturno retrograda para Peixes, pode ser que você encare o serviço aos outros como um dever. Embora esteja mais disposto a reconhecer as responsabilidades sociais quando seu Saturno progredido está em Peixes, você pode oferecer a sua simpatia com tanta má vontade que os outros detestem aceitá-la. O ano em que Saturno entra em Peixes vai ser extremamente importante para você. Durante esse ano, você vai colher o que quer que tenha plantado enquanto Saturno estava em Áries. Freqüentemente há um reconhecimento público, para melhor ou para pior, quando Saturno entra em Peixes.

URANO NATAL EM ÁRIES

Palavras-chave de Urano: vontade própria, mudança, criatividade, inventividade

Urano Natal em Áries Progredido para Touro – Se você nasceu em março, abril, maio ou começo de junho de 1934 poderá ter o seu Urano progredido de Áries para Touro. Urano em Áries simboliza o reformador cheio de recursos que pode ter um gênio explosivo. Quando a progressão acrescenta a energia de Touro, você introduz considerações práticas nas suas mudanças, ou se torna inflexível a respeito dos seus métodos de mudança.

NETUNO NATAL EM ÁRIES

Este posicionamento não ocorrerá neste século.

PLUTÃO NATAL EM ÁRIES

Este posicionamento não ocorrerá neste século.

PROGRESSÕES PARA POSIÇÕES NATAIS EM TOURO

TOURO: YIN – FIXO – TERRA

SOL NATAL EM TOURO

Palavras-chave do Sol: força vital básica, o corpo físico, "eu" interno

Sol Natal em Touro Progredido para Gêmeos – O Sol progredido entra em Gêmeos entre as idades de uma semana (☉ natal 29° ♉ 59') e trinta anos (☉ natal 0° ♉ 00'). Parte da teimosia associada ao signo de Touro será amenizada quando seu Sol progride para Gêmeos. Você terá consciência de diferentes formas de lidar com as coisas e com as pessoas, e estará mais disposto a considerar alterações em seu comportamento. Há um conflito yin-yang entre as suas posições natal e progredida, o que pode causar uma tensão interna, principalmente se você não integrou os lados masculino e feminino de sua personalidade. Seu Sol progredido yang simboliza uma crescente necessidade de dar início às ações, enquanto sua posição natal em Touro simboliza o seu desejo de reagir em vez de agir.

Quando seu Sol progride para Gêmeos, você vai ter muitas oportunidades de se libertar um pouco da rigidez do seu Sol natal. Você pode optar por queixar-se de acontecimentos externos em vez de se livrar de suas noções preconcebidas de como os acontecimentos deveriam acontecer. Se escolher este caminho, os outros poderão perceber a influência de Gêmeos como uma crescente capacidade de notar o que está errado sem qualquer maior desejo de fazer alguma coisa a respeito daquilo que o incomoda. Você pode, entretanto, optar por pensar sobre as coisas que precisam ser mudadas, e então começar a mudá-las. Se decidir seguir esse caminho, estará combinando a flexibilidade de Gêmeos com a previsão de Touro, no que pode ser uma mistura maravilhosamente prática e eficiente.

Sol Natal em Touro Progredido para Câncer – O Sol progredido entra em Câncer entre as idades de trinta (☉natal 29° ♉59') e sessenta anos (☉natal 0° ♉00'). Quando seu Sol progride para Câncer, elimina-se o conflito de polaridade, pois Câncer reforça a natureza yin do seu Sol natal em Touro. Câncer acrescenta sensibilidade e emoções à sua posição natal em Touro, já protetora. Se você não optou pelo desenvolvimento dos lados positivos de sua personalidade, a progressão em Câncer pode trazer bastante autopiedade.

Tanto Touro como Câncer são conhecidos pela tendência a guardar coisas. Se você não tomar cuidado, poderá encher a sua casa do porão até o teto com coisas velhas e antiquadas que não consegue jogar fora. Você também pode tentar colecionar pessoas em vez de objetos. No mínimo, isso é bem mais difícil, pois as pessoas não gostam muito de ser possuídas. Quanto menos cordas você amarrar nas pessoas de que gosta, tanto maior será a probabilidade de elas ficarem perto de você.

Sol Natal em Touro Progredido para Leão – O Sol progredido entra em Leão entre os sessenta (☉natal 29° ♉59') e os noventa anos (☉natal 0° ♉00'). Leão é o posicionamento mais forte do Sol. Há um aumento dramático na sua auto-expressão quando o Sol progride para o signo de sua regência. As qualidades de liderança, generosidade e autoconfiança vêm à tona rapidamente quando seu Sol progride para Leão. Se você desenvolveu os melhores atributos do seu Sol natal em Touro, pode agora acrescentar um maravilhoso calor e vivacidade à sua auto-imagem e à sua projeção sobre os outros. Se você não desenvolveu qualquer compreensão espiritual de como e por que você é quem é, as qualidades dominantes de Leão vão ser o orgulho, a arrogância, e o desejo de se exibir ou dominar os outros.

LUA NATAL EM TOURO

Lua exaltada em Touro
Palavras-chave da Lua: emoções, respostas à vida, padrões de hábitos

Lua Natal em Touro Progredida para Touro – A Lua está exaltada em Touro; assim, sua posição natal será visível durante todas as progressões da Lua. A cada vinte e oito anos, a sua Lua retorna à posição natal. Essa conjunção amplifica os pontos fortes e fracos do posicionamento natal. As alegrias dessa posição são a sensualidade, o senso prático e a apreciação do belo. Será bom refletir sobre seu padrão de respostas emocionais extremamente protetor, o que, embora seja útil, pode às vezes ser obsessivo, tenaz e ciumento. Realmente não é possível dar abrigo a todas as pessoas e gatinhos perdidos. Você não pode ser a mãe de todo mundo, nem deve ir atrás das pessoas amadas com o intuito de "protegê-las". Se você se preocupa tanto assim com as pessoas que ama, é melhor examinar suas inseguranças, pois o que está demonstrando não é proteção ou amor, mas ciúme.

Lua Natal em Touro Progredida para Gêmeos – Quando a sua Lua progredida está em Gêmeos, você tem um conflito yin-yang. Seus padrões emocionais tornam-se dispersos sempre que precisa iniciar a atividade num nível emocional, ou sempre que você tenta pensar sobre seus sentimentos. Como a posição da sua Lua natal em Touro é muito mais forte, é provável que você abandone a intelectualização de Gêmeos bem depressa por ser contraproducente, embora possa sentir uma ponta de culpa pela recusa em analisar seus sentimentos. Se você quase entrar em pânico cada vez que questionar a sua natureza responsiva, essa rigidez indica algum tipo de desonestidade interna a respeito dos seus laços emocionais. Você provavelmente precisa reservar algum tempo para examinar essas áreas dolorosas.

Lua Natal em Touro Progredida para Câncer – Como a Lua rege Câncer, esta é a mais poderosa posição da Lua progredida. Felizmente, a energia de Câncer mistura-se bem com a sua Lua natal em Touro. Você sente-se confortável com as suas respostas simpáticas e protetoras. Durante esses dois anos, você pode glorificar-se através da projeção de uma "mãe terra"; se for homem, a versão masculina é "salvador de todos em desgraça". Você vai querer socorrer os infelizes e ajudar os necessitados, especialmente os membros de sua família.

Embora você navegue pelas ondas da emoção com bastante facilidade enquanto a sua Lua progredida está em sextil por signo com sua posição natal, os outro podem achar que esta combinação não é assim tão fácil. Você pode ficar muito possessivo e sufocante. Todas as piadas sobre a mãe étnica (judia, italiana, irlandesa etc.) poderiam aplicar-se a você durante essa progressão.

Lua Natal em Touro Progredida para Leão – Aqui chegamos a um quarto do ciclo de crescimento emocional simbolizado pela Lua progredida. (Veja Capítulo 1, "Não ponha a culpa em sua mãe", página 29, para maiores detalhes sobre este ciclo.) O posicionamento em Leão amplifica os problemas da fixidez da sua natureza emocional. Leão tem polaridade yang, mas como a sua posição natal é muito poderosa, você não vai adquirir facilmente uma projeção yang. Para você, as questões mais importantes não vão girar em torno da resposta yin-yang, mas sim da sua tendência a se agarrar a questões emocionais por muito mais tempo do que o necessário. Você pode, com esforço extraordinário, perdoar uma ofensa, mas é quase impossível esquecê-la. Seus padrões de hábitos formam-se rapidamente, mas você só vai tomar conhecimento deles quando já estiverem cristalizados. No momento em que sua Lua progredida estiver em quadratura com a posição natal, talvez você precise de uma britadeira.

Lua Natal em Touro Progredida para Virgem – Sempre que sua Lua progredida se encontra na mesma triplicidade da sua Lua natal, seus padrões de resposta fluem mais facilmente. Se você conseguiu romper com alguns de seus entraves quando a sua Lua progredida estava em quadratura com a Lua natal, você poderá agora usar a energia da terra mutável para explorar alguns diferentes padrões de respostas.

A tendência da Lua em Virgem é distanciar-se de qualquer envolvimento emocional, o que equilibra sua inclinação natal de Touro de se envolver tanto nos sentimentos a ponto de não conseguir enxergar a questão em si. Suas respostas são tão intensas que um pouco de dispersão vai ajudar a colocar as coisas em perspectiva. Além disso, você pode ser de uma enorme praticidade a respeito dos seus sentimentos quando a Lua progredida ocupa outro signo de terra. Todas as demais progressões e trânsitos serão amenizados enquanto a Lua progredida estiver em Virgem, pois você lidará com os acontecimentos desses dois anos e meio com grande estabilidade emocional.

Lua Natal em Touro Progredida para Libra – Essa posição é basicamente incompatível com seus padrões de resposta natais de Touro. A dificuldade yin-yang entre os signos natal e progredido indica que você pode tentar agir e reagir ao mesmo tempo. Você sente urgência de paz e harmonia, mas não se sente confortável agindo da forma yang cardeal (tomando a iniciativa dos contatos) para promover a paz e a harmonia. A força inerente à sua posição natal em Touro significa que embora a energia de Libra possa aparecer nas atividades do dia-a-dia (superficialmente, você poderá pensar por que os outros reagem dessa ou daquela forma; também é possível que você pense por que reage dessa ou daquela forma), as suas respostas emocionais mais profundas vão seguir a inclinação interna de Touro, e provavelmente você vai se recusar a analisar em profundidade o seu próprio arranjo emocional.

Lua Natal em Touro Progredida para Escorpião – A Lua está em queda em Escorpião, e este ponto representa a metade do ciclo de crescimento emocional simbolizado pela Lua progredida. Assim, para você, a posição em Escorpião enfatiza os problemas de polaridade e fixidez. O ciúme, em sinal de insegurança num padrão de respostas yin, pode tornar-se uma questão evidente para você enquanto a sua Lua progredida se encontra em Escorpião. Você pode ter dificuldade com o excesso de emocionalismo e com os padrões habituais de resposta. A dinâmica da oposição representa um desejo de mudança e crescimento. Quando a energia de Escorpião ativa o Touro natal mais poderoso, talvez você queira fazer uma revisão completa na sua vida emocional. Escorpião representa energia para mudanças completas e permanentes, mas não fornece, na realidade, a noção de como proceder às mudanças. Como tanto a Lua natal e a Lua progredida estão em signos fixos, será difícil abandonar hábitos, a despeito do seu sincero desejo de mudar. Se você puder fazer alguma ligação com algum de seus outros planetas, como o Sol ou Mercúrio, através de aspectos à Lua progredida, poderá contornar essa parte do problema (o como). Então será capaz de alterar os padrões de hábitos que bloqueiam a sua capacidade de crescer.

Lua Natal em Touro Progredida para Sagitário – Este signo é basicamente incompatível com a sua energia natal de Touro. A diferença yin-yang sugere que talvez você se canse de reagir a projeções dos outros. Entretanto, a força de sua posição natal em Touro resiste à diluição e dispersão de respostas características da Lua em Sagitário. A não ser que sua Lua progredida receba aspectos mais ou menos fortes enquanto ocupa Sagitário, você só sentirá um ligeiro desconforto.

O desconforto do quincúncio minguante relaciona-se diretamente com o entendimento emocional da sua sexualidade. Se você absorveu as definições de "papéis" sexuais dados em nossa sociedade, talvez tenha mais que um ligeiro desconforto enquanto sua Lua progredida ocupa Sagitário. Nesse caso, você vai ficar agitado, procurando alguma outra forma de expressar os seus sentimentos mas sem muita certeza do que lhe desagrada nos seus padrões habituais. Para poder explorar as diferenças nos sentimentos, sem correr o risco de analisar as suas próprias respostas, você pode optar por relacionar-se com alguém que não se encaixe nos padrões de "papéis" tradicionais.

Lua Natal em Touro Progredida para Capricórnio – A Lua está em detrimento em Capricórnio. Assim, a energia dessa posição é facilmente sobrepujada pela força do seu Touro natal projetado. Além disso, Capricórnio pertence à mesma triplicidade, simbolizando um fluxo fácil de respostas emocionais. A combinação da fraqueza do signo progredido e da facilidade de ação através da fusão dos dois signos de terra lhe dá a capacidade de selecionar e escolher que atributos da projeção capricorniana você quer usar. Quer controlar suas emoções mais de perto? Poderá desenvolver essa capacidade. Quer distanciar-se um pouco dos seus envolvimentos? Capricórnio é ótimo para manter distâncias. Quer manipular o resto do mundo através da expressão das suas emoções? Novamente a energia de Capricórnio vai ajudá-lo nesse sentido. O maior inconveniente de tal combinação não é evidente para você, mas sim para aqueles que o cercam. Durante esses dois anos e meio, você vai se conduzir através de quaisquer problemas com uma estabilidade emocional quase completa. Entretanto, os outros podem começar a queixar-se de que você, na realidade, os está controlando através da expressão das suas emoções. Talvez você tenha dificuldade em atentar para essas pessoas, pois está sendo completamente prático e, além disso, suas respostas parecem funcionar muito bem para você. Contanto que se lembre de que o que funciona só funciona bem para você, e se abstenha de tentar impor a sua natureza responsiva sobre os outros, você não deverá ter problemas com esse posicionamento.

Lua Natal em Touro Progredida para Aquário – Este é o terceiro quarto do seu ciclo emocional de crescimento. Novamente você vai vivenciar problemas de fixidez, assim como um atrito entre a polaridade yin e yang da sua Lua natal e da sua Lua progredida. Você pode sentir que deveria ao menos tentar intelectualizar suas respostas emocionais, embora talvez não esteja disposto a mudar seus padrões de hábitos. Se não houver outros aspectos difíceis por progressões ou trânsitos durante esses dois anos e meio, você poderá evitar a reflexão sobre a sua forma de sentir. Quaisquer aspectos difíceis nessa época vão acionar a sua necessidade de examinar a sua natureza responsiva. Aí os acontecimentos que você poderia ter ignorado no ano anterior, quando sua Lua progredida estava em Capricórnio, transformar-se-ão nas primeiras fendas na represa de fixidez sobre a qual sua Lua natal em Touro não quer pensar. Se coisas sem importância o estão deprimindo emocionalmente, considere a possibilidade de conversar sobre as questões emocionais com um terapeuta ou um amigo. Arejando os seus sentimentos, poderá decidir o que fazer com eles.

Como a sua posição natal é mais forte, qualquer desejo aquariano de iniciar a atividade em áreas emocionais será amortecido. Talvez você queira aparentar desinibição, mas não tem muita vontade de ser desinibido.

Lua Natal em Touro Progredida para Peixes – Esta posição é bastante compatível com sua Lua natal em Touro. A energia da Lua progredida em Peixes suaviza em parte a teimosia da sua posição natal. Mais importante, este signo permite-lhe trabalhar mais facilmente as questões emocionais, talvez resolvendo alguns dos conflitos simbolizados pela progressão em Aquário. Se, durante a progressão da Lua em Aquário, você começou a questionar algumas de suas "vacas sagradas", vai ser muito mais fácil livrar-se delas agora. Se você se manteve sem examinar os seus padrões passados de hábitos, com a Lua progredida em Peixes você poderá colocar tudo de volta na prateleira e fechar o armário. Nenhuma das minúcias que o incomodaram enquanto sua Lua estava em Aquário parecerão muito importantes agora. Ou você vai lidar com os acontecimentos de uma forma prática e direta, ou vai aguardar. De qualquer forma, essas minúcias no fim das contas vão sumir.

Lua Natal em Touro Progredida para Áries – O signo anterior à posição natal é sempre difícil, pois traz à tona áreas ocultas ou frágeis nos seus padrões de respostas. Você sente dificuldade em alterar os padrões de respostas emocionais. Pode sentir-se bastante ineficiente quando está reagindo da maneira habitual de Touro. Entretanto, a posição em Áries por si só não é tão forte de modo a causar mais do que irritação em relação a seus hábitos de Touro. Se a Lua progredida for angular ou estiver fortemente aspectada com as posições natais ou progredidas, a irritação vai se tornar mais aguda. A esta altura, você pode decidir fazer alguma coisa (energia de Áries) a respeito de tudo o que o incomoda. Tal decisão pode surpreendê-lo, já que você não está acostumado a alterar os seus hábitos, e vai espantar as pessoas que julgam conhecê-lo.

MERCÚRIO NATAL EM TOURO

Palavras-chave de Mercúrio: mente consciente, padrões de pensamento e fala, destreza manual

Mercúrio Natal em Touro Progredido para Gêmeos – Quando seu Mercúrio progride para Gêmeos, signo que rege, ganha considerável força. Você poderá facilmente incorporar as habilidades verbais de Gêmeos ao seu estilo de vida. Embora provavelmente não vá se transformar de taciturno em loquaz no momento em que Mercúrio ingressar em Gêmeos, a sua capacidade de expressão dos pensamentos vai melhorar. A não ser que sua posição natal seja forte por casa ou aspecto, o estilo geminiano de pensamento consciente tornar-se-á mais e mais visível durante os anos desta progressão. Você poderá, no mínimo, pensar a respeito de mudanças, embora a sua fixidez natal tenda a interferir na sua capacidade final de realizar tais mudanças.

Mercúrio Natal em Touro Progredido para Câncer – Quando seu Mercúrio progride de Gêmeos para Câncer, é provável que você não note nenhuma mudança, pois a força da progressão geminiana vai dominar a sua expressão consciente. Como Câncer é bastante compatível com a sua posição natal em Touro, essa progressão parece facilitar uma melhor combinação entre Touro e Gêmeos, mais do que acrescentar qualquer nova característica (canceriana). Se Mercúrio estiver angular ou fortemente aspectado enquanto ocupar Câncer, aparecerá a marca registrada de Mercúrio em Câncer – mais preocupação a respeito de questões emocionais.

Mercúrio Natal em Touro Progredido para Leão – Mercúrio está em queda em Leão, de modo que essa progressão tem ainda menos repercussões nos seus padrões conscientes de pensamentos do que a progressão em Câncer. Além disso, Mercúrio só avança 80° a 90° em sessenta e cinco anos, de modo que mesmo que seu Mercúrio natal esteja a 29° de Touro e em movimento direto, se ele chegar até Leão você já terá cerca de sessenta anos. (Se Mercúrio natal estiver na primeira metade de Touro, ou avançando devagar devido à retrogradação antes do seu nascimento ou durante a sua vida, não haverá a progressão para Leão.) Talvez você regrida à fixidez, pois tal progressão pode reforçar essa característica do seu Mercúrio natal em Touro. Se Mercúrio estiver num ângulo ou fortemente aspectado, você poderá notar um pouco do orgulho e da pose de Leão na sua forma de falar sobre as pessoas e fatos de sua vida.

Mercúrio Natal em Touro em Progressão Retrógrada para Áries – Os seus padrões de pensamento sólidos e fixos, típicos de Touro, podem combinar-se com a orientação para a ação de Mercúrio em Áries resultando em táticas verbais mais agressivas e maior disposição em tomar iniciativas. Você poderá até dar início a discussões, principalmente se achar que tem razão. A sua energia de Touro lhe dá a segurança necessária para levar a discussão até o fim. A progressão em Áries não o torna mais inclinado a aceitar a opinião dos outros, pois este signo cardeal só assimila a mudança quando a idéia foi sua.

VÊNUS NATAL EM TOURO

Vênus é regente de Touro
Palavras-chave de Vênus: amar, ser amado, prazer, auto-indulgência

Vênus Natal em Touro Progredido para Gêmeos – Como Vênus rege Touro, a sua posição natal sempre vai dominar a capacidade de dar e receber amor. Quando seu Vênus progride para Gêmeos, a única mudança pode ser uma melhor capacidade de expressar a sua natureza amorosa. Se Vênus progredido em Gêmeos estiver num ângulo ou fortemente aspectado, talvez você fique um pouco mais namorador e volúvel em questões de amor. As situações amorosas provavelmente venham a requerer maior flexibilidade de respostas. Quando os aspectos terminam, você é devolvido à sua expressão amorosa de Touro, com a qual se sente muito mais à vontade.

Vênus Natal em Touro Progredido para Câncer – A progressão em Câncer reforça a sua expressão natal amorosa yin. Assim, se você notar qualquer mudança durante esta progressão, será no sentido de uma projeção amorosa ainda mais protetora e possessiva, pois Câncer apenas acrescenta um pouco de emocionalismo e a tendência a se apegar às situações amorosas. (Touro, um signo fixo, se apega por teimosia, mas Câncer apega-se por medo da perda emocional.)

Vênus Natal em Touro Progredido para Leão – Vênus progride cerca de 1°10' por ano, em movimento direto. Assim, se seu Vênus natal está a 29° de Touro e em movimento direto, você vai ter pelo menos cinqüenta anos quando Vênus entrar em Leão. Se seu Vênus progredido estiver fortemente aspectado ou for angular na época dessa progressão, talvez você perceba uma vontade de exibir as coisas bonitas que possui. Ou então, você pode querer que as pessoas que ama o cubram de louvor e glória (ou presentes!). Você não vai notar muito a influência de Leão, se não houver aspectos fortes, pois a sua posição natal é mais poderosa.

Vênus Natal em Touro em Progressão Retrógrada para Áries – Seu Vênus está progredindo do signo que rege para o signo de seu detrimento. Se seu Vênus natal tiver fortes aflições, você pode aproveitar o tempo da progressão em Áries para trabalhar as suas quadraturas e oposições, já que o movimento retrógrado indica que a sua energia venusiana está funcionando num nível interno. Se Vênus se torna angular ou fortemente aspectado em Áries, você pode trabalhar ainda mais esforçadamente no sentido de entender como dá e recebe amor, usando o impulso iniciador de Áries para esclarecer a compreensão das suas respostas. Por outro lado, talvez você descubra que as situações amorosas exigem uma interação mais ativa de sua parte, ou envolvem pessoas de signos de fogo.

MARTE NATAL EM TOURO

Marte em detrimento em Touro
Palavras-chave de Marte: energia, iniciativa, agressividade, raiva

Marte Natal em Touro Progredido para Gêmeos – Depois que seu Marte entra em Gêmeos, você pode desenvolver a capacidade de descarregar verbalmente a sua irritação. Uma vez que perceba que pode falar a respeito das coisas que o deixam zangado, verá que menos coisas o enfurecem. A influência de Gêmeos também pode encorajá-lo a fazer mais de uma coisa ao mesmo tempo. Se você desenvolveu um excesso de intensidade nos seus impulsos (o que é comum com um Marte natal em Touro), será capaz de se engajar em projetos sem se pressionar demais. Não haverá uma mudança de envolvimento total para completo desinteresse, mas você será capaz de ocasionalmente fazer uma pausa no meio de um projeto e ter outra atividade, como sair com a namorada ou ir pescar.

Marte Natal em Touro Progredido para Câncer – A influência da progressão em Câncer depende, na realidade, de você ter interiorizado a experiência geminiana da progressão anterior. Se quiser usar a energia geminiana para disputas verbais, a posição em Câncer (onde Marte está em queda) pode intensificar esse uso negativo. Talvez você venha a ter ainda mais dificuldade em se desvencilhar das mágoas, aferrando-se à agressividade. Por outro lado, se durante os anos da progressão em Gêmeos você aprendeu a falar sobre o que o incomoda e expressar sua energia através de diferentes canais, a progressão por Câncer vai acrescentar emoção aos seus padrões de energia. Isso pode indicar uma capacidade de dirigir os seus impulsos no sentido da resolução de questões emocionais.

Marte Natal em Touro em Progressão Retrógrada para Áries – Quando Marte progride de Touro para Áries, apesar do movimento retrógrado, você adquire uma tremenda força porque Marte é o regente de Áries. Você descobre que pode direcionar e expressar suas energias de uma maneira muito mais vigorosa. Como a sua posição natal é em Touro, esta combinação freqüentemente resulta em trabalho sério dirigido para fins específicos. Até Marte tornar-se direto, essa energia é expressa mais internamente, ou seja, você tende a não revelar a ninguém os seus projetos até estarem terminados. Os outros talvez não percebam todo o esforço que você coloca em suas realizações durante esse período. Depois que Marte se torna direto em Áries, você passa a ser capaz de aproveitar a sua natureza altamente competitiva na realização das suas tarefas.

JÚPITER NATAL EM TOURO

Palavras-chave de Júpiter: **expansão, crescimento, fé, otimismo**

Júpiter Natal em Touro Progredido para Gêmeos – Como Júpiter progride no máximo 14' por ano, avança cerca de 15° em sessenta e cinco anos. A não ser que seu Júpiter natal esteja na última metade de Touro e em movimento direto, não chegará até Gêmeos. Quando Júpiter progride para Gêmeos, signo de seu detrimento, parte da sua firmeza pode se dissipar. Entretanto, como Júpiter está mais forte na sua posição natal, você só perceberá isso se ele for angular ou estiver fortemente aspectado. Nessas ocasiões, seu Júpiter progredido é ativado e talvez você sinta vontade de mudar seus conceitos sobre a fé, a religião ou a filosofia. Quando Júpiter é acionado por aspectos de outros planetas progredidos ou em trânsito, é provável que você tome conhecimento de filosofias de vida bastante diferentes através de outras pessoas.

Júpiter Natal em Touro em Progressão Retrógrada para Áries – Júpiter só progride cerca de 6° em sessenta e cinco anos quando está retrógrado. Assim, a não ser que seu Júpiter natal esteja nos primeiros 6° de Touro e retrógrado por ocasião do seu nascimento, não vai entrar em Áries.

Júpiter é ligeiramente mais forte nos últimos 10° de Áries (decanato de Sagitário) do que em Touro. Enquanto seu movimento é retrógrado, você vai interiorizar a expansão ou a influência visionária de Júpiter. Em outras palavras, só você vai saber que começou a sonhar mais alto e planejar horizontes mais amplos. Sua maior capacidade de projetar um futuro maior para si mesmo pode resultar em maiores realizações se você conseguir colocar esses planos em prática. Em vez de dizer "se ao menos . . .", pergunte, "por que não?"

SATURNO NATAL EM TOURO

Palavras-chave de Saturno: **dever, responsabilidade, realidade, limitação**

Saturno Natal em Touro Progredido para Gêmeos – Como Saturno só progride cerca de 7' por ano (no máximo 8° em sessenta e cinco anos), seu Saturno só vai entrar em Gêmeos se o posicionamento natal for entre 22° e 30° de Touro, no decanato de

Capricórnio. Assim, sua posição natal é mais forte que a progredida. A não ser que Saturno seja angular ou fortemente aspectado em Gêmeos, você não vai perceber nenhuma mudança. Se estiver aspectado em Gêmeos, você poderá adotar alguma aparência de tolerância em relação a outras idéias sobre dever e responsabilidade. Assim que os aspectos terminarem, você volta direto para a sua projeção natal e para as suas opiniões originais; no fundo do coração você sabe que são as certas.

Saturno Natal em Touro em Progressão Retrógrada para Áries – Saturno só progride cerca de 3° em sessenta e cinco anos quando está retrógrado. A não ser que seu Saturno esteja nos primeiros 3° de Touro, não vai entrar em Áries durante a sua vida.

Embora Saturno não esteja dignificado em Touro, em Áries está em queda. Assim, sua posição natal é mais forte. O movimento retrógrado inibe ainda mais qualquer mudança externa nessa progressão. Se Saturno estiver angular ou fortemente aspectado em Áries, você pode ter algumas dúvidas interiores sobre os seus conceitos de dever e responsabilidade.

URANO NATAL EM TOURO

Urano em queda em Touro
Palavras-chave de Urano: vontade, mudança, criatividade, inventividade

Urano Natal em Touro Progredido para Gêmeos – Se você nasceu em março, abril ou começo de maio de 1942, seu Urano pode progredir de Touro para Gêmeos no decorrer da sua vida. Urano está em queda em Touro, onde simboliza uma tendência para inovar nos assuntos práticos. Depois de Urano ingressar em Gêmeos, talvez você se livre um pouco da sua resistência à mudança. Você pode então tornar-se capaz de usar a energia recém-liberada para gerar novas idéias ou formas originais de pensamento a respeito dos tópicos de sua vida.

NETUNO NATAL EM TOURO

Este posicionamento não ocorrerá neste século.

PLUTÃO NATAL EM TOURO

Este posicionamento não ocorrerá neste século.

PROGRESSÕES PARA POSIÇÕES NATAIS EM GÊMEOS

GÊMEOS: YANG – MUTÁVEL – AR

SOL NATAL EM GÊMEOS

Palavras-chave do Sol: força vital básica, o corpo físico, "eu" interno

Sol Natal em Gêmeos Progredido para Câncer – O Sol progredido entra em Câncer entre as idades de um mês (☉ natal 29º ♊ 59') e trinta anos (☉ natal 0º ♊ 00'). Quando seu Sol progride para Câncer, você acrescenta sensibilidade e emoção ao seu senso básico de quem você é. A natureza yin do seu Sol progredido vai cortar um pouco da impetuosidade yang da sua posição natal geminiana. Agora você poderá desenvolver a capacidade de ouvir em vez de só falar. A sua sociabilidade e curiosidade natais provavelmente não vão se alterar, mas você terá maior capacidade de perceber quando deve parar de falar. Algumas vezes essa combinação manifesta-se como a descoberta de duplos sentidos em tudo que os outros dizem. Se este for o seu caso, é melhor examinar quais são suas próprias motivações na comunicação, pois você pode estar projetando a sua dualidade sobre os outros.

Sol Natal em Gêmeos Progredido para Leão – O Sol progredido entra em Leão entre as idades de trinta (☉ natal 29º ♊ 59') e sessenta anos (☉ natal 0º ♊ 00'). O Sol rege Leão, e com esta progressão você vai desenvolver um mais forte senso de identidade. Se você já firmou a sua auto-estima, conseguirá expressar-se de forma muito mais rápida e fácil. Se você se fixou numa auto-imagem negativa, a progressão em Leão pode colocar em primeiro plano o orgulho e a ostentação, afastando os outros. Entretanto, você tem oportunidade de mudar essa projeção sempre que o seu Sol progredido estiver em Leão. Leão reforça mais do que desestimula a sua abordagem intelectual da vida, própria do seu Gêmeos natal.

Sol Natal em Gêmeos Progredido para Virgem – O Sol progredido entra em Virgem entre sessenta (☉ natal 29º ♊ 59') e noventa anos (☉ natal 0º ♊ 00'). Como o Sol é mais forte em Leão, você poderá não notar a transição para Virgem, a não ser que o Sol progredido esteja angular ou fortemente aspectado. Enquanto seu Sol progredido estiver recebendo aspectos, você poderá descobrir o lado crítico e exigente de Virgem. Isso tende a ser proveitoso caso você esteja há tanto tempo olhando o quadro total a ponto de negligenciar os detalhes da sua vida. Não é proveitoso quando você volta isso contra si e desenvolve um gigantesco sentimento de culpa em relação ao que poderia ter feito ou ter dito, mas não fez e não disse.

LUA NATAL EM GÊMEOS

Palavras-chave da Lua: emoções, resposta à vida, padrões de hábitos

Lua Natal em Gêmeos Progredida para Gêmeos – A cada vinte e oito anos, a sua Lua progredida volta ao signo natal, quando termina um ciclo de crescimento emocional e começa outro. A essa altura, você precisa encarar e enfrentar quaisquer problemas inerentes à posição natal da sua Lua. Sua Lua em Gêmeos simboliza a intelectualização dos padrões de resposta emocional. Com mais freqüência isso é um problema maior para os outros do que para você, que está acostumado a pensar sobre o que sente. Os outros acham difícil quando você tenta fazê-los analisar seus sentimentos. Se a Lua deles estiver em água ou terra, eles não terão a menor idéia do que você está falando.

A polaridade yang de Gêmeos indica que você talvez inicie a atividade emocional, às vezes até o ponto de excluir as respostas. Você pode dispersar-se emocionalmente de modo a perder a eficácia e ter muita dificuldade em definir o que sente. Do lado positivo, quando a sua Lua progredida entre no signo natal, você volta ao seu ritmo de analisar o que acontece na sua vida emocional. Você descobre que readquire parte do seu senso de humor em relação a seus padrões de resposta.

Lua Natal em Gêmeos Progredida para Câncer – A Lua rege Câncer, e sempre está muito forte neste signo. Talvez você tenha uma aguda percepção do conflito entre as polaridades yin-yang, pois sua Lua progredida é quase tão forte quanto a Lua natal. Talvez você tente agir e reagir ao mesmo tempo, o que inevitavelmente conduz a grandes oscilações de humor. Você pode desesperadamente tentar analisar por que está vivenciando as emoções dessa forma, aumentando ainda mais a distância entre a sua cabeça e seus sentimentos. Esta é uma época impulsiva e emocional, e a sua posição natal indica que você prefere saber o que está acontecendo, em vez de simplesmente reagir. Nesse período as coisas podem acontecer tão depressa que você simplesmente precisa deixar que de vez em quando as respostas instintivas tenham prioridade. Confie em si mesmo. Ainda que não consiga raciocinar sobre todas as suas reações, provavelmente você não vai se arruinar.

Lua Natal em Gêmeos Progredida para Leão – O retorno à polaridade yang simboliza uma diminuição das dificuldades interiores. Você pode novamente ficar à vontade com o seu desejo natal de tomar as iniciativas emocionais, e analisar com alegria os seus sentimentos. Pode ser que precise se prender por mais tempo às suas emoções, mas não vai haver o problema de inesperadas oscilações de humor. Essa posição por signo indica estabilidade. Quaisquer dificuldades ou crises que ocorram neste período serão mais fáceis de enfrentar, pois você disporá de força emocional enquanto a sua Lua progredida estiver em Leão.

Lua Natal em Gêmeos Progredida para Virgem – Esta posição por signo é o primeiro quarto do seu ciclo de crescimento emocional de vinte e oito anos (veja Capítulo 1, "Não ponha a culpa em sua mãe", página 29, para maiores detalhes). Você vai lidar com problemas de mutabilidade (mudar de idéia a respeito do que sente) e da diferença yin-yang entre as polaridades da sua Lua natal e da sua Lua progredida.

Como Gêmeos e Virgem são regidos por Mercúrio, esta quadratura não é nem de perto tão difícil como outras posições da Lua progredida. Pode ser que você tenha reações exageradas em relação a minúcias, deixando pouca energia emocional para questões mais importantes da sua vida. Neste caso, um problema mediano pode transformar-se numa grande dor de cabeça porque você descuidou dele ao dar atenção aos pequenos detalhes.

Lua Natal em Gêmeos Progredida para Libra – Sempre que sua Lua progredida estiver na mesma triplicidade de sua Lua natal, os seus padrões de resposta emocional fluem mais facilmente. Tal posição reforça a sua tendência natal a intelectualizar as emoções, assim como o seu desejo natal de iniciar a resposta emocional. Você terá facilidade em obter paz em nível emocional, pois se um assunto valer a pena, você o analisará totalmente. Você poderá chegar ao "porquê" da maioria dos acontecimentos de sua vida emocional. Isso significa que nada do que acontecer vai aborrecê-lo de fato, pois desde que saiba o que está acontecendo, você sabe como lidar com a situação.

Lua Natal em Gêmeos Progredida para Escorpião – A Lua está em queda em Escorpião, e este signo é basicamente incompatível com a sua posição natal em Gêmeos. A profundidade das suas reações enquanto sua Lua progredida encontra-se em Escorpião não lhe agrada, pois a intensidade e a profundidade significam que você não pode entender cabalmente o que ocorre. Você não se sente à vontade com o emocionalismo dos signos de água. Não quer admitir que às vezes fica com ciúmes, ou que às vezes é irracional em relação a seus sentimentos. Talvez você se veja às voltas com alguém que tenha essas características de Lua em Escorpião enquanto sua Lua progredida está nesse signo.

Lua Natal em Gêmeos Progredida para Sagitário – Embora este seja a metade do ciclo da progressão completa de sua Lua e haja uma ênfase nos problemas de mutabilidade e projeção yang das emoções, é um período mais fácil para as pessoas de Lua em Gêmeos do que o anterior. Você notará uma tendência a dispersar as respostas emocionais. Poderá encontrar coisas maiores e melhores às quais dedicar sua energia emocional. Entretanto, o problema básico desta oposição não é o de grandeza ou pequenez, mas sim o de discriminar entre os acontecimentos importantes ou não de sua vida emocional.

Lua Natal em Gêmeos Progredida para Capricórnio – A Lua está em detrimento em Capricórnio, e esta posição é basicamente incompatível com sua Lua natal em Gêmeos. Talvez você tente controlar sua natureza responsiva, tornando-se um pouco frio no processo. Se decidir usar as emoções para controlar os outros, sua natureza analítica não vai deixá-lo esquecer que está usando a emoção e os outros. Assim, suas tentativas de controle provavelmente lhe trarão muitos conflitos internos. Se está tentando usar a energia capricorniana para controlar as suas próprias reações, você vai detestar a premeditação (sentida como manipulação fria e materialista) necessária para obter êxito.

Lua Natal em Gêmeos Progredida para Aquário – Sempre que sua Lua progredida estiver na mesma triplicidade de sua Lua natal, suas respostas emocionais fluirão facilmente. Enquanto sua Lua progredida está em Aquário, você consegue, com satisfação, voltar-se a uma compreensão intelectual de seus sentimentos; você não somente reflete sobre eles como também oferece análises gratuitas a quem quer que cruze o seu caminho, pois tem certeza absoluta de que finalmente descobriu as causas de tudo. Sua compreensão interior pode estar absolutamente correta nesse período. Você não vai ter muita dificuldade com os acontecimentos dessa época, pois conseguirá entender as razões subjacentes aos seus padrões de conduta habitual.

Lua Natal em Gêmeos Progredida para Peixes – Esta posição, o terceiro quarto do ciclo de sua Lua progredida, é mais difícil do que a primeira quadratura e a oposição. Você não só tem de tentar compor um padrão de respostas emocionais mais ou menos disperso, como também ocorrem acontecimentos que o levam a duvidar de que tenha qualquer sentimento. O extremo emocionalismo de Peixes é tão contrário ao seu Gêmeos natal que você pode ver-se flutuando entre extremos de reações não-pensantes e respostas intelectuais completamente racionais (e altamente estruturadas). Você deseja desenvolver uma empatia maior com os outros, entretanto seus pensamentos (e capacidade de raciocínio) ficam prejudicados sempre que os sentimentos tornam-se muito fortes. Você pode sentir saudades da época – há mais ou menos um ano – em que sua Lua progredida encontrava-se em Aquário e você entendia tudo! Perdoe as suas respostas e análises confusas porque geralmente a quadratura mutável indica que a quantidade de informações que entram agora tornam a razão sem muita utilidade.

Lua Natal em Gêmeos Progredida para Áries – Você entra nessa progressão em Áries com considerável alívio, pois agora retorna ao terreno familiar de iniciar as respostas. Você pode deixar para trás o pisciano que o enlouqueceu nos últimos dois anos (de qualquer forma, agora você não vai ligar muito). A combinação de Gêmeos, o pensador, com Áries, o fazedor, permite-lhe formar novos contatos emocionais. Se a quadratura de Peixes realmente o perturbou, agora você poderá mudar alguns de seus padrões de hábitos. Você não tem problemas quanto à alteração de hábitos improdutivos, mas para tanto precisa de um pouco de paz e sossego. Enquanto sua Lua progredida estiver em Áries, você terá o alívio de que precisa, já que o sólido relacionamento entre suas posições natal e progredida indica que você não encontrará muitos obstáculos emocionais.

Lua Natal em Gêmeos Progredida para Touro – O signo anterior à posição natal é sempre difícil e a Lua exalta-se em Touro, de modo que você consegue uma dose dupla de culpa. Enquanto sua Lua progredida está em Touro, você é lembrado de todas as insuficiências dos seus padrões de hábitos natais geminianos. A sua vontade é assentar-se e saber o que sente a respeito de cada coisa, sem aquelas malditas reconsiderações. A sua vontade é também parar de mudar (ou tentar mudar) a sua natureza responsiva básica. A sua vontade é ser "você mesmo", embora não esteja certo de como na realidade se sente alguém com a Lua em Gêmeos.

Se os acontecimentos dessa época envolverem alguém com características de Touro, você vai ter de agüentar uma série de críticas implícitas (ou explícitas) sobre a sua natureza responsiva. Não deixe que isso o abata. Se puder usar essa energia construtivamente, chegará à conjunção sabendo que é bom ter uma natureza de Lua geminiana, a despeito das mudanças que possam ocorrer.

MERCÚRIO NATAL EM GÊMEOS

Mercúrio é o regente de Gêmeos
Palavras-chave de Mercúrio: mente consciente, pensamentos, ações, destreza manual

Mercúrio Natal em Gêmeos Progredido para Câncer – Mercúrio rege Gêmeos e é mais forte na sua posição natal. Quando seu Mercúrio entra em Câncer, se for angular ou fortemente aspectado você acrescentará um pouco de sensibilidade e emotividade a seus padrões de pensamento. Entretanto, assim que os aspectos terminarem, você voltará ao humor e espírito, muito mais fortes, do seu Gêmeos natal.

Mercúrio Natal em Gêmeos Progredido para Leão – A progressão de Mercúrio em Leão não altera mais a sua forma de pensar e agir do que a progressão em Câncer. Se seu Mercúrio progredido for angular ou fortemente aspectado, você projetará mais confiança e um jeito mais vistoso de falar. Pode ser que nessa época você fique um pouco mais teimoso em relação a seus pontos de vista. Na maior parte do tempo, porém, conservará seu bem-sucedido jeito geminiano de pensar.

Mercúrio Natal em Gêmeos Progredido para Virgem – Ao contrário das outras posições, Mercúrio, como regente de Virgem, está tão forte nessa posição progredida como na posição natal. (Mercúrio não vai chegar a essa posição se estiver na primeira metade de Gêmeos no mapa natal ou em movimento retrógrado antes do seu nascimento ou durante a sua vida. Ele progride no máximo 80º a 90º em sessenta e cinco anos.) Virgem acrescenta uma sutil discriminação e a capacidade de classificar rapidamente as informações mentais recebidas. Quando Mercúrio, natal e progredido, está em signos sob sua regência, torna-se um dos planetas poderosos no seu mapa, a despeito de aspectos. Você ficará conhecido por sua capacidade mental e verbal. Se não tiver escolhido desenvolver o lado melhor de sua personalidade, poderá ganhar a fama de maior bisbilhoteiro do mundo. Se tiver trabalhado tanto a compreensão espiritual como mundana de sua vida, poderá ser reconhecido por seu intelecto.

Mercúrio Natal em Gêmeos em Progressão Retrógrada para Touro – A não ser que seu Mercúrio progredido esteja angular ou fortemente aspectado, esta progressão em Touro será muito sutil, percebida apenas em nível interno, se tanto. Quando Mercúrio estiver aspectado, talvez você estude os seus conceitos mais valorizados, as poucas idéias a respeito das quais você seja fixo e teimoso. Esta progressão é especialmente favorável para o estudo e a introspecção, pois o Touro invisível poderá firmar e dirigir seus pensamentos.

VÊNUS NATAL EM GÊMEOS

Palavras-chave de Vênus: amar, ser amado, prazer, auto-indulgência

Vênus Natal em Gêmeos Progredido para Câncer – Quando seu Vênus progride para Câncer, você pode tornar-se mais possessivo em relação às pessoas que ama, ou mais sensível às críticas sobre a sua conduta namoradeira. Como nenhuma das duas posições é mais forte que a outra poderá fundi-las na projeção de uma personalidade amorosa, sensível e mutável.

Vênus Natal em Gêmeos Progredido para Leão – Quando seu Vênus progride para Leão, você sente orgulho das pessoas ou coisas que ama, ou uma vontade de se divertir em quaisquer circunstâncias. Se os seus relacionamentos são profundos, a progressão em Leão pode lhe proporcionar considerável prazer através da pessoa amada. Se você nunca se ligou fortemente a alguém, esta progressão pode simbolizar sua tentativa de procurar mais contentamento através das pessoas e coisas que compõem a sua vida.

Vênus Natal em Gêmeos Progredido para Virgem – Vênus está em queda em Virgem. Esta posição vai influir muito pouco nos seus conceitos de dar e receber amor. Se Vênus estiver angular ou fortemente aspectado em Virgem, você pode tornar-se extremamente autocrítico. Felizmente, este sentimento só vai durar enquanto os aspectos estiverem exatos. Quando tanto Vênus natal como Vênus progredido estiverem em signos regidos por Mercúrio, você pode se preocupar com a sua natureza amorosa, criticando-se pelos defeitos, reais ou imaginários, de frivolidade e auto-indulgência. As pessoas com maior tendência à autocrítica provavelmente são a menos frívolas ou auto-indulgentes.

Vênus Natal em Gêmeos em Progressão Retrógrada para Touro – Embora o movimento retrógrado signifique uma interiorização do simbolismo de Vênus, a sua capacidade de dar e receber amor aumenta quando Vênus ingressa no signo que rege. Até Vênus tornar-se direto em Touro, talvez você não expresse abertamente o simbolismo. Entretanto, vai descobrir que, de fato, agora aprecia mais o prazer físico proporcionado por um tecido macio ou por uma boa refeição, e nota mais as coisas bonitas à sua volta. Quando Vênus se torna direto, você será capaz de demonstrar lealdade e profundidade no amor e nos relacionamentos românticos. A combinação de Gêmeos natal e Touro progredido lhe dá uma capacidade ímpar de expressar o calor e a suavidade de Touro junto com a flexibilidade de sua posição natal. É claro que você pode escolher desenvolver a teimosia e o lado possessivo e materialista de Touro, junto com o lado frívolo e volúvel de Gêmeos, mas a maioria das pessoas não vai se dar ao trabalho de desenvolver um simbolismo negativo que traz tão pouca recompensa.

MARTE NATAL EM GÊMEOS

Palavras-chave de Marte: energia, iniciativa, agressividade, raiva

Marte Natal em Gêmeos Progredido para Câncer – Quando Marte progride em Câncer, signo de sua queda, a princípio você poderá não notar qualquer mudança. Depois que Marte entra no decanato de Escorpião (10° a 20° de Câncer), você talvez se veja fazendo faxinas furiosamente toda vez que estiver aborrecido com alguma coisa. Quando realmente não puder falar com ninguém sobre o que o aborrece (talvez esteja sozinho em casa), a soma da influência de Câncer (emoção) com a energia do seu Marte pode ser proveitosa, já que direciona sua energia de um modo ligeiramente mais focalizado. Com mais freqüência, no entanto, a influência de Câncer não é forte o bastante para ser notada.

Marte Natal em Gêmeos Progredido para Leão – Esta progressão de Marte vai ser maravilhosa ou horrorosa, dependendo do seu crescimento enquanto Marte estava em Câncer. Se você usou a época de Câncer para voltar a energia para dentro em vez de focalizá-la, pode ter desenvolvido nessa época uma impressionante capacidade de ficar amuado. Acrescentando a força ígnea de Leão a esse estilo de Marte, você pode chegar ao ponto de ter explosões de raiva cada vez que é contrariado. Quase ninguém consegue persistir regularmente nesse padrão e ainda assim conservar os amigos.

Por outro lado, se você usou os anos em Câncer para desenvolver a capacidade de reconhecer e direcionar os seus impulsos, verá que a progressão em Leão lhe permite o uso aberto de sua energia. Nesse caso, a liberdade simbolizada pelo signo de fogo vai proporcionar-lhe muita produtividade e muita felicidade.

Marte Natal em Gêmeos em Progressão Retrógrada para Touro – Embora Marte esteja fraco em Touro, signo oposto a Escorpião, tradicionalmente regido por esse planeta, os últimos 10° de Touro pertencem ao decanato de Capricórnio, onde Marte se exalta. A energia de um planeta retrógrado geralmente é interiorizada, de modo que os outros poderão não notar os resultados imediatos dessa posição. Você terá facilidade em perceber o início de uma mudança positiva e, a não ser que Marte esteja fortemente aflito, poderá canalizar sua energia para tarefas específicas. Se seu Marte em Touro estiver recebendo aspectos difíceis, talvez você tente reprimir a raiva, ou se encontre em situações nas quais é preciso calar-se sobre o que o aborrece. Felizmente, sua posição natal em Gêmeos assegura que você vai encontrar formas de falar com alguém sobre as irritações do dia-a-dia, livrando-se assim das dificuldades.

JÚPITER NATAL EM GÊMEOS

Júpiter em detrimento em Gêmeos
Palavras-chave de Júpiter: expansão, crescimento, fé, otimismo

Júpiter Natal em Gêmeos Progredido para Câncer – Como Júpiter progride somente 14' por ano (cerca de 15° no máximo em sessenta e cinco anos), a não ser que seu Júpiter esteja nos últimos 15° de Gêmeos, não vai progredir para Câncer. Está em detrimento em Gêmeos e exaltado em Câncer, o que significa que a posição progredida é bem mais forte que a natal. Com Júpiter em Câncer, você desenvolve uma sensibilidade que o ajuda a perceber o efeito de suas palavras sobre os outros. A grande expansão mental característica de sua posição natal ganha foco e direcionamento através desse signo cardeal. Agora você pode concretizar alguns dos planos sobre os quais tem pensado e falado. Geralmente, a área de crescimento mais perceptível depois que Júpiter entra em Câncer envolve alguma forma de cuidado ou formação de outras pessoas. Talvez você decida ser voluntário em instituições para crianças ou idosos, ou participe mais de organizações comunitárias, ou então cuide de seus próprios filhos; a tendência a ajudar o crescimento dos outros promove o seu próprio desenvolvimento espiritual. Se não tiver nenhuma vontade de ajudar a ninguém a não ser a si mesmo, esta progressão poderá resultar em algum tipo aquisitivo de materialismo.

Júpiter Natal em Gêmeos em Progressão Retrógrada para Touro – Quando Júpiter está retrógrado, progride no máximo 6° em sessenta e cinco anos. A não ser que você tenha Júpiter nos primeiros 5° ou 6° de Gêmeos, ele não vai retrogradar para Touro durante a sua vida. Quando Júpiter progride para Touro, o movimento retrógrado implica uma interiorização do simbolismo. Nesse caso, a interiorização dessa energia é a melhor forma possível de usá-la, pois você adquire considerável praticidade nos seus padrões de expansão e crescimento, sem aparentemente mudar em nada aos olhos dos outros. Algumas pessoas podem optar pelo uso da energia de Júpiter em Touro para a obtenção de prazeres materialistas ou sensuais.

SATURNO EM GÊMEOS

Palavras-chave de Saturno: dever, responsabilidade, realidade, limitação

Saturno Natal em Gêmeos Progredido para Câncer – Saturno avança no máximo 7' por ano, ou cerca de 8º em sessenta e cinco anos. Para que Saturno progrida em Câncer, sua posição natal deve estar entre 24º e 30º de Gêmeos. A progressão de Saturno em Câncer, seu detrimento, pouco contribui para alterar a sua abordagem premeditada e intelectual do dever. Se Saturno estiver angular ou fortemente aspectado, você poderá limitar suas respostas a questões emocionais enquanto os aspectos forem exatos.

Saturno Natal em Gêmeos em Progressão Retrógrada para Touro – Quando Saturno está retrógrado, progride apenas 3º em sessenta e cinco anos. A não ser que seu Saturno esteja nos primeiros três graus de Gêmeos e retrógrado, não progredirá para Touro. Os últimos 10º de Touro pertencem ao decanato de Capricórnio, onde Saturno é forte. Embora o movimento retrógrado implique a interiorização da energia do planeta, esta progressão simboliza a sua crescente sintonia com a realidade prática. Com a entrada de Saturno em Touro, você poderá obter uma perspectiva de suas responsabilidades pessoais.

URANO NATAL EM GÊMEOS

Palavras-chave de Urano: vontade própria, mudança, criatividade, inventividade

Urano Natal em Gêmeos Progredido para Câncer – Se você nasceu em julho ou agosto de 1948, ou maio ou junho de 1949, Urano poderá progredir para Câncer no decorrer de sua vida. Urano tem uma influência bem diferente nesses dois signos, pois sua posição natal em Gêmeos significa idéias ou percepções erráticas, às vezes brilhantes, enquanto a progressão de Urano em Câncer tende mais para oscilações de humor e turbulências no relacionamento familiar. É provável que a época em que o planeta muda de signo seja a mais problemática, já que você vai ficar durante cerca de seis meses entre as duas expressões (Urano tinha um passo de 2' por ano na mudança de signo em 1948, e 4' por ano em 1949). Outros aspectos formados com as posições natais e progredidas, bem como os trânsitos, poderão esclarecer melhor que facetas de sua vida têm mais probabilidade de serem afetadas pelas mudanças indicadas por esta progressão.

Urano Natal em Gêmeos em Progressão Retrógrada para Touro – Se você nasceu em setembro ou outubro de 1941, seu Urano pode passar de Gêmeos para Touro. O movimento retrógrado implica a interiorização do efeito dessa mudança de signo. Essa mudança, em particular, funciona muito bem quando vivenciada neste nível, pois a obstinação associada a Touro ajuda a estabilizar a flutuação característica de sua posição natal. Quando Urano está em Touro, você tem uma tendência maior a dirigir a sua criatividade ou a sua inventividade para fins práticos.

NETUNO NATAL EM GÊMEOS

Palavras-chave de Netuno: imaginação, espiritualidade, irrealidade, decepção, música, arte

Netuno Natal em Gêmeos Progredido para Câncer – Netuno progride de 1' a 2' por ano quando direto. Em sessenta e cinco anos, só pode avançar 2°. Se você nasceu em março, abril ou maio de 1902, seu Netuno em Gêmeos poderá progredir para Câncer no decorrer de sua vida. A posição de Netuno por signo tem um efeito mais generacional do que pessoal, a não ser que sua posição natal faça fortes aspectos com os planetas interiores ou com os ângulos. Netuno em Gêmeos caracteriza uma geração com crescente intuição e receptividade a novas idéias. Com a progressão em Câncer, a compreensão intuitiva e o idealismo são canalizados para o lar e a vida familiar. Se você tem esse Netuno marcando a mudança de gerações, você foi criado na idealização do pensamento e das idéias, observando as sufragistas conquistarem o direito de voto para as mulheres. Quando você cresceu, observou o idealismo deslocar-se dos grandes pensadores para o âmbito da cena doméstica, e pode ter reparado que, em algum ponto dessa transformação, os direitos das mulheres foram enterrados de novo.

PLUTÃO NATAL EM GÊMEOS

Palavras-chave de Plutão: força, domínio, mudanças permanentes, poder

Plutão Natal em Gêmeos Progredido para Câncer – Plutão progride somente 2° em sessenta e cinco anos. A não ser que você tenha nascido em julho, agosto ou setembro de 1912, seu Plutão em Gêmeos não vai entrar em Câncer. Como Netuno, a posição de Plutão por signo é generacional e não pessoal, exceto se a posição natal fizer fortes aspectos com os planetas interiores ou com os ângulos. Mesmo assim, qualquer efeito pessoal com mudança de signos parece ser mínimo. Plutão em Gêmeos simbolizou importantes mudanças na expressão verbal, enquanto Plutão em Câncer simbolizou importantes mudanças na estrutura familiar.

PROGRESSÕES PARA POSIÇÕES NATAIS EM CÂNCER

CÂNCER: YIN – CARDEAL – ÁGUA

SOL NATAL EM CÂNCER

Palavras-chave do Sol: força básica vital, corpo físico, "eu" interior

Sol Natal em Câncer Progredido para Leão – O Sol progredido entra em Leão entre as idades de uma semana (☉ natal 29° ♋ 59') e trinta anos (☉ natal 0° ♋ 00'). Com a progressão do seu Sol em Leão, signo que rege, seu senso do eu é intensificado.

A progressão em Leão marca um ponto de virada na sua vida, pois a insegurança subjacente ao seu Sol natal agora pode mudar. Se o seu Sol natal está no terceiro decanato, a mudança vai ocorrer na infância e não será vivenciada como uma abordagem diferente da vida, pois já fará parte de você pelo menos desde os dez anos de idade. Leão acrescenta o orgulho pelas realizações, o desejo de ser notado e o desejo de agradar ao pai (ou ser melhor do que ele). Como o seu Sol em Câncer tende a ser orientado para a mãe, a progressão em Leão pode trazer algum equilíbrio entre a influência do pai e da mãe. A maior parte da sua vida vai ser influenciada por esses trinta anos de progressão do Sol em Leão. Apesar dos conhecidos inconvenientes da posição em Leão (vaidade, domínio, necessidade de aplauso) a expressão do ego é mais fácil quando o Sol progredido está no signo que rege. Você poderá assimilar as características de Leão que melhorem a sua auto-expressão.

Sol Natal em Câncer Progredido para Virgem – O Sol progredido entra em Virgem entre a idade de vinte (☉ natal 29º ♋ 59') e sessenta anos (☉ natal 0º ♋ 00'). Devido à força da progressão em Leão, você só vai notar a progressão em Virgem em termos de mudanças explícitas no comportamento quando seu Sol progredido estiver aspectado ou angular. Quando seu Sol progredido estiver aspectado, a energia de Virgem vai acrescentar à sua auto-expressão a capacidade de discriminação, e talvez praticidade e crítica. Quando seu Sol progredido em Virgem não estiver aspectado, você vai manter a expressão através da combinação Câncer-Leão.

Sol Natal em Câncer Progredido para Libra – O Sol progredido entra em Libra entre as idades de sessenta (☉ natal 29º ♋ 59') e noventa anos (☉ natal 0º ♋ 00'). Se o seu Sol progredir para Libra, signo de sua queda, você notará ainda menos mudança que na progressão para Virgem. Quando seu Sol progredido em Libra estiver angular ou aspectado, Libra vai reforçar o seu lado cardeal e iniciador. Você vai dar início a coisas novas com um pouco mais de rapidez, e talvez com mais disposição de levar em conta o ponto de vista alheio. Libra, signo aéreo, é muito sociável, de modo que talvez você se incline mais para amizades ou companhias com a progressão do seu Sol em Libra.

LUA NATAL EM CÂNCER

Lua é regente de Câncer
Palavras-chave da Lua: emoções, respostas à vida, padrões de hábito

Lua Natal em Câncer Progredida para Câncer – A Lua rege Câncer. Esta poderosa posição natal domina o ciclo da sua Lua progredida. A cada vinte e oito anos, sua Lua progredida retorna à posição natal. Quando sua Lua retorna para Câncer, você novamente vivencia e enfrenta as alegrias e dificuldades inerentes à posição natal em Câncer. Entre os inconvenientes da Lua em Câncer estão os problemas de excesso de sensibilidade e de reação, e a flutuação de sentimentos. Você pode aprender a usar a enorme força yin simbolizada pela Lua em Câncer. Cada conjunção lhe dá a oportunidade de acionar esta possibilidade. Talvez você precise examinar sua tendência a identificar-se com as emoções dos outros. Você pode tomar as coisas tão pessoalmente que quando alguém está aborrecido com alguma coisa, você presume ser a causa desse aborrecimento. Nem todas as dificuldades do mundo são causadas por pessoas que têm a Lua em Câncer.

Lua Natal em Câncer Progredida para Leão – Há um conflito yin-yang entre sua Lua natal e sua Lua progredida. Devido à força da Lua natal em Câncer, tal progressão pode simbolizar uma leve frustração à sua tendência a reagir e responder a qualquer estímulo emocional. A não ser que sua Lua progredida faça aspectos importantes em Leão, você não vai adquirir as tendências exibicionistas ou petulantes da Lua em Leão, pois sua Lua progredida não é forte o bastante para emudecer ou alterar a sua expressão natal canceriana.

Lua Natal em Câncer Progredida para Virgem – A natureza yin da posição em Virgem reforça a sua posição natal yin em Câncer. Você descobre que o trato com as questões emocionais e o fluxo de respostas emocionais é bastante fácil enquanto sua Lua progredida se encontra em Virgem. Esta posição vai amenizar quaisquer trânsitos difíceis que ocorram nos dois anos e meio em que sua Lua progredida estiver em Virgem. Certas qualidades do posicionamento em Virgem que poderiam ser consideradas difíceis por outras pessoas, tais como a tendência a se distanciar das questões emocionais e a procura de meios práticos de lidar com elas, no seu caso são proveitosas, pois freqüentemente você se envolve em excesso com seus sentimentos. Virgem também ajuda a sua posição natal em Câncer a discriminar as diversas questões e prestar atenção a detalhes que são parte da resposta total. Durante esta época você fica mais prático e mais flexível.

Lua Natal em Câncer Progredida para Libra – Esta posição é uma etapa importante do seu ciclo de crescimento emocional. (Veja Capítulo 1, "Não ponha a culpa em sua mãe", página 29, para maiores detalhes.) O conflito yin-yang ressalta aqui a sua necessidade de ao menos considerar uma participação ativa nas respostas emocionais. O conflito cardeal indica que você precisa trabalhar os problemas relacionados com o início da ação ou de qualquer novidade. Durante essa progressão, você tende a procurar a paz e a harmonia, mas o fará da maneira ímpar canceriana, enfatizando as concessões que acredita estar fazendo para conseguir a paz. Libra também introduz o elemento ar, isto é, a reflexão sobre os sentimentos. Com uma posição natal em Câncer, você sabe no fundo de seu coração que o intelecto e as emoções são duas partes bem distintas de sua personalidade. Durante essa quadratura, você pode deparar-se com situações que requeiram um pouco de análise da sua natureza responsiva. Como não gosta da abordagem intelectual das emoções, achando-a fria e inflexível, você poderá ter bastante dificuldade em lidar com tais situações.

Lua Natal em Câncer Progredida para Escorpião – Quando a Lua estiver na mesma triplicidade de sua Lua natal, as emoções fluirão facilmente. Assim, apesar de a Lua estar em queda em Escorpião, este é um período suave. Os trânsitos e as progressões difíceis serão amenizados pela força da sua natureza responsiva emocional enquanto sua Lua progredida estiver em Escorpião. Talvez você se agarre e ressentimentos, se enraíze profundamente em padrões habituais de resposta, ou se recuse teimosamente a admitir que a mudança possa ser benéfica; mesmo assim vai conseguir lidar com quaisquer crises emocionais de forma eficaz e rápida.

Lua Natal em Câncer Progredida para Sagitário – Este signo é basicamente incompatível com o seu signo natal. A diferença yin-yang indica a necessidade de desenvolver alguns padrões yang de resposta. Entretanto, quando você tenta usar a energia yang, a mutabilidade de Sagitário dispersa as suas respostas, diluindo sua eficácia. Porém, sua Lua natal em Câncer é tão forte que você imediatamente reverte para a sua expressão emocional natal em qualquer situação que não seja corriqueira.

Lua Natal em Câncer Progredida para Capricórnio – Esta é a metade do ciclo de crescimento emocional de sua Lua progredida. A Lua está em queda em Capricórnio, de modo que as lições que você assimila durante esses dois anos e meio têm mais a ver com as lições de uma Lua em Câncer do que com as características de uma Lua em Capricórnio. Quaisquer problemas que você tenha em relação a cardinalidade, impulsividade nas respotas ou excesso de dependência virão à tona quando sua Lua progredida estiver em Capricórnio. Talvez você tente mascarar esses problemas retraindo-se emocionalmente, mas essas retração, na verdade, é uma tentativa de manipular e controlar tanto as suas respostas como as reações dos outros.

Lua Natal em Câncer Progredida para Aquário – Este signo é basicamente incompatível com a sua posição natal. A diferença yin-yang agora ressalta quaisquer problemas da sua natureza responsiva yin que você não tenha resolvido na oposição capricorniana. Aquário simboliza uma forte intelectualização das emoções, conceito esse só compreensível para os mais evoluídos nativos de Lua em Câncer. Entretanto, você pode sentir, e sente, uma frustração (e provavelmente culpa) por causa de sua falta de interesse em refletir sobre os sentimentos. Outra alternativa é irritar-se um pouco com a sua tendência a absorver e refletir os sentimentos das pessoas que o cercam. Durante este quincúncio, muitas pessoas com a Lua em Câncer se relacionam com pessoas de ar. As pessoas de ar tendem a analisar as de Câncer até a raiz dos cabelos, aumentando, possivelmente, seus sentimentos de inadequação. Por outro lado, se você se sentir razoavelmente seguro a respeito de sua natureza responsiva, o quincúncio vai trazer à superfície quaisquer áreas sensíveis com relação a seus conceitos de sexualidade e aceitação de papéis.

Lua Natal em Câncer Progredida para Peixes – Sempre que sua Lua progredida estiver na mesma triplicidade que a Lua natal, as emoções fluirão facilmente. Peixes pode dispersar suas respostas, ou significar a ampliação do seu círculo emocional. As suas simpatias são facilmente despertadas quando sua Lua progredida está em Peixes. Mais do que com qualquer outra posição, há um aumento na sua capacidade de sentir as emoções das pessoas à sua volta. Outros aspectos por progressão ou trânsito tornam-se mais amenos enquanto a Lua progredida está em Peixes.

Lua Natal em Câncer Progredida para Áries – Este é outro quarto do ciclo de crescimento emocional da sua Lua progredida. A posição em Áries acentua qualquer desequilíbrio yin-yang, levando-o a perceber os problemas inerentes à adesão a qualquer um dos dois padrões de respostas. A energia de Áries pode levá-lo a querer desfazer-se de velhos hábitos. Você pode usar a tensão da quadratura para dar uma nova partida. mas, quando se tem a Lua natal em Câncer, é duro desfazer-se de qualquer coisa, seja um pertence ou um hábito. A maioria fica no meio termo, guardando temporariamente no armário padrões de hábitos menos úteis. Você descobrirá se se desfez ou não deles daqui a mais ou menos sete anos, quando sua Lua progredida estiver em conjunção com a Lua natal.

Lua Natal em Câncer Progredida para Touro – A Lua não apenas está exaltada em Touro, a energia deste signo também é extremamente compatível com sua Lua natal em Câncer. Você pode tornar-se ainda mais protetor, buscando estabilizar os seus padrões de resposta. Poderá tirar do armário os padrões de hábitos que guardou durante a progressão em Áries, espaná-los e voltar a usá-los. Embora com a progressão em Touro a sua praticidade possa aumentar, a combinação de uma posição progredida forte e uma posição natal forte enfatiza a sua natureza responsiva. Tenha cuidado, pois você está agora na sua fase de super-mãe/pai, e pode envolver-se em relacionamentos de dependência. Tudo bem se tiver um filho, mas não tão bem se a dependência vier do parceiro ou sócio. Os outros podem queixar-se de que você os sufoca. Se usar essa combinação para intensificar as suas já poderosas tendências possessivas e protetoras, o seu comportamento ultra-solícito poderá afastar aqueles que ama.

Lua Natal em Câncer Progredida para Gêmeos – O signo anterior ao seu signo natal sempre põe a descoberto o seu calcanhar de Aquiles, ou aquelas partes de sua natureza responsiva de que você não gosta. Gêmeos indica que uma das dificuldades da sua natureza responsiva natal em Câncer é a sua incapacidade de analisar, ver objetivamente ou distanciar-se dos seus sentimentos. Embora você possa ter consciência desse problema durante a progressão da sua Lua em Gêmeos, a força de sua posição natal indica que você provavelmente não vai fazer nada a respeito até sua Lua progredida entrar em Câncer. Aí, seus sentimentos poderão ser muito mais intensos e você poderá usar essa intensidade para ajudá-lo a analisar esses sentimentos.

MERCÚRIO NATAL EM CÂNCER

Palavras-chave de Mercúrio: mente consciente, pensamentos, ações, destreza manual

Mercúrio Natal em Câncer Progredido para Leão – Mercúrio está mais forte em Câncer, sua posição natal, do que na posição progredida em Leão, signo de sua queda. A não ser que seu Mercúrio progredido esteja forte por casa ou aspecto, sua expressão e seu processo de pensamento vão permanecer essencialmente cancerianos durante toda a progressão em Leão. Enquanto seu Mercúrio progredido estiver formando aspectos, ou se o seu Sol natal estiver em Leão, você poderá incorporar à sua expressão consciente as características mais exibicionistas ou teimosas de Leão. Provavelmente vai continuar combinando pensamento e sentimento em todas as suas atividades conscientes.

Mercúrio Natal em Câncer Progredido para Virgem – Ao contrário da progressão em Leão, na progressão de Mercúrio em Virgem, signo sob sua regência, você vai sentir e expressar a energia de Virgem em todo o seu pensamento consciente. Sua capacidade discriminatória pode aumentar incrivelmente, e você vai pensar de forma mais lógica. Quer você decida manifestar a simpatia ou a manipulação cancerianas, terá a oportunidade de analisar seus pensamentos e motivações. A única coisa que precisa vigiar aqui é a capacidade de reclamar sem parar, pois se optar pelo desenvolvimento das partes negativas dos dois signos, poderá usar Virgem para localizar as pequenas imperfeições e Câncer para recordá-las para sempre.

Mercúrio Natal em Câncer Progredido para Libra – Devido à facilidade de expressão simbolizada pela progressão em Virgem, a maioria daqueles padrões de pensamento se incorporaram mais ou menos completamente à sua vida diária. Em conseqüência, a progressão em Libra pode ter pouco ou nenhum efeito sobre os seus métodos de pensamento e fala. (Mercúrio nem ao menos vai atingir Libra se estiver na primeira metade de Câncer, no mapa natal, ou retrógrado antes do nascimento ou durante a sua vida. O avanço máximo de Mercúrio é 80° a 90° em sessenta e cinco anos.) O retorno à cardinalidade pode incitá-lo à investigação mental de novas áreas.

Mercúrio Natal em Câncer em Progressão Retrógrada para Gêmeos – Embora o movimento retrógrado simbolize a interiorização da energia do planeta e do signo envolvidos, a progressão de Mercúrio para um signo sob sua regência indica um enorme aumento em sua capacidade de comunicar seus pensamentos e sentimentos. Se puder usar essa energia para chegar até as raízes de suas emoções (uma questão fundamental para quem tem Mercúrio natal em Câncer), você vai adquirir uma tremenda compreensão das causas e das curas relativas à sua tendência à hiper-sensibilidade. Se não quiser, de verdade, investigar a razão pela qual reage emocionalmente na maioria das ocasiões, a progressão em Gêmeos pode simplesmente indicar uma maior capacidade de dizer aos outros porque você não se sente feliz com o atual estado das coisas.

VÊNUS NATAL EM CÂNCER

Palavras-chave de Vênus: amar, ser amado, prazer, auto-indulgência

Vênus Natal em Câncer Progredido para Leão – Quando Vênus progride para Leão, você se volta para a exibição da beleza ou para a expressão do orgulho pelos seres amados. Você pode estimular aqueles que ama com as palavras "Faça-me orgulhoso de você". Talvez dê presentes em profusão, ou, alternativamente, queira receber presentes das pessoas que ama, principalmente coisas que façam vista. Se você realmente se esforçou para desenvolver o lado mártir canceriano, poderá dar presentes caros e se recusar a permitir que as pessoas que ama gastem dinheiro com você, pegando-os na velha armadilha canceriana do sentimento de culpa. Se você dá muito mais do que recebe, pense como recebe. Isso pode explicar por que parece que você nunca está no lado receptivo da generosidade.

Vênus Natal em Câncer Progredido para Virgem – Quando seu Vênus progride para Virgem, signo de sua queda, você não vai notar a mudança imediatamente. A sua expressão amorosa pode tornar-se um pouco mais sensual (terra), ou você pode ficar um pouco mais seletivo na escolha dos seus pertences. No melhor dos casos, tenderá a desfazer-se das festejadas, porém horrorosas, "antigüidades" de família. No pior dos casos, poderá acossar os seres amados por causa de suas imperfeições.

Vênus Natal em Câncer Progredido para Libra – A sua natureza amorosa de Vênus volta ao normal quando Vênus entra em Libra, signo que rege. Agora você pode fazer uma limpeza completa na casa, livrando-se das coisas destoantes. É claro que se no mapa natal você tiver mais que Vênus em Câncer, ou Vênus natal fortemente aspectado, poderá dar todas as coisas velhas e feias para os seus parentes, principalmente se conseguir colocar tanta carga emocional nesses pertences que ninguém tenha a coragem de jogá-los fora. Seu Vênus progredido também vai influenciar seus relacionamentos, no sentido de que você vai procurar promover a harmonia e o equilíbrio em sua interação com os outros. Provavelmente, primeiro tentará um meio-termo, mas se isso não funcionar bem depressa, vai recorrer à manipulação para promover o entendimento entre seus amigos.

Vênus Natal em Câncer em Progressão Retrógrada para Gêmeos – Como a força de Vênus é igual no signo natal e no signo progredido, e como o movimento retrógrado implica a interiorização do simbolismo planetário, você tende tranqüilamente a misturar as qualidades natal e progredida em sua natureza. Esta progressão em especial pode revelar-se bastante difícil, pois geralmente a posição natal em Câncer não indica muita autoconfiança, e a posição progredida, por sua vez, indica percepções cambiantes. O resultado pode ser uma grande oscilação no conceito que você tem da sua capacidade de dar e receber amor. Você pode tentar manter os outros ao seu lado fazendo-se indispensável quando não está se sentindo amado; em seguida, ao se sentir um pouco mais confiante, tenderá a reclamar da dependência dos outros.

MARTE NATAL EM CÂNCER

Marte em queda em Câncer
Palavras-chave de Marte: energia, iniciativa, agressividade, raiva

Marte Natal em Câncer Progredido para Leão – Embora a expressão de sua energia seja mais forte quando Marte progride para Leão, você ainda pode ter dificuldade na canalização de seus instintos agressivos. Leão permite que sua energia venha à tona como orgulho ou como criatividade. O caráter melindroso de seu Câncer natal é com freqüência intensificado pela adição da energia de Leão. Isso significa que, com seu Marte progredido em Leão, você pode tornar-se ainda mais dado a explosões de gênio, a não ser que desenvolva canais criativos para a expressão de sua agressividade.

Marte Natal em Câncer Progredido para Virgem – A progressão de Marte para Virgem não muda significativamente a sua capacidade de expressar energia, iniciativa ou impulso agressivo. Você pode desenvolver um meio mais prático de distribuir as suas energias, mas o problema de como lidar com a raiva não é enfocado diretamente na progressão em Virgem. A sua sensação pode ser de que, exceto por algumas poucas áreas emocionalmente sensíveis, a raiva não está sendo um problema. Esta sensação, comumente, é o reflexo de complicadas técnicas repressivas e não uma afirmação de sua capacidade de encarar suas tendências agressivas.

Marte Natal em Câncer em Progressão Retrógrada para Gêmeos – Como Marte está em queda em Câncer, a progressão para Gêmeos aumenta a energia, mesmo que o movimento retrógrado implique sua interiorização. Você tem a opção de desenvolver maior compreensão dos métodos de expressão de sua energia, ou de desenvolver uma língua mais ou menos ferina, usando o intelecto e o sarcasmo para descarregar a raiva. Depois da progressão de Marte em Gêmeos, não é provável que você fique matutando sobre coisas ou pessoas irritantes.

JÚPITER NATAL EM CÂNCER

Júpiter exaltado em Câncer
Palavras-chave de Júpiter: expansão, crescimento, fé, otimismo

Júpiter Natal em Câncer Progredido para Leão – Como Júpiter progride somente 14' por ano, ou cerca de 15° em sessenta e cinco anos, seu Júpiter não vai progredir para Leão a não ser que no mapa natal esteja na segunda metade de Câncer e direto. Júpiter está exaltado em Câncer; assim, a sua expressão natal é muito forte. A progressão para Leão acrescenta uma certa abertura mental a suas tentativas de crescimento e expansão, mas não altera as qualidades de sensibilidade e generosidade inerentes à sua posição natal. Se Júpiter receber aspectos difíceis (quadraturas ou oposições) enquanto estiver em Leão, os outros poderão notar uma sua tendência à arrogância ou ao exibicionismo. Geralmente isso passa quando os aspectos terminam, já que sua expressão natal lhe traz mais conforto.

Júpiter Natal em Câncer em Progressão Retrógrada para Gêmeos – Como Júpiter está em detrimento em Gêmeos, e como o simbolismo do movimento retrógrado implica a interiorização da energia, você nem vai notar essa progressão, a não ser que Júpiter esteja angular ou recebendo fortes aspectos. Enquanto durarem os aspectos, talvez você se engaje em projetos intelectuais otimistas, ou talvez adote um jeito de falar grandioso e retórico.

SATURNO NATAL EM CÂNCER

Saturno em detrimento em Câncer
Palavras-chave de Saturno: dever, responsabilidade, realidade, limitação

Saturno Natal em Câncer Progredido para Leão – Saturno progride cerca de 7' por ano, ou 8° em sessenta e cinco anos, em movimento direto. A não ser que seu Saturno esteja entre 22° e 30° de Câncer, provavelmente não vai entrar em Leão durante sua vida. Saturno está em detrimento em Câncer, e em detrimento tradicional em Leão. Com essa progressão em Leão, talvez você limite suas atividades às áreas em que sabe que vai ser bem sucedido. Você pode querer expressar a sua energia de uma forma inteiramente diferente, aplicando pontos de vista estreitos e obstinados a seus conceitos de realidade, dever e responsabilidade. Esta reação a Saturno em Leão é restritiva para você, mas torna-se um obstáculo sério se tentar impor suas normas aos outros que poderão não gostar do pai crítico que vêem em você.

Saturno Natal em Câncer em Progressão Retrógrada para Gêmeos – Saturno, em movimento retrógrado, progride apenas cerca de 3° em 65 anos. A não ser que seu Saturno natal esteja nos primeiros graus de Câncer e retrógrado, não vai progredir para Gêmeos. Progredindo de Câncer para o terceiro decanato (Aquário) de Gêmeos, embora o movimento retrógrado implique a interiorização da energia, Saturno ganha força. Talvez você descubra que a repressão emocional simbolizada por seu Saturno natal em Câncer fica mais fácil de ser identificada, estudada e talvez mesmo descartada. Você pode optar pela racionalização implícita nesse posicionamento para fugir à responsabilidade, ou usá-lo de forma mais positiva definindo os limites de sua responsabilidade pessoal.

URANO NATAL EM CÂNCER

Palavras-chave de Urano: vontade própria, mudança, criatividade, inventividade

Urano Natal em Câncer Progredido para Leão – Se você nasceu em abril, maio ou junho de 1956, seu Urano em Câncer poderá progredir para Leão no decorrer de sua vida. Urano em Câncer simboliza seu ódio pelos laços emocionais. Com a progressão para Leão, signo de seu detrimento, o seu desagrado pelos laços emocionais pode aumentar teimosamente. Também pode ser que você solidifique as suas opiniões inconvencionais sobre a vida familiar, recusando-se a ouvir a opinião dos outros. Como a sua posição natal é mais forte, é provável que essa influência de Leão só se manifeste se for acionada por outros aspectos.

Urano Natal em Câncer em Progressão Retrógrada para Gêmeos – Se você nasceu em setembro, outubro ou novembro de 1948, seu Urano poderá retrogradar de Câncer para Gêmeos durante a sua vida. Como a influência de Urano é bem diferente nesses dois signos, é provável que você note tumultos ou mudanças em sua vida durante os seis meses que correspondem à mudança de signo. (O passo de Urano nessa época era de 2' por ano.) Urano em Câncer indica mudanças de humor rápidas e incomuns, uma visão variável da vida familiar. A mudança para Gêmeos incorpora súbitas iluminações e uma forma criativa de pensar. Este signo de ar mutável aumenta a volatilidade de um planeta já mutável. Se houver quaisquer outros aspectos a Urano natal ou progredido (a distância máxima entre os dois é de 2°), esta volatilidade poderá ser acionada. Para você, pode ser uma grande aventura, para os outros, uma grande confusão.

NETUNO NATAL EM CÂNCER

Netuno exaltado em Câncer
Palavras-chave de Netuno: imaginação, espiritualidade, irrealidade, decepção, música, arte

Netuno Natal em Câncer Progredido para Leão – Se você nasceu em 1914, 1915 ou 1916, seu Netuno poderá passar de Câncer para Leão, ou de Leão para Câncer, pois Netuno retrogradou duas vezes nesses anos, cruzando o grau zero de Leão nas duas ocasiões. A posição de Netuno por signo tem efeitos mais generacionais do que pessoais, a não ser que o planeta esteja angular ou receba fortes aspectos dos planetas interiores. Mesmo assim é difícil distinguir o natal do progredido, pois a distância entre os dois é no máximo de cerca de 1°. A posição de Netuno em Câncer envolve uma visão romântica, idealista e irrealista da família e da vida doméstica, enquanto Netuno em Leão indica uma visão idealista da capacidade de direção de várias formas de liderança, ou uma visão irrealista do eu.

PLUTÃO NATAL EM CÂNCER

Palavras-chave de Plutão: força, domínio, mudança permanente, poder

Plutão Natal em Câncer Progredido para Leão – Se você nasceu entre setembro e dezembro de 1934 ou maio e agosto de 1938, terá Plutão passando de Câncer a Leão, ou de Leão a Câncer em movimento retrógrado. O efeito de Plutão é generacional. A posição por signo simboliza mais uma mudança nos atos e pensamentos mundiais do que uma mudança pessoal, a não ser que a posição natal seja angular ou receba fortes aspectos dos planetas interiores. Plutão em Câncer significou dramáticas transformações no lar e na família: Plutão em Leão indicou mudanças nas formas de governo e liderança. Quem nasceu com Plutão mudando de signo pode ter vivenciado descontinuidade ou mudança total nos dois níveis durante sua existência.

PROGRESSÕES PARA POSIÇÕES NATAIS EM LEÃO

LEÃO: YANG – FIXO – FOGO

SOL NATAL EM LEÃO

Sol é regente de Leão
Palavras-chave do Sol: força básica vital, corpo físico, "eu" interno

Sol Natal em Leão Progredido para Virgem – O Sol progredido entra em Virgem entre a idade de uma semana (☉ natal 29° ♌ 59') e trinta anos (☉ natal 0° ♌ 00'). O simbolismo de sua posição natal em Leão vai ofuscar todas as progressões do seu Sol, que rege o signo de Leão e é mais forte na posição natal do que em qualquer progressão. Assim, você só vai sentir as diferenças das progressões quando o Sol for ativado por angularidade ou aspectos. Todas as características da personalidade de Leão – orgulho, generosidade, liderança – serão forças importantes na sua natureza básica por toda a vida. Quando o seu Sol progride em Virgem, a não ser que seu Mercúrio natal esteja em Virgem, você vai notar no máximo um pequeno aumento da sua capacidade crítica. O conflito yin-yang entre os signos de Leão e de Virgem pode fazer com que você dê uma ligeira parada para considerar a possibilidade de usar, ocasionalmente, uma abordagem mais yin do mundo. Geralmente, isso se manifesta como um pouco de preocupação em relação a seu poderoso impacto sobre os outros.

Sol Natal em Leão Progredido para Libra – O Sol progredido entra em Libra entre as idades de trinta (☉ natal 29° ♌ 59') e sessenta anos (☉ natal 0° ♌ 00'). Você vai ter mais dificuldade ainda em perceber qualquer modificação na sua auto-expressão básica na progressão do seu Sol por Libra, signo de sua queda. Quando o seu Sol estiver num ângulo ou fortemente aspectado, você pode sentir-se mais inclinado a levar a sério o ponto de vista dos outros, ou mesmo a bancar o advogado do diabo de vez em quando.

Sol Natal em Leão Progredido para Escorpião – O Sol progredido entra em Escorpião entre as idades de sessenta (☉ natal 29° ♌ 59') e noventa anos (☉ natal 0° ♌ 00'). Escorpião reforça toda a fixidez inerente à sua posição natal em Leão. Embora este posicionamento possa ocasionar algum conflito yin-yang, nessa época você terá no mínimo sessenta anos e não vai se preocupar muito com a sua autoprojeção. Entretanto, se não tentar manter um pouco de flexibilidade, poderá tornar-se o senhor mais teimoso de sua cidade.

LUA NATAL EM LEÃO

Palavras-chave da Lua: emoções, respostas à vida, padrões de hábitos

Lua Natal em Leão Progredida para Leão – A cada vinte e oito anos, sua Lua progredida faz conjunção com a posição natal. Este é o tempo em que você se defronta com as alegrias e problemas inerentes ao simbolismo de sua Lua natal. A Lua em Leão indica problemas na formação dos hábitos, a tendência a expressar emoções à moda yang, e a sua avidez em reagir tão rapidamente aos estímulos emocionais que você evita reconhecer os sentimentos envolvidos. Entretanto, a Lua natal em Leão faz com que você seja muito vulnerável a críticas, temendo que suas respostas possam ser inadequadas. O medo subjacente de "não estar à altura" pode de alguma forma levá-lo a ser compulsivamente generoso. Nesse caso, você precisa examinar a causa de tanta insegurança nas situações emocionais. Será que está exigindo muita perfeição de si mesmo?

Lua Natal em Leão Progredida para Virgem – O conflito yin-yang na expressão das emoções torna-se bastante evidente quando sua Lua progredida encontra-se em Virgem. Você pode tentar agir e reagir ao mesmo tempo. O lado prático da projeção virginiana entra em conflito com o seu desejo natal de manifestar as emoções. Você pode solucionar esse dilema usando a emoção para manipular os outros, ou você mesmo pode ser manipulado enquanto dispende sua energia emocional numa série de coisas pequenas, deixando pouca energia para as questões maiores. Se cair num ciclo de autocrítica com a Lua progredida em Virgem, tente lembrar-se das partes boas e positivas da sua natureza responsiva. Não rejeite tão rapidamente a sua lealdade, a sua generosidade ou a sua sinceridade.

Lua Natal em Leão Progredida para Libra – A natureza yang de Libra funde-se bem com a sua natureza natal de respostas emocionais própria de Leão. Agora você pode começar a intelectualizar e se distanciar um pouco de suas emoções, analisando as diversas abordagens e sua eficácia. Você pode tentar desempenhar o papel do pacificador nas situações emocionais, principalmente se dessa forma conseguir a admiração dos outros.

Lua Natal em Leão Progredida para Escorpião – Este é o primeiro quarto do ciclo de crescimento emocional simbolizado pela progressão da Lua. (Veja Capítulo 1, "Não ponha a culpa em sua mãe", página 29, para maiores detalhes.) Embora a Lua esteja em queda em Escorpião, a quadratura entre este signo e sua posição natal assegura a influência da progressão por Escorpião na sua vida. O conflito yin-yang entre Leão e Escorpião realça a sua necessidade de incorporar as qualidades masculina e feminina nos seus padrões de resposta. Escorpião amplia os seus problemas de fixidez, indica a tendência a se aferrar a mágoas ou desconsiderações, e a se tornar ciumento ou vingativo. Quando se torna uma obsessão, o ciúme reflete a sua insegurança emocional. Enquanto a sua Lua progredida estiver em Escorpião, esse tipo de dificuldade vai tornar-se muito agudo para ser ignorado: será preciso fazer algo a respeito.

Lua Natal em Leão Progredida para Sagitário – Sempre que a Lua progredida estiver na mesma triplicidade da sua Lua natal, a sua energia emocional fluirá mais livremente. Sagitário pode ajudar a afrouxar em parte a sua fixidez natal e representa um alívio em relação à intensidade de Escorpião. Embora você possa idealizar o conceito de emoção, é possível que se sinta muito mais seguro na sua projeção yang. Se o que acontece na sua vida emocional não está lhe agradando, você pode dar início a algumas mudanças durante esta progressão.

Lua Natal em Leão Progredida para Capricórnio – A Lua está em detrimento em Capricórnio, e este signo é basicamente incompatível com a sua posição natal. Você pode optar por ignorar completamente a energia de Capricórnio, apenas sentindo a frustração de não ser capaz de controlar nem suas emoções nem as respostas dos outros. Quando a sua Lua progredida estiver de fato fazendo um quincúncio com a posição natal, a tensão subjacente vai aumentar os efeitos emocionais de quaisquer outros aspectos por progressão ou trânsito. Aí você vai ter de lidar com o seu medo da inadequação emocional, já que a energia de Capricórnio vai ampliar esse aspecto da sua resposta natal, até que seja impossível evitar encará-lo. A maioria das pessoas com Lua em Leão recorre a uma mistura de dois mecanismos para lidar com a questão capricorniana de controle emocional. O primeiro passo é fazer amizade com pessoas cujos padrões de resposta sejam predominantemente tipo terra. Essas pessoas talvez não o critiquem, mas você estabelece comparações com elas e acha que sai perdendo. Então tenta usar o seu fogo natal para dominar as situações emocionais. Infelizmente, domínio e controle representam dois padrões bem diferentes. Se o recurso do domínio não funcionar bem, você pode se colocar numa posição de servidor dos outros. Quaisquer trânsitos ou outros aspectos ocorrendo durante o período em que a Lua progredida está em Capricórnio acentuam as questões de domínio/submissão ou controle na sua vida.

Lua Natal em Leão Progredida para Aquário – Esta é a metade do ciclo de crescimento emocional da sua Lua progredida. Como tanto a polaridade como a quadruplicidade são as mesmas do seu Leão natal, você se defronta novamente com os problemas natais de fixidez e projeção yang das emoções. Sendo Aquário um signo de ar, a sua tendência será no sentido de procurar soluções intelectuais para os problemas emocionais. Na medida em que com isso, você tende a analisar os seus atos e as suas motivações, poderá ter um valioso subsídio para o seu crescimento. Infelizmente, também pode acontecer que você se torne apenas mais loquaz em relação a seus sentimentos sem entender como poderia mudar os seus padrões de resposta.

Lua Natal em Leão Progredida para Peixes – Este signo é basicamente incompatível com a sua posição natal em Leão. O conflito yin-yang pode vir outra vez à tona, e talvez você tente agir e reagir ao mesmo tempo. A influência fortemente emocional e intuitiva de Peixes pode levar a sua generosidade até o limite, numa tentativa de resolver os conflitos emocionais dando mais e mais do seu tempo e das suas posses. As nuanças sexuais do quincúncio de Casa VIII podem trazer à luz os papéis sexuais que você incorporou aos seus padrões de resposta. Esta é a época para mudar as respostas que o deixam infeliz.

Lua Natal em Leão Progredida para Áries – Sempre que a Lua progredida está na mesma triplicidade da sua Lua natal, as suas respostas emocionais fluem mais facilmente. Áries sente-se à vontade iniciando as respostas emocionais e experimentando novos padrões. O ímpeto cardeal pode amenizar em parte a obstinação da sua posição natal. Além disso, enquanto sua Lua progredida encontra-se em Áries, você não se sente tão culpado a respeito de seus padrões habituais. Quaisquer outros trânsitos ou progressões serão amenizados pela presença da Lua progredida em Áries.

Lua Natal em Leão Progredida para Touro – No terceiro quarto de seu ciclo de crescimento emocional, a sua Lua progredida entra no signo de sua exaltação. No seu caso, este pode ser o mais difícil dos quatro estágios de crescimento emocional. Agora realmente é preciso admitir o lado yin da sua natureza emocional. Você vai se ver às voltas com situações nas quais a única resposta adequada é do tipo yin, protetor, apoiador. Se não abandonar a sua projeção natal yang, terá muita dificuldade em passar pelas oscilações de humor que acompanham essa quadratura. Como não será possível forçar o seu caminho nas situações que agora se apresentam, você terá de se adaptar e mudar – termos desagradáveis para as suas posições fixas natal e progredida.

Lua Natal em Leão Progredida para Gêmeos – Depois dos problemas de Touro, você vai precisar muito da relativa tranqüilidade de Gêmeos, um signo bastante compatível com a sua posição natal em Leão. Você terá a oportunidade de sair do intenso envolvimento emocional característico dos dois anos e meio anteriores, quando sua Lua natal estava em Touro. Durante os anos de Gêmeos, você poderá usar a energia desse signo aéreo para distanciar-se de envolvimentos profundos – dispersando um pouco os seus sentimentos – ou então para analisar o que lhe aconteceu durante a quadratura entre a sua Lua progredida e a sua Lua natal. Se optar pela segunda expressão geminiana, será capaz de alterar padrões de hábitos angustiantes. Em qualquer dos casos, os trânsitos ou progressões difíceis ocorridos enquanto a sua Lua estiver em Gêmeos não serão sentidos como emocionalmente pressionantes.

Lua Natal em Leão Progredida para Câncer – O signo anterior ao signo da Lua natal freqüentemente revela as fraquezas ocultas ou as dificuldades nas respostas. Como a Lua rege Câncer, um aspecto que para a maioria das pessoas é sem importância, torna-se muito mais significativo neste caso. Durante essa época, você pode acabar se debatendo entre a expressão emocional yin da progressão e os seus hábitos natais yang. A poderosa influência da água indica que você precisa aprender como responder em vez de se precipitar na ação. Essa progressão enfatiza a sua necessidade de sentir em nível instintivo. Qualquer satisfação que tenha alcançado em relação à sua capacidade de analisar seus sentimentos (obtida durante a progressão em Gêmeos) será anulada durante os dois anos e meio da progressão da Lua em Câncer. Os anos cancerianos vão lhe mostrar a diferença entre sentir, pensar e agir. Para você, esses dois anos e meio anteriores ao retorno da sua Lua à posição natal provavelmente serão mais difíceis do que a conjunção. A não ser que haja outros aspectos muito fortes, não é provável que aconteçam coisas importantes nesse período; mesmo assim, é possível que você tenha picos de agitação emocional interior enquanto sua Lua progredida estiver em Câncer.

MERCÚRIO NATAL EM LEÃO

Palavras-chave de Mercúrio: mente consciente, pensamentos, ações, destreza manual

Mercúrio Natal em Leão Progredido para Virgem – Quando seu Mercúrio progride para Virgem, que rege, a sua capacidade de expressar idéias melhora rapidamente. A energia de Virgem acrescenta praticidade, discriminação e flexibilidade à sua posição natal em Leão. A maior liberdade de expressão indicada por Mercúrio progredido em Virgem geralmente favorece o seu senso de humor leonino. Você desenvolve uma percepção atilada do lado ridículo do dia-a-dia. Durante essa progressão, você poderá estar mais perspicaz para perceber a adulação, mas se o seu Sol natal também estiver em Leão, isso não vai fazer muita diferença.

Mercúrio Natal em Leão Progredido para Libra – Quando Mercúrio progride para Libra, você já terá passado vários anos incorporando a seu pensamento consciente as características mais úteis de Virgem. Mercúrio não está tão forte em Libra quanto em Virgem, de modo que você não vai perceber uma mudança importante com essa progressão. O retorno à polaridade yang, geralmente, parece ser mais um estímulo a uma melhor fusão das características de Virgem e Leão do que uma indicação clara de influência libriana. A jovialidade, a alegria e o bom humor de Leão, o desejo de ver o lado bom das coisas, podem combinar-se com a capacidade adquirida de Virgem – raciocínio rápido e preciso – para fazer de você um conversador encantador e requisitado. Entretanto, se você não desenvolver as características agradáveis desses signos, a energia de Libra pode indicar que a sua escolha agora seja no sentido de procurar a saída mais fácil em qualquer exercício mental; você se tornará teimoso em suas idéias e aproveitará as falhas de argumentação dos outros para acabar com qualquer ponto de vista diferente do seu.

Mercúrio Natal em Leão Progredido para Escorpião – Se o seu Mercúrio progredir para Escorpião, você vai solidificar a sua forma de pensar em padrões fixos. Esta influência pode indicar profundidade de pensamento ou teimosia na vingança, dependendo apenas da forma que você tenha escolhido para desenvolver o seu ser interior. Você terá no mínimo quarenta e cinco anos nessa progressão. (Mercúrio tem um passo máximo de 80º a 90º em sessenta e cinco anos. Se no mapa natal estiver na primeira metade de Leão ou avançando devagar devido ao movimento retrógrado antes do nascimento ou durante sua vida, não haverá a progressão para Escorpião.) Se você trabalhou no sentido do seu desenvolvimento espiritual, o acréscimo da energia de Escorpião pode levá-lo a definir quais são realmente suas crenças. A energia de Escorpião tende a estimulá-lo a deixar de lado os raciocínios improdutivos. Por outro lado, você pode ter gastado o seu tempo criticando a si mesmo e aos outros, recusando-se a ver o lado bom das coisas. Nesse caso, as características de Escorpião que vão aparecer são as negativas – ciúme, desconfiança, segredo e vingança.

Mercúrio Natal em Leão em Progressão Retrógrada para Câncer – O movimento retrógrado implica na interiorização do efeito dessa progressão. Você pode ficar um pouco aborrecido com a falta de consideração dos outros, ou com as coisas ofensivas que você ou os outros possam dizer. Concentrando-se em si mesmo, acabará encontrando duplos sentidos em tudo que os outros dizem. Se conseguir voltar a sua visão para fora, você se tornará gradualmente mais consciente do impacto que suas palavras têm sobre os outros.

VÊNUS NATAL EM LEÃO

Palavras-chave de Vênus: amar, ser amado, prazer, auto-indulgência

Vênus Natal em Leão Progredido para Virgem – Quando seu Vênus progride para Virgem, signo de sua queda, você não vai notar qualquer mudança a não ser que Vênus esteja angular ou fortemente aspectado. Quando seu Vênus progredido estiver aspectado, você notará uma resposta amorosa ligeiramente mais sensual, e talvez uma tendência a criticar ou achar defeitos nas coisas e pessoas amadas. Durante essa época você pode ficar muito mais difícil de agradar.

Vênus Natal em Leão Progredido para Libra – Ao contrário, quando seu Vênus progride para Libra, signo que rege, você começa a procurar beleza e harmonia no seu ambiente. A combinação da beleza e equilíbrio de Libra com o orgulho de Leão geralmente é uma indicação de que você vai ter relacionamentos amorosos agradáveis (e bonitos) durante essa época. Esta é uma das combinações mais fáceis de Vênus natal e progredido, porque você vai procurar, e encontrar, prazer e beleza no seu ambiente. A energia yang das posições natal e progredida o impulsiona a transformar circunstâncias desagradáveis ou feias.

Vênus Natal em Leão Progredido para Escorpião – Vênus é tão forte em Libra, signo que rege, que a princípio será difícil notar qualquer influência de Escorpião. Na verdade, pode ser que você de fato nunca veja diretamente a intensidade ou o ciúme típicos de Escorpião, pois com Vênus em detrimento os efeitos são muito sutis. O que isso significa realmente é que os outros provavelmente notarão que você fica um pouco mais sensível nas situações amorosas, um pouco menos inclinado a tolerar que alguém flerte com sua namorada ou esposa. É claro que, tendo Vênus natal em Leão, você nunca permite que alguém faça avanços em relação a quem ama. Se for possível conservar um pouco da influência pacífica de Libra, em vez de ter um acesso de fúria (Escorpião) ou fazer uma cena (Leão), você vai gentilmente colocar-se entre o sedutor e sua amada.

Vênus Natal em Leão em Progressão Retrógrada para Câncer – Quando Vênus em Leão progride para Câncer, geralmente o seu sentimentalismo a respeito das pessoas amadas aumenta. Como o movimento retrógrado implica interiorização, talvez você não manifeste essa suavidade romântica até Vênus tornar-se direto. Você terá dificuldade em se desvencilhar de qualquer envolvimento emocional. O problema é essa tendência se estender a cadeiras de balanço quebradas ou revistas velhas.

MARTE NATAL EM LEÃO

Palavras-chave de Marte: energia, iniciativa, agressividade, raiva

Marte Natal em Leão Progredido para Virgem – A progressão para Virgem não vai alterar imediatamente a sua projeção de energia. Quando Marte entra no segundo decanato (10º a 20º) de Virgem, você pode começar a expandir a sua energia, procurando a maneira mais prática de aplicar seus impulsos e sua agressividade. A influência de Virgem talvez contribua para a diminuição parcial da sua intensidade, o que pode ser muito valioso porque a sua inclinação leonina a se atirar inteiramente em qualquer projeto muitas vezes esmaga os outros.

Marte Natal em Leão Progredido para Libra – Marte está em detrimento em Libra, portanto você não vai notar essa influência, a não ser que o planeta esteja angular ou fortemente aspectado. Quando seu Marte progredido estiver aspectado, você precisa lembrar-se de que a raiva é um dos caminhos que você pode escolher para reagir aos atos dos outros, e só você mesmo pode mudar as suas reações.

Marte Natal em Leão em Progressão Retrógrada para Câncer – Marte é mais forte em Leão do que em Câncer (sua queda) e a energia de um planeta retrógrado geralmente volta-se para dentro. Assim, com exceção das épocas em que Marte progredido estiver aspectado ou angular, você não vai notar essa mudança. Quando Marte estiver aspectado, você pode colocar mais emocionalismo na aplicação da sua energia, ou descobrir que certas situações emocionais despertam a sua ira.

JÚPITER NATAL EM LEÃO

Palavras-chave de Júpiter: expansão, crescimento, fé, otimismo

Júpiter Natal em Leão Progredido para Virgem – Júpiter progride somente 14' por ano, ou cerca de 15º em sessenta e cinco anos, quando direto. Seu Júpiter só vai progredir para Virgem se estiver nos últimos 15° de Leão. Quando Júpiter progride para Virgem, seu detrimento tradicional, você só vai perceber a influência desse signo se Júpiter estiver aspectado ou angular. Nesse caso, você poderá tornar-se mais autoconsciente (e muito autocrítico) de alguma de suas manias de ostentação.

Júpiter Natal em Leão em Progressão Retrógrada para Câncer – Quando Júpiter está retrógrado, progride somente cerca de 6° em sessenta e cinco anos. A não ser que seu Júpiter natal esteja no primeiro decanato de Leão, não progredirá para Câncer. Júpiter está exaltado em Câncer e é o regente tradicional dos últimos dez graus deste signo (decanato de Peixes). Assim, é mais forte em Câncer do que em Leão. Dessa forma, mesmo que o movimento retrógrado signifique uma interiorização da energia, você vai perceber a transição ainda que os outros não percebam. Sua tendência é tornar-se muito mais sensível aos seus sentimentos e aos sentimentos dos outros. Você pode desenvolver a vontade de proteger ou cuidar das pessoas da sua vida.

SATURNO NATAL EM LEÃO

Palavras-chave de Saturno: dever, responsabilidade, realidade, limitação

Saturno Natal em Leão Progredido para Virgem – Saturno progride 7' por ano, ou cerca de 8° em sessenta e cinco anos, quando direto. Seu Saturno não vai passar de Leão a Virgem a não ser que esteja no último decanato de Leão no mapa natal. Quando Saturno progride para Virgem, você pode tentar superar quaisquer problemas organizacionais que acredite ter, estruturando tudo em sua vida. Sua vida vai ficar mais fácil, porém você corre o risco de tornar-se fanático pela ordem. É preciso que se afaste um pouco e olhe o quadro todo, caso se sinta constantemente frustrado pelo simples fato de que ninguém consegue controlar todas as facetas da vida. Lembre-se de que a Lei de Murphy (a maximização da perversidade) vencerá no fim.

Saturno Natal em Leão em Progressão Retrógrada para Câncer – Quando está retrógrado, Saturno progride cerca de 3° em sessenta e cinco anos. A não ser que seu Saturno natal esteja nos primeiros graus de Leão e retrógrado, não haverá a progressão para Câncer. Com a sua posição natal em Leão, a mistura de cautela e restrição características de Saturno centrou-se sobre a sua auto-expressão criativa. O movimento retrógrado de Saturno para Câncer, onde também está em detrimento, implica numa extensão, para dentro, dessa cautela na expressão de suas emoções. Talvez você assuma mais responsabilidade em relação aos membros de sua família, ou se preocupe muito mais com o seu bem-estar, ou talvez evite a interação com eles por medo de rejeição.

URANO NATAL EM LEÃO

Urano em detrimento em Leão
Palavras-chave de Urano: vontade própria, mudança, criatividade, inventividade

Urano Natal em Leão Progredido para Virgem – Se você nasceu em junho ou julho ou agosto de 1962, seu Urano pode progredir de Leão para Virgem durante a sua vida.

Quando Urano progride para Virgem, a sua teimosia é em parte amenizada e é bem possível que você se torne inventivo na resolução de problemas. Se conseguir aprender a trabalhar em conjunto, é sinal que você poderá aplicar a sua originalidade a assuntos práticos.

Urano Natal em Leão em Progressão Retrógrada para Câncer – Se você nasceu em novembro ou dezembro de 1955 ou janeiro de 1956, seu Urano pode passar de Leão para Câncer no decorrer de sua vida. Embora Urano ganhe alguma força saindo do signo de seu detrimento (Leão), a força é uma expressão interna de criatividade ou de desejo de mudança. Pode ser que sofra desilusões com sua família ou com assuntos domésticos, buscando a mudança sem ter certeza dos meios de promovê-la. Na medida em que não voltar a inquietação desse planeta contra você mesmo em nível emocional, poderá desenvolver a capacidade de procurar alternativas criativas para relacionamentos familiares difíceis.

NETUNO NATAL EM LEÃO

Palavras-chave de Netuno: **imaginação, espiritualidade, irrealidade, decepção, música, arte**

Netuno Natal em Leão Progredido para Virgem – Se você nasceu em maio, junho ou julho de 1929, seu Netuno pode progredir de Leão para Virgem no decorrer de sua vida. A posição de Netuno por signo tem um efeito mais generacional do que pessoal, a não ser que o planeta esteja angular ou conjunto aos planetas interiores. Netuno em Leão simboliza uma idealização da liderança ou das autoridades governamentais. A mudança para Virgem indica uma transferência para a idealização do trabalho ou do serviço a outros.[21]

PLUTÃO NATAL EM LEÃO

Plutão exaltado em Leão
Palavras-chave de Plutão: **força, domínio, mudanças permanentes, poder**

Plutão Natal em Leão Progredido para Virgem – Se você nasceu em junho, julho ou agosto de 1957, ou na primavera de 1958, seu Plutão vai passar de Leão para Virgem ou de Virgem para Leão no decorrer de sua vida. A não ser que Plutão seja angular ou receba fortes aspectos dos planetas interiores, a posição por signo não é pessoal, mas generacional. Plutão em Leão simbolizou importantes mudanças de atitude em relação ao governo. Plutão em Virgem simbolizou novas atitudes em relação ao trabalho e ao serviço a outros. Você está entre essas duas gerações: a de Leão que exige mudanças no governo e na visão do indivíduo, e a de Virgem que exige mudanças na valorização do serviço individual.[22]

21 Para Netuno natal em Leão retrógrado para Câncer (nascidos em outubro, novembro e dezembro de 1914, e janeiro, fevereiro e março de 1916), veja página 187, Netuno em Câncer.

22 Para Plutão natal em Leão retrógrado para Câncer (nascidos em agosto, setembro e outubro de 1937, dezembro de 1938, janeiro e fevereiro de 1939), veja página 188, Plutão em Câncer.

PROGRESSÕES PARA POSIÇÕES NATAIS EM VIRGEM

VIRGEM: YIN – MUTÁVEL – TERRA

SOL NATAL EM VIRGEM

Palavras-chave do Sol: força vital básica, corpo físico, "eu" interno

Sol Natal em Virgem Progredido para Libra – O Sol progredido entra em Libra entre as idades de uma semana (☉ natal 29° ♍ 59') e trinta anos (☉ natal 0° ♍ 00'). Quando seu Sol progride para Libra, signo de sua queda, você só notará a energia libriana como uma capacidade de criticar todas as suas atitudes que não contribuem para a harmonia e equilíbrio do mundo à sua volta. Apesar da má reputação adquirida pelos virginianos a respeito de sua natureza crítica, eles são mais duros consigo próprios do que com os outros. Essa autocrítica pode exacerbar-se enquanto seu Sol progredido está em Libra, porque você tende a se culpar pela desarmonia existente à sua volta. Se conseguir desenvolver a capacidade cardeal de trabalhar no sentido de mudar as coisas que não lhe agradam, em vez de simplesmente reparar nelas, você poderá misturar essas duas influências em seu próprio benefício e em benefício das pessoas que o cercam.

Sol Natal em Virgem Progredido para Escorpião – O Sol progredido entra em Escorpião entre as idades de trinta (☉ natal 29° ♍ 59') e sessenta anos (☉ natal 0° ♍ 00'). O simbolismo de Escorpião acrescenta profundidade e persistência à sua auto-expressão. Você pode usar essa energia para aumentar a sua auto-estima, enfrentando os desafios em vez de sair de cena e imaginar se a crítica era válida. Talvez fique preso a comportamentos repetitivos. Por outro lado, poderá notar o ciúme invadir o seu relacionamento com os outros. Se isso acontecer, examine seus sentimentos em relação a si mesmo. O lado negativo de Escorpião vai aparecer se você ficar preso ao lado autocrítico de Virgem. Se só consegue perceber tudo o que os outros fazem melhor do que você, quem acaba se prejudicando é você mesmo.

Sol Natal em Virgem Progredido para Sagitário – O Sol progredido entra em Sagitário entre as idades de sessenta (☉ natal 29° ♍ 59') e noventa anos (☉ natal 0° ♍ 00'). Se seu Sol progride para Sagitário, você deixa tranqüilamente para trás todos os rastros de Escorpião num magnífico retorno à mutabilidade. Agora você tem vontade de viajar, filosofar e pensar nos grandes temas da vida, e, se não tiver raízes, torna-se cada vez mais irrequieto. Se não puder viajar pelo mundo, vá até uma biblioteca, entre num grupo de discussões, informe-se sobre excursões para pessoas mais velhas.

LUA NATAL EM VIRGEM

Palavras-chave da Lua: emoções, respostas à vida, padrões de hábitos

Lua Natal em Virgem Progredida para Virgem – Sua Lua progredida faz conjunção com sua Lua natal a cada vinte e oito anos, no seu ciclo de crescimento emocional. Durante os dois anos e meio em que sua Lua progredida está no mesmo signo da Lua natal, você vivencia os problemas e as alegrias inerentes ao seu signo natal. A sua Lua em Virgem o inclina a uma certa frieza nas respostas emocionais, que são detalhadas e fundamentadas. Você pode fazer muito barulho a respeito de coisas pequenas, dispersando a força da sua resposta emocional. Pode ser que analise tanto os seus sentimentos até o ponto de não ter certeza sobre o que sente. Este é o momento ideal para uma limpeza emocional. Você tem flexibilidade suficiente para se livrar de padrões negativos de resposta, se permitir isso a você mesmo. Quando começar a se preocupar com minúcias, pare e pergunte: "Até que ponto isso é importante?"

Lua Natal em Virgem Progredida para Libra – Quando sua Lua progride para Libra, você tem de enfrentar um conflito de polaridade, isto é, um desejo de reagir e agir em relação aos estímulos emocionais. A influência do signo aéreo aumenta o seu desejo de analisar as ações e refletir sobre os sentimentos. Como sua posição natal também significa pensar sobre os seus sentimentos, a tensão do semi-sextil pode ser devida a muito envolvimento cerebral nos seus padrões de resposta. A energia de Libra tende a incitá-lo a considerar as necessidades dos outros, as respostas dos outros, o impacto que você tem sobre os outros, enquanto a sua influência natal sugere que você quer ser específico em cada análise emocional. Provavelmente você não vai ter tempo de se preocupar com todas as coisas que acontecem no mundo emocional dos outros, mas ao menos vai tentar.

Lua Natal em Virgem Progredida para Escorpião – A Lua está em detrimento em Escorpião, mas este signo é bastante compatível com sua posição natal em Virgem. Você pode se aferrar a seus sentimentos por mais tempo enquanto sua Lua progredida está em Escorpião. Se tem tido problemas com a dispersão das respostas emocionais, você vai gostar da intensidade simbolizada por Escorpião, que requer que você vivencie um sentimento de cada vez. Se estiver inseguro a respeito da sua natureza responsiva, a influência de Escorpião pode manifestar-se sob a forma de ciúme. Você terá facilidade em lidar com os fatos que ocorram enquanto sua Lua progredida estiver em Escorpião, pois a sua natureza de respostas emocionais estará bastante estabilizada.

Lua Natal em Virgem Progredida para Sagitário – Este é o primeiro quarto do ciclo de sua Lua progredida. (Veja Capítulo 1, "Não ponha a culpa em sua mãe", página 29, para maiores detalhes.) Os problemas da mutabilidade se aguçam enquanto você tenta reagir a absolutamente tudo no ambiente. Sagitário confunde a sua capacidade discriminatória natal, de forma que fica muito mais difícil distinguir entre as questões emocionais importantes e os problemas menores. As questões da área emocional parecem ser descomunais enquanto sua Lua progredida se encontra em Sagitário.

Lua Natal em Virgem Progredida para Capricórnio – A despeito do fato de a Lua estar em detrimento em Capricórnio, este signo pertence à mesma triplicidade da sua Lua natal, de modo que suas emoções fluem muito mais facilmente enquanto sua Lua progredida se encontra em Capricórnio. Você se descontrai com o acréscimo de energia controlada, dirigida, e especialmente fundamentada. Esta posição progredida vai facilitar ou contrabalançar aspectos difíceis por trânsitos ou outras progressões. Os outros poderão não achar sua Lua progredida em Capricórnio tão maravilhosa se você usar a combinação entre a posição natal e a progredida para controlar as respostas deles.

Lua Natal em Virgem Progredida para Aquário – Este signo é basicamente incompatível com sua posição natal em Virgem. A forma como você gosta de analisar e refletir sobre seus sentimentos é prática e dirigida a fins concretos. Entretanto, talvez você sinta que a energia de Aquário dirige esta intelectualização no sentido de um distanciamento do próprio sentimento. Essa abordagem da análise o deixa muito impaciente, querendo resultados em vez de abstrações amplas. Talvez você se envolva com pessoas de ar que se recusem a ser firmes ou práticas. Na medida em que evitar interiorizar as críticas que tais pessoas lhe façam, evitará também maiores problemas durante esse quincúncio.

Lua Natal em Virgem Progredida para Peixes – Esta é a metade do ciclo de crescimento emocional de sua Lua progredida. Agora você vai enfrentar suas dificuldades tanto em termos de projeção yin como de mutabilidade. Enquanto sua Lua progredida está em Peixes, as suas respostas podem tornar-se mais abertamente emocionais. Alternativamente, você pode querer assumir todos os problemas do mundo. De vez em quando, isso leva a uma postura de mártir que aceita todo tipo de carga emocional. Agindo assim, você pode estar mascarando a sua própria incapacidade de selecionar os seus sentimentos, servindo de apoio aos que o cercam.

Lua Natal em Virgem Progredida para Áries – Este signo é basicamente incompatível com sua posição natal em Virgem. O conflito yin-yang leva-o a tentar a ação e a reação ao mesmo tempo. A energia iniciadora de Áries simplesmente agrava a sua tendência virginiana a dispersar as respostas. Pode ser que você fique muito irritado enquanto sua Lua progredida se encontra em Áries, pois a energia de Áries exige a ação enquanto sua Lua natal em Virgem enxerga milhares de áreas que solicitam atenção emocional. Se estiver questionando a sua abordagem do sexo ou da sexualidade, você poderá relacionar-se com pessoas extremamente agressivas de signos de fogo, e nesse processo tenderá a colocar ordem na confusão emocional ou física dessas pessoas. De imediato, talvez você entre em relacionamentos de dependência onde o outro parece dominar enquanto você fornece o apoio emocional.

Lua Natal em Virgem Progredida para Touro – Sempre que sua Lua progredida estiver no mesmo elemento de sua Lua natal, o fluxo de emoções será mais fácil. Além disso, a Lua está exaltada em Touro, de modo que esse período poderá ser maravilhoso. Quaisquer progressões ou trânsitos difíceis que ocorram nesses dois anos e meio serão muito mais fáceis de lidar. Essa combinação traz à tona o melhor do seu simbolismo prático de terra, já que a fixidez de Touro ajuda-o a dar foco à sua natureza responsiva. Você vai conservar seus sentimentos por mais tempo, provavelmente vai adquirir algumas características "maternais", mas a flexibilidade de seu Virgem natal deve impedir que as qualidades possessivas e sufocantes de Touro se tornem dominantes.

Lua Natal em Virgem Progredida para Gêmeos – Este é o terceiro quarto do seu ciclo lunar progredido. Talvez você tente analisar todas as suas emoções, procurando entender as causas de seu conflito interno entre iniciativa e reação. Se você tem dificuldades por causa de padrões de respostas dispersivos, elas poderão tornar-se agudas neste período. A questão mais importante para você agora é a incoerência nas respostas. Como Mercúrio rege tanto o signo natal como o progredido, a influência mais evidente dessa posição progredida pode ser a capacidade de preocupar-se constantemente com todas as coisas, desde o cardápio do jantar até os desastres mundiais!

Lua Natal em Virgem Progredida para Câncer – Sua Lua progredida, no signo sob sua regência, será muito influente durante esses dois anos e meio. Como a energia de Câncer funde-se bem com a sua natureza emocional virginiana, você será capaz de passar pelos problemas resolvendo todas as dificuldades. Você vai vivenciar uma maior profundidade e uma maior flutuação de sentimentos, embora isso não deva causar-lhe desconforto. Você não poderá conservar a sua frieza ou o seu desligamento natais, já que a força do simbolismo de Câncer exige respostas instintivas aos acontecimentos.

Lua Natal em Virgem Progredida para Leão – O signo anterior ao seu signo natal freqüentemente revela fraquezas secretas ou ocultas nos seus padrões emocionais natais. A progressão para Leão sugere que você vá vivenciar uma necessidade de desenvolver maior fixidez nas respostas. Leão é muito ostensivo, ao contrário de Virgem, cuja tendência é evitar essa confusão de manifestar os sentimentos. Você pode começar a perceber que, ao esconder suas emoções, às vezes nega a sua capacidade de sentir.

MERCÚRIO NATAL EM VIRGEM

Mercúrio é regente de Virgem
Palavras-chave de Mercúrio: mente consciente, pensamentos, ações, destreza manual

Mercúrio Natal em Virgem Progredido para Libra – Como seu Mercúrio natal está no signo que rege, é provável que você não perceba muito a progressão para qualquer outro signo. Enquanto seu Mercúrio progredido estiver aspectado ou angular, você pode tornar-se o pacificador verbal, promovendo a harmonia em todas as suas interações. Você tende a ter mais dificuldade em tomar decisões, já que agora inclui a consideração do ponto de vista dos outros nos seus detalhados padrões natais de pensamento. Você poderá fazer amigos mais rapidamente neste período, se se desvencilhar do seu lado mais crítico.

Mercúrio Natal em Virgem Progredido para Escorpião – Dependendo dos aspectos que o simbolismo de Escorpião desencadeie, você poderá tornar-se um pouco rígido na sua autocrítica ou na sua crítica dos outros. Tenderá a fixar-se por mais tempo em hábitos ou idéias, explorando-os com mais profundidade. Às vezes tudo que parece acontecer na progressão em Escorpião é uma virada no sentido de manter seus pensamentos para você mesmo. Se o significado disto for que você vai parar de criticar os outros em voz alta, tudo bem; mas se você passa a não falar sobre os pequenos aborrecimentos mas fica remoendo-os por dentro, o tiro pode sair pela culatra.

Mercúrio Natal em Virgem Progredido para Sagitário – Mercúrio progride no máximo 80° a 90° em sessenta e cinco anos; se estiver na primeira metade de Virgem no mapa natal ou se estiver lento devido à retrogradação antes do nascimento ou durante a sua vida, não vai entrar em Sagitário. Se chegar até essa posição, onde Mercúrio está em detrimento, sua influência será bastante sutil (ou seja, você não vai notá-la). No máximo, vai aumentar suas tendências natais mutáveis, dificultando as suas decisões.

Mercúrio Natal em Virgem em Progressão Retrógrada para Leão – o movimento retrógrado implica na interiorização da energia simbolizada pela posição de signo do planeta. A única pessoa capaz de perceber qualquer influência de Leão em sua vida será você mesmo. Infelizmente, essa progressão em particular parece aumentar a sua capacidade de autocrítica com relação aos seus padrões natais yin de pensamento e fala. Leão traz a vontade de ser mais desinibido, mais yang, enquanto a sua posição natal yin mais forte mantém a sua expressão exterior yin. Você vai tornar-se um especialista em pensar no que deveria ter dito depois que a oportunidade de dizer já passou.

VÊNUS NATAL EM VIRGEM

Vênus em queda em Virgem
Palavras-chave de Vênus: amar, ser amado, prazer, auto-indulgência

Vênus Natal em Virgem Progredido para Libra – Quando seu Vênus progride para Libra, a sua natureza amorosa floresce. Vênus rege Libra, e esta posição progredida vai influenciar os seus sentimentos a respeito de dar e receber amor, assim como estimular a sua crença em que as outras pessoas podem amá-lo. Você vai começar a procurar a beleza e a harmonia nas coisas que o cercam: finalmente vai descobrir que merece coisas boas, confortáveis e bonitas.

Vênus Natal em Virgem Progredido para Escorpião – Depois do impacto de Vênus domiciliado, a progressão para o signo de seu detrimento não deverá ser notória. Se seu Vênus progredido estiver fortemente aspectado nessa época, você pode tornar-se bastante ciumento, pois dependendo dos aspectos, a posição em Escorpião tende a reacender a sua insegurança natal virginiana sobre a sua capacidade de ser amado.

Vênus Natal em Virgem Progredido para Sagitário – Se o seu Vênus progredir para Sagitário, você pode precisar de um pouco mais de liberdade nos relacionamentos amorosos; e começar a pensar num ideal de amor não exigente. A melhor característica dessa progressão é um acentuado senso de humor, já que você consegue brincar com algumas situações bobas em que o amor o coloca (e de onde o salva!).

Vênus Natal em Virgem em Progressão Retrógrada para Leão – Quando Vênus está em movimento retrógrado, você vai absorver a influência de Leão em nível interno. Até Vênus tornar-se direto, você na verdade não vai começar a manifestar a natureza de Vênus em Leão – aberta, afetuosa, calorosa e divertida. Com Vênus direto, você consegue o que queria, e melhor ainda, tira prazer disso. Você vai se divertir muito no seu tempo de lazer se conseguir usar a energia de Leão para debelar quaisquer preocupações virginianas sobre a sua inadequação no amor.

MARTE NATAL EM VIRGEM

Palavras-chave de Marte: energia, iniciativa, agressividade, raiva

Marte Natal em Virgem Progredido para Libra – Marte está em detrimento em Libra, de modo que essa progressão não vai ajudar muito no direcionamento de seus esforços. Enquanto Marte está em Libra, você pode irritar-se mais facilmente com os outros, e precisa cuidar para não projetar a sua própria irritação sobre os outros. A diferença yin-yang entre Virgem e Libra indica que às vezes você vai expressar a sua energia de uma forma agressiva, direta, e às vezes vai se recusar a admitir quaisquer sentimentos raivosos ou impulsos agressivos.

Marte Natal em Virgem Progredido para Escorpião – Quando Marte progride para Escorpião, do qual é o regente tradicional, você vai descobrir que é muito mais fácil focalizar sua energia. Agora você busca os resultados da ação. Você se sente muito mais decidido a seguir seu caminho, a despeito dos obstáculos. Se negou a própria raiva enquanto Marte estava em Virgem e em Libra, você pode ter uma surpresa desagradável ao descobrir que a profundidade da raiva aumentou. Se for absolutamente impossível incorporar a raiva ou a agressividade no âmbito da expressão da sua energia, você pode entrar em relacionamento com pessoas completamente horríveis, raivosas, vingativas, deixando que elas expressem essa sua parte enquanto você mantém a sua auto-imagem passiva.

Marte Natal em Virgem em Progressão Retrógrada para Leão – Quando Marte progride de Virgem para Leão, a influência é interiorizada como resultado do movimento retrógrado. Quando Marte progredido se torna direto, você pode expressar abertamente o ímpeto de Leão desenvolvido silenciosamente no tempo da retrogradação. Você vai focalizar sua energia e sua ambição com mais clareza depois que Marte se tornar direto. O esporte pode ser um excelente canal de vazão, permitindo-lhe usar sua energia competitiva e agressiva de uma forma mais produtiva.

JÚPITER NATAL EM VIRGEM

Júpiter em detrimento em Virgem
Palavras-chave de Júpiter: expansão, crescimento, fé, otimismo

Júpiter Natal em Virgem Progredido para Libra – Júpiter progride somente cerca de 14' por ano, ou 15° em sessenta e cinco anos. Seu Júpiter não vai progredir para Libra a não ser que no mapa natal esteja na última metade de Virgem. Depois que seu Júpiter entra em Libra, você pode perceber que realmente precisa da aprovação dos outros para expandir-se e crescer. Se você não ficou atolado numa expressão negativa de humor (também chamada sarcasmo), pode fazer novas amizades e crescer através desses novos relacionamentos. Os aspectos de seu mapa natal ou progredido, formados quando Júpiter entra em Libra, têm a probabilidade de significar o reconhecimento ou o prêmio por esforços passados.

Júpiter Natal em Virgem em Progressão Retrógrada para Leão – Júpiter avança apenas 6° em sessenta e cinco anos quando retrógrado. A não ser que seu Júpiter natal esteja no primeiro decanato de Virgem e retrógrado, não progredirá para Leão. Mesmo que o movimento retrógrado implique uma manifestação interna da energia do planeta, a progressão de Júpiter de Virgem para Leão geralmente indica que você vai se tornar mais otimista, desenvolvendo-se e expandindo-se através de projetos criativos. Freqüentemente essa expansão envolve hobbies, jogos, diversões, pois esses canais mostram tanto a influência de Leão como o seu simbolismo virginiano natal.

SATURNO NATAL EM VIRGEM

Palavras-chave de Saturno: **dever, responsabilidade, realidade, limitação**

Saturno Natal em Virgem Progredido para Libra – Saturno progride apenas 7' por ano, ou 8° em sessenta e cinco anos. A não ser que seu Saturno natal esteja no último decanato de Virgem e direto, não vai entrar em Libra. A progressão de Saturno em Libra, onde está exaltado, pode trazer um alívio à sua constante preocupação com os detalhes. Quando seu Saturno progredido está em Libra, você procura a harmonia e o equilíbrio no ordenamento do seu universo. Você pode levar muito a sério o papel de pacificador, tentando harmonizar todos os seus amigos entre si; se os outros não gostarem de você, ou se houver brigas, sua tendência será ficar bastante deprimido.

Saturno Natal em Virgem em Progressão Retrógrada para Leão – Saturno progride apenas 3° em sessenta e cinco anos quando está retrógrado. A não ser que seu Saturno natal esteja nos primeiros graus de Virgem, não vai retrogradar para Leão. Como Saturno está no seu detrimento tradicional em Leão, e como o movimento retrógrado implica numa manifestação interna, você não vai perceber muita diferença nos seus conceitos de dever e responsabilidade com a entrada de Saturno em Leão. Se Saturno estiver muito aspectado ou angular, você pode restringir a sua própria criatividade ou tentar controlar completamente a expressão leonina espontânea em sua vida.

URANO NATAL EM VIRGEM

Palavras-chave de Urano: **vontade própria, mudança, criatividade, inventividade**

Urano Natal em Virgem Progredido para Libra – Se você nasceu em julho, agosto ou setembro de 1968, ou entre março e junho de 1969, seu Urano pode progredir para Libra durante a sua vida. Quando Urano progride para Libra, você deseja mais liberdade nos relacionamentos. Você pode procurar pessoas incomuns ou não-convencionais. As diferentes expressões de criatividade de Urano, a de Virgem em relação a coisas e a de Libra em relação a pessoas, tornam essa mistura desconfortável.

Assim, o período de seis meses no qual Urano muda de signo pode ser cheio de mudanças em relação a coisas e pessoas de sua vida. Se houver outros aspectos importantes nessa época, a mudança normalmente associada com eles tende a ser muito maior.

Urano Natal em Virgem em Progressão Retrógrada para Leão – Se você nasceu em novembro e dezembro de 1961, ou janeiro de 1962, você pode ter Urano progredido para Leão no decorrer de sua vida. O movimento retrógrado não apenas indica uma interiorização da energia do planeta, mas também que Urano está em detrimento em Leão. Provavelmente você não vai perceber essa progressão. Se Urano estiver aspectado ou angular, você é levado a ter mais vontade de experimentar coisas novas, principalmente no que diz respeito a lazer e diversão. Você pode mudar seus hobbies e escolher alguma coisa bem fora do comum.

NETUNO NATAL EM VIRGEM

Netuno em detrimento em Virgem

Palavras-chave de Netuno: imaginação, espiritualidade, irrealidade, decepção, música, arte

Netuno Natal em Virgem Progredido para Libra – Se você nasceu em maio, junho ou julho de 1943, seu Netuno pode progredir para Libra durante a sua vida. A posição por signo de Netuno tem influência generacional, a não ser que seja angular ou fortemente aspectado pelos planetas interiores. Netuno em Virgem simboliza uma tendência a idealizar o trabalho e o serviço aos outros. Quando Netuno entra em Libra, simboliza a tendência a idealizar os outros e os relacionamentos.[23]

PLUTÃO NATAL EM VIRGEM

Palavras-chave de Plutão: força, domínio, mudanças permanentes, poder

Plutão Natal em Virgem Progredido para Libra – Se você nasceu em julho, agosto ou setembro de 1971, ou de fevereiro a agosto de 1972, poderá ter Plutão progredido de Virgem para Libra ou de Libra para Virgem durante a sua vida. A posição de Plutão por signo tem efeito mais generacional do que pessoal, a não ser que Plutão esteja angular ou faça aspectos fortes com os planetas interiores no seu mapa natal. Plutão em Virgem simboliza importantes mudanças sociais na postura em relação ao trabalho e ao serviço aos outros. Plutão em Libra simboliza mudanças na postura em relação a casamento, sociedades e relacionamentos.[24]

23 Netuno não retrogradou de Virgem para Leão neste século.

24 Para Plutão natal em Virgem em progressão retrógrada para Leão (nascidos em outubro, novembro e dezembro de 1956, e janeiro de 1957) veja página 196, Plutão em Leão.

PROGRESSÕES PARA POSIÇÕES NATAIS EM LIBRA

LIBRA: YANG – CARDEAL – AR

SOL NATAL EM LIBRA

Sol em queda em Libra
Palavras-chave do Sol: força vital básica, corpo físico, "eu" interno

Sol Natal em Libra Progredido para Escorpião – O Sol progredido entra em Escorpião entre as idades de uma semana (☉ natal 29° ♎ 59') e trinta anos (☉ natal 0° ♎ 00'). Quando seu Sol progride para Escorpião, você se torna mais intenso, desejando maior espaço para sua auto-expressão. Depois dessa progressão do seu Sol você se sente menos inclinado a desculpar o comportamento dos outros. Embora não seja provável que desenvolva um estilo de auto-expressão baseado na confrontação, a influência de Escorpião mostra você resmungando mais a respeito do mau comportamento dos outros. Será mais fácil tomar decisões, e mantê-las, depois da entrada do seu Sol em Escorpião.

Sol Natal em Libra Progredido para Sagitário – O Sol progredido entra em Sagitário entre as idades de trinta (☉ natal 29° ♎ 59') e sessenta anos (☉ natal 0° ♎ 00'). Com essa progressão, você expande a sua auto-expressão, podendo tornar-se mais flexível, mais idealista e muito mais otimista com relação à sua capacidade. Seu desejo natal de paz e seu otimismo progredido tendem a se combinar num senso de humor maravilhosamente aberto. Você quer conhecer novas idéias e novos lugares. A viagem o atrai, assim como os projetos intelectuais.

Sol Natal em Libra Progredido para Capricórnio – O Sol progredido entra em Capricórnio entre as idades de sessenta (☉ natal 29° ♎ 59') e noventa anos (☉ natal 0° ♎ 00'). Se o seu Sol progredir para Capricórnio, você pode tornar-se muito mais sério a respeito de si mesmo e de sua auto-expressão. Dependendo das opções que tenha feito durante sua vida, você tende a tornar-se muito preocupado com sua segurança futura, ou simplesmente ter perspectivas bem mais práticas. Embora seus instintos librianos natais sociáveis possam ser estimulados pelo lado prático de Capricórnio, sua tendência será tornar-se um pouco esnobe se o que procura ainda é a realização social através das associações.

LUA NATAL EM LIBRA

Palavras-chave da Lua: emoções, respostas à vida, padrões de hábitos

Lua Natal em Libra Progredida para Libra – A cada vinte e oito anos sua Lua progredida faz conjunção com a posição natal, no ciclo de crescimento emocional da Lua progredida. Enquanto sua Lua progredida estiver no mesmo signo de sua Lua natal, você precisará encarar os problemas e alegrias inerentes à posição de sua Lua natal. A Lua em Libra simboliza a necessidade de refletir sobre as respostas emocionais e de equilibrá-las. Suas constantes tentativas no sentido de equilibrar seus sentimentos podem levar ao medo (e à fuga) da profundidade emocional. Seu humor parece estar à mercê dos outros, porque você sempre tenta entender os dois lados de cada questão. Durante a conjunção, sua tendência é reafirmar a necessidade de aprovação, pois este é realmente o significado da sua atitude pacificadora. Você pode ser popular e ter mais segurança quanto à expressão de suas emoções se confiar na sua natureza responsiva interior.

Lua Natal em Libra Progredida para Escorpião – A Lua está em detrimento em Escorpião, de modo que, a não ser que sua Lua progredida esteja aspectando outros planetas, você não vai expressar a influência retentiva, secreta e altamente emocional de Escorpião. Você não se sente muito à vontade com a profundidade e a intensidade de Escorpião, pois deseja conhecer a razão das respostas. Escorpião, por sua vez, traz a manifestação de um pouco de ciúmes, uma característica que você pessoalmente abomina. Talvez você lide com pessoas que exibem características da Lua em Escorpião, em vez de vivenciá-las interiormente.

Lua Natal em Libra Progredida para Sagitário – O signo de Sagitário é bastante compatível com o seu Libra natal, e você vai expressar seus sentimentos com bastante facilidade durante esses dois anos e meio. Quaisquer aspectos difíceis formados por trânsitos ou outras progressões serão suavizados pela sua estabilidade emocional. Você pode inclinar-se a desculpar tudo que seja desagradável, preferindo a combinação idealista da análise intelectual e da ação. Você se sentirá muito à vontade com sua natureza responsiva durante este período.

Lua Natal em Libra Progredida para Capricórnio – Esta é a primeira quadratura do ciclo de crescimento emocional de sua Lua progredida (Veja Capítulo 1, "Não ponha a culpa em sua mãe", página 29, para maiores detalhes.) A Lua está em detrimento em Capricórnio, indicando que você não apenas precisa lidar com problemas de cardinalidade, mas deve de fato determinar a importância da emoção em sua vida. Outro efeito do detrimento da Lua diz respeito à percepção apenas das partes difíceis da sua natureza responsiva. É preciso que você faça o inventário das partes positivas da sua natureza responsiva (capacidade de ajudar, consideração pelos outros) de modo a evitar uma auto-avaliação mais ou menos depressiva. Capricórnio também pode indicar o desejo de controlar as emoções, ou usá-las para fins práticos. Você pode aparentar bastante frieza com a Lua progredida em Capricórnio, já que a tensão entre a posição natal e a progredida acentua a sua necessidade de integrar a emoção na vida diária.

Lua Natal em Libra Progredida para Aquário – Sempre que sua Lua progredida está na mesma triplicidade da sua Lua natal, as suas respostas emocionais fluem mais facilmente. Agora você se sente melhor com a sua tendência a distanciar-se das respostas emocionais e com o seu desejo de refletir a respeito das razões de suas respostas emocionais. A progressão em Aquário tende a permitir-lhe um distanciamento dos seus sentimentos, suficiente para levar ao entendimento do como e do porquê das suas reações. Durante este período, você poderá ser bem-sucedido ao usar a razão para lidar com o impacto emocional dos acontecimentos.

Lua Natal em Libra Progredida para Peixes – Este signo é basicamente incompatível com sua posição natal. A crescente flutuação das respostas emocionais simbolizada por Peixes é difícil de reconciliar com a sua natureza lunar. Por natureza, você é simpático e compreensivo (as pessoas com a Lua em Libra pensam e refletem muito sobre como os outros se sentem), mas detesta o tipo de envolvimento pessoal simbolizado por Peixes. A sua cardinalidade natal quer fazer alguma coisa a respeito dos problemas; a sua Lua progredida em Peixes quer sentar e chorar sobre os problemas.

Lua Natal em Libra Progredida para Áries – Esta é a metade do ciclo de sua Lua progredida. Você precisa reconhecer os problemas da cardinalidade e os problemas de uma projeção yang das emoções, isto é, o seu desejo de fazer alguma coisa a respeito das dificuldades. A posição em Áries aumenta o seu impulso a manter-se ocupado reagindo aos estímulos emocionais antes de ter a oportunidade de entendê-los completamente. Talvez você procure minorar alguns problemas partindo para a ação imediata ou dando início a padrões de resposta totalmente novos, mas outros problemas não poderão ser resolvidos dessa forma. É possível também que tente adiar o enfrentamento de seus velhos hábitos através do envolvimento ou apoio a outras pessoas em suas crises emocionais.

Lua Natal em Libra Progredida para Touro – Este signo é basicamente incompatível com sua posição natal, e a Lua exalta-se em Touro. Embora o quincúncio geralmente não indique acontecimentos, esses dois anos e meio podem ser mais difíceis para você do que a oposição de sua Lua progredida com sua Lua natal. Se houver aspectos pesados com outras posições progredidas ou com os planetas exteriores em trânsitos, eles serão mais difíceis de enfrentar enquanto sua Lua progredida estiver em Touro. Você vai querer responder à emoção, mais do que reagir à emoção, mas os seus padrões natais de hábitos interferem no seu caminho. Você não pode fazer as duas coisas ao mesmo tempo, mas é provável que tente. O quincúncio minguante também traz à tona questões de sexualidade e papéis sexuais. Você pode ser arrastado para uma comparação entre as suas respostas e a visão psicológica correntemente aceita. Por mais útil ou razoável que seja a sua natureza, você vai conseguir achar defeitos nela. A sua vontade é proteger o mundo inteiro e ao mesmo tempo manter a distância. Geralmente não dá certo.

Lua Natal em Libra Progredida para Gêmeos – Você entra, com considerável alívio, no período de resposta emocional fácil que se apresenta sempre que a Lua progredida está na mesma triplicidade da Lua natal. Com isso, você volta a sentir confiança na sua capacidade de analisar as suas respostas emocionais e as respostas dos outros. Mesmo que a mutabilidade de Gêmeos disperse e dilua as suas respostas, a maioria das pessoas, se pudesse, escolheria menor profundidade e menos dor. Se o quincúncio de Touro trouxe um conflito interior em relação à sua capacidade de dar e receber proteção, agora você tem a oportunidade de entender as razões que estavam por trás daquela insegurança.

Lua Natal em Libra Progredida para Câncer – Este é o terceiro quarto do ciclo de crescimento emocional de sua Lua progredida, e, além disso, a Lua rege Câncer.

Trata-se da parte mais difícil do seu ciclo de crescimento. Você vai descobrir uma profundidade e uma intensidade dentro de si mesmo que provavelmente tenta ignorar. Agora você descobre que o compromisso, a flutuação e os sentimentos intuitivos dominam os seus padrões de resposta. O seu distanciamento habitual desmorona sob a arremetida da água cardeal. Uma parte de você grita: "NÃO! Não dá para agüentar!", enquanto outra parte diz: "Maravilhoso! É exatamente assim que me sinto! Não preciso pensar a respeito, sei que sinto!"

Lua Natal em Libra Progredida para Leão – Assim que sua Lua progredida entrar em Leão, você poderá relembrar as tempestades emocionais dos anos de Câncer e começar a fazer uma avaliação verdadeira da importância da emoção no seu contínuo crescimento e desenvolvimento. Talvez você seja mais capaz de demonstrar a emoção e liberar uma parte da intensidade que sentiu durante os anos de Câncer. Esta posição vai amortecer quaisquer aspectos difíceis, pois você tem respostas emocionais muito fáceis com a Lua progredida em Leão.

Lua Natal em Libra Progredida para Virgem – O signo anterior ao seu posicionamento natal freqüentemente revela as fraquezas ocultas de sua Lua natal. Enquanto sua Lua progredida está em Virgem, você pode perceber que não é tão prático assim. Você tende a tornar-se razoavelmente autocrítico na sua busca de um tipo de resposta yin adequada às emoções. Preocupa-se com a possibilidade de ser manipulado por causa de sua tendência a reagir a pistas emocionais.

MERCÚRIO NATAL EM LIBRA

Palavras-chave de Mercúrio: mente consciente, pensamentos, ações, destreza manual

Mercúrio Natal em Libra Progredido para Escorpião – Quando seu Mercúrio progride para Escorpião, é possível que seus padrões de fala se tornem mais intensos, e que você desenvolva mais completamente suas opiniões antes de permitir a interferência das opiniões dos outros. Você também pode ser capaz de ver através dos estratagemas dos outros. O fato de essa progressão em Escorpião ajudá-lo ou não a admitir os seus próprios jogos mentais vai depender das opções de autodesenvolvimento e honestidade que você tenha feito enquanto seu Mercúrio estava em Libra.

Mercúrio Natal em Libra Progredido para Sagitário – Dependendo da direção de crescimento mental escolhido enquanto Mercúrio se encontrava em Escorpião, a influência de Sagitário – detrimento de Mercúrio – vai variar consideravelmente. Por um lado, é possível que Sagitário simbolize uma dispersão de seus pensamentos, com sonhos de sucesso e uma tendência a exagerar os êxitos que pode parecer convencimento ou esnobismo. Por outro lado, a progressão tende a simbolizar um crescente interesse por filosofia, um melhor senso de humor, e uma vontade de ver o que há do outro lado do muro – no sentido literal, através de viagens, e no sentido figurado, através do estudo de outras filosofias e estruturas sociais.

Mercúrio Natal em Libra Progredido para Capricórnio – Se seu Mercúrio progredir para Capricórnio (o que não vai acontecer se seu Mercúrio natal estiver na primeira metade de Libra, ou lento devido à retrogradação antes do nascimento ou durante a sua vida, já que Mercúrio progride no máximo 80° a 90° em sessenta e cinco anos), você será capaz de desenvolver uma visão mais séria do mundo e de sua posição dentro dele. Numa expressão positiva desse posicionamento, você pode tornar-se mais prático e mais lógico. Por outro lado, tende a tornar-se amargo ou ressentido por causa de ambições não concretizadas. Uma das palavras-chave de Capricórnio é o controle, e talvez você tente controlar totalmente o seu processo de pensamento. Na medida em que não exagerar a ponto de controlar as suas fantasias e a sua imaginação, não deverá haver problemas.

Mercúrio em Libra em Progressão Retrógrada para Virgem – Mercúrio está muito mais forte neste signo, que rege, de modo que mesmo que o movimento retrógrado implique uma interiorização da energia, você vai perceber a mudança nos seus padrões de pensamento conscientes depois que Mercúrio entrar em Virgem. Quando o planeta se tornar direto, você vai expressar a lógica, a clareza e a minuciosa precisão mental desenvolvidas durante a fase retrógrada.

VÊNUS NATAL EM LIBRA

Vênus é regente de Libra
Palavras-chave de Vênus: amar, ser amado, prazer, auto-indulgência

Vênus Natal em Libra Progredido para Escorpião – Quando seu Vênus progride para Escorpião, está mudando de regência para detrimento; você terá de mudar a sua percepção da forma como dá e recebe amor enquanto Vênus formar aspectos com outros planetas ou estiver angular. Nessas ocasiões, talvez você se torne mais ciumento ou mais sensual. Enquanto seu Vênus progredido estiver em Escorpião, você tende a desenvolver maior compreensão a respeito da paixão ou do ciúme dos outros, ou então sentir-se-á atraído por pessoas com fortes características de Escorpião; a sua expressão natal libriana de harmonia, amor e beleza, porém, será a influência mais poderosa no seu comportamento.

Vênus Natal em Libra Progredido para Sagitário – A progressão de Vênus em Sagitário será extremamente difícil de ser percebida na forma de mudança na sua natureza amorosa, pois mesmo recebendo aspectos de outros posições ou angular, o simbolismo de Sagitário tende apenas a ampliar a sua vontade natal de se divertir e o seu senso de humor. A influência de Sagitário parece deixá-lo mostrar mais completamente a sua natureza natal libriana (gosto pela arte e pela música, apreciação da beleza, capacidade de aplainar divergências entre os outros, capacidade de manipulação).

Vênus Natal em Libra Progredido para Capricórnio – Se seu Vênus progredir para Capricórnio, você pode sentir de forma bastante aguda a perda de amigos. Talvez deteste as limitações que a idade impõe à sua capacidade de desfrutar a arte, a música, a dança. Mas este também é um tempo para a reflexão tranqüila e a lembrança das coisas e pessoas maravilhosas que seu Vênus em Libra lhe permitiu ter.

Vênus Natal em Libra em Progressão Retrógrada para Virgem – Devido à força de sua posição natal e à influência interna do movimento retrógrado, você não vai perceber muita diferença nessa progressão. Entretanto, ela simboliza uma capacidade de discriminação e uma aplicação prática da apreciação artística que podem ser muito valiosas caso queira fazer carreira no mundo artístico. Vênus está em queda em Virgem, de modo que é improvável você mudar a sua atitude em relação ao amor.

MARTE NATAL EM LIBRA

Marte em detrimento em Libra
Palavras-chave de Marte: energia, iniciativa, agressividade, raiva

Marte Natal em Libra Progredido para Escorpião – Quando Marte progride para Escorpião, do qual é o regente tradicional, o direcionamento de sua energia, iniciativa e impulso torna-se muito mais fácil. Se alguém o ofender, você verá que prefere terminar o relacionamento imediatamente a continuar a aceitar as conseqüências do mau gênio dos outros. Você terá mais disposição em aceitar e usar a sua própria energia enquanto Marte progride através de Escorpião. A sua intensidade poderá surpreendê-lo nas ocasiões em que seu Marte progredido forma aspectos com outros planetas ou ângulos (natais ou progredidos).

Marte Natal em Libra Progredido para Sagitário – A progressão de Marte para Sagitário pode suavizar a intensidade dos anos de Escorpião, mas não vai ser suficientemente forte para mudar os hábitos adquiridos na progressão anterior. Marte em Sagitário, entretanto, simboliza uma expressão clara e aberta da energia, e dessa forma você poderá libertar-se de características de teimosia e reserva adquiridas enquanto Marte estava em Escorpião. Talvez você se divirta mais engajando-se em esportes competitivos depois da entrada de Marte em Sagitário.

Marte Natal em Libra em Progressão Retrógrada para Virgem – O movimento retrógrado implica numa manifestação interna, e não externa, da energia de Marte. Essa combinação exige uma total honestidade a respeito de suas motivações para chegar a uma expressão positiva de seus impulsos interiores. É muito fácil cair na armadilha da racionalização, culpando os outros por todos os seus problemas. Você pode negar completamente qualquer sentimento de raiva. A não ser que consiga admitir o seu lado menos maravilhoso, você não será capaz de perceber o quanto o seu ressentimento disfarçado poderá levar os outros a responder-lhe de forma negativa.

JÚPITER NATAL EM LIBRA

Palavras-chave de Júpiter: expansão, crescimento, fé, otimismo

Júpiter Natal em Libra Progredido para Escorpião – Júpiter progride cerca de 14' por ano, ou 15° em sessenta e cinco anos. Se seu Júpiter natal está direto e na segunda metade de Libra, poderá entrar em Escorpião. Quando seu Júpiter progride para Escorpião, geralmente você adquire um senso de privacidade, profundidade e persistência em relação ao crescimento. Se optou pela ênfase no crescimento espiritual, poderá descobrir que essa progressão eleva a sua autoconsciência. Se não tem interesse no desenvolvimento espiritual, talvez você combine a reserva de Escorpião com o interesse pelos outros, indicado pela sua posição natal, para tentar saber tudo a respeito de todas as pessoas que você conhece.

Júpiter Natal em Libra em Progressão Retrógrada para Virgem – Júpiter só avança cerca de 6° em sessenta e cinco anos quando retrógrado. A não ser que seu Júpiter natal esteja nos primeiros 6° de Libra e retrógrado, não vai progredir para Virgem. Como este é o signo tradicional de seu detrimento, e o movimento retrógrado implica numa interiorização da expressão da energia, não é muito provável que você descubra quaisquer mudanças importantes na sua maneira de crescer e expandir-se com a entrada de Júpiter em Virgem. Nas ocasiões em que Júpiter estiver aspectado ou angular, talvez você se torne mais prático a respeito da sua expansão e do seu crescimento.

SATURNO NATAL EM LIBRA

Saturno exaltado em Libra
Palavras-chave de Saturno: dever, responsabiliade, realidade, limitação

Saturno Natal em Libra Progredido para Escorpião – Saturno progride cerca de 7' por ano, ou 8° em sessenta e cinco anos. A não ser que seu Saturno natal esteja no último decanato de Libra e direto, não vai progredir para Escorpião. Saturno exalta-se em Libra, portanto a não ser que a posição progredida esteja fortemente aspectada ou angular, a progressão de seu Saturno para Escorpião não vai simbolizar nenhuma mudança importante na sua visão da responsabilidade pessoal. Enquanto Saturno estiver aspectado, talvez você fique mais rígido a respeito da forma "certa" (a sua) de assumir o dever ou a responsabilidade. Você pode tornar-se fanático na expressão do seu desejo natal saturnino de justiça e honra. Por outro lado, você tende a desenvolver a capacidade de seguir a letra da lei e ignorar seu conteúdo.

Saturno Natal em Libra em Progressão Retrógrada para Virgem – Saturno só avança cerca de 3° em sessenta e cinco anos, quando retrógrado. A não ser que você tenha Saturno natal nos primeiros poucos graus de Libra e retrógrado, não haverá a progressão para Virgem. Saturno é mais forte na sua posição natal em Libra do que em Virgem. Excetuando-se os períodos em que Saturno estiver angular ou fortemente aspectado, você não vai notar mudanças na sua forma de aceitar responsabilidades com a entrada de Saturno em Virgem. Se estiver sendo aspectado, talvez você sinta uma forte inclinação a ensinar aos outros como fazer as coisas. Você pode ter dificuldade em concordar que isto é um problema, pois dentro do seu coração sabe que está certo.

URANO NATAL EM LIBRA

Palavras-chave de Urano: vontade própria, mudanças, criatividade, inventividade

Urano Natal em Libra Progredido para Escorpião – Se você nasceu em setembro, outubro ou novembro de 1974, ou entre março e setembro de 1975, seu Urano pode progredir para Escorpião no decorrer de sua vida. Quando Urano progride para Escorpião, signo de sua exaltação, você tende a tornar-se extremamente obstinado com relação a seu desejo de ter relacionamentos informais. Pode ser que você decida encerrar todos os seus antigos relacionamentos e fazer novos.

Urano Natal em Libra em Progressão Retrógrada para Virgem – Se você nasceu em março, abril ou maio de 1969, seu Urano pode progredir para Virgem no decorrer de sua vida. A influência de Virgem é radicalmente diferente da de Libra na expressão de Urano, com Libra procurando a mudança e a Liberdade através das pessoas, e Virgem buscando a inventividade prática através das coisas como um instrumento de mudança. Em conseqüência, o período de seis meses durante o qual Urano efetivamente ingressa em Virgem provavelmente envolverá mudanças abruptas em muitas áreas de sua vida. Cada trânsito sobre as posições natais vai trazer algum tipo de alteração na sua vida. A melhor forma de enfrentar essa transição é manter a flexibilidade, pois zangar-se ou tentar forçar as coisas a permanecerem constantes só vai irritá-lo.

NETUNO NATAL EM LIBRA

Palavras-chave de Netuno: imaginação, espiritualidade, irrealidade, decepção, música, arte

Netuno Natal em Libra Progredido para Escorpião – Se você nasceu de outubro de 1955 a outubro de 1956, seu Netuno pode progredir de Libra para Escorpião, ou vice-versa, durante a sua vida. A posição de Netuno por signo tem efeito generacional, a não ser que Netuno esteja angular ou fortemente aspectado pelos planetas interiores. Netuno em Libra simboliza a idealização dos relacionamentos, enquanto Netuno em Escorpião simboliza a idealização da sexualidade ou dos conceitos de morte e renascimento.[25]

25 Para Netuno natal em Libra em progressão retrógrada para Virgem (nascidos em fevereiro, março e abril de 1943), veja página 204, Netuno em Virgem.

PLUTÃO NATAL EM LIBRA

Palavras-chave de Plutão: força, domínio, mudanças permanentes, poder

Plutão Natal em Libra Progredido para Escorpião – Quem nasceu no fim de 1983 ou 1984 pode ter Plutão progredido de Libra para Escorpião durante a sua vida. O efeito de Plutão não é pessoal, a não ser que esteja angular ou aspectado pelos planetas internos. Como nenhum de nós vivenciou ainda o simbolismo de Plutão em Escorpião, só podemos especular sobre o seu verdadeiro significado. Plutão em Libra aparentemente estava associado com mudanças na visão social dos relacionamentos. Plutão em Escorpião pode simbolizar a necessidade de regeneração em todos os níveis da vida humana.[26]

PROGRESSÕES PARA POSIÇÕES NATAIS EM ESCORPIÃO

ESCORPIÃO: YIN – FIXO – ÁGUA

SOL NATAL EM ESCORPIÃO

Palavras-chave do Sol: força vital básica, corpo físico, "eu" interno

Sol Natal em Escorpião Progredido para Sagitário – O Sol entra em Sagitário entre as idades de uma semana (☉ natal 29° ♏ 59') e trinta anos (☉ natal 0° ♏ 00'). Quando o seu Sol progride para Sagitário, provavelmente suas atitudes se tornarão um pouco mais flexíveis. Você começará a desenvolver senso de humor, e, como o seu idealismo e capacidade de visão ampla aumentarão, você poderá tentar formas alternativas de auto-expressão. Sagitário amplia toda a sua auto-expressão, tanto positiva como negativa. Você pode optar por quais características de Escorpião deseja conservar e quais características sagitarianas quer adquirir.

Sol Natal em Escorpião Progredido para Capricórnio – O Sol entra em Capricórnio entre as idades de trinta (☉ natal 29° ♏ 59') e sessenta anos (☉ natal 0° ♏ 00'). Quando o seu Sol progride para Capricórnio, parece que você retoma (ou amplifica) muitas das suas características escorpianas natais. Entre outras coisas, Capricórnio simboliza a ambição, a praticidade, e a orientação para objetivos, tudo muito compatível com a sua natureza natal escorpiana. Os signos cardeais iniciam as mudanças, mas não gostam de qualquer mudança que não tenha sido iniciada por eles. Esta característica harmoniza-se bem com o seu ser interno, pois você realmente não gosta de fazer coisas que não foram idéia sua.

Sol Natal em Escorpião Progredido para Aquário – O Sol progredido entra em Aquário entre as idades de sessenta (☉ natal 29° ♏ 59') e noventa anos (☉ natal 0° ♏ 00'). Se o seu Sol progredir para Aquário, você pode descobrir que essa progressão final solidifica toda a fixidez de sua natureza. Se você não deu muita atenção ao desenvolvimento do seu lado espiritual, pode tornar-se um senhor realmente teimoso e rabugento. Entretanto, tanto Aquário como Escorpião têm potencial para um elevado entendimento espiritual. Se conseguir evitar o perigo da intransigência, a sua última progressão pode trazer-lhe a serenidade.

26 Para Plutão natal em Libra em progressão retrógrada para Virgem (nascidos em fevereiro, março e abril de 1972) veja página 204, Plutão em Virgem.

Lua em queda em Escorpião
Palavras-chave da Lua: emoções, respostas à vida, padrões de hábitos

Lua Natal em Escorpião Progredida para Escorpião – Sua Lua progredida faz conjunção com sua posição natal a cada vinte e oito anos, no ciclo de crescimento emocional da vida humana. A conjunção traz à tona tanto as alegrias como as dificuldades inerentes ao simbolismo da sua Lua natal em Escorpião. A Lua está em queda em Escorpião. Você vivencia uma intensidade de resposta emocional sem paralelo em qualquer outra colocação da Lua por signo. Talvez seja muito difícil, para você, analisar ou entender as suas emoções, pois poucos podem sondar a sua psique com tanta profundidade. Existe uma insegurança subjacente aos seus hábitos emocionais que você teimosamente mantém. Esta insegurança pode levar a extremos de ciúmes algumas vezes associados à Lua em Escorpião.

Lua Natal em Escorpião Progredida para Sagitário – Quando sua Lua progride para Sagitário, pode ser que você tente projetar a emoção de forma yin e yang. Sua posição natal indica que você prefere manter seus sentimentos ocultos sob um manto de mistério. Talvez seria muito difícil para você lidar com o ímpeto sagitariano de se abrir com os outros numa franca demonstração emotiva.

Lua Natal em Escorpião Progredida para Capricórnio – Embora a Lua esteja em detrimento em Capricórnio, este signo é bastante compatível com sua posição natal em Escorpião. O desejo de controlar as emoções, simbólico de Capricórnio, apóia a sua necessidade natal de esconder as emoções. Você pode tornar-se mais manipulativo, usando as emoções para controlar os outros, durante essa progressão em Capricórnio.

Lua Natal em Escorpião Progredida para Aquário – Este é o primeiro quarto do ciclo de crescimento emocional de sua Lua progredida. (Veja Capítulo 1, "Não ponha a culpa em sua mãe", página 29, para maiores detalhes.) Se você tem problemas com fixidez ou com a formação de hábitos fortes, eles virão à tona agora. Você pode sentir-se dividido entre a vontade de pensar sobre seus sentimentos e o desejo de vivenciar as suas fortes respostas. Embora não queira alterar suas respostas habituais, é necessário que você se distancie delas o suficiente para melhor entendê-las.

Lua Natal em Escorpião Progredida para Peixes – Sempre que a Lua progredida está na mesma triplicidade da sua Lua natal, você descobre que suas respostas emocionais fluem mais facilmente. Enquanto sua Lua progredida se encontra em Peixes, suas respostas são extremamente empáticas, com uma sintonia instantânea para com os outros e seus sentimentos. Quaisquer trânsitos ou progressões difíceis serão amenizados por causa da estabilidade emocional simbolizada pelo trígono entre sua Lua natal e progredida.

Lua Natal em Escorpião Progredida para Áries – Esta posição é basicamente incompatível com sua posição natal. Sua Lua natal em Escorpião não assume riscos em relação a novas respostas emocionais, nem inicia padrões de resposta. Você pode tentar ignorar completamente a influência de Áries, ou comportar-se de uma forma yang nas horas erradas, parecendo bastante despótico por causa da sua rigidez subjacente. A tensão simbolizada pela combinação entre as posições natal e progredida tende a exacerbar quaisquer aspectos difíceis formados durante este período, por trânsitos ou outras progressões.

Lua Natal em Escorpião Progredida para Touro – Além de Touro ser a metade do ciclo de crescimento de sua Lua progredida, é o signo de exaltação da Lua. Devido à crescente influência da Lua progredida, as suas reações aos estímulos podem ser exageradas. Isto, muitas vezes, leva a assumir a forma de suspeita em relação a qualquer pessoa fora de sua família. Algumas vezes a suspeita inclui membros da família. Se você não admitir o papel que os seus padrões de hábitos obstinados desempenham em seus tumultos emocionais, pode tornar-se emocionalmente isolado, buscando a proteção e o apego dos membros de sua família. Esta posição é a parte mais difícil do ciclo de sua Lua progredida pois você precisa enfrentar as partes mais fortes e mais fracas de seus sentimentos.

Lua Natal em Escorpião Progredida para Gêmeos – Este signo é basicamente incompatível com sua posição natal em Escorpião. Você prefere sentir, enquanto a influência de Gêmeos estimula a análise de suas respostas emocionais. O signo mutável de ar indica uma tendência a dispersar as respostas emocionais, enquanto a sua tendência emocional é no sentido de acumular a emoção, derramando-a sobre os membros de sua família e os amigos íntimos. Enquanto as pessoas com Lua em Gêmeos ficam na periferia da resposta emocional, as pessoas de Lua em Escorpião mergulham imediatamente no centro do sentimento. Em geral, é difícil para essas pessoas conceber qualquer padrão válido de respostas que não seja o comprometimento total.

Lua Natal em Escorpião Progredida para Câncer – A Lua rege Câncer, e este signo faz trígono com sua posição natal. Sempre que a Lua progredida está na mesma triplicidade de sua Lua natal, suas emoções fluem mais facilmente. Com esta combinação, o fluxo pode tornar-se uma torrente, afogando os membros da família através da proteção excessivamente possessiva. Você tende a desenvolver um complexo de mártir, não podendo ou não querendo reconhecer que os outros precisam funcionar por si sós. Do lado positivo, essa combinação nunca vai negligenciar qualquer membro da família, e mesmo que você guarde ressentimentos durante os dois anos e meio dessa progressão, vai perdoar quem quer que saiba apelar ao seu desejo de proteger e cuidar. Quaisquer aspectos tensos formados por trânsitos ou outras progressões serão amenizados através da estabilidade dos seus atuais padrões emocionais.

Lua Natal em Escorpião Progredida para Leão – Este é o terceiro quarto do ciclo de crescimento de sua Lua progredida. Novamente você precisa encarar os problemas dos padrões de hábitos fixos. Você pode explorar o lado yang da emoção, agindo em vez de responder a algumas situações. Entretanto, o problema primordial indicado por esse período deriva do conflito entre a reserva (Escorpião) e a manifestação (Leão). Você deseja realmente ser apreciado pela profundidade de sua lealdade, mas, a não ser que diga aos outros o que sente, eles podem não perceber as suas fortes ligações emocionais. Talvez você se sinta muito isolado nesse período, certo de que ninguém entende os enormes sacrifícios que faz em benefício das pessoas que lhe importam.

Lua Natal em Escorpião Progredida para Virgem – O simbolismo desta terra mutável pode indicar a sua disposição atual de se liberar de alguns de seus padrões emocionais menos positivos, principalmente qualquer possessividade, rigidez ou retenção de emoções negativas. A combinação de Virgem e Escorpião geralmente funciona muito bem, suavizando as dificuldades à medida que você responde de uma forma mais prática e fria. Virgem permite algum distanciamento da intensidade emocional, ao mesmo tempo que reforça a forte natureza responsiva yin indicada pela sua posição natal.

Lua Natal em Escorpião Progredida para Libra – O signo anterior ao seu signo natal freqüentemente revela fraquezas ou dificuldades ocultas de suas respostas natais. Enquanto sua Lua progredida está em Libra, você pode notar (ou ser informado) que é tão reservado em relação às emoções, que os outros não conseguem entender suas respostas. Alternativamente, você pode descobrir que a sua intensidade afasta os outros. Quaisquer problemas relacionados com uma excessiva projeção yin ficarão mais patentes durante esses dois anos e meio, pois Libra simboliza o equilíbrio, e o que você precisa equilibrar são os modos yin e yang de resposta emocional.

MERCÚRIO NATAL EM ESCORPIÃO

Palavras-chave de Mercúrio: mente consciente, pensamentos, ações, destreza manual

Mercúrio Natal em Escorpião Progredido para Sagitário – Mercúrio está em detrimento em Sagitário, de modo que a não ser que seu Mercúrio progredido esteja aspectado ou angular, você não vai notar mudanças nos seus padrões de pensamentos durante essa progressão. Quando seu Mercúrio progredido estiver aspectado, talvez você procure formas mais abertas de expressão. Você pode expandir seus conhecimentos, ou estar mais inclinado a ouvir as idéias dos outros.

Mercúrio Natal em Escorpião Progredido para Capricórnio – A progressão de Mercúrio em Capricórnio pode ser difícil de perceber por uma razão bem diferente. A influência de Capricórnio sobre o seu Mercúrio parece intensificar muitas de suas características escorpianas natais. Capricórnio, também, indica padrões de fala taciturnos e enfatiza uma abordagem séria do pensamento consciente. Ambos os signos indicam persistência, Escorpião por causa da teimosia e Capricórnio por causa da orientação para objetivos. Ambos manipulam os outros, Escorpião por causa de uma vontade intensa e uma necessidade de dominar, já Capricórnio por causa de uma grande vontade de exercer controle sobre si próprio e sobre o meio. Esta combinação pode indicar sucesso em quase qualquer área, pois você é capaz de definir um objetivo e empregar todos os seus recursos na sua consecução.

Mercúrio Natal em Escorpião Progredido para Aquário – Se o seu Mercúrio progredir para Aquário, onde se exalta, você vai expressar muito mais facilmente os seus pensamentos e filosofias. (Mercúrio avança 80° a 90° em sessenta e cinco anos. Se ele estiver na primeira metade de Escorpião no mapa natal, ou em movimento lento devido à retrogradação antes do nascimento ou em qualquer ponto de sua vida, não vai haver a progressão para Aquário.) Você não vai ficar nem um pouquinho menos teimoso, ou menos intransigente no que diz respeito a suas filosofias, mas pode começar a enfocar questões mais amplas e humanitárias. Quer tenha ou não optado pelo desenvolvimento do lado mais elevado do seu espírito em sua vida, você tem certeza de que a sua forma de pensar é a única abordagem realista da vida.

Mercúrio Natal em Escorpião em Progressão Retrógrada para Libra – O movimento retrógrado de Mercúrio implica em que o simbolismo de Libra vai manifestar-se num nível interior até Mercúrio tornar-se direto. Enquanto Mercúrio estiver retrógrado, talvez você reflita sobre o ponto de vista dos outros; mas até Mercúrio tornar-se direto não é provável que você permita que as opiniões dos outros influenciem os seus pensamentos conscientes.

VÊNUS NATAL EM ESCORPIÃO

Vênus em detrimento em Escorpião
Palavras-chave de Vênus: amar, ser amado, prazer, auto-indulgência

Vênus Natal em Escorpião Progredido para Sagitário – Quando Vênus progredir para Sagitário, talvez você desenvolva a necessidade de ter liberdade pessoal dentro dos relacionamentos e, ao mesmo tempo, negue a mesma liberdade ao seu parceiro. No processo de idealização da expressão do amor, pode ser que você prefira ignorar a sua possessividade, e sempre vai ignorar o seu afastamento quando confrontado com o afastamento real ou imaginário de seu parceiro.

Vênus Natal em Escorpião Progredido para Capricórnio – Se você não manteve relacionamentos intensos durante a progressão de Vênus em Sagitário, esta progressão em Capricórnio pode simbolizar uma crescente frieza. Talvez você receie não ser realmente digno de amor, e pode voltar-se para a manipulação a fim de obter alguma forma de sucesso material através do amor. Por outro lado, se você teve relacionamentos razoavelmente estáveis na progressão de Vênus por Sagitário, é provável que se fixe num desses relacionamentos com a entrada de Vênus em Capricórnio.

Vênus Natal em Escorpião Progredido para Aquário – Se seu Vênus progredido atingir Aquário, toda a fixidez simbolizada por sua posição natal retorna inteiramente. Ninguém consegue ser mais ciumento do que você. Não importa que agora você e seu parceiro sejam maduros; a não ser que tenha adquirido um pouco de confiança na sua capacidade intrínseca de amar e ser amado, você vai se preocupar com a possibilidade de ser abandonado. Para aqueles que desenvolveram o seu mais elevado lado espiritual, esta progressão pode significar uma tendência a estender seu amor por toda a humanidade.

Vênus Natal em Escorpião em Progressão Retrógrada para Libra – Apesar do fato de o movimento retrógrado de Vênus implicar uma manifestação interior, e não exterior, do simbolismo envolvido, Vênus é o regente de Libra. Assim, você consegue ter uma perspectiva melhor do amor e dos relacionamentos. Provavelmente não vai tomar tudo pessoalmente depois que Vênus entrar em Libra. Você será capaz de adquirir o senso da beleza e o da harmonia intrínseca da vida. Depois que Vênus se tornar direto, você vai apreciar a sua natureza amorosa e ser capaz de aceitar o amor dos outros com muito menos ansiedade.

MARTE NATAL EM ESCORPIÃO

Marte é regente tradicional de Escorpião
Palavras-chave de Marte: energia, iniciativa, agressividade, raiva

Marte Natal em Escorpião Progredido para Sagitário – Marte não está fraco em Sagitário, mas não tão forte quanto na posição natal em Escorpião. Assim, a influência dessa progressão amortece, mas não transforma, seu método básico de manifestar a agressividade e o vigor. Depois da entrada de seu Marte em Sagitário, talvez você descubra que não mais se concentra na destruição completa de coisas (ou pessoas) que o irritam.

Marte Natal em Escorpião Progredido para Capricórnio – Marte, exaltado em Capricórnio, é tão forte nesta progressão como no seu mapa natal. Agora você pode canalizar muito bem a sua energia, estabelecendo objetivos e lançando mão da energia necessária para atingi-los. Você está muito mais inclinado a levar em conta os resultados de seus atos, assim como o efeito que deseja ter nos outros, antes de dar início a qualquer atividade. Você é capaz de preterir ganhos imediatos em benefício do sucesso a longo prazo.

Marte Natal em Escorpião em Progressão Retrógrada para Libra – A não ser que Marte esteja angular ou fortemente aspectado em Libra, a progressão de Marte da sua regência tradicional para o signo de seu detrimento vai trazer poucos efeitos visíveis. O movimento retrógrado implica uma interiorização da energia, o que pode resultar numa tendência a transferir a agressividade. Talvez sua opção seja tornar-se a vítima da agressão em vez de expressar a sua raiva diretamente. Isto pode manifestar-se através da escolha de um parceiro grosseiro ou da freqüente associação com pessoas violentas. Se este for o seu caso, é preciso que você examine a expressão da sua energia.

JÚPITER EM ESCORPIÃO

Palavras-chave de Júpiter: expansão, crescimento, fé, otimismo

Júpiter Natal em Escorpião Progredido para Sagitário – Júpiter progride cerca de 14' por ano (15° em sessenta e cinco anos) quando direto. A não ser que seu Júpiter natal esteja na última metade de Escorpião e direto, não vai progredir para Sagitário. Júpiter rege Sagitário e, uma vez nesse signo, geralmente o crescimento e a mudança ocorrem num ritmo mais ou menos rápido. No pior dos casos, você pode exagerar a sua própria importância, e no melhor dos casos tornar-se um filósofo bem-dotado. Talvez você descubra um senso de humor até então desconhecido, assim como um interesse pela justiça, lei, diplomacia.

Júpiter Natal em Escorpião em Progressão Retrógrada para Libra – Quando Júpiter está retrógrado, avança no máximo 6° em sessenta e cinco anos. A não ser que seu Júpiter natal esteja no primeiro decanato de Escorpião e retrógrado, não vai progredir para Libra. A combinação dessas posições natal e progredida introduz um potencial interno de crescimento e desenvolvimento através de parceiros, amigos ou outras pessoas. A reserva de sua posição natal tende a diminuir gradualmente à medida que o potencial expansivo da posição em Libra (através de parceiros ou outras pessoas) cresce em termos de manifestação externa. Se o seu Júpiter não se tornar direto, é possível que você tenha dificuldade em admitir a influência exercida pelos outros no seu crescimento.

SATURNO NATAL EM ESCORPIÃO

Palavras-chave de Saturno: dever, responsabilidade, realidade, limitação

Saturno Natal em Escorpião Progredido para Sagitário – Saturno progride no máximo 7' por ano quando direto. A não ser que seu Saturno natal esteja nos últimos 7° de Escorpião, provavelmente não vai progredir para Sagitário. Quando Saturno progride para Sagitário, talvez você decida engajar-se num estudo sério da religião ou da filosofia. Embora isso possa levar a uma maestria nesses assuntos, você realmente precisa adquirir senso de humor além de estudar, já que suas crenças podem tornar-se bastante dogmáticas. A combinação Sagitário-Escorpião pode simbolizar a mistura de idealismo e praticismo conhecida como pragmatismo.

Saturno Natal em Escorpião em Progressão Retrógrada para Libra – Saturno só avança cerca de 3° em sessenta e cinco anos quando retrógrado. A não ser que seu Saturno natal esteja nos primeiros graus de Escorpião, não vai progredir para Libra. Como Saturno exalta-se em Libra, este posicionamento tende a ter muita influência em sua vida, a despeito do fato de o movimento retrógrado implicar uma manifestação interna, e não externa, do seu senso de dever e responsabilidade. Depois da progressão de Saturno para Libra, talvez você comece a prover o equilíbrio, a ordem e a lei em todas as suas interações. Tal combinação é quase o estereótipo da pessoa da "lei e ordem", pois a fixidez da sua posição natal permanece como uma crença intransigente no seu conceito de dever e responsabilidade, enquanto a posição progredida significa que você partilha esses conceitos com os outros.

URANO NATAL EM ESCORPIÃO

Urano exaltado em Escorpião
Palavras-chave de Urano: vontade própria, mudanças, criatividade, inventividade

Urano Natal em Escorpião Progredido para Sagitário – Quem nasceu entre 1896 e 1898, ou durante 1980 e a maior parte de 1981 pode ter seu Urano progredido de Escorpião para Sagitário no decorrer da vida. Quando Urano progride para Sagitário, o seu desejo de mudar as coisas desloca-se para as áreas da religião e da filosofia, onde é possível que surjam muitos conceitos originais.

Urano Natal em Escorpião em Progressão Retrógrada para Libra – Se você nasceu em março ou abril de 1975, o seu Urano pode retrogradar para Libra no decorrer da sua vida. O seu desejo de liberdade ou mudança tende a deslocar-se para os relacionamentos que você formar. A tenacidade da sua posição natal em Escorpião ainda será evidente, pois ou você vai se apegar firmemente a um relacionamento, exigindo ao mesmo tempo que o seu parceiro se transforme, ou vai destruir por completo o relacionamento, com vistas a concretizar a mudança pela qual está passando na sua atitude em relação aos relacionamentos. Se der aos outros a mesma liberdade de que precisa durante esse período, a progressão não vai ser difícil.

NETUNO NATAL EM ESCORPIÃO

Palavras-chave de Netuno: imaginação, espiritualidade, irrealidade, decepção, música, arte

Netuno Natal em Escorpião Progredido para Sagitário – Se você nasceu no final de 1969 ou durante 1970, seu Netuno pode progredir de Escorpião para Sagitário (ou vice-versa) no decorrer de sua vida. A influência da posição de Netuno por signo é mais generacional do que pessoal, a não ser que o Netuno esteja angular ou fortemente aspectado pelos seus planetas interiores. Netuno em Escorpião simboliza a idealização do sexo, ou a idealização dos conceitos de morte e renascimento, enquanto Netuno em Sagitário simboliza a idealização da filosofia e da religião, da educação superior e da comunicação de massa.[27]

PLUTÃO NATAL EM ESCORPIÃO

Plutão é regente de Escorpião
Palavras-chave de Plutão: força, domínio, mudanças permanentes, poder

Plutão Natal em Escorpião Progredido para Sagitário – Quem nascer em 1995 pode ter Plutão progredido de Escorpião para Sagitário no decorrer da vida. Além do

27 Para Netuno natal em Escorpião em progressão retrógrada para Libra (nascidos entre outubro de 1955 e outubro de 1956) veja página 212, Netuno em Libra.

efeito de Plutão ser mais generacional do que pessoal, realmente não sabemos com exatidão o que Plutão em Escorpião significa. (No momento em que o presente livro está sendo escrito, Plutão está para entrar no signo de sua regência.) Podemos especular que Plutão no signo de sua regência vai simbolizar a mudança nos conceitos mundiais de sexo, morte, renascimento, talvez trazendo uma nova ordem mundial. Talvez Plutão em Sagitário indique mudanças importantes nos conceitos mundiais de religião e filosofia.[28]

PROGRESSÕES PARA POSIÇÕES NATAIS EM SAGITÁRIO

SAGITÁRIO: YANG – MUTÁVEL – FOGO

SOL EM SAGITÁRIO

Palavras-chave do Sol: força vital básica, corpo físico, "eu" interno

Sol Natal em Sagitário Progredido para Capricórnio – O Sol progredido entra em Capricórnio entre as idades de uma semana (☉ natal 29° ♐ 59') e trinta anos (☉ natal 0° ♐ 00'). Quando o seu Sol progride para Capricórnio, você tende a adicionar mais realismo a seu enfoque de si mesmo e do mundo. A maioria dos sagitarianos não partilha a sóbria visão do mundo comum aos capricornianos, embora quem tenha Mercúrio em Capricórnio possa descobrir que tal progressão aviva a sua ambição e a sua orientação para objetivos. Você adquire um pouco mais de sensibilidade em relação ao que os outros pensam a seu respeito, mas não é provável que se torne tão conservador ou preocupado com isso como alguém que tenha o Sol natal em Capricórnio.

Sol Natal em Sagitário Progredido para Aquário – O Sol progredido entra em Aquário entre as idades de trinta (☉ natal 29° ♐ 59') e sessenta anos (☉ natal 0° ♐ 00'). O Sol está em detrimento em Aquário, de modo que esta progressão não é uma influência forte na sua auto-imagem, como foi a progressão em Capricórnio. É possível que o seu idealismo se torne um pouco mais fixo, ou que a sua vontade de pular de um envolvimento para outro não esteja tão forte.

Sol Natal em Sagitário Progredido para Peixes – O Sol progredido entra em Peixes entre as idades de sessenta (☉ natal 29° ♐ 59') e noventa anos (☉ natal 0° ♐ 00'). Se o seu Sol progredir para Peixes, você tende a desenvolver uma visão mais emocional de si mesmo. Essa emoção manifestar-se-á como simpatia pelos outros ou autopiedade sentimental, dependendo do que você fez para desenvolver o seu potencial espiritual no decorrer da sua vida. Você pode combinar o otimismo e o humor do Sagitário natal

28 Para Plutão natal em Escorpião em progressão retrógrada para Libra (nascidos em março, abril e maio de 1984) veja página 213, Plutão em Libra.

com a empatia de Peixes para estabelecer relacionamentos pessoais íntimos, ou então usar os lados menos positivos dos dois signos para manipular ou enganar todos à sua volta.

LUA NATAL EM SAGITÁRIO

Palavras-chave da Lua: emoções, respostas à vida, padrões de hábitos

Lua Natal em Sagitário Progredida para Sagitário – A cada 28 anos sua Lua progredida faz conjunção com sua posição natal, no ciclo de crescimento da Lua. Durante essa conjunção enfatizam-se os problemas e as alegrias do seu simbolismo natal. Você tende a iniciar as respostas emocionais. Talvez fique inquieto, passando de um sentimento a outro de modo rápido e fácil. Seu alegre otimismo, em geral, impede que tais mudanças de sentimentos se transformem em mudanças de humor impossíveis de controlar. Os problemas surgem quando você reage antes de assimilar totalmente o impacto emocional de um acontecimento. Pode ser que você disperse as suas respostas emocionais, diluindo assim a sua eficácia, ou ignore as questões menores tais como meias sujas embaixo da cama, ou jantares queimados que, no fim das contas, tendem a gerar problemas emocionais. Não negligencie as coisas pequenas só porque os seus problemas não são tão grandes como os de um mendigo de Calcutá.

Lua Natal em Sagitário Progredida para Capricórnio – A Lua está em detrimento neste signo, que, além disso, conflita com sua posição natal tanto por polaridade como por quadruplicidade. Enquanto sua Lua em Sagitário estimula a liberdade na resposta emocional, Capricórnio indica a restrição ou o controle nos padrões de resposta. Durante essa progressão você tende a admitir que precisa desenvolver mais controle sobre seus sentimentos, mas como a Lua progredida não está forte por signo, é possível que você planeje deixar esse controle para amanhã. Por outro lado, talvez você se torne muito mais consciente da forma como outras pessoas confundem suas vidas por não saberem controlar suas explosões emocionais, sem nunca atentar para o fato de que você mesmo pode estar tendo a mesma dificuldade.

Lua Natal em Sagitário Progredida para Aquário – Este signo aéreo yang significa a compreensão intelectual da emoção, coisa que você, com a sua posição natal em fogo, realmente admira. De qualquer forma, os seus ideais são elevados, e a adição do idealismo de Aquário simplesmente faz com que suas trocas emocionais fluam com facilidade. Quaisquer aspectos difíceis com outras progressões ou trânsitos serão muito mais fáceis de lidar durante a progressão de sua Lua em Aquário.

Lua Natal em Sagitário Progredida para Peixes – Este é o primeiro quarto do ciclo emocional de sua Lua progredida. (Veja Capítulo I, "Não ponha a culpa em sua mãe", página 29, para maiores detalhes.) Esta quadratura enfatiza a sua necessidade de desenvolver e usar o lado yin, ou responsivo, de sua natureza emocional. Quaisquer dificuldades que você tenha com a dispersão das respostas emocionais serão intensificadas enquanto sua Lua progredida estiver em Peixes. Suas variações de humor podem tornar-se crônicas, e será mais difícil distanciar-se de seus sentimentos. Nesse período, você pode ficar ávido por histórias tristes, principalmente se não quiser enfrentar os seus problemas internos. É muito mais fácil enfocar os problemas dos outros, preocupar-se e tentar fazer alguma coisa para ajudá-los, do que arrumar o seu próprio cenário emocional.

Lua Natal em Sagitário Progredida para Áries – Sempre que sua Lua progredida estiver na mesma triplicidade da sua Lua natal, as suas respostas emocionais fluirão mais facilmente. Áries empresta a energia iniciadora cardeal ao seu desejo normal de fogo de começar as coisas. Você vai reagir às questões emocionais de forma rápida e entusiástica, como se fosse um matador de dragões. O maravilhosamente otimista "Posso mudar isso", característico desta combinação, deve guiá-lo por entre quaisquer problemas indicados por trânsitos ou outras progressões.

Lua Natal em Sagitário Progredida para Touro – Este signo é basicamente incompatível com a sua posição natal. Devido à força da Lua progredida neste signo, onde se exalta, não vai ser possível ignorar a tensão do quincúncio. O quincúncio por si só raramente significa acontecimentos, mas neste caso todos os trânsitos e outras progressões assumem um maior significado emocional. Você vai precisar prestar atenção em sua necessidade de nutrir e ser nutrido, durante esses dois anos e meio. É possível que você comece a questionar a profundidade de suas respostas emocionais.

Lua Natal em Sagitário progredida para Gêmeos – Esta é a metade do seu ciclo lunar progredido. Enquanto a sua Lua está em Gêmeos, os problemas causados tanto pela iniciação yang das respostas como pela dispersão mutável das emoções tornam-se mais evidentes. A combinação de fogo e ar indica que talvez você passe horas tentando analisar exatamente o que sente sobre quase tudo, mas a quadruplicidade mutável assegura que, mais ou menos na hora em que pensa saber por que responde de uma determinada forma, você vai mudar inteiramente as suas respostas.

Lua Natal em Sagitário Progredida para Câncer – Este signo é basicamente incompatível com sua posição natal. Como a Lua rege Câncer, você vai achar esta progressão mais do que simplesmente tensa ou irritante. Toda a compreensão intelectual que você penosamente adquiriu durante os anos da oposição pode ser varrida por uma maré de sentimentalismo. Quanto mais você tentar se distanciar de seus sentimentos, mais difícil será controlar ou entender esses sentimentos. Para você, os dois signos que fazem quincúncio com o seu podem ser mais problemáticos do que a oposição de sua Lua progredida à posição natal, principalmente se houver trânsitos ou progressões difíceis durante os anos em que sua Lua progredida está em quincúncio com sua posição natal.

Lua Natal em Sagitário Progredida para Leão – Sempre que sua Lua progredida estiver na mesma triplicidade de sua Lua natal, as respostas emocionais fluirão com mais facilidade. Esta posição é tremendamente reconfortante depois da tensão do quincúncio. Você se sente mais à vontade iniciando as respostas emocionais, e pode lançar-se à frente com renovado entusiasmo ígneo em novas áreas de experiência. Para muitos, a progressão em Leão assemelha-se a sair de um túnel escuro para a bem-vinda luz solar de um belo dia de primavera.

Lua Natal em Sagitário Progredida para Virgem – Este é o terceiro quarto do ciclo de crescimento emocional de sua Lua progredida. Você vai sentir a necessidade de ser mais prático, mais distanciado, e provavelmente um pouco mais frio nas respostas, além disso, tenderá a saltar de um envolvimento emocional para outro, já que a quadruplicidade mutável está reforçada. Se tentar responder (yin) e agir (yang) ao mesmo tempo, talvez surja uma incoerência emocional e se torne difícil tomar decisões a respeito de qualquer sentimento.

Lua Natal em Sagitário Progredida para Libra – Enquanto sua Lua progredida se encontra neste signo cardeal aéreo, você sente a necessidade de equilibrar as suas respostas emocionais, principalmente nos seus relacionamentos. É possível que você tente explicar de vez (ou racionalizar) as incoerências de seus anos em Virgem, colocando a culpa diretamente em cima das pessoas que se envolveram com você naquela época. Entretanto, este signo indica uma fácil integração da emoção na vida diária e contrabalança os trânsitos difíceis.

Lua Natal em Sagitário Progredida para Escorpião – O signo anterior à posição de sua Lua natal freqüentemente revela fraquezas secretas ou ocultas do seu simbolismo natal. Como a Lua está em detrimento em Escorpião, é provável que você passe por cima, ou ignore, muitas das lições dessa posição. Isso não é nada bom, pois você poderia aprender a respeito de sua necessidade de padrões de resposta yin e de maior fixidez (ou coerência) nas respostas emocionais. O problema mais difícil que a progressão em Escorpião pode revelar é a sua necessidade de dependência. Você não gosta de se considerar dependente, pois isso conflita com o seu desejo de liberdade. Se a progressão da sua Lua por Escorpião estiver fortalecida por angularidade ou aspectos importantes, talvez você consiga reconhecer algumas dessas questões. Nesse caso, você dá início, simbolicamente, às mudanças que poderão ocorrer durante a conjunção de sua Lua progredida e de sua Lua natal.

MERCÚRIO NATAL EM SAGITÁRIO

Mercúrio em detrimento em Sagitário
Palavras-chave de Mercúrio: mente consciente, pensamentos, ações, destreza manual

Mercúrio Natal em Sagitário Progredido para Capricórnio – É possível que você adquira uma dose de realismo e praticidade nos seus padrões de fala e/ou na forma de funcionamento de sua mente consciente depois que Mercúrio entrar em Capricórnio. Como você acha que Capricórnio é um pouco restritivo, geralmente vacila entre a expressão de pensamento natal e progredida. Algumas vezes, você surpreende a todos (e a si mesmo) com a sua paciência e previsão, enquanto outras vezes usa a posição natal para declarar o que realmente pensa.

Mercúrio Natal em Sagitário Progredido para Aquário – Como Mercúrio se exalta em Aquário, a progressão para este signo simboliza uma oportunidade de colocar em prática o seu idealismo sagitariano através de projetos intelectuais e humanitários.

A adição do ar fixo permite-lhe refletir sobre as questões, principalmente as filosóficas. A sua inclinação é mais para ir em busca de objetivos específicos e menos para falar sem pensar.

Mercúrio Natal em Sagitário Progredido para Peixes – A progressão de Mercúrio da exaltação para o detrimento não vai ocasionar muita mudança exterior nos seus padrões de pensamento. (Mercúrio não vai progredir para Peixes se estiver colocado no mapa natal na primeira metade de Sagitário, ou movendo-se lentamente devido à retrogradação antes do nascimento ou em qualquer época de sua vida. Mercúrio avança no máximo 80° a 90° em 65 anos.) Se você optou pelo desenvolvimento do lado espiritual de sua mente, esta progressão pode indicar uma crescente empatia e compreensão dos outros. Por outro lado, se não optou pelo seu desenvolvimento espiritual, esta progressão tende a simbolizar apenas o aperfeiçoamento de sua capacidade de passar adiante as responsabilidades evitando assumir suas palavras ou atos.

Mercúrio Natal em Sagitário em Progressão Retrógrada para Escorpião – O movimento retrógrado de Mercúrio indica que, até ele se tornar direto, você não vai notar mudanças em nível externo. Assim, enquanto esse movimento for retrógrado, você vai continuar enfiando os pés pelas mãos. Entretanto, você está se tornando muito mais consciente do efeito de suas palavras sobre os outros. No momento em que Mercúrio se tornar direto, você conseguirá domesticar sua boca, aprendendo quando deve ficar calado.

VÊNUS NATAL EM SAGITÁRIO

Palavras-chave de Vênus: amar, ser amado, prazer, auto-indulgência

Vênus Natal em Sagitário Progredido para Capricórnio – Quando seu Vênus progride para Capricórnio, a tendência é você tornar-se mais sério a respeito dos assuntos do coração. À medida que você assume mais responsabilidade nos seus relacionamentos, pode ser que comece a desvencilhar-se de algumas de suas idéias menos práticas sobre a vida com o ser amado. Uma casa numa árvore pode ser incrivelmente romântico, mas não funciona como casa durante uma tempestade de neve.

Vênus Natal em Sagitário Progredido para Aquário – A progressão de Vênus em Aquário geralmente indica que você se torna mais fixo na expressão amorosa. Se você não formou um relacionamento estável, de longo prazo, antes de Vênus atingir Aquário, pode tornar-se difícil fazer isso agora, pois este signo geralmente preocupa-se com o bem-estar das massas mas tem dificuldade no contato íntimo direto.

Vênus Natal em Sagitário Progredido para Peixes – Se seu Vênus progride para Peixes, sua exaltação, você terá a oportunidade de combinar a influência dos três signos anteriores numa suavidade mais profunda e romântica que poderá partilhar com os outros. A simpatia e compaixão de Vênus em Peixes é uma influência doce que tende a aprofundar todos os seus relacionamentos. Há uma qualidade extremamente espiritual nessa colocação. Se você desenvolveu o seu potencial de crecimento espiritual, a progressão de Vênus para Peixes pode significar uma capacidade mística de transcender os aspectos mais duros da vida para perceber a beleza circundante.

Vênus Natal em Sagitário em Progressão Retrógrada para Escorpião – O movimento retrógrado de um planeta freqüentemente implica uma manifestação interna, mais do que externa, da energia do planeta. Quando Vênus progride para o seu detrimento, Escorpião, você não vai perceber uma mudança importante na compreensão da sua capacidade de dar e receber amor, a não ser enquanto Vênus estiver angular ou fortemente aspectado. Se Vênus receber aspectos fortes depois de se tornar direto, você pode vir a descobrir o seu ciúme, embora o ciúme seja uma emoção bem pouco característica de Vênus natal em Sagitário. Como a sua posição natal é consideravelmente mais forte, não é provável que você fique enredado na obsessiva expressão escorpiana por muito tempo.

MARTE NATAL EM SAGITÁRIO

Palavras-chave de Marte: energia, iniciativa, agressividade, raiva

Marte Natal em Sagitário Progredido para Capricórnio – Marte exalta-se em Capricórnio, e com essa progressão você provavelmente vai achar mais fácil canalizar a sua energia e a sua iniciativa para atividades práticas e dirigidas para objetivos definidos. É bom que você conserve o seu bom-humor natal, para evitar as armadilhas capricornianas da ambição desenfreada. Desde que enxergue o absurdo da estreiteza mental, não é preciso preocupar-se com o uso ambicioso da sua energia.

Marte Natal em Sagitário Progredido para Aquário – Por causa da força do seu Marte natal e do direcionamento indicado pela progressão de Marte em Capricórnio, a estada de Marte em Aquário deverá ser fácil. Você nunca vai reprimir a sua raiva ou impulsos agressivos, de modo que o maior problema do signo fixo não lhe diz respeito. Aquário pode trazer um acréscimo de idealismo ou maior convicção de que a sua forma de expressar energia é a única forma saudável de fazê-lo. Talvez você tenha razão.

Marte Natal em Sagitário em Progressão Retrógrada para Escorpião – Como Marte é o regente tradicional de Escorpião, esta progressão é forte apesar do fato de o movimento retrógrado indicar que a primeira expressão da energia será num plano interior e não exterior. Você vai começar a direcionar a sua iniciativa, impulso e agressividade de uma forma destinada a causar resultados. Se Marte ficar direto, a combinação do simbolismo natal e progredido indica intensidade e uma capacidade quase que irrefreável de lidar com a energia.

JÚPITER NATAL EM SAGITÁRIO

Júpiter é regente de Sagitário
Palavras-chave de Júpiter: expansão, crescimento, fé, otimismo

Júpiter Natal em Sagitário Progredido para Capricórnio – Júpiter progride cerca de 14' por ano, ou 15° em sessenta e cinco anos. A não ser que seu Júpiter natal esteja na última metade de Sagitário, não vai progredir para Capricórnio. Além disso, seu Júpiter natal encontra-se no signo que rege, progredindo para o signo de sua queda. Seriam necessários aspectos extraordinariamente fortes para suscitar qualquer característica capricorniana no seu potencial de expansão e crescimento. Na passagem de Júpiter para Capricórnio, é possível que você receba alguma distinção ou crédito públicos. A maioria das pessoas não chega a notar o toque de praticidade que Capricórnio pode acrescentar à sua capacidade de crescimento e expansão.

Júpiter Natal em Sagitário em Progressão Retrógrada para Escorpião – Júpiter progride no máximo 6° em sessenta e cinco anos quando retrógrado. A não ser que seu Júpiter natal esteja nos primeiros 6° de Sagitário, não vai retrogradar para Escorpião no decorrer de sua vida. O seu posicionamento natal em Sagitário é tão poderoso que mesmo quando Júpiter estiver aspectado ou angular será muito difícil ver qualquer influência de Escorpião na sua capacidade de ter fé, nos seus meios de crescimento ou na sua expansão pessoal. Sua posição natal não apenas é muito mais forte, mas também o movimento retrógrado implica que a mudança na energia não se dá em nível exterior, mas num plano mais mental. Você pode tornar-se um pouco mais teimoso a respeito de seus conceitos de liberdade e justiça quando seu Júpiter progredido estiver sendo aspectado; o seu sarcasmo tende a ficar um pouco ferino.

SATURNO NATAL EM SAGITÁRIO

Palavras-chave de Saturno: dever, responsabilidade, realidade, limitação.

Saturno Natal em Sagitário Progredido para Capricórnio – Saturno progride somente 7' por ano, ou 8° em sessenta e cinco anos. A não ser que seu Saturno natal esteja nos últimos 7° de Sagitário, não vai progredir para Capricórnio. Saturno rege Capricórnio e adquire considerável força com essa progressão. Você pode tornar-se extremamente consciente de seus deveres e responsabilidades. Também pode tornar-se muito duro consigo mesmo, só aceitando a perfeição no desempenho do que quer que tenha decidido ser o seu dever. Por causa de seus padrões internos de perfeição, você tende a chegar aos limites da resistência física para estar à altura dos conceitos de vida correta que impôs a si mesmo. Se conseguir aceitar um compromisso razoável entre o ideal e a realidade, poderá evitar a vida de um fanático pelo trabalho.

Saturno Natal em Sagitário em Progressão Retrógrada para Escorpião – Saturno progride cerca de 3° em sessenta e cinco anos quando retrógrado. A não ser que seu Saturno natal esteja nos primeiros graus de Sagitário e retrógrado, não vai progredir para Escorpião. A progressão de Saturno de Sagitário para Escorpião simboliza um estreitamento das áreas da vida que você escolheu como sua responsabilidade pessoal. Ao mesmo tempo, pode ser que você aumente o grau de responsabilidade assumida nessas mesmas áreas. Como o movimento retrógrado simboliza uma mudança em nível interno, mental, ninguém a não ser você sabe realmente da seriedade com que você encara as suas responsabilidades pessoais.

URANO NATAL EM SAGITÁRIO

Palavras-chave de Urano: **vontade própria, mudanças, criatividade, inventividade.**

Urano Natal em Sagitário Progredido para Capricórnio – Quem nasceu em outubro, novembro e dezembro de 1904, ou quem nascer no começo de 1988 poderá ter Urano progredido de Sagitário para Capricórnio no decorrer de sua vida. A mudança para Capricórnio indica que as suas idéias novas envolvem agora a autoridade, o governo e os negócios. Você pode tentar instituir mudanças em qualquer uma dessas áreas, mas com mais freqüência você simplesmente reclama em voz alta.

Urano Natal em Sagitário em Progressão Retrógrada para Escorpião – Quem nasceu em fevereiro ou março de 1981 pode ter seu Urano progredido de Sagitário para Escorpião no decorrer de sua vida. Essa progressão tende a funcionar de forma muito positiva usando-se a fixidez de Escorpião para enfocar as idéias sagitarianas de longo alcance. Nesse caso, a diferença entre as influências será a diferença entre ter idéias maravilhosas e colocá-las em prática. Numa progressão menos positiva, a influência de Escorpião pode indicar uma crescente teimosia em fazer as coisas a seu modo quando se trata de qualquer mudança na vida.

NETUNO NATAL EM SAGITÁRIO

Palavras-chave de Netuno: **imaginação, espiritualidade, irrealidade, decepção, música, arte**

Netuno Natal em Sagitário Progredido para Capricórnio – Quem nasceu em setembro, outubro e novembro de 1984 terá seu Netuno progredido de Sagitário para Capricórnio no decorrer de sua vida. A posição de Netuno por signo tem um efeito mais generacional do que pessoal, exceto se Netuno for angular ou estiver fortemente aspectado pelos planetas interiores. Netuno em Sagitário parece simbolizar um idealismo ou misticismo na religião e na filosofia. No momento em que este livro está sendo escrito, Netuno ainda não entrou em Capricórnio, onde ele poderia indicar uma abordagem idealista do governo, dos negócios ou das figuras de autoridade.[29]

29 Para Netuno natal em Sagitário em progressão retrógrada para Escorpião (nascidos em março e abril de 1970), veja página 220, Netuno em Escorpião.

PLUTÃO NATAL EM SAGITÁRIO

Este posicionamento não ocorrerá durante este século.

PROGRESSÕES PARA POSIÇÕES NATAIS EM CAPRICÓRNIO

CAPRICÓRNIO: YIN – CARDEAL – TERRA

SOL NATAL EM CAPRICÓRNIO

Palavras-chave do Sol: força vital básica, corpo físico, "eu" interno

Sol Natal em Capricórnio Progredido para Aquário – O Sol progredido entra em Aquário entre as idades de uma semana (☉ natal 29° ♑ 59') e trinta anos (☉ natal 0° ♑ 00'). O Sol está em detrimento em Aquário, de modo que essa progressão não vai ajudar a desenvolver a sua auto-imagem. Embora Aquário simbolize a liberdade pessoal, seu receio natal de rejeição provavelmente vai impedi-lo de tomar qualquer atitude que possa causar a perda de status em sua comunidade. Se você conseguir desvencilhar-se de algumas de suas inibições capricornianas com relação à forma como os outros o vêem, poderá usar o inconvencionalismo de Aquário para dar um pouco de colorido à sua vida mais ou menos regrada.

Sol Natal em Capricórnio Progredido para Peixes – O Sol progredido entra em Peixes entre as idades de trinta (☉ natal 29° ♑ 59') e sessenta anos (☉ natal 0° ♑ 00'). O efeito do simbolismo de Peixes sobre a sua auto-imagem depende em grande parte de suas escolhas de desenvolvimento pessoal e espiritual. Se você tentou desenvolver o seu lado mais elevado, Peixes pode simbolizar uma crescente compreensão da necessidade que todos têm de emoção, simpatia e carinho. Se você realmente não estiver interessado em desenvolvimento espiritual, a progressão para Peixes tende a indicar um crescente desejo e uma crescente capacidade de manipular os outros através da emoção, ou o desejo de fugir às conseqüências dos seus atos.

Sol Natal em Capricórnio Progredido para Áries – O Sol progredido entra em Áries entre as idades de sessenta (☉ natal 29° ♑ 59') e noventa anos (☉ natal 0° ♑ 00'). Se o seu Sol progredir em Áries, onde está exaltado, você vai adquirir uma auto-imagem muito mais forte. Este aumento na força da expressão não indica, por si só, um resultado positivo ou negativo. O fato de você aproveitar essa auto-estima ou sentir um aumento da sua insatisfação com o *status quo* depende das escolhas de autodesenvolvimento que você tenha feito durante a sua vida.

LUA NATAL EM CAPRICÓRNIO

Lua em detrimento em Capricórnio
Palavras-chave da Lua: emoções, respostas à vida, padrões de hábitos

Lua Natal em Capricórnio Progredida para Capricórnio – Sua Lua progredida faz conjunção com sua posição natal a cada vinte e oito anos no ciclo de crescimento da

Lua progredida. No retorno ao signo natal, você se defronta com os problemas e alegrias inerentes ao simbolismo de sua Lua natal. Você precisa fazer frente ao seu desejo de controlar a sua expressão de emoções e a expressão emocional dos outros. É muito comum você ter dificuldade em mostrar as suas emoções, pois tem um enorme medo da rejeição. Você classifica os seus sentimentos em "bons" e "maus", a despeito de os psicólogos lhe dizerem que isso não existe na realidade. Você assume a responsabilidade total pelos seus sentimentos negativos, usando-os como uma espécie de prova interna de que você não é mesmo uma pessoa boa. A sua atitude intransigente e severa consigo mesmo pode deixá-lo com uma insegurança emocional que, para os outros, parece frieza. Você precisa perdoar a si mesmo por ser um ser humano, e portanto imperfeito, antes que possa libertar-se do medo de perder o controle emocional. Mesmo que você perca o controle de suas emoções, não é provável que logo em seguida perca a cabeça.

Lua Natal em Capricórnio Progredida para Aquário – Quando sua Lua progride para Aquário, você tenta analisar os seus padrões de resposta. Por causa da diferença yin-yang entre o simbolismo natal e o progredido, você pode tentar responder e agir ao mesmo tempo, o que dá ensejo à ambivalência emocional. Dessa maneira você tende a se tornar ainda mais dirigido para os objetivos à medida que racionaliza o seu desejo de controlar as respostas emocionais. Quando a energia de Aquário o incita a examinar por que sente de determinada forma, você fica muito tenso pois teme que suas razões sejam "más" ou materialistas ou (pior ainda) idiotas. Se você está exteriorizando essa posição através da associação com alguém com muitas características aquarianas, verá que esta pessoa vai ficar tentando fazê-lo falar sobre os seus sentimentos, criando ainda mais tensão.

Lua Natal em Capricórnio Progredida para Peixes – Quando sua Lua progredida se encontra em Peixes, você desenvolve um pouco de sensibilidade, flexibilidade, e um tipo de resposta mais instintivo. Esta é uma combinação que funciona bem, embora você possa tentar manipular os outros através das emoções. Quaisquer aspectos difíceis por trânsitos ou outras progressões serão amenizados enquanto sua Lua progredida estiver em sextil por signo com a Lua natal.

Lua Natal em Capricórnio Progredida para Áries – Este é o primeiro quarto do ciclo de crescimento emocional de sua Lua progredida. (Veja Capítulo I, "Não ponha a culpa em sua mãe", página 29, para maiores detalhes.) Sua Lua natal yin indica que você prefere absorver por completo o impacto dos acontecimentos emocionais antes de responder, mas o simbolismo progredido yang incita-o a reagir imediatamente. Esse conflito pode resultar em oscilações mais ou menos erráticas entre os dois extremos de comportamento emocional. Áries com freqüência simboliza exatamente a perda de controle que você mais teme.

Lua Natal em Capricórnio Progredida para Touro – Sempre que sua Lua progredida estiver na mesma triplicidade de sua Lua natal, suas respostas emocionais fluirão mais facilmente. A Lua está exaltada em Touro, de modo que você sente um claro fortalecimento de seus padrões de resposta. Touro aumenta o seu desejo de nutrir e proteger, e ao mesmo tempo reforça a sua praticidade emocional. Não importa a dificuldade do simbolismo de outras progressões ou trânsitos, enquanto a Lua progredida estiver em Touro, não é provável que você questione a sua base emocional.

Lua Natal em Capricórnio Progredida para Gêmeos – Este signo é basicamente incompatível com a sua posição natal. O simbolismo de Gêmeos indica padrões de resposta fortemente mentais, assim como um padrão yang reativo. A sua natureza básica foge da dispersão das emoções. Você quer controlar tudo que sente. Quanto tenta analisar seus sentimentos, você revela seu medo de não ser uma pessoa boa, preferindo manter-se longe desse terreno perigoso. O resultado é uma tensão interna que, embora não indique acontecimentos, intensifica o impacto emocional de quaisquer outras dificuldades que você tenha enquanto sua Lua progredida está em Gêmeos.

Lua Natal em Capricórnio Progredida para Câncer – Esta é a metade do ciclo de sua Lua progredida. Como a Lua rege Câncer, a combinação da oposição à sua posição natal com a força da sua Lua progredida pode colocar alguns problemas. O alto nível de resposta emocional e a extrema flutuação dessa resposta, simbolizados pela Lua progredida em Câncer, abalam os cuidadosos controles que você montou com relação às emoções. Durante essa oposição você pode ter conflitos diretamente ligados à condição parental (do ponto de vista do filho, dos pais ou de ambos). O seu problema real diz respeito a quem tem o controle da expressão emocional. Você vai controlar seus filhos, ou deixar que eles próprios se controlem? Vai controlar a sua expressão da emoção, ou seus pais vão fazê-lo? Esta última pergunta não se limita à primeira oposição, que ocorre na adolescência; isso porque muitas pessoas, ainda presas a padrões adolescentes de respostas em relação a seus pais com 42 anos de idade, acham que a mãe ou o pai podem bater nelas num delírio emocional.

Lua Natal em Capricórnio Progredida para Leão – Este signo é basicamente incompatível com a sua natureza sensitiva natal capricorniana. A tensão entre regular suas respostas ou manifestá-las não vai aparecer diretamente, já que o quincúncio raramente indica acontecimentos externos. Entretanto, quaisquer outros aspectos por trânsitos ou progressões desenrolar-se-ão num cenário de tensão. Muitas pessoas com a Lua natal em Capricórnio lidam com esta circunstância simplesmente envolvendo-se com outra pessoa de traços fortemente leoninos. Nesse caso, não é você que reage exageradamente, nem é sua a exibição emocional. Se conseguir assumir o controle desse relacionamento e fazer o leonino dizer como se sente sendo um Leão, você não tem que assumir riscos.

Lua Natal em Capricórnio Progredida para Virgem – Sempre que sua Lua estiver na mesma triplicidade de sua Lua natal, a sua resposta emocional fluirá mais facilmente. Virgem reforça o seu simbolismo natal de praticidade e acrescenta a tendência a distanciar-se de seus padrões de resposta. Embora a mutabilidade possa indicar uma tendência a dispersar as suas respostas, diluindo sua eficácia, de uma forma geral você se sente muito mais confortável em relação a suas emoções durante esses dois anos e meio.

Lua Natal em Capricórnio Progredida para Libra – Este é o terceiro quarto do seu ciclo de crescimento emocional. Novamente você se vê às voltas com uma diferença yin-yang entre as posições natal e progredida de sua Lua, e quaisquer problemas de cardinalidade torna-se-ão mais patentes. A tendência de Libra a equilibrar mentalmente a emoção conflita com o seu medo capricorniano de se expor. Você precisa desvencilhar-se de sua culpa. É possível fazer isso durante essa progressão, já que a energia de Libra pode permitir-lhe ver que seus sentimentos não são tão diferentes dos das outras pessoas.

Lua Natal em Capricórnio Progredida para Escorpião – Embora a Lua esteja em queda em Escorpião, esta posição é bastante compatível com o seu signo natal. Mais do que nunca, é provável que você esconda as suas emoções. Você também sente mais intensamente enquanto sua Lua progredida se encontra em Escorpião, e os sentimentos podem perdurar por mais tempo. Tal posição suaviza a influência de aspectos difíceis por trânsitos ou outras progressões, por causa da força subjacente de seus padrões de resposta.

Lua Natal em Capricórnio Progredida para Sagitário – O signo anterior ao seu signo natal freqüentemente revela fraquezas ocultas da sua posição natal. Sagitário simboliza as idéias e a idealização da emoção. O amor que esse signo tem pela liberdade coloca em destaque o tremendo esforço que o autocontrole capricorniano exige de você. Se puder começar a questionar a sua necessidade de exercer completo domínio sobre seus sentimentos, terá uma excelente base a partir da qual estruturar o seu crescimento durante a conjunção.

MERCÚRIO NATAL EM CAPRICÓRNIO

Palavras-chave de Mercúrio: **mente consciente, pensamentos, ações, destreza manual**

Mercúrio Natal em Capricórnio Progredido para Aquário – Quando seu Mercúrio progride para Aquário, sua exaltação, isso indica uma ampliação das suas áreas de interesse. Se você está trabalhando no sentido de seu crescimento espiritual, o idealismo de Aquário pode ajudar a libertá-lo da preocupação a respeito do que os outros pensam. Se você não está muito interessado em empreendimentos espirituais, pode descobrir que a progressão indica uma crescente teimosia no que diz respeito a suas idéias e objetivos. Nesse caso, você pode persistir em suas idéias sem dar atenção às dos outros.

Mercúrio Natal em Capricórnio Progredido para Peixes – Mercúrio está em detrimento em Peixes. Assim, essa progressão não vai ter o impacto da progressão em Aquário. Você talvez descubra uma maior flexibilidade no seu pensamento ou uma maior capacidade de racionalizar seus pensamentos e ações.

Mercúrio Natal em Capricórnio Progredido para Áries – Mercúrio avança um máximo de 80° a 90° em sessenta e cinco anos. Se está na primeira metade de

Capricórnio no mapa natal, ou lento devido à retrogradação antes do nascimento ou no decorrer de sua vida, não haverá a progressão em Áries. Se Mercúrio progredir para Áries, talvez você descubra uma inclinação muito maior a expressar suas idéias abertamente e de forma mais ou menos vigorosa. Você passou muito tempo desenvolvendo um estilo ímpar de pensamento; agora deseja mostrar isso aos outros. A não ser que tenha adquirido a capacidade de prestar atenção às idéias dos outros, pode descobrir que ninguém mais quer ouvir as suas.

Mercúrio Natal em Capricórnio em Progressão Retrógrada para Sagitário – Como Mercúrio está em detrimento em Sagitário, e como o efeito do movimento retrógrado é expresso mais internamente do que externamente, você não vai perceber essa progressão e não ser que Mercúrio esteja fortemente aspectado ou angular, ou que o seu Sol natal esteja em Sagitário. Quando Mercúrio estiver aspectado, você vai descobrir que consegue expressar-se mais facilmente, já que o simbolismo de Sagitário afrouxa em parte as tendências controladoras indicadas pela sua posição natal em Capricórnio. Você pode perceber um maior otimismo (ou senso de humor) na sua fala, embora provavelmente conserve a secura associada a Capricórnio. Você será capaz de sonhar mais alto, embora a concretização provavelmente tenha que esperar até Mercúrio tornar-se direto.

VÊNUS NATAL EM CAPRICÓRNIO

Palavras-chave de Vênus: amar, ser amado, prazer, auto-indulgência

Vênus Natal em Capricórnio Progredido para Aquário – Quando seu Vênus progride para Aquário, você pode descobrir uma forma de fugir dos seus medos capricornianos de rejeição relacionando-se com grupos em vez de indivíduos. Agora você tende a juntar suas forças a alguma maravilhosa causa humanitária, permitindo-se amar as massas (principalmente se as massas que você ama viverem bem, bem longe) sem arriscar a perda num nível pessoal.

Vênus Natal em Capricórnio Progredido para Peixes – Embora Vênus se exalte em Peixes, esta pode não ser uma transição fácil se você se envolveu em jogos mentais intelectuais sobre o amor e a sua capacidade de ser amado, no período em que Vênus estava em Aquário. A idéia de amor não é mais suficiente. Você descobre um indivíduo romântico, tímido, simpático debaixo da sua frieza e da sua praticidade. Se você desenvolveu muito medo do amor e, durante os anos de Capricórnio e Aquário, tinha certeza de que ser amado era algo completamente impossível, você tende a liberar a energia de Peixes sonhando acordado ou fantasiando a respeito do amor perfeito. Se conseguir entender que não precisa ser perfeito para ser amado, você poderá participar de um relacionamento íntimo.

Vênus Natal em Capricórnio Progredido para Áries – Se Vênus progredir até Áries, você não vai realmente perceber a mudança, pois Vênus está saindo do signo de sua exaltação para o signo de seu detrimento. No máximo, a energia yang de Áries pode incitá-lo a assumir o risco de iniciar um relacionamento. Entretanto, se o relacionamento não se mostrar imediatamente maravilhoso, a sua tendência será voltar aos seus sonhos piscianos de nuvens e luar.

Vênus Natal em Capricórnio em Progressão Retrógrada para Sagitário – Embora o movimento retrógrado implique uma expressão interna da energia de Vênus, esta mudança pode ser bastante dramática por causa da grande diferença de expressão de Vênus em Sagitário. Quando Vênus muda de signo, você tende a descobrir que as coisas e pessoas que ama, ou o seu conceito a respeito da sua capacidade de ser amado, de alguma forma são de conhecimento público. A sua nova necessidade de liberdade (Vênus em Sagitário) torna-se difícil de controlar (Vênus natal em Capricórnio). Você pode vacilar entre a expressão aberta do amor e o medo da rejeição (ou perda).

MARTE NATAL EM CAPRICÓRNIO

Marte exaltado em Capricórnio
Palavras-chave de Marte: energia, iniciativa, agressividade, raiva

Marte Natal em Capricórnio Progredido para Aquário – Por causa da força da sua posição natal, a progressão de Marte em Aquário geralmente não altera a sua manifestação ou expressão de energia. Quando Marte estiver angular ou fortemente aspectado, a sua tendência é ignorar a opinião dos outros, mantendo-se teimosamente nos seus próprios conceitos.

Marte Natal em Capricórnio Progredido para Peixes – Marte em Peixes não é mais forte do que em Aquário, de forma que essa progressão não vai acrescentar mais à expressão da sua energia do que a progressão em Aquário. É possível que você disperse a sua energia ou canalize mal alguns dos seus impulsos agressivos, caso Marte em Peixes esteja angular ou fortemente aspectado.

Marte Natal em Capricórnio em Progressão Retrógrada para Sagitário – Marte não apenas é mais forte em sua posição natal em Capricórnio, mas também o movimento retrógrado implica a interiorização da expressão da energia. Assim, você não vai ver mudanças nos seus instintos de competição, na sua iniciativa ou nos seus impulsos depois da entrada de Marte em Sagitário, a não ser que o planeta esteja angular ou fortemente aspectado. Nesse caso, você observará que um maior envolvimento com esportes ao ar livre pode funcionar como uma forma de liberar o excesso de energia.

JÚPITER NATAL EM CAPRICÓRNIO

Júpiter em queda em Capricórnio
Palavras-chave de Júpiter: expansão, crescimento, fé, otimismo

Júpiter Natal em Capricórnio Progredido para Aquário – Júpiter avança cerca de 14' por ano, ou 15° no máximo em sessenta e cinco anos. A não ser que seu Júpiter esteja na última metade de Capricórnio, não vai entrar em Aquário. O não-conformismo desse signo de ar fixo pode estimulá-lo a afrouxar um pouco para poder crescer de formas diferentes. O fato de você conseguir ou não adquirir a liberdade para crescer nas muitas direções indicadas por esta progressão vai depender em grande parte de suas próprias opções. Se puder identificar e descartar os seus padrões de derrotismo, um novo mundo pode abrir-se para você com Júpiter em Aquário. Por outro lado, se a sua opção for ignorar o fato de que os seus medos bloqueiam as suas possibilidades de crescimento positivo, a progressão pode simbolizar apenas o seu descontentamento com o *status quo*, sem qualquer indicação real de que você possa mudar velhos hábitos.

Júpiter Natal em Capricórnio em Progressão Retrógrada para Sagitário – Quando Júpiter está retrógrado, progride apenas 6° em sessenta e cinco anos. A não ser que seu Júpiter natal esteja nos primeiros 6° de Capricórnio, não vai progredir em Sagitário. Com a progressão de Júpiter de sua queda para sua regência, o simbolismo voltado para dentro do movimento retrógrado é em parte anulado. Você provavelmente vai sentir a mudança com força suficiente para manifestá-la tanto a nível interno como externo. Embora talvez nunca seja tão expansivo quanto seu amigo com Júpiter natal em Sagitário, você vai almejar o crescimento e a expansão simbolizados por esta posição. Se houver quaisquer outros aspectos por trânsitos ou progressões a seu Júpiter natal ou progredido no momento em que esse planeta entrar em Sagitário, é possível que você receba algum crédito ou alguma forma de distinção.

SATURNO NATAL EM CAPRICÓRNIO

Saturno é regente de Capricórnio
Palavras-chave de Saturno: dever, responsabilidade, realidade, limitação

Saturno Natal em Capricórnio Progredido para Aquário – Saturno progride cerca de 7' por ano, ou 8° no máximo em sessenta e cinco anos. A não ser que seu Saturno natal esteja no último decanato de Capricórnio, não vai progredir para Aquário. Como Saturno é o regente tradicional de Aquário, esta posição aumenta a força de Saturno no seu mapa. O único problema em toda essa força de Saturno é a rigidez, pois você pode ficar firmemente entrincheirado e acreditar que a sua forma de abordar qualquer assunto é a única possível. Geralmente a sua abordagem é bem sucedida; por isso, torna-se muito difícil você prestar atenção a outras pessoas que usam métodos diferentes. Na medida em que você reprimir a sua tentativa de controlar as abordagens usadas por todas as pessoas do mundo, o seu forte Saturno deve trazer-lhe considerável sucesso.

Saturno Natal em Capricórnio em Progressão Retrógrada para Sagitário – Quando Saturno está retrógrado, progride no máximo 3° em sessenta e cinco anos. A não ser que seu Saturno natal esteja nos primeiros três graus de Capricórnio e retrógrado, não vai entrar em Sagitário. O movimento retrógrado implica uma manifestação mais interna do que externa da mudança, e o seu Saturno natal está domiciliado; assim, não deverão verificar-se mudanças importantes relacionadas com essa progressão. Pode ser que sua atenção se volte para a religião, a filosofia ou a lei, mas você vai trabalhar nessas áreas como se Saturno ainda estivesse em Capricórnio. Preste atenção no ano em que Saturno passa de Capricórnio para Sagitário, pois se houver aspectos de outros trânsitos ou progressões a seu Saturno natal ou progredido, você pode ter alguma notoriedade. Como Saturno traz exatamente o que você merece, aproveite os anos antes de Saturno passar para Sagitário para certificar-se de que vai gostar do que merece.

URANO NATAL EM CAPRICÓRNIO

Palavras-chave de Urano: vontade própria, mudanças, criatividade, inventividade

Urano Natal em Capricórnio Progredido para Aquário – Os nascidos em novembro ou dezembro de 1911, janeiro de 1912, ou novembro e dezembro de 1995 e janeiro de 1996 poderão ter Urano progredido de Capricórnio para Aquário no decorrer de suas vidas. Quando Urano progride para Aquário, signo sob sua regência, você tende a tornar-se mais consciente de seu desejo de liberdade intelectual. Você pode querer introduzir mudanças por causa de interesses humanitários, ou pelo simples desejo de alterar o ambiente existente. De vem em quando, você pode ser de uma grande teimosia a respeito da justiça ou correção de suas idéias e insistir em que todas as mudanças ocorram exatamente da forma como você decretou.

Urano Natal em Capricórnio em Progressão Retrógrada para Sagitário – Os nascidos entre março e maio de 1988 terão Urano retrógrado de Capricórnio a Sagitário no decorrer de suas vidas. Essas pessoas estarão passando de uma abordagem menos convencional da carreira, profissão ou autoridade para conceitos incomuns a respeito de religião, filosofia ou comunicação de massas. Em 1904, quando Urano entrou em Capricórnio pela última vez, não retrogradou para Sagitário. Vai ser interessante observar como nossos filhos reagirão a essa mudança.

NETUNO NATAL EM CAPRICÓRNIO

Embora Netuno tenha entrado em Capricórnio em janeiro de 1984, só vai passar para Aquário em janeiro de 1998. Enquanto este livro está sendo escrito, Netuno ainda não esteve nem em Capricórnio nem em Aquário, de forma que qualquer análise dessa progressão seria completamente especulativa.

PLUTÃO NATAL EM CAPRICÓRNIO

Este posicionamento não ocorrerá neste século.

PROGRESSÕES PARA POSIÇÕES NATAIS EM AQUÁRIO

AQUÁRIO: YANG – FIXO – AR

SOL NATAL EM AQUÁRIO

Palavras-chave do Sol: força vital básica, corpo físico, "eu" interno

Sol Natal em Aquário Progredido para Peixes – O Sol progredido entra em Peixes entre as idades de uma semana (☉ natal 29° ♒ 59') e trinta anos (☉ natal 0° ♒ 00'). Quando seu Sol progride para Peixes, você descobre que qualquer caminho espiritual que tenha escolhido em sua vida é amplificado. Para o reformador humanístico, a influência de Peixes traz um pouco de flexibilidade e preocupação com os outros. Ao ermitão rebelde, Peixes traz confusão a respeito dos objetivos. De vez em quando, Peixes pode estimular a sua capacidade de se convencer de que o fim justifica os meios.

Sol Natal em Aquário Progredido para Áries – O Sol progredido entra em Áries entre as idades de trinta (☉ natal 29° ♒ 59') e sessenta anos (☉ natal 0° ♒ 00'). Como o Sol está exaltado em Áries, esta progressão simboliza uma maior capacidade de expressar-se abertamente. Você descobre que é mais rápido em escolher caminhos e mais capaz de lutar agressivamente por seus objetivos. Você não vai aceitar melhor os conselhos ou a crítica, mas vai conseguir mudar de idéia com um pouco menos de dificuldade.

Sol Natal em Aquário Progredido para Touro – O Sol progredido entra em Touro entre as idades de sessenta (☉ natal 29° ♒ 59') e noventa anos (☉ natal 0° ♒ 00'). Se o seu Sol progredir em Touro, você vai solidificar todo o crescimento que obteve durante as outras progressões. A força da progressão em Áries aparece como um hábito dentro de você à medida que Touro reforça a sua fixidez natal aquariana. Você se torna um pouquinho mais prático para escolher a hora em que vai subir num caixote e fazer um discurso, mas a influência de Touro não vai fazê-lo abandonar suas reformas prediletas.

LUA NATAL EM AQUÁRIO

Palavras-chave da Lua: emoções, respostas à vida, padrões de hábitos

Lua Natal em Aquário Progredida para Aquário – Sua Lua progredida faz conjunção com sua posição natal a cada vinte e oito anos no ciclo de crescimento emocional da Lua progredida. A conjunção traz à tona tanto as alegrias como as fraquezas inerentes à sua Lua natal. Quando sua Lua natal está em Aquário, o seu padrão de respostas emocionais não é convencional ou usual. Você procura a liberdade emocional, tende a ser rebelde, e constantemente analisa as emoções. Durante os anos da conjunção, você vai precisar lidar com os problemas decorrentes da sua crença de que os seus sentimentos não são iguais aos dos outros. Haja ou não qualquer realidade objetiva nessa crença, ela lhe traz uma considerável solidão enquanto você se preocupa com a esterilidade emocional. Se essa preocupação se tornar uma parte central de sua vida, a expressão de qualquer emoção pode tornar-se difícil.

Lua Natal em Aquário Progredida para Peixes – Nenhum signo do zodíaco representa, melhor do que Peixes, a antítese da esterilidade emocional. Quando a sua Lua progride para este signo, você vivencia um conflito entre pensamento e sentimento, e é levado a tentar usar a flexibilidade de Peixes para conseguir seus objetivos através da manipulação dos outros. Mesmo que você identifique o seu conflito interno yin-yang, há um aumento na sua insegurança em relação às respostas emocionais adequadas. É provável que você oscile entre explosões emocionais e uma teimosa adesão a seus métodos fixos de lidar com as coisas.

Lua Natal em Aquário Progredida para Áries – Esta posição reforça o seu método natal yang de iniciar as respostas. Enquanto sua Lua progredida encontra-se em Áries, é possível que você prefira reagir antes de assimilar o impacto total das situações emocionais. A combinação de "fazer" e "pensar" pode excluir o "sentir" como parte do seu repertório emocional. Ainda assim, o excelente relacionamento funcional entre as posições natal e progredida indica que quaisquer aspectos difíceis formados por trânsitos ou progressões que ocorram nesta época serão amenizados através da estabilidade emocional simbolizada por sua Lua progredida.

Lua Natal em Aquário Progredida para Touro – Este é o primeiro quarto do ciclo de crescimento de sua Lua progredida. (Veja Capítulo I, "Não ponha a culpa em sua mãe", página 29, para maiores detalhes.) A Lua está exaltada em Touro, de modo que o seu conflito interno entre a ação e a resposta vai ser intensificado. O simbolismo térreo de Touro exige que você identifique seus sentimentos e responda a eles. Embora tanto a Lua progredida como a natal estejam em signos fixos, os padrões de hábitos que você formou serão passíveis de ruptura nesta quadratura entre sua Lua progredida e sua Lua natal.

Lua Natal em Aquário Progredida para Gêmeos – Sempre que sua Lua progredida estiver na mesma triplicidade de sua Lua natal, as emoções fluirão mais facilmente. A tendência analítica do ar mutável estimula o seu desejo de distanciar-se da emoção para chegar a uma compreensão intelectual dos seus sentimentos. Você pode falar sobre os sentimentos, explicá-los e começar a perceber algumas das razões dos seus sentimentos. Você sempre se sente mais à vontade quando tem boas razões para suas respostas.

Lua Natal em Aquário Progredida para Câncer – Este signo não é apenas basicamente incompatível com a sua posição natal, mas é também regido pela Lua. Assim, as tensões inerentes ao quincúncio são intensificadas. Quando a Lua está domiciliada é impossível ignorar a sua necessidade de alguns padrões yin de resposta emocional. Você não vai conseguir racionalizar as mudanças de humor que acompanham essa progressão. Câncer exige que você reconheça os seus próprios padrões irracionais de resposta emocional. Embora o quincúncio geralmente não indique acontecimentos, estabelece uma base de tensão que intensifica quaisquer outros aspectos difíceis formados por trânsitos ou progressões.

Lua Natal em Aquário Progredida para Leão – Esta é a metade do seu ciclo lunar de crescimento. Depois da tensão dos dois anos e meio da influência canceriana, a oposição parece ser uma reação contra os estados de espírito emocionais irracionais. Talvez você tente evitar a todo custo as respostas yin, distanciando-se tanto quanto possível de seus sentimentos. Esta alternativa, em geral, é contraproducente, já que para estar à altura dos acontecimentos que acompanham a oposição normalmente é preciso usar tanto o lado yin como o lado yang de sua natureza. O seu crescimento no ponto da oposição depende da sua capacidade de integrar a sua natureza responsiva e reativa.

Lua Natal em Aquário Progredida para Virgem – Este signo é basicamente incompatível com a posição de sua Lua natal. Este quincúncio não é tão difícil como o de Câncer, pois a Lua não está tão forte em Virgem. Você pode identificar-se com a tendência virginiana de declinar a expressão aberta da emoção, mas o simbolismo yin de esperar até que todos os fatores sejam reunidos para então responder a uma situação emocional é mais difícil de assimilar.

Lua Natal em Aquário Progredida para Libra – Sempre que sua Lua progredida estiver na mesma triplicidade de sua Lua natal, o fluxo de emoções será facilitado. Durante esses dois anos e meio você pode atingir uma equilibrada calma emocional. Agora você tende a desenvolver a compreensão intelectual das razões dos seus atos. Desde que as águas pareçam serenas, você estará satisfeito com a superfície lisa de sua natureza responsiva e será capaz de lidar com qualquer tipo de problema de uma forma racional e imparcial.

Lua Natal em Aquário Progredida para Escorpião – Este é o terceiro quarto do ciclo de crescimento emocional de sua Lua progredida, e a Lua está em queda. Conseqüentemente, as dificuldades da quadratura à sua posição natal são acrescidas pela possibilidade de uma expressão negativa de sua energia emocional. Você pode tornar-se bastante desconfiado dos motivos dos outros e ciumento das respostas dos que lhe são próximos. Escorpião desperta as profundezas da sua natureza sentimental, trazendo à superfície seus hábitos e respostas completamente irracionais. Embora você realmente deteste a mudança, o poder dos seus conflitos emocionais internos tende a pressioná-lo a escolher quais padrões você deseja eliminar.

Lua Natal em Aquário Progredida para Sagitário – Este signo ígneo, compatível com sua Lua natal aérea, é um alívio depois dos anos de Escorpião. Embora essa posição tenda a dispersar os seus padrões de resposta, diluindo sua eficácia, também amortece a dolorosa intensidade de sentimentos revelada durante a quadratura de Escorpião. Agora você pode idealizar o reino da emoção, procurando questões mais amplas (e menos pessoais) para catalisar os seus padrões de resposta.

Lua Natal em Aquário Progredida para Capricórnio – O signo anterior ao seu signo natal freqüentemente revela as fraquezas ocultas de sua posição natal. Como a Lua está em detrimento em Capricórnio, é mais provável que você só perceba os inconvenientes da sua Lua aquariana depois do fato, quando não há muito a fazer senão pensar sobre o que passou. Os seus padrões inconvencionais de resposta muitas vezes não são práticos. Além disso, o seu desejo de liberdade emocional gera pouco controle sobre as respostas emocionais, suas ou dos outros. Uma reação coerente yang exclui a previsão. Uma resposta yin permite-lhe julgar e controlar tanto a sua resposta pessoal como a resposta dos outros a você. Se conseguir usar a influência da progressão capricorniana para começar a processar uma mudança dentro de você, os anos da conjunção serão muito mais fáceis.

MERCÚRIO NATAL EM AQUÁRIO

Mercúrio exaltado em Aquário
Palavras-chave de Mercúrio: mente consciente, pensamentos, ações, destreza manual

Mercúrio Natal em Aquário Progredido para Peixes – Quando Mercúrio progride do signo de sua exaltação para o de seu detrimento, pode ser que você não note qualquer mudança imediata nos seus padrões de fala ou pensamento. A longo prazo, a influência de Peixes tende a suavizar um pouco a sua teimosia. Se você tem seguido um caminho de crescimento espiritual, talvez descubra que está prestando mais atenção a indivíduos e suas necessidades, bem como às necessidades da sociedade como um todo. Por outro lado, você pode descobrir que a influência de Peixes só aumenta a sua confusão e diminui a sua praticidade.

Mercúrio Natal em Aquário Progredido para Áries – A influência da progressão de Mercúrio em Áries é ligeiramente maior do que a de Peixes, basicamente porque o signo de fogo é mais compatível com o seu signo natal de ar. Agora você pode exprimir diretamente as suas opiniões aquarianas. Embora Áries não acrescente qualquer praticidade a essas opiniões, estimula-o a tomar atitudes acerca de seus pensamentos. A influência cardeal parece encorajá-lo a instigar a ação de acordo com seus parâmetros natais fixos.

Mercúrio Natal em Aquário Progredido para Touro – Se o seu Mercúrio progredir para Touro, finalmente a sua forma de falar poderá tornar-se mais prática. (Mercúrio não vai progredir para Touro se no mapa natal estiver na primeira metade de Aquário ou lento devido à retrogradação antes do nascimento ou no decorrer da sua vida; seu avanço máximo é de 80° a 90° em sessenta e cinco anos.) No máximo, você pode perceber a hora de se calar para não antagonizar os outros. Entretanto, a fixidez dupla (posições natal e progredida) pode indicar que você fique ainda mais teimoso e parcial quanto a correção das suas crenças.

Mercúrio Natal em Aquário em Progressão Retrógrada para Capricórnio – Mercúrio está exaltado em Aquário, e o movimento retrógrado implica uma manifestação mais interna do que externa da energia da posição. Você não vai notar o acréscimo de praticidade e previsão de maneira consciente até Mercúrio tornar-se direto. Uma vez direto, a influência do terceiro decanato (Virgem) de Capricórnio, regido por Mercúrio, tende a ser suficientemente forte para contribuir com uma persistente consideração do resultado de seus atos. É possível que esta seja uma clara indicação de sucesso, pois a combinação da informalidade e da praticidade pode resultar na capacidade de implantar mudanças dentro da estrutura existente.

VÊNUS NATAL EM AQUÁRIO

Palavras-chave de Vênus: amar, ser amado, prazer, auto-indulgência

Vênus Natal em Aquário Progredido para Peixes – Quando seu Vênus progride para Peixes, onde está em exaltação, você começa a expressar um tipo de amor mais suave, mais romântico. Se até aqui você defendeu ou verbalizou resolutamente a sua concepção aquariana do amor, talvez tenha um pouco de dificuldade em reconciliar-se com o idealismo romântico que agora afeta a sua maneira de dar e receber amor. Você está mais vulnerável nas situações amorosas, mas essa mesma vulnerabilidade permite-lhe estabelecer relacionamentos íntimos gratificantes. Como Vênus está forte em Peixes, provavelmente você vai incorporar muito do simbolismo pisciano à sua atitude em relação ao amor.

Vênus Natal em Aquário Progredido para Áries – Vênus está em detrimento em Áries, e com exceção da época em que de fato cruzar o signo de Áries, ou quando estiver aspectado ou angular, você não vai perceber mudanças importantes. A época de entrada de Vênus em Áries é um período voltado para acontecimentos, principalmente se houver quaisquer outros aspectos de planetas progredidos ou transitando que ativem essa posição. O casamento é uma possibilidade sempre que Vênus progredido está envolvido num aspecto, mas a entrada neste signo cardeal pode indicar qualquer acontecimento que traga a público os seus relacionamentos pessoais.

Vênus Natal em Aquário Progredido para Touro – Vênus rege Touro. Quando seu Vênus progredir para este signo, florescerá o lado verdadeiramente afetuoso, caloroso, confortável da sua natureza amorosa. Se você conseguiu desenvolver a sua auto-imagem como uma pessoa amorosa e responsiva, seus relacionamentos serão suaves e haverá paz à sua volta. Se você conservou o medo natal de que suas respostas amorosas são diferentes das de todos os outros, o simbolismo de Touro pode significar apenas materialismo possessivo e auto-indulgente.

Vênus Natal em Aquário em Progressão Retrógrada para Capricórnio – O movimento retrógrado de Vênus implica uma manifestação mais interna do que externa da mudança de simbolismo. Talvez você tente controlar as suas respostas em situações amorosas. Vênus em Capricórnio simboliza o medo da rejeição em situações amorosas. Vênus em Aquário simboliza uma abordagem intelectual dos relacionamentos íntimos. Essa combinação indica tendência a analisar todos os relacionamentos, distanciando-se assim de uma intimidade verdadeira. É preciso desvencilhar-se do "é preciso" e "deveria ser" que você relaciona com as suas ligações, um derivado do seu ideal natal aquariano do relacionameno perfeito, e outro da implicação da progressão capricorniana de que o dever e a responsabilidade sempre fazem parte do amor.

MARTE NATAL EM AQUÁRIO

Palavras-chave de Marte: energia, iniciativa, agressividade, raiva

Marte Natal em Aquário Progredido para Peixes – Quando seu Marte progride para Peixes, você pode descobrir que fica mais difícil definir suas tendências agressivas, já que os seus motivos se tornam confusos. Às vezes, essa confusão tende a levá-lo a transferir sua raiva para pessoas que realmente nada têm a ver com a irritação. Como o Seu Marte natal se encontra num signo fixo, é possível que você venha a ter dificuldade em acreditar que você mesmo pode ser a causa da raiva que detecta à sua volta.

Marte Natal em Aquário Progredido para Áries – Quando seu Marte progride para Áries, seu domicílio, qualquer confusão da progressão por Peixes é apagada. Você pode agora adquirir uma expressão forte e aberta da sua iniciativa e de seus impulsos. Na realidade, quando Marte passa para Áries pode acontecer algo que exija ação imediata e decidida. Por causa da força de Marte em seu domicílio, você não vai ter problemas em agir. Embora possa desenvolver a tendência a agir antes de pensar, esta progressão é quase sempre positiva. Não é mais necessário acumular a sua energia; você pode usá-la para conquistar os seus objetivos.

Marte Natal em Aquário em Progressão Retrógrada para Capricórnio – Marte está mais forte em Capricórnio, signo de sua exaltação, do que em Aquário. Assim, embora a energia de um planeta em movimento retrógrado geralmente se manifeste mais em nível interno do que externo, você vai descobrir que pode controlar e direcionar a sua expressão de energia, vigor, ambição e agressão mais facilmente com a progressão de Marte em Capricórnio. Quando Marte se torna direto, você vai exibir o autocontrole simbolizado por Capricórnio através da capacidade de trabalhar sem descanso em direção a objetivos específicos.

JÚPITER NATAL EM AQUÁRIO

Palavras-chave de Júpiter: expansão, crescimento, fé, otimismo

Júpiter Natal em Aquário Progredido para Peixes – Júpiter progride no máximo 14' por ano, ou 15° em sessenta e cinco anos. A não ser que seu Júpiter natal esteja na última metade de Aquário, não vai progredir para Peixes. Quando seu Júpiter progride para Peixes, sua regência tradicional, a imaginação, o serviço aos outros, e uma espécie de idealismo místico tornam-se formas de expansão mais importantes para você. O significado mais elevado ou mais espiritual de Júpiter em Peixes envolve a gentileza, a simpatia, e um forte desejo de ajudar os outros. Se você não optar pelo desenvolvimento do lado mais elevado de sua personalidade nesta vida, pode descobrir que a progressão simboliza o crescimento da não-praticidade na sua vida. Talvez você gaste o tempo sonhando e construindo castelos na areia sem realmente concretizar nenhum dos seus projetos. Ou você pode usar a versatilidade desse posicionamento para tornar-se um farsante mais ou menos perfeito.

Júpiter Natal em Aquário em Progressão Retrógrada para Capricórnio – Júpiter avança cerca de 6º em sessenta e cinco anos quando retrógrado. A não ser que seu Júpiter natal esteja no primeiro decanato de Aquário, não vai retrogradar para Capricórnio. Como Júpiter está em queda em Capricórnio, e o movimento retrógrado implica um efeito mais interno do que externo, a influência dessa progressão pode ser muito sutil, exceto enquanto Júpiter estiver angular ou sendo aspectado. Isto significa na realidade que é provável que você não perceba nenhuma mudança nos seus meios e métodos de buscar o crescimento ou a expansão, ou na sua expressão de otimismo e humor, exceto quando Júpiter estiver aspectado ou angular. Nesses períodos você pode desenvolver uma seriedade prática a respeito dos seus padrões de crescimento.

SATURNO NATAL EM AQUÁRIO

Saturno é regente tradicional de Aquário
Palavras-chave de Saturno: dever, responsabilidade, realidade, limitação

Saturno Natal em Aquário Progredido para Peixes – Saturno progride no máximo 7' por ano, ou 8º em sessenta e cinco anos. A não ser que seu Saturno natal esteja no último decanato de Aquário, não vai progredir para Peixes. Quando seu Saturno progride de Aquário para Peixes, a mudança traz pouca alteração exterior no seu comportamento em relação ao dever e à responsabilidade, a não ser que Saturno esteja angular ou fortemente aspectado, já que este planeta, regente tradicional de Aquário, se expressa mais poderosamente através do seu signo natal. Talvez você veja as necessidades dos outros em termos de dever e responsabilidade, e também pode ser que você fique bastante rígido na sua crença de que os outros devem ajudar a si mesmos a sair de seus apuros.

Saturno Natal em Aquário em Progressão Retrógrada para Capricórnio – Quando Saturno está retrógrado, avança no máximo 3º em sessenta e cinco anos. A não ser que seu Saturno natal esteja nos primeiros graus de Aquário e retrógrado, não vai progredir para Capricórnio. Seu Saturno está progredindo da sua regência tradicional para a sua regência. Você tem excelente autocontrole, é ambicioso, e fortemente determinado a ter sucesso. Você aceita bem a responsabilidade e, na verdade, tem muita dificuldade em delegar responsabilidades. Pode ser que tenha consideráveis dúvidas a respeito do seu próprio valor. Quando Saturno se torna direto, você vai descobrir que a sua auto-imagem melhora. Mesmo que Saturno nunca se torne direto, é bem possível que você alcance os seus objetivos, provavelmente porque passou tantos anos trabalhando nesse sentido.

URANO NATAL EM AQUÁRIO

Urano é regente de Aquário
Palavras-chave de Urano: vontade própria, mudanças, criatividade, inventividade

Urano Natal em Aquário Progredido para Peixes – Se você nasceu em 1919 ou em janeiro de 1920, pode ter seu Urano progredido de Aquário para Peixes no decorrer de sua vida. Urano em Aquário está no signo de sua regência, assim esta progressão pode não influenciar os seus padrões de comportamento de qualquer forma. Quando seu Urano progride por Peixes, se você notar alguma diferença, será na busca de libertação de motivações inconscientes. Esta posição freqüentemente confunde a mudança prática com os sonhos não-práticos, tornando difícil a concretização das mudanças que você tem em mente.

Urano Natal em Aquário em Progressão Retrógrada para Capricórnio – Os que nasceram entre junho e setembro de 1912, assim como os que vão nascer em abril ou maio de 1995, poderão ter Urano retrógrado de Aquário para Capricórnio no decorrer de suas vidas. Urano está muito mais forte na sua regência do que em Capricórnio, assim há pouca probabilidade de que o movimento retrógrado (que implica uma interiorização da energia) de Urano em Capricórnio traga qualquer mudança visível de comportamento. Embora você possa adquirir algumas atitudes não-convencionais em relação às autoridades, provavelmente não vai dizer ou fazer muita coisa a respeito.

NETUNO NATAL EM AQUÁRIO

Este posicionamento não ocorrerá neste século.

PLUTÃO NATAL EM AQUÁRIO

Este posicionamento não ocorrerá neste século.

PROGRESSÕES PARA POSIÇÕES NATAIS EM PEIXES

PEIXES: YIN – MUTÁVEL – ÁGUA

SOL NATAL EM PEIXES

Palavras-chave do Sol: força vital básica, corpo físico, "eu" interno

Sol Natal em Peixes Progredido para Áries – O Sol progredido entra em Áries entre as idades de uma semana (☉ natal 29º ♓ 59') e trinta anos (☉ natal 0º ♓ 00').

Quando o seu Sol progride para Áries, onde está exaltado, a sua auto-expressão ganha força e coragem. Você se torna capaz de afirmar-se mais facilmente. Se não optar pelo exame de sua necessidade de se afirmar, você pode achar que essa nova coragem baseia-se em alicerces de areia. Dependendo do caminho escolhido durante esta vida, o Sol progredido em Áries pode simbolizar tanto um sentimento mais positivo sobre si mesmo como uma tendência a ficar mais autocentrado.

Sol Natal em Peixes Progredido para Touro – O Sol progredido entra em Touro entre as idades de trinta (☉ natal 29º ♓ 59') e sessenta anos (☉ natal 0º ♓ 00'). Depois de entrar em Touro, as mudanças que ocorreram nos trinta anos em que o seu Sol progredido estava em Áries se solidificam na sua personalidade. Se você se tornou mais autocentrado, poderá ficar ainda mais teimosamente autocentrado à medida que o seu Sol progride em Touro. Se, entretanto, você usou os anos em Áries para adquirir um senso positivo do próprio valor, agora pode descontrair enquanto o seu Sol progride em Touro.

Sol Natal em Peixes Progredido para Gêmeos – O Sol progredido entra em Gêmeos entre as idades de sessenta (☉ natal 29º ♓ 59') e noventa anos (☉ natal 0º ♓ 00'). Se o seu Sol progredir em Gêmeos, você vai descobrir que em sua maturidade estará muito aberto a novas e diferentes experiências. Você vai se adaptar bem às mudanças de circunstâncias e ambientes e pode decidir introduzir algumas inovações em sua vida. A flexibilidade indicada pelo Sol natal e progredido em signos mutáveis significa que você se sente à vontade em qualquer ambiente. Pode optar pelo desenvolvimento da sua curiosidade intelectual através de novos estudos, ou de falatórios, mas será difícil ignorar esse lado da sua auto-expressão.

LUA NATAL EM PEIXES

Palavras-chave da Lua: emoções, respostas à vida, padrões de hábitos

Lua Natal em Peixes Progredida para Peixes – Sua Lua progredida faz conjunção com a posição natal a cada vinte oito anos no seu ciclo de crescimento emocional. A conjunção traz à tona as alegrias e as dificuldades inerentes à sua posição natal em Peixes. Você é extremamente emocional; sente as emoções dos outros e responde a elas. Você pode ter dificuldade em separar as suas emoções das dos outros. Tende a chorar facilmente, e está disposto a se sacrificar pelos outros. Devido à força da sua natureza responsiva, talvez não consiga compreender ou definir as causas das suas oscilações de humor.

Lua Natal em Peixes Progredida para Áries – O conflito entre a expressão yang indicada por esta posição progredida e a sua natureza responsiva natal yin freqüentemente leva à frustração, se tentar agir baseado no estímulo emocional ao mesmo tempo em que responde a ele. A maioria das pessoas simplesmente ignora o simbolismo de Áries exceto durante as épocas em que a Lua progredida aspecta outros planetas. Então você descobre que realmente quer fazer algo a respeito do que acontece nesse período.

Lua Natal em Peixes Progredida para Touro – A Lua não apenas está exaltada em Touro, mas esta posição é também bastante compatível com a sua posição natal. Você será capaz de lidar com qualquer coisa que surja durante esses dois anos e meio com pouca agitação emocional. Vai nutrir, proteger e apoiar as pessoas de sua vida além de descobrir que os outros respondem apoiando você. Quaisquer aspectos difíceis de outras progressões ou trânsitos serão amenizados pela posição de sua Lua progredida.

Lua Natal em Peixes Progredida para Gêmeos – Este é o primeiro quarto do ciclo de crescimento emocional de sua Lua progredida. (Veja Capítulo 1, "Não ponha a culpa em sua mãe", página 29, para maiores detalhes.) Você vai lidar com os problemas da dispersão de respostas. Quando você responde a qualquer nuança emocional à sua volta, é difícil distinguir as questões importantes das corriqueiras. Gêmeos traz à tona a sua necessidade de agir a partir da emoção, e não só responder a ela. Além disso, Gêmeos o estimula a pensar por que você sente de determinada forma. A análise intelectual do sentimento lhe é difícil; é possível que você tente de tudo para evitar isso. Na realidade, pode contornar esse aspecto do simbolismo ficando amigo de alguém que constantemente analisa os sentimentos. Nesse caso, toda a irritação da abordagem intelectual dos sentimentos tende a manifestar-se através dessa pessoa.

Lua Natal em Peixes Progredida para Câncer – Sempre que sua Lua progredida estiver na mesma triplicidade de sua Lua natal, as suas emoções fluirão mais facilmente. Como a Lua rege Câncer, talvez você nade numa torrente de emoções, pois Câncer reforça o potencial de sensibilidade e solicitude de sua posição natal. Este pode ser o caso de algo bom em demasia. Eventualmente surgirão algumas dificuldades durante essa progressão se você permitir que suas emoções dominem completamente a sua vida. Neste caso, você pode responder tão fortemente a seus sentimentos que se torna incapaz de reagir de maneira lógica. Entretanto, durante esses dois anos e meio, não haverá muita dificuldade com outros trânsitos ou progressões.

Lua Natal em Peixes Progredida para Leão – Esta posição é basicamente incompatível com sua posição natal por signo. A diferença yin-yang indica a tensão sempre que você tenta agir e responder ao mesmo tempo. Leão muitas vezes envolve não apenas a ação a partir de um estímulo emocional, mas a manifestação aberta dos sentimentos, enquanto a sua mutabilidade natal indica mudanças súbitas nos sentimentos. Neste caso, a manifestação leonina pode ser contraproducente, já que suas emoções mudam no meio de um fato!

Lua Natal em Peixes Progredida para Virgem – Esta é a metade do ciclo de crescimento emocional de sua Lua progredida. Os problemas relacionados com as respostas yin e com a mutabilidade são enfatizados nesses dois anos e meio. É possível que você tente separar os seus padrões de resposta em pequenas e nítidas áreas a fim de poder dar a elas alguma ordem prática. Você pode sentir a flutuação das respostas como um problema. Talvez esteja passando tanto tempo lidando com os problemas emocionais dos outros que efetivamente evite examinar os seus próprios.

Lua Natal em Peixes Progredida para Libra – Este signo é basicamente incompatível com sua posição natal. Peixes simboliza um comprometimento total com a resposta emocional, enquanto Libra simboliza a consideração tanto das conseqüências sociais da emoção como a sensibilidade às aparências sociais na demonstração da emoção. A natureza yang de Libra pende no sentido da iniciação da resposta, enquanto o seu desejo natal é evitar este caminho. Como a energia da sua Lua é mais facilmente expressa através da posição natal, você pode desenvolver uma maravilhosa compreensão atrasada do que deveria ter feito em situações sociais enquanto sua Lua progredida está em Libra.

Lua Natal em Peixes Progredida para Escorpião – Embora a Lua esteja em queda em Escorpião, esta posição pertence à mesma triplicidade do seu Peixes natal, de forma que o fluxo de emoções é mais fácil. Escorpião pode significar problemas de ciúme e desconfiança a respeito das motivações dos outros. Entretanto, a fixidez do signo de água deve ajudar a direcionar a sua energia emocional e a abreviar as suas enormes oscilações de humor. Outros aspectos devidos a trânsitos ou progressões serão amenizados por este posicionamento por signo da Lua progredida.

Lua Natal em Peixes Progredida para Sagitário – Este é o terceiro quarto do ciclo de crescimento emocional de sua Lua progredida. Enquanto a sua Lua está em Sagitário, você pode ter problemas relacionados com a dispersão de respostas, precisa usar parte da sua nova iniciativa yang para livrar-se um pouco do extremismo emocional inerente ao seu simbolismo pisciano natal. Como Sagitário simboliza a idealização da emoção, enquanto sua Lua progredida está nesse signo você pode ter muita dificuldades em conseguir o seu autocontrole.

Lua Natal em Peixes Progredida para Capricórnio – A Lua está em detrimento em Capricórnio, mas este signo é bastante compatível com a sua posição natal, e geralmente o controle capricorniano sobre as emoções é muito positivo para você. Você precisa de algumas restrições nas áreas das respostas, e a frieza de Capricórnio tende a ajudá-lo nesse sentido. A não ser que use a energia dessa progressão para controlar e manipular os outros, esta pode ser a posição mais positiva do ciclo de sua Lua progredida.

Lua Natal em Peixes Progredida para Aquário – O signo anterior ao seu signo natal geralmente revela fraquezas ocultas de sua posição natal. Enquanto sua Lua progredida está em Aquário, é possível que você se torne muito mais consciente dos inconvenientes implícitos numa completa sujeição ao estímulo emocional. A natureza yang de Aquário simboliza a ação a partir do estímulo emocional, em vez da aceitação passiva do que vier. Além disso, a fixidez de Aquário pode enfatizar a sua necessidade de foco e estabilidade em situações emocionais. Você tende a desenvolver a crença de que a liberdade na resposta emocional só pode ser obtida quando se tem algum controle sobre as emoções, além de uma compreensão intelectual delas. Por outro lado, você simplesmente pode tornar-se histericamente teimoso a respeito de seus sentimentos.

MERCÚRIO NATAL EM PEIXES

Mercúrio em detrimento em Peixes
Palavras-chave de Mercúrio: mente consciente, pensamentos, ações, destreza manual

Mercúrio Natal em Peixes Progredido para Áries – Quando seu Mercúrio progride para Áries, você pode começar a afirmar seus pensamentos em voz alta. Se você é uma das pessoas com Mercúrio em Peixes que combinam a parte direita e a esquerda do cérebro em seqüências lógicas, pode ser muito intolerante em relação aos que não concordam com suas opiniões ou que não são tão brilhantes quanto você. Se é predominantemente intuitivo, você tende a adquirir a coragem de vender a sua arte ou promover a sua criatividade.

Mercúrio Natal em Peixes Progredido para Touro – Quando seu Mercúrio progride para Touro, você adquire força da dupla colocação yin do seu Mercúrio natal e progredido. Agora você pode desenvolver totalmente a força do lado yin, responsivo de sua mente consciente. Pode juntar num todo mais coerente seus processos de pensamento dispersos. Tenha cuidado, entretanto, porque será muito fácil criar hábitos ou rotinas mentais. Como seu Mercúrio natal em Peixes não precisa de razões para suas crenças, é possível que, com a entrada de Mercúrio em Touro, você se incline para um julgamento antecipado das situações.

Mercúrio Natal em Peixes Progredido para Gêmeos – Se o seu Mercúrio progredir para Gêmeos, signo que rege, você se tornará mais flexível e mais articulado. (Mercúrio avança no máximo 80º a 90º em sessenta e cinco anos. Se estiver na primeira metade de Peixes no mapa natal, ou lento devido à retrogradação antes do nascimento ou durante sua vida, Mercúrio não vai progredir para Gêmeos.) Algumas vezes esta flexibilidade significa simplesmente que você racionaliza todos os tipos de comportamento. Se escolher esta forma de expressão, pode ser realmente rude e depois racionalizar: "é a verdade sem retoques". Felizmente, a maioria das pessoas não se envolve com esse tipo de valentia verbal. Para muitos, tal progressão coincide mais ou menos com a época da aposentadoria, indicando que finalmente poderão investigar tudo que excitou sua curiosidade durante anos.

Mercúrio Natal em Peixes em Progressão Retrógrada para Aquário – Mercúrio está mais forte nesse signo, onde se exalta, do que no signo do seu detrimento. Assim, embora o movimento retrógrado implique que você vai interiorizar o simbolismo de Mercúrio em Aquário, você terá mais facilidade em direcionar o fluxo de seus pensamentos. A sua capacidade de concentração aumenta. Quando Mercúrio se torna direto, esta é uma das mais fortes combinações possíveis no mapa progredido. Aquário é o símbolo do idealista de cérebro esquerdo (lógico), e Peixes é o símbolo do romântico de cérebro direito (intuitivo). Com tal combinação, só você pode traçar os limites do seu crescimento espiritual.

VÊNUS NATAL EM PEIXES

Vênus em exaltação em Peixes
Palavras-chave de Vênus: amar, ser amado, prazer, auto-indulgência

Vênus Natal em Peixes Progredido para Áries – Depois que seu Vênus progride para Áries, você pode começar a imaginar por que esteve escondendo seu lado romântico. Vênus está mais forte na posição natal de Peixes, onde está exaltado, do que em Áries, seu detrimento. A única conseqüência ostensiva desta progressão será o crescente desejo de expressar as suas características piscianas natais. Quando Vênus entra em Áries, pode haver algum acontecimento (como um casamento, anúncio de noivado, menção em coluna social) que traga os seus relacionamentos amorosos ao conhecimento público.

Vênus Natal em Peixes Progredido para Touro – Quando seu Vênus progride para Touro, a combinação da exaltação natal e da regência progredida indica que Vênus poderá ser um dos símbolos importantes de seu mapa. Há dois lados dessa energia de Vênus, um suave e amoroso, outro auto-indulgente e um pouco preguiçoso. Nenhum de nós consegue escapar totalmente da influência dos dois simbolismos. Vênus por si só não indica qual dessas manifestações você vai adotar. De um lado está a indolente comedora de bombons, rodeada de tecidos luxuosos, almofadas e cãezinhos. No outro extremo estão vovó e vovô rodeados de filhos e netos adoráveis e amorosos, irradiando amor e bondade. Esses dois quadros exagerados só acontecem nas fantasias de Peixes natal. Entretanto, quando seu Vênus entra em Touro, você vai querer que um pouco dessas duas fantasias se concretizem na sua vida diária.

Vênus Natal em Peixes Progredido para Gêmeos – A força de Vênus tanto em Touro como em Peixes significa que mesmo que seu Vênus alcance Gêmeos, você não vai notar mudança nos seus sentimentos a respeito das coisas e pessoas que ama. Talvez você flerte um pouco mais, ou mude de idéia um pouco mais quando Vênus em Gêmeos estiver sendo aspectado, mas essas duas respostas podem ser tão facilmente atribuídas à sua posição natal em Peixes como à sua colocação progredida em Gêmeos.

Vênus Natal em Peixes em Progressão Retrógrada para Aquário – Como seu Vênus natal está exaltado em Peixes, e como o movimento retrógrado implica uma manifestação interna da energia em mudança, não é provável que você note qualquer alteração importante na sua postura em relação às coisas e pessoas que ama, depois da entrada de Vênus em Aquário. Quando seu Vênus progredido se tornar direto, talvez você acrescente um pouco de ideais humanísticos ao seu romantismo. Você pode aborrecer-se com a injustiça social, ou envolver-se em projetos de embelezamento do seu bairro. Se tem a tendência a esconder a sua natureza romântica, você pode usar a posição em Aquário para intelectualizar a sua necessidade de beleza e harmonia na vida diária, evitando habilmente o problema de admitir o seu romantismo e ao mesmo tempo provendo um canal de expressão.

MARTE NATAL EM PEIXES

Palavras-chave de Marte: energia, iniciativa, agressividade, raiva

Marte Natal em Peixes Progredido para Áries – Quando seu Marte progride para o signo que rege, você pode perder bastante da sua indecisão natal. A simples presença de Marte em Áries não significa que você comece subitamente a fazer as escolhas certas ou melhores a respeito da aplicação das suas energias, mas sim que você vai começar a tomar decisões. Se preferir ignorar as causas subjacentes da sua agressividade, pode ser que continue a direcionar mal a sua energia. Entretanto, se decidir usar o seu vigor interno, vai fazê-lo com muito mais força. Você pode confundir as pessoas que o conhecem com explosões por causa de assuntos corriqueiros. Se não puder, ou não quiser, admitir as causas de sua raiva, ou se recusar a admitir a raiva, a influência de Áries pode simbolizar algumas explosões mais ou menos assustadoras de mau gênio. Por outro lado, a sua escolha pode ser no sentido de associar-se a alguém que tenha um gênio violento, o que lhe permite dar vazão à agressividade sem reconhecer a sua própria raiva.

Marte Natal em Peixes Progredido para Touro – Há duas conseqüências possíveis com esta progressão, aparentemente em relação direta com a maneira como você incorporou a energia de Marte progredido em Áries. Se você manteve a posição de Peixes insistindo que jamais fica zangado, a progressão em Touro pode indicar que você agora vai tentar reprimir todas as expressões de agressividade. Se este for o seu caso, vai ver que as mesmas coisas o incomodam repetidas vezes. Se acha que as pessoas fazem determinadas coisas somente para aborrecê-lo, pode ser que você esteja precisando examinar, em primeiro lugar, a razão de essas coisas o aborrecerem. Será que você está se estruturando de tal forma que outra pessoa está manifestando, em seu lugar, a energia de Marte? Por outro lado, é possível que você tenha decidido adquirir uma forma razoavelmente aberta e clara de expressar a sua agressividade, enquanto seu Marte progredido estava em Áries. Se a sua realidade inclui a possibilidade de ficar zangado, muito, muito zangado e mesmo assim não partir para a destruição, então você provavelmente não vai perceber a mudança de Marte de Áries para Touro.

Marte Natal em Peixes em Progressão Retrógrada para Aquário – A combinação de Peixes natal e Aquário progredido simboliza uma mistura de idealismo pessoal e humanitário. O movimento retrógrado de Marte indica que a mudança de expressão não vai ocorrer de forma exterior enquanto Marte não se tornar direto. Assim, é possível que você ainda tenha problemas com a expressão de sua agressividade. Embora a fixidez de Aquário o estimule a focalizar sua energia, a maneira de expressar irritação não vai ficar mais aberta. Talvez você estruture melhor a manifestação da sua energia: ou quem sabe transfira essa energia para um tipo de idealismo panfletário. Pichar os cartazes dos políticos pode não enfocar diretamente as causas da sua raiva, mas o fato de pichar já lhe permite liberar a agressividade de uma forma não-destrutiva.

JÚPITER NATAL EM PEIXES

Júpiter é regente tradicional de Peixes
Palavras-chave de Júpiter: expansão, crescimento, fé, otimismo

Júpiter Natal em Peixes Progredido para Áries – Júpiter progride somente 14' por ano, ou cerca de 15º em sessenta e cinco anos. A não ser que seu Júpiter natal esteja na segunda metade de Peixes, não vai progredir para Áries. Júpiter é o regente tradicional de Peixes, de forma que a sua expressão natal de energia provavelmente continuará sendo a influência predominante nos seus padrões de crescimento no decorrer de sua vida. Quando Júpiter estiver sendo aspectado ou for angular, a sua expansão assumirá a forma de expressão pessoal. É possível que você obtenha reconhecimento ou aplauso público, principalmente no ano em que Júpiter passa para Áries.

Júpiter Natal em Peixes em Progressão Retrógrada para Aquário – Júpiter progride cerca de 6° em sessenta e cinco anos quando retrógrado. A não ser que seu Júpiter natal esteja nos primeiros 6° de Peixes e retrógrado, não vai entrar em Aquário. A maioria das pessoas absolutamente não nota essa mudança, já que Júpiter está muito mais forte em Peixes (sua regência tradicional) e o movimento retrógrado implica uma mudança interna. Se o seu Júpiter estiver fortemente aspectado, o simbolismo de Aquário pode indicar que você está direcionando o seu simbolismo natal pisciano para a mudança do mundo em geral.

SATURNO NATAL EM PEIXES

Palavras-chave de Saturno: dever, responsabilidade, realidade, limitação

Saturno Natal em Peixes Progredido para Áries – Saturno progride no máximo 7' por ano, ou 8° em sessenta e cinco anos. A não ser que o seu Saturno natal esteja no último decanato de Peixes, não vai progredir para Áries. Saturno está em queda em Áries, onde simboliza uma limitação na sua auto-expressão ou a dificuldade em definir os limites de sua responsabilidade pessoal. No ano em que Saturno entra em Áries, pode ser que você obtenha um reconhecimento público. Os acontecimentos desse ano dependem do que você fez antes da entrada de Saturno em Áries, pois Saturno nunca traz nada que você não mereça.

Saturno Natal em Peixes em Progressão Retrógrada para Aquário – Quando está retrógrado, Saturno progride cerca de 3° em sessenta e cinco anos. A não ser que seu Saturno natal esteja nos primeiros 3° de Peixes e retrógrado, não vai entrar em Aquário. Saturno está mais forte em Aquário, sua regência tradicional, do que em Peixes. Assim, geralmente, essa progressão indica que você pode mudar a sua postura em relação ao dever, à responsabilidade e à restrição, apesar do movimento retrógrado. Talvez você comece a trabalhar acreditando que a responsabilidade pessoal leva à liberdade pessoal. A sua preocupação pelos outros, indicada por sua posição natal, pode agora centralizar-se em torno do desenvolvimento de meios para atingir a liberdade através do trabalho duro e persistente.

URANO NATAL EM PEIXES

Palavras-chave de Urano: vontade própria, mudanças, criatividade, inventividade

Urano Natal em Peixes Progredido para Áries – As pessoas nascidas em janeiro, fevereiro, março e dezembro de 1927, ou em janeiro de 1928 terão seu Urano progredido de Peixes para Áries no decorrer da vida. Urano em Peixes simboliza um desejo de mudar as motivações ocultas ou inconscientes, enquanto Urano em Áries indica um desejo de se reformar. Você vai descobrir que, em vez de tentar ajudar no progresso de toda a humanidade, vai trabalhar para o seu próprio progresso. Isto é conseguido através de mudanças radicais na forma de controlar o seu gênio ou a natureza dos seus desejos.

Urano Natal em Peixes em Progressão Retrógrada para Aquário – As pessoas nascidas em junho, julho ou agosto de 1919 têm seu Urano progredido de Peixes para Aquário durante sua vida. Apesar do fato de o movimento retrógrado geralmente implicar uma manifestação interior da energia, Urano está passando para o signo de sua regência. Assim, é bem possível que você manifeste essa progressão através de um desejo mais pronunciado de usar o seu lado criativo e inventivo. Talvez você oscile entre a preocupação por parecer não-convencional e ter atitudes incrivelmente incomuns.

NETUNO NATAL EM PEIXES

Este posicionamento não ocorrerá neste século.

PLUTÃO NATAL EM PEIXES

Este posicionamento não ocorrerá neste século.

O QUE PODEMOS LIBERAR?

A PROGRESSÃO DOS NODOS DA LUA

Nodos são pontos onde a órbita da Lua, ou de outro planeta, cruza o plano da órbita da Terra. Embora todos os planetas tenham nodos (exceto o Sol, já que as órbitas dos planetas giram em torno do Sol) os nodos da Lua parecem ter a influência maior na análise do mapa astrológico.[30]

30 Recentemente tem havido alguma controvérsia sobre o uso do assim chamado nodo "verdadeiro" em vez do nodo "médio". A escolha dos nomes para as duas posições é infeliz, pois implica erroneamente que o nodo "verdadeiro" seja mais preciso que o nodo "médio". Essa impressão é complicada ainda mais pelo fato de que o nodo "médio" progride num ritmo regular, ou três minutos por dia em movimento retrógrado, enquanto o nodo "verdadeiro" tem um ritmo variável. A diferença entre os dois nodos é uma diferença na forma de cálculo.

Usei as duas posições durante alguns anos, e concluí que o nodo "médio" forma mais freqüentemente aspectos exatos (órbita de 10' ou menos) por conjunção, quadratura ou oposição na época dos acontecimentos. Conversei com outros astrólogos que insistem em ter feito estudos semelhantes obtendo resultados opostos. Embora a distância entre as duas posições geralmente não seja superior a um grau, mais ou menos, para usar as progressões secundárias é preciso trabalhar com aspectos bem mais exatos. Você pode experimentar as duas posições nos seus mapas antes de tomar uma decisão.

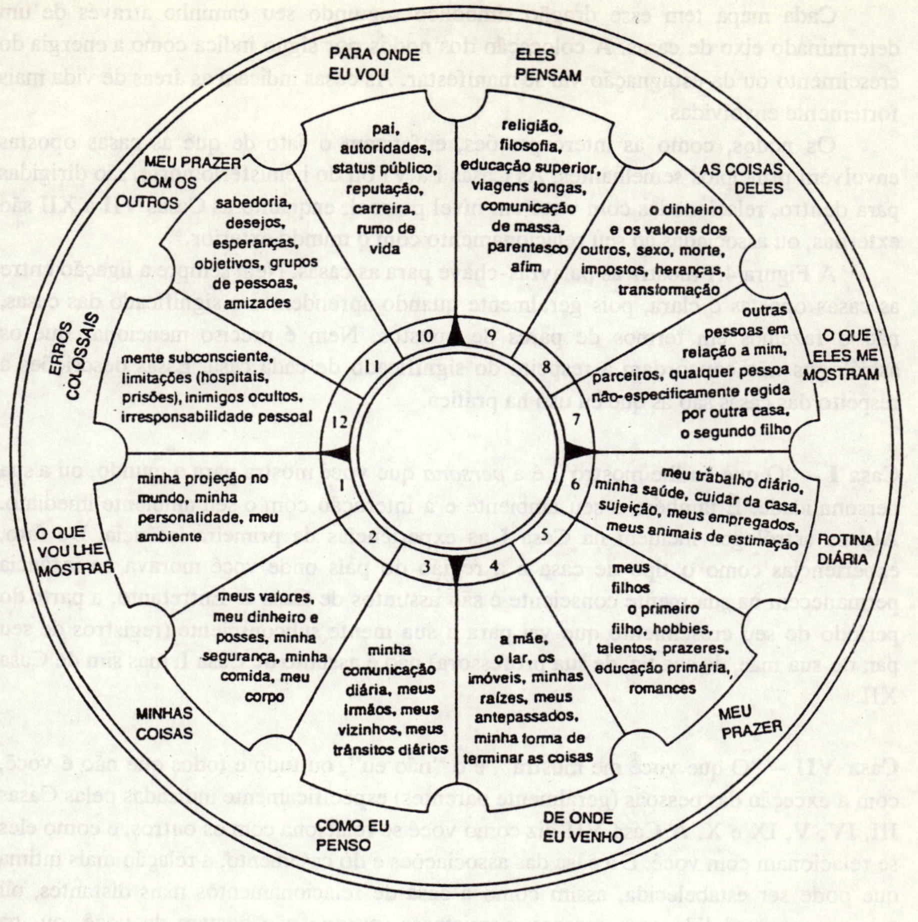

Figura 4.1 Significado básico das casas

Se imaginar os nodos da Lua como um dragão, o nodo norte é a cabeça, e o nodo sul, a cauda do dragão. Quando o dragão avança, arrasta consigo sua cauda, mas não perde muito tempo olhando para ela, ou mesmo pensando muito nela. Se o dragão começar a interessar-se muito pela cauda, vai acabar andando em círculos ou simplesmente sentando e não indo a parte alguma.

O nodo norte simboliza a área da vida que você precisa usar ou expandir para crescer ou avançar. O nodo sul, por sua vez, simboliza a área da vida que você precisa liberar para conseguir o crescimento. É fácil sentar e contemplar o seu nodo sul. Sempre que está enfronhado nos assuntos indicados pela posição do nodo sul, provavelmente você fica parado, ou anda em círculos, em vez de crescer. Seu nodo norte não é necessariamente mais difícil de atingir que o nodo sul, mas é preciso que você se levante e comece a agir.

Cada mapa tem esse dragão simbólico seguindo seu caminho através de um determinado eixo de casas. A colocação dos nodos por signo indica como a energia do crescimento ou da estagnação vai se manifestar. As casas indicam as áreas de vida mais fortemente envolvidas.

Os nodos, como as interceptações, enfatizam o fato de que as casas opostas envolvem princípios semelhantes. As Casas I a VI ou do hemisfério norte, são dirigidas para dentro, relacionadas com você em nível pessoal, enquanto as Casas VII a XII são externas, ou associadas ao seu relacionamento com o mundo exterior.

A Figura 4.1 mostra as palavras-chave para as casas. Nem sempre a ligação entre as casas opostas é clara, pois geralmente quando aprendemos o significado das casas, não o fazemos em termos de pares de opostos. Nem é preciso mencionar que os astrólogos não concordam a respeito do significado de cada casa. Essas descrições a respeito das casas são as que eu uso na prática.

Casa I – "O que eu lhe mostro", é a *persona* que você mostra para o mundo, ou a sua personalidade. É também o seu ambiente e a interação com o seu ambiente imediato. Alguns astrólogos incluem na Casa I as experiências da primeira infância. De fato, experiências como o tipo de casa e a região do país onde você morava na infância permanecem na sua mente consciente e são assuntos de Casa I. Entretanto, a parte do período do seu crescimento que vai para a sua mente subconsciente (registros de seu pai, de sua mãe, de sua tia, de sua professora) não é assunto de Casa I, mas sim de Casa XII.

Casa VII – "O que você me mostra", é o "não eu", ou tudo e todos que não é você, com a exceção das pessoas (geralmente parentes) especificamente indicadas pelas Casas III, IV, V, IX e X. A Casa VII diz como você se relaciona com os outros, e como eles se relacionam com você. É a casa das associações e do casamento, a relação mais íntima que pode ser estabelecida, assim como a casa de relacionamentos mais distantes, ou seja, como você lida com pessoas inamistosas (os que não gostam de você, ou, na terminologia mais antiga, "inimigos conhecidos").

Casa II – "Minhas coisas", indica o seu sistema pessoal de valores. Todas as coisas que têm valor para você estão relacionadas com a Casa II. O seu dinheiro, as suas posses, a sua comida, as suas necessidades pessoais de segurança (o cobertor de Linus,* as doze latas de sopa na despensa, a nota de 10 dólares na sua gaveta de meias), e o seu corpo, são assuntos de Casa II.

Casa VIII – Significa "as coisas deles" e como você se relaciona com "as coisas deles". Assim, são os valores dos outros, seu dinheiro, suas posses. É a herança (quando você ganha algo que pertencia a outra pessoa) e os impostos (quando você tem algo que pertence a outra pessoa, isto é, ao governo). É o sexo, ou o relacionamento de seu corpo com o corpo de outra pessoa. A Casa VIII também é a morte, que muda você e o transforma em algo diferente.

* Personagem de história em quadrinhos. (N. do T.)

Casa III – "Como eu penso", envolve todas as suas comunicações diárias. As comunicações de Casa III são do tipo que ninguém realmente prepara com antecedência, pois esta parte da mente consciente funciona sem muito esforço. Geralmente você não ensaia as suas conversas ou perde tempo pensando no que vai dizer se a sua amiga Sally lhe telefonar. Essas são comunicações da Casa III, pensamento da Casa III. A Casa III inclui seus irmãos e irmãs, e seus vizinhos. A maioria das pessoas relaciona-se com irmãos e vizinhos de forma bastante automática. Sabemos o suficiente a respeito deles e não achamos que a comunicação com eles seja alguma coisa fora do comum. A Casa III inclui as suas viagens diárias para o trabalho e para as lojas, e assim geralmente inclui o seu carro. Tradicionalmente a Casa III inclui as pequenas cartas, mas a maioria das pessoas substituiu essas cartas por conversas telefônicas.

Casa IX – "Como eles pensam", leva a comunicação para um plano superior. Religião, filosofia, educação superior, todas as coisas amplas com relação à forma como os outros pensam e como você se relaciona com essas idéias, são assuntos de Casa IX. A comunicação de massas (livros, televisão, rádio), e as viagens longas (que o colocam em contato com formas de pensamento longínquas, ou estrangeiras), também estão ligadas à Casa IX.

Casa IV – "De onde venho", envolve as suas raízes, o lar onde você cresceu e o lar que você constrói para você. Neste sentido, a Casa IV indica os imóveis, embora se você tiver muitas propriedades a Casa II também esteja envolvida. A Casa IV inclui a mãe, pois ela é uma grande parte do seu conceito de onde você vem. Como você termina as suas tarefas diárias é assunto de Casa IV. Cada um acaba de fazer o jantar ou de se vestir de uma forma, e a Casa IV indica qual é essa forma.

Casa X – "Para onde vou", surge da Casa IV – de onde venho – em direção ao mundo exterior. A sua carreira e os rumos de sua vida são assuntos de Casa X. A Casa X também inclui a sua reputação e o seu status social, resultado do caminho que você escolheu seguir. As figuras de autoridade, e seu pai, estão representadas na Casa X.

Casa V – "Meu prazer", envolve tudo que você faz, ou pode fazer, no seu tempo de lazer. Inclui os filhos, e especificamente o primeiro filho. Para as mulheres, a Casa V, é a primeira gravidez. Os seus talentos ou hobbies são assuntos de Casa V, assim como seus romances e instrução básica.

Casa XI – "Prazer com os outros", relaciona os seus talentos e interesses aos interesses de outras pessoas. Os grupos aos quais você se junta, os conhecimentos que faz através desses interesses são assunto de Casa XI. A Casa XI inclui os seus objetivos a longo prazo fora da carreira, e seus desejos e esperanças. Uma antiga definição da Casa XI inclui a sabedoria, que é realmente a medida da sua satisfação com os seus objetivos.

Casa VI – "Rotina diária", envolve as responsabilidades e o trabalho diário, tanto em casa como no emprego. São as partes de sua rotina que não demandam muita reflexão ou planejamento. A maior parte do trabalho de Casa VI algum dia torna-se quase automático, isto é, geralmente não passamos horas pensando como vamos lavar a roupa. A Casa VI também inclui a saúde, no sentido da influência do estresse sobre o seu corpo. Quando está sob pressão, você tem dor de cabeça, dor de estômago, rigidez muscular? Estes são assuntos de saúde da Casa VI. A Casa VI, tradicionalmente, é a casa da sujeição. Hoje em dia não se fala muito nisso, mas é uma questão relevante, pois a Casa VI mostra como você se sujeita aos outros. É um tipo de trabalho automático que você executa e provavelmente não nota, mas é como o grão de areia na ostra. Se o grão de areia não for muito grande, pode transformar-se numa pérola. No momento em que se torna uma questão importante, o ressentimento aumenta e o grão de areia pode dificultar muito a vida da ostra. A Casa VI também mostra a forma, automática, como você trata as pessoas que trabalham para você, e o tipo de pessoas que você emprega. Os animais de estimação também estão representados pela Casa VI.

Casa XII – "Erros colossais ou irresponsabilidade pessoal", envolve tudo a seu respeito que você prefere não mostrar aos outros. É a sua mente subconsciente, e tudo que os "adultos" lhe disseram para não fazer quando você era pequeno. Embora possa acabar fazendo, você se sente culpado e geralmente não gosta de admitir que fez (ou evitou fazer) as coisas indicadas pelo signo de Casa XII. A Casa XII mostra como você se restringe por causa dessas crenças subconscientes, e como os outros o restringem, através do aprisionamento ou hospitalização. A parte do serviço da Casa XII envolve quase sempre o trabalho com pessoas que, de alguma forma, são limitadas ou restritas. Através do serviço da Casa XII você pode ajudar a si próprio e aos outros a livrar-se das obrigações mentais e físicas que impedem o crescimento. Neste sentido, a Casa XII simboliza a iluminação espiritual.

Embora a posição dos nodos por signo indique a sua maneira de crescer e de se liberar do excesso de carga, o nodo médio avança 4°43' em noventa dias (equivalentes a noventa anos de vida na progressão secundária). Assim, os nodos só vão mudar de signo no decorrer da sua vida se estiverem nos quatro primeiros graus de um signo. Não vão formar aspectos novos com as posições natais durante a sua vida. A progressão das cúspides secundárias pode levar os nodos para casas diferentes no mapa progredido, mas o máximo que vai acontecer é os nodos passarem de um lado para outro de uma cúspide natal.

Por causa disso, o seu eixo nodal natal exerce a influência preponderante na sua vida. As posições de casa progredidas dos nodos progredidos funcionam como um complemento aos padrões básicos de comportamento indicados pelas posições natais. Abaixo delineamos as possíveis mudanças de casa dos nodos no mapa progredido. Para consultar esta seção, procure a posição de casa do seu nodo norte natal. Em primeiro lugar delineamos o seu potencial natal, e em seguida o significado de cada posição de casa progredida.

NODO NORTE NATAL NA CASA I,
NODO SUL NA CASA VII

É preciso que você avance baseado na força de projeção do seu próprio ego. Quando se envolve em demasia com as necessidades ou exigências de parceiros ou outras pessoas, você impede o seu progresso na vida. A sua tendência é deixar que os outros dominem a sua vida, ao mesmo tempo em que se ressente desse domínio. Você precisa desvencilhar-se dos outros se deseja realmente ajudá-los ou ajudar a si mesmo.

Nodo Norte na Casa I – Nodo Sul na Casa VII Progredidos para as Casas XII e VI – Quando seus nodos progridem para as Casas XII e VI, é possível que você tente utilizar a sua dependência dos outros (nodo sul) para tornar-se muito mais envolvido no trabalho ou nas responsabilidades diárias. Se conseguir manter o rumo do seu nodo norte de Casa I, você poderá usar o posicionamento na Casa XII para revelar as suas motivações subconscientes. Quando puder entender por que (ou como) você restringe o seu próprio progresso, não vai ser preciso colocar-se numa posição de escravidão ou serviço em relação aos outros através do seu nodo sul na Casa VI.

Nodo Norte na Casa I – Nodo Sul na Casa VII Progredidos para as Casas XI e V – Quando a progressão leva os seus nodos para as Casas XI e V no seu mapa progredido, você pode pôr em prática as suas qualidades de liderança, se tiver ido em busca do seu nodo norte. Se ainda está preso ao seu nodo sul, vai descobrir que as pessoas que estão solicitando o seu tempo e a sua atenção são os filhos (no sentido figurado e literal) das parcerias da Casa VII. Se não tem filhos, você pode descansar no seu nodo sul através do envolvimento em hobbies ou atividades de lazer em vez de ir em busca do seu nodo norte através da liderança de grupos.

Nodo Norte na Casa I – Nodo Sul na Casa VII Progredidos para as Casas X e IV – Depois que seus nodos são levados por progressão para as Casas X e IV, você pode obter o reconhecimento que lhe é devido por seu trabalho em relação ao nodo norte, ou pode atribuir a falta de crescimento na sua vida à sua situação doméstica. Com freqüência, as pessoas que consistentemente se recusam a crescer de acordo com a trilha do nodo norte tornam-se um pouco reclusas, ficando na casa (Casa IV) depois que o nodo sul atinge este setor no mapa progredido.

NODO NORTE NATAL NA CASA XII, NODO SUL NA CASA VI

Com este posicionamento natal, você não deve permitir que o trabalho e a rotina dominem a sua vida. Você pode perder-se facilmente nos detalhes da vida diária, perdendo a sua capacidade de avançar rumo à compreensão dos seus influxos subconscientes. A não ser que investigue as formas pelas quais está se restringindo, poderá permitir que os outros demandem constantemente serviços de você. Este serviço de Casa VI não estimula o seu crescimento, só o mantém ocupado consertando uma coisa, indo buscar outra. Se acha que está sendo empregado, açougueiro, motorista, cozinheiro e ajudante de ordens ao mesmo tempo, provavelmente você se encontra no seu nodo sul. Por outro lado, se o seu trabalho está contribuindo para a sua elevação e a dos outros, provavelmente você está caminhando em direção ao seu nodo norte.

Nodo Norte na Casa XII – Nodo Sul na Casa VI Progredidos para as Casas XI e V – Quando a progressão do seu mapa leva o seu nodo norte para a Casa XI e o seu nodo sul para a Casa V, é possível que você deixe de ser um maníaco pelo trabalho e se transforme num maníaco por hobbies! Se conseguir resistir à pressão do nodo sul, pode despojadamente oferecer a sua compreensão espiritual (ou psicológica) a uma comunidade maior, ou a um grupo de pessoas.

Nodo Norte na Casa XII – Nodo Sul na Casa VI Progredidos para as Casas X e IV – Se você decidiu ir em busca do seu nodo norte, a progressão do mapa que leva este nodo para a sua Casa X e o nodo sul para a Casa IV simboliza a sua capacidade de combinar a compreensão espiritual e psicológica com a carreira. Se você decidiu viver no seu nodo sul, a progressão traz uma concentração no lar ou no acabamento de assuntos do dia-a-dia. Esta última hipótese pode ser uma situação um tanto isoladora e deixá-lo amargo, pois vai parecer que você fez tudo o que devia, trabalhou duramente, não negligenciou os detalhes e agora está completamente sozinho.

Nodo Norte na Casa XII – Nodo Sul na Casa VI Progredidos para as Casas IX e III – Se a progressão do seu mapa levar os seus nodos para as Casas IX e III, você tem uma enormidade de decisões a revisar e comunicar. Se você avançou com seu nodo norte, trabalhando no sentido do seu desenvolvimento pessoal e espiritual o quanto possível, o simbolismo da Casa IX sugere um enfoque na filosofia, na religião, na visão de um mundo mais amplo. Os que seguiram a linha de menor resistência (nodo sul) podem descobrir que a progressão traz trivialidade aos sucessos obtidos.

NODO NORTE NATAL NA CASA XI, NODO SUL NA CASA V

Você pode se envolver tanto em interlúdios românticos ou hobbies absorventes a ponto de perder de vista os objetivos de sua vida. Você também perde a capacidade de se relacionar com grupos fora dos limites estreitos dos romances ou dos hobbies. Se permanecer encalhado na expressão da sua Casa V, você pode vivenciar muita frustração, pois o seu crescimento depende da definição de objetivos claros, e da partilha de seus talentos e capacidades com o resto do mundo através do envolvimento com grupos.

Nodo Norte na Casa XI – Nodo Sul na Casa V Progredidos para as Casas X e IV – Quando a progressão do seu mapa leva os seus nodos para as Casas X e IV, os que decidiram continuar com a expressão do nodo sul têm agora um grupo específico – a família – em quem pôr a culpa por seu insucesso. Os que escolheram caminhar em direção ao nodo norte descobrem que a carreira pode ser separada da família e tende a tornar-se o veículo para a concretização dos objetivos da Casa XI.

Nodo Norte na Casa XI – Nodo Sul na Casa V Progredidos para as Casas IX e III – Quando os nodos progridem para as Casas IX e III, você pode começar a preocupar-se com comunicações superficiais ou com as minúcias do dia-a-dia, caso esteja sentado no seu nodo sul. Você sabe das bisbilhotices mais recentes, vai a todas as festas, e viaja alegremente pelo seu mundo de brinquedo. Outras pessoas, com essa mesma posição nodal, que decidiram desenvolver o seu nodo norte, agora envolvem-se com filosofia ou com educação superior. Podem também viajar para aumentar seus conhecimentos, ou pelo menos ler bastante.

Nodo Norte na Casa XI – Nodo Sul na Casa V Progredidos para as Casas VIII e II – Se você estiver no caminho do seu nodo norte, a progressão para a Casa VIII lhe dá o ímpeto para questionar ou investigar os valores da sociedade em relação aos seus objetivos natais da Casa XI. A transformação de Casa VIII indica que é provável você mudar os seus objetivos ou a sua visão dos valores da sociedade. Pode ser que você receba alguma herança que o force a escolher entre o nodo sul materialista de Casa II ou a Casa VIII voltada para os outros. Se você navegou pela vida com o seu nodo sul, começa a dimensionar o seu valor em termos de quanto você adquiriu. Mesmo que tenha acumulado uma fortuna, não vai ficar satisfeito, pois a vida é mais que colheres de prata ou polpudas contas bancárias.

NODO NORTE NATAL NA CASA X, NODO SUL NA CASA IV

Muitas vezes você acha que as exigências de seu lar são tantas que há uma constante interferência com sua carreira. Se você não se empenhar em separa as necessidades do seu lar e de sua família das suas próprias necessidades, pode ser que não chegue a lugar nenhum, nem em casa nem na carreira. Você se ressente profundamente da família que impede o seu progresso. Aqueles que decidem seguir o nodo sul raramente acham que fizeram uma escolha, sentindo que precisavam devotar a vida ao lar e à família.

Nodo Norte na Casa X – Nodo Sul na Casa IV Progredidos para as Casas IX e III – Quando a progressão leva os seus nodos para as Casas IX e III, talvez você gaste o tempo em conversas fúteis, mexericos e encontros com os vizinhos, reclamando do que poderia ter feito se não fosse sua família. Se, entretanto, conseguiu chegar a um compromisso entre o lar e a carreira que lhe permite seguir o seu nodo norte sem abandonar a família, você pode adotar as áreas de filosofia ou estudos superiores (assuntos da Casa IX), como a próxima etapa lógica no seu caminho de vida.

Nodo Norte na Casa X – Nodo Sul na Casa IV Progredidos para as Casas VIII e II – Quando a progressão do mapa leva o nodo norte para a Casa VIII e o nodo sul para a Casa II, talvez você descubra que as ligações familiares colocaram em cima de você uma enorme carga de posses que precisam ser vigiadas. É difícil desfrutar a vida quando se tem de ajustar o alarme contra ladrões e colocar o décimo quarto cadeado na porta. Por outro lado, se você decidiu desenvolver o seu lado de nodo norte, esta progressão vai trazer uma transformação de Casa VII nos seus conceitos sobre o sucesso. Talvez você mude a filosofia adotada enquanto o nodo norte estava na Casa IX ou questione e mude os valores das pessoas que o rodeiam.

Nodo Norte na Casa X – Nodo Sul na Casa IV Progredidos para as Casas VII e I – Se a progressão no seu mapa levar o seu nodo norte para a Casa VII, você pode descobrir que os seus anos de maturidade lhe trazem o reconhecimento por suas realizações, ou o distanciamento das outras pessoas. Aqueles que foram em busca do nodo norte podem receber, através dos outros da Casa VII, o reconhecimento simbolizado pela posição natal na Casa X. Os que optaram pelo nodo sul descobrem que quando este nodo se encontra na Casa I, eles estão sozinhos, com todas as suas posses.

NODO NORTE NATAL NA CASA IX, NODO SUL NA CASA III

A posição do seu nodo sul simboliza uma preocupação com coisas corriqueiras, muito falatório e uma curiosidade sem fim, enquanto o seu nodo norte indica um desejo de avançar através do estudo superior, das viagens, da religião ou da filosofia. Se você se permitir uma preocupação em aprender um pouco de tudo, pode nunca aprender muito de nada. Você é o tipo do estudante que se sente tentado a ouvir todos os problemas dos colegas em vez de estudar, ou o tipo da dona-de-casa que deixa que os vizinhos ou filhos lhe roubem todo o tempo livre, tornando impossível a educação superior. Para seguir o seu nodo norte na Casa IX, é preciso aprender a dizer "não" aos bate-papos superficiais e aos mexericos. Se você aprender a ampliar e focalizar a sua curiosidade, será capaz de desenvolver o seu lado de nodo norte.

Nodo Norte na Casa IX – Nodo Sul na Casa III Progredidos para as Casas VIII e II – Quando a progressão do seu mapa leva o seu nodo norte para a Casa VIII e o seu nodo sul para a Casa II, a curiosidade pode transformar-se em aquisitividade, se você está vivendo o seu nodo sul. Fazendo isso, você abandona os ideais filosóficos do nodo norte na Casa IX enquanto se concentra no sucesso material ou mundano. Se o sucesso for medido em termos de casacos de pele e carros último tipo, provavelmente o seu sucesso será grande. Os que decidem seguir o nodo norte agora vão precisar lidar diretamente com os valores dos outros, e verão que os seus próprios valores devem passar por um período de transformação para que o crescimento prossiga.

Nodo Norte na Casa IX – Nodo Sul na Casa III Progredidos para as Casas VII e I – Quando a progressão do seu mapa leva o seu nodo norte para a Casa VII e o seu nodo sul para a Casa I, os que trabalharam para desenvolver uma filosofia de vida consistente descobrem que o resultado é a capacidade de estabelecer relacionamentos verdadeiros e duradouros. Pelo contrário, os que escolhem seguir o caminho mais fácil do nodo sul descobrem que o envolvimento consigo mesmos simbolizado pelo nodo sul na Casa I é, de fato, um entrave para os relacionamentos profundos. Tentar ser o primeiro pode gerar o sucesso material mas geralmente não traz a paz psicológica.

Nodo Norte na Casa IX – Nodo Sul na Casa III Progredidos para as Casas VI e XII – Se você seguiu o seu nodo norte de Casa IX estudando uma mais ampla filosofia de vida, e expressou a progressão na Casa VIII estudando outros sistemas de valores, transferindo então esse envolvimento às outras pessoas durante a progressão pela Casa VII, vai sentir um enorme prazer e uma enorme paz na vida diária nos seus anos de maturidade. Se você seguiu o caminho de menor resistência do nodo sul, adquirindo muito conhecimento superficial e empilhando posses, às vezes pergunta a si mesmo por que os outros não querem que você lhes diga o que fazer, e fica com os sonhos de Casa XII a respeito do que poderia ter sido.

NODO NORTE NATAL NA CASA VIII, NODO SUL NA CASA II

Este eixo nodal é uma posição particularmente difícil, pois no nodo sul você tem permanente consciência do mundo material e de sua posição nele. O nodo norte na Casa VIII simboliza a sua necessidade de abrir mão dos valores da sociedade para renascer para um sistema de valores mais elevado. O simbolismo de morte e renascimento da Casa VIII sugere a necessidade de descartar completamente as posses materiais antes de poder avançar nesta vida. Entretanto, se não fizer nada no sentido de se aproximar do nodo norte, você ainda vai ter muitas coisas ou posses materiais através do nodo sul.

Nodo Norte na Casa VIII – Nodo Sul na Casa II Progredidos para as Casas VII e I – Na maioria dos casos você não vai perceber a sua escolha com relação a esses dois caminhos natais até que a progressão do seu mapa leve os seus nodos para as Casas VII e I. A Casa II representa as suas posses e o seu sistema de valores, enquanto a Casa VIII representa os valores da sociedade e as posses das outras pessoas. É fácil distinguir o que é de quem no que diz respeito às posses, mas geralmente é difícil separar o seu sistema de valores dos valores da sociedade em que você vive. Depois que os nodos chegam às Casas VII e I do seu mapa progredido, a escolha tem de ser feita entre a auto-absorção e acúmulo de riquezas no nodo sul (Casa II natal, Casa I progredida) e o caminho do nodo norte, no sentido de procurar os outros e entender seus valores.

Nodo Norte na Casa VIII – Nodo Sul na Casa II Progredidos para as Casas VI e XII – Esta progressão (nodo norte na Casa VI, nodo sul na Casa XII) traz mais dificuldades para o posicionamento natal de nodo norte na Casa VIII, nodo sul na Casa II. Supõe-se que seja preciso examinar as motivações subconscientes para se chegar à iluminação espiritual. Pelo menos muita gente ganhou muito dinheiro nos dizendo isso, através de livros sobre psicologia, auto-análise e crescimento espiritual. Você, entretanto, pode perder-se perambulando através da psicanálise ou de estudos espirituais sem ganhar nada a não ser confusão e um estoque de palavras técnicas. O caminho do seu nodo norte não é a auto-análise. Você precisa resistir aos valores da sociedade para seguir o seu nodo norte e dar atenção aos pequenos detalhes da rotina diária. A iluminação espiritual vai chegar quando você parar de caçá-la.

Nodo Norte na Casa VIII – Nodo Sul na Casa II Progredidos para as Casas V e XI – Se você veio coerentemente seguindo o seu nodo sul, pode deixar de lado a "análise instantânea" ou a "iluminação espiritual" quando o seu nodo sul está na sua Casa XI progredida. Afinal, você aprendeu todas as palavras adequadas. É provável que não valorize muito essas palavras, pois não é este o caminho do seu crescimento. No melhor dos casos. Você vai confundir as pessoas com suas pregações; no pior, vai impedir o crescimento delas, pois estará jogando a sua viagem desde o nodo sul na Casa II (materialismo), passando pela Casa I (auto-absorção) até a Casa XII (auto-análise), em cima de todas as outras pessoas. Se você conseguiu evitar a armadilha do seu nodo sul e realmente examinou os valores da sociedade (nodo norte natal na Casa VIII), levou essas idéias às outras pessoas (Casa VII) e deu atenção às suas responsabilidades diárias (Casa VI), você vai alcançar o nodo norte na Casa V apto a desenvolver os seus talentos e capacidades. Além disso, você poderá divertir-se no tempo de lazer, pois não vai ficar pregando uma sabedoria vazia aos outros.

NODO NORTE NATAL NA CASA VII, NODO SUL NA CASA I

Você precisa procurar os outros e desenvolver relacionamentos estáveis e contínuos. Infelizmente, o nodo sul na Casa I indica que muitas vezes você tem dificuldade em ver as coisas de qualquer outro ponto de vista que não seja o seu. Como a sua personalidade prejudica constantemente a sua visão dos outros, muitas vezes você descobre que é mais fácil funcionar a partir da posição do seu nodo sul, que o coloca em primeiro lugar. Se for bem-sucedido no estabelecimento de relacionamentos pessoais íntimos com esse eixo nodal, é possível que você tenha aprendido a operar e a crescer a partir do seu nodo norte. O seu pior problema é o interesse por si próprio.

Nodo Norte na Casa VII – Nodo Sul na Casa I Progredidos para as Casas VI e XII – Quando a progressão do seu mapa leva os nodos para as Casas VI e XII, é possível que você leve o "eu primeiro" do seu nodo sul para o mundo nebuloso dos pensamentos solitários e das motivações subconscientes ou ocultas. Quanto mais você se envolver no exame da sua mente subconsciente, mais isolado pode ficar. Esta não é uma progressão muito fácil pois "todo o mundo sabe" que crescemos pelo exame das nossas motivações subconscientes, através da psicologia ou do estudo do desenvolvimento espiritual, assuntos da Casa VII. Você não faz parte desse "todo o mundo". O seu crescimento requer que dê atenção às responsabilidades e à rotina diárias. Se você decidiu equilibrar o interesse por si próprio com o envolvimento com os outros, a progressão pode indicar que está apto a levar adiante o seu trabalho diário tendo um propósito e levando os outros em consideração.

Nodo Norte na Casa VII – Nodo Sul na Casa I Progredidos para as Casas V e XI – Quando os seus nodos progridem para as Casas V e XI, ou você descobre seus talentos e capacidades pessoais, partilhando-os com os outros (de volta ao nodo norte na Casa VII), ou começa a acreditar que todos os objetivos alcançados só dependeram dos seus esforços. Se a segunda hipótese for a mais certa, é porque você escolheu o caminho do nodo sul na sua vida. É possível que você tenha pouco senso de companheirismo ou afinidade com os outros.

Nodo Norte na Casa VII – Nodo Sul na Casa I Progredidos para as Casas IV e X – Se a progressão do seu mapa levar o nodo norte para a Casa IV do seu mapa progredido, você vai colher os resultados de uma vida voltada para os outros ou para você. Os que escolherem seguir o nodo norte descobrirão que a progressão final traz um auto-reconhecimento e a segurança familiar. Os que escolherem seguir o nodo sul verificarão que, apesar de obterem sucesso e reconhecimento na carreira, estão constantemente à procura de segurança, além de sentirem uma aguda falta de uma estrutura familiar.

NODO NORTE NATAL NA CASA VI, NODO SUL NA CASA XII

É preciso que você dê atenção aos detalhes do dia-a-dia se quiser progredir e crescer nesta vida. O nodo sul na Casa XII indica que você tem muita facilidade em perder-se nos sonhos e planos, fugindo das realidades diárias através da introspecção evasiva. Você é capaz de envidar grandes esforços para evitar a realidade minuciosa. Pode empregar muito do seu tempo em diferentes formas de terapia, formal ou informal, tentando descobrir quem você é, e nesse processo eximir-se da responsabilidade de suas atividades diárias. Se conseguir desenvolver o senso do valor do trabalho e da rotina, você pode transcender a irresponsabilidade pessoal simbolizada pelo nodo sul na Casa XII e estabelecer uma sólida base para o seu crescimento pessoal.

Nodo Norte na Casa VI – Nodo Sul na Casa XII Progredidos para as Casas V e XI – Quando a progressão do seu mapa leva os seus nodos para as Casas V e XI, é possível que você tenha de reajustar os seus objetivos. Se ficou com o seu nodo sul natal na Casa XII e refletiu na cauda do seu dragão, provavelmente você adquiriu um ótimo vocabulário para disfarçar a sua fuga da responsabilidade pessoal. Você é capaz de descrever todos os seus medos, preocupações e neuroses, mas ainda não consegue lavar os pratos com regularidade. Agora pode dizer a todos os seus conhecidos (Casa XI) porque você (e eles) não parece(m) ser capaz(es) de trabalhar com regularidade. Por outro lado, se decidiu que a sua Casa VI natal é a sua área de crescimento, você não está muito preocupado com as suas motivações subconscientes. Você estabeleceu a sua rotina diária com suficiente eficácia para poder agora desenvolver os seus talentos criativos e desfrutar do seu tempo de lazer.

Nodo Norte na Casa VI – Nodo Sul na Casa XII Progredidos para as Casas IV e X – Quando a progressão leva o nodo norte para a Casa IV do mapa progredido e o nodo sul para a Casa X, os que avançaram na vida com o nodo norte descobrem que sabem terminar bem as coisas e que desfrutam da estabilidade de íntimos laços familiares. Os que decidiram seguir o caminho mais fácil do nodo sul descobrem com certa freqüência que, embora as suas carreiras sejam bastante bem-sucedidas, não são realmente satisfatórias. A não ser que consigam descobrir seu valor essencial conforme indicado pela posição do nodo norte natal, essas pessoas demonstram constante incerteza a respeito de seus esforços e mostram-se sempre conscientes de suas neuroses (nodo sul natal na Casa XII). Esta posição poderia ser a do psicólogo ou terapeuta bem-sucedido cuja vida pessoal é um completo caos.

Nodo Norte na Casa VI – Nodo Sul na Casa XII Progredidos para as Casas III e IX – Se a progressão do seu mapa levar o seu nodo norte para a Casa III e o seu nodo sul para a Casa IX, a sua comunicação indicará que lado da sua personalidade você decidiu desenvolver. Se você sabe identificar e comunicar o seu sentido de valor e o valor das outras pessoas, você seguiu o seu nodo norte. Se você é um adepto extremado do jargão psicológico, mas não se comunica bem com os outros, você ainda está encalhado no nodo sul natal da Casa XII. É hora de desvencilhar-se dessas sombras psicológicas e sair à luz do sol. Provavelmente você não é nem mais nem menos neurótico que os outros.

NODO NORTE NATAL NA CASA V, NODO SUL NA CASA XI

É possível que quem tem esse eixo nodal no mapa sinta que esta é a posição mais fácil dos nodos. Mesmo que você nunca queira se esforçar para seguir o seu nodo norte, parece atingir os seus objetivos com pouca interferência. Esse eixo em particular geralmente indica que é divertido estar com você, pois você não é muito exigente nem consigo nem com os outros. Se você decidir seguir o seu nodo norte e desenvolver todos os seus talentos e capacidades, pode adquirir um forte senso do seu próprio valor. Mesmo que não decida desenvolver totalmente os seus talentos, poderá atingir os seus objetivos, mas com pouco senso de realização. Ao aceitar o sucesso obtido com pouco esforço, você poderá sentir que

> Life's but a walking shadow, a poor player
> That struts and frets his hour upon the stage,
> And then is heard no more; it is a tale
> Told by an idiot, full of sound and fury,
> signifying nothing.
>
> A vida é só uma sombra que anda, um pobre ator
> Que se pavoneia e gasta seu tempo no palco
> e não é mais ouvido; é uma história
> Contada por um idiota, cheia de sons e fúria
> E nada significa.

Shakespeare, *Macbeth*

Nodo Norte na Casa V – Nodo Sul na Casa XI Progredidos para as Casas IV e X – Quando a progressão do seu mapa leva os seus nodos para as Casas IV e X, você percebe que obter reconhecimento e atingir seus objetivos não é o suficiente. Se você resolveu desenvolver o seu nodo norte na Casa V através dos seus talentos, não precisa que os outros lhe digam que é talentoso. Você sabe. Se você nunca trabalhou para aperfeiçoar as suas habilidades, você sente que os elogios são feitos por tolos, pois sabe que nunca tentou realmente fazer bem o que faz. Pode usar o rótulo de "hobby" para disfarçar seus talentos, permitindo-se assim ir levando sem nunca realmente se desenvolver. Dessa forma, você consegue culpar a carreira pela sua decisão de ignorar os seus talentos.

Nodo Norte na Casa V – Nodo Sul na Casa XI Progredidos para as Casas III e IX – Quando o seu mapa progredido tem o nodo norte na Casa III e o nodo sul na Casa IX, os que escolheram permanecer com o nodo sul descobrem com freqüência que a sua filosofia de vida (Casa IX) é influenciada pelos talentos que nunca quiseram desenvolver. Quer decida atribuir este fato às exigências de sua carreira ou à necessidade de "subir" na vida, você percebe que é difícil aceitar ou justificar qualquer sucesso ou elogio aos seus talentos pouco desenvolvidos. Pelo contrário, os que decidiram trabalhar com o lado do nodo norte de sua personalidade tendem a descobrir que é fácil comunicar os seus talentos aos outros, e podem desfrutar os sucesso de seus esforços através do reconhecimento das pessoas mais chegadas.

Nodo Norte na Casa V – Nodo Sul na Casa XI Progredidos para as Casas VII e II – Se a progressão do seu mapa levar o nodo norte para a Casa II e o nodo sul para a Casa VIII, o seu crescimento agora envolve os sistemas de valores, sejam os seus (Casa II) ou os da sociedade (Casa VIII). Se buscou o seu nodo norte, você percebe que seus valores pessoais são voltados para o autodesenvolvimento criativo. Você admira e se identifica com as pessoas que se sentem realizadas, rejeitando os valores da sociedade voltados para o sucesso material. Mas se você seguiu o seu nodo sul natal na Casa XI, encontra dificuldades em diferenciar os seus valores dos valores dos outros. Talvez você se sinta puxado de um lado para outro de acordo com o que está na moda.

NODO NORTE NATAL NA CASA IV, NODO SUL NA CASA X

Embora o sucesso possa vir de forma relativamente fácil em termos de sua carreira, você não pode reconhecer o seu próprio valor a não ser que conscientemente tente desenvolvê-lo através da Casa IV. Se conseguir equilibrar a carreira e o lar, trazendo para a sua família o sucesso e a paz que você busca, será capaz de se satisfazer a longo prazo. Se decidir ignorar o seu nodo norte na Casa IV e deixar que seu lar se desintegre enquanto você luta pelo sucesso profissional, pode ser perseguido por um demônio fabricado por você mesmo, um demônio que insiste que o sucesso nunca é suficiente. Talvez você esteja procurando um "pai" através do seu nodo sul, alguém que lhe diga que você está certo. Até perceber que só você mesmo pode aprovar ou não a sua vida, o que obtém nunca vai ser o suficiente para satisfazer a sua necessidade de aprovação.

Nodo Norte na Casa IV – Nodo Sul na Casa X Progredidos para as Casas III e IX – Quando a progressão do seu mapa traz o seu nodo norte para a Casa III e o seu nodo sul para a Casa XI, quem seguiu o nodo sul pode tentar esconder sua insegurança aprendendo mais, viajando mais, ou adotando uma nova filosofia ou religião. Quem decidiu desenvolver o lado no nodo norte de sua personalidade pode agora começar a aguçar a sua capacidade de comunicação com os outros.

Nodo Norte na Casa IV – Nodo Sul na Casa X Progredidos para as Casas II e VIII – Quando a progressão do seu mapa leva os seus nodos para as Casas II e VIII, você começa a definir o seu valor ou em termos dos valores pessoais (nodo norte na Casa II progredida) ou em termos dos valores dos outros (nodo sul na Casa VIII). O caminho do nodo norte conduz a valores sólidos e gratificações pessoais, e o caminho do nodo sul sempre faz aparecer alguém que desempenhe qualquer tarefa melhor do que você. Uma expressão alternativa do nodo sul na Casa VIII pode envolver o casamento ou a dependência em relação a alguém que tenha mais (complete: dinheiro, poder, prestígio) do que você e que o forçará a adequar-se ao seu sistema de valores.

Nodo Norte na Casa IV – Nodo Sul na Casa X Progredidos para as Casas I e VII – Se a progressão do seu mapa levar os nodos para as Casas I e VII, isso indica a complementação de uma vida sem direção (dominada pelos outros – nodo sul na Casa VII) ou uma vida autodirigida (liderando os outros – nodo norte na Casa I). Se você desenvolveu o senso do seu valor através do nodo norte na Casa IV, descobrirá que as posições de liderança surgem com certa facilidade mais tarde em sua vida. Os que nunca seguiram o seu nodo norte tendem a reclamar das ordens dos outros, mas geralmente obedecem porque é o caminho mais fácil.

NODO NORTE NATAL NA CASA III, NODO SUL NA CASA IX

Você precisa aprender a comunicar-se com eficácia. O seu nodo sul na Casa IX indica que para você é fácil aprender filosofia e estudos superiores. Essa mesma facilidade pode forjar barreiras na comunicação interpessoal, pois muitas vezes você introduz o jargão nas conversas, fazendo com que os outros tenham dificuldade em entendê-lo. Na verdade, você mesmo pode não entender todas essas frases elaboradas, mas o fato de usá-las mostra a sua erudição. Se despender tempo e esforço para aprender a comunicar-se com pessoas e não com idéias ou ideais, poderá ficar com o melhor do mundo da filosofia e do mundo das pessoas.

Nodo Norte na Casa III – Nodo Sul na Casa IX Progredidos para as Casas II e VIII – Se você permaneceu no seu discurso natal de Casa IX, talvez agora descubra que não estabeleceu nenhum sistema pessoal de valores. É possível que você tente adotar os valores da sociedade, ou de seu parceiro, ou sócio, mas quando esses valores entram em conflito, você se vê em apuros porque não sabe o que acha ser importante. Você pode descobrir que se comunica através do sexo, o que tende a limitar os seus relacionamentos. Se trabalhou no sentido de desenvolver as suas habilidades de comunicação (nodo norte natal na Casa III), você descobre que a transição é mais fácil, pois tem uma melhor compreensão do que pensa. Nesse caso, não vai se sentir muito confuso a respeito da importância relativa de segurança, posses, dinheiro ou sexo em sua vida.

Nodo Norte na Casa III – Nodo Sul na Casa IX Progredidos para as Casas I e VII – Quando a progressão do seu mapa leva os seus nodos para as Casas I e VII, você pode abandonar totalmente quaisquer tentativas de se comunicar, ou pode adquirir a capacidade de liderança. Os que desenvolveram a capacidade de comunicação (nodo norte) descobrem que isso os conduziu a posições de liderança. Os que não desenvolveram o seu nodo norte talvez descubram que quando o nodo sul atinge a Casa VII no mapa progredido, os outros podem solicitar sua atenção e sua ajuda sem lhe dar qualquer reconhecimento, ou sem mesmo agradecer.

Nodo Norte na Casa III – Nodo Sul na Casa IX Progredidos para as Casas XII e VI – Se você decidiu seguir o seu nodo sul, preferindo idéias a pessoas, descobrirá agora que é necessário mexer constantemente nessas idéias e filosofias, ajustando-as seguidamente para ver de relance a espiritualidade que tão desesperadamente procura. Pelo contrário, se decidiu aprender a comunicar-se com os outros, descobre agora um caminho para a iluminação espiritual, embora provavelmente você não tenha a pretensão de chamar a sua filosofia de vida de "espiritual".

NODO NORTE NATAL NA CASA II,
NODO SUL NA CASA VIII

Você pode alcançar o sucesso material e um sólido senso de valores contanto que queira desvencilhar-se dos valores dos outros. Isso não é fácil, pois quando se tem o nodo sul na Casa VIII, geralmente os outros estão dispostos a apoiá-lo, principalmente no sentido material. Entretanto, aceitar esse apoio implica aceitar os valores de quem lhe dá o apoio. Por outro lado, é possível que você se envolva em muitos relacionamentos sexuais, mudando de valores de acordo com seus parceiros. Quando este é o caminho do seu nodo sul, você pode ter uma grande dificuldade no estabelecimento de qualquer tipo de sistema pessoal de valores, pois a facilidade da conquista sexual degrada tanto o senso do seu próprio valor como a sua percepção do valor dos outros.

Nodo Norte na Casa II – Nodo Sul na Casa VII Progredidos para as Casas I e VII – Se você seguiu o seu nodo sul natal na Casa VIII e nunca desenvolveu um sistema pessoal de valores (Casa II), descobrirá que a sua dependência em relação aos outros aumenta à medida que o nodo sul entra na sua Casa VII. A não ser que volte ao seu nodo norte natal na Casa II para esclarecer as suas prioridades, você não será capaz de usar o seu nodo norte na Casa I para liderar os outros. Se você se contentar com o apoio dos outros, verá que eles dominam a sua vida.

Nodo Norte na Casa II – Nodo Sul na Casa VIII Progredidos para as Casas XII e VII – Quando a progressão do seu mapa leva o seu nodo norte para a Casa XII e o seu nodo sul para a Casa VI, você pode justificar, ou pelo menos ignorar, um sistema de valores falho através do total interesse pelos detalhes da vida diária. Se você seguiu o seu nodo sul natal na Casa VIII e aceitou os valores dos outros, agora pode estar encalhado numa posição subalterna em relação à pessoa que o apoiou. Se por outro lado, decidiu seguir o seu nodo norte natal na Casa II, descobrirá que não é necessário justificar o seu sistema de valores, pois você estabeleceu os seus valores internos. Neste caso, a progressão do nodo norte para a Casa XII pode indicar uma crescente consciência espiritual e/ou um crescente desejo de ajudar os outros a sair de seus problemas inconscientes.

Nodo Norte na Casa II – Nodo Sul na Casa VIII Progredidos para as Casas XI e V – Se a progressão do seu mapa levar os seus nodos para as Casas XI e V, talvez você descubra que essa posição o devolve a seu dilema natal. Se você se apoiou na expressão do seu nodo sul, a posição do nodo sul na Casa V pode indicar uma intensificação da sua procura de um romance perfeito, ou que você está à procura de diversão e brincadeiras em todas as suas atividades. Nesse meio tempo, você pode abandonar qualquer simulacro de orientação para objetivos enquanto assume o papel de um exibicionista social. Se você desenvolveu o seu nodo norte na Casa II, descobrirá que o seu senso de valores e do seu valor é estimulado pela realização dos objetivos de Casa XI. Você pode estar entre as pessoas que atingem a sabedoria que os antigos astrólogos atribuíam à Casa XI.

5
A PROVA DO BOLO
Estudo de um exemplo

A LEITURA DAS PROGRESSÕES

COMECE COM O MAPA NATAL

Neste capítulo passamos da teoria à prática. Ler as progressões dos outros, ou as suas, requer prática. Antes de olhar os mapas progredidos, é preciso examinar o mapa natal e obter alguma informação de fundo sobre as características natais. Não vamos fazer uma análise profunda do mapa natal[31], mas é por aí que você deve começar ao ler as progressões. Também é importante entender como eu analiso um mapa, para que você possa me acompanhar mais tarde quando discutirmos os aspectos progredidos.

Estou usando o mapa de uma cliente que conheço muito bem, pois é mais fácil obter informações precisas sobre a sua formação, a sua experiência de vida, e exemplificar as progressões que vamos discutir. O seu mapa natal, assim como os mapas progredidos para o seu casamento e subseqüente separação, estão aqui incluídos. Os mapas desses acontecimentos não foram calculados antecipadamente por astrólogos.

Antes de começarmos a discussão sobre o mapa natal, gostaria de dar alguma informação básica sobre Marjorie Singer. Ela é branca, anglo-saxônica, protestante, nascida de uma família de classe média superior na Nova Inglaterra. Formou-se em Enfermagem, embora não trabalhe sempre como enfermeira, e freqüentou durante dois anos a Harvard Divinity School. Algumas vezes canta com um conjunto, em casas noturnas, e eventualmente canta e toca piano. Teve um colapso nervoso, descrito na página 64. Casou-se em 1974, separou-se em 1982 e tem dois filhos.

BREVE ANÁLISE DO MAPA NATAL

A primeira coisa que notei no mapa de Marjorie (Mapa 33) foi o Sol – sozinho em Capricórnio. Sempre que alguém tem um Sol isolado (o único planeta em um signo) isso significa uma dificuldade em reconciliar o ser interior com o ser visto pelo mundo. O Sol simboliza a verdadeira essência de qualquer vida na terra, e portanto o ser interior de cada pessoa. Marjorie, com Mercúrio em Aquário, não deixa que os outros a conheçam bem, nem tem facilidade em se conhecer. Mercúrio está exaltado em Aquário, de modo que Marjorie será capaz de expressar claramente seus pensamentos, mas essa mesma clareza obscurece o seu problema real que é a aceitação do seu ser capricorniano básico. Tanto Capricórnio como Aquário têm nuanças saturninas

31 Descrições em profundidade das colocações natais por signo podem ser encontradas em: Hone, Margaret, *Modern Textbook of Astrology*, L. N. Fowler & Co., Londres, Inglaterra, 1970; Sakoian, Frances, e Acker, Louis, *The Astrologers' s Handbook*, Harper & Row, Nova York, 1973.

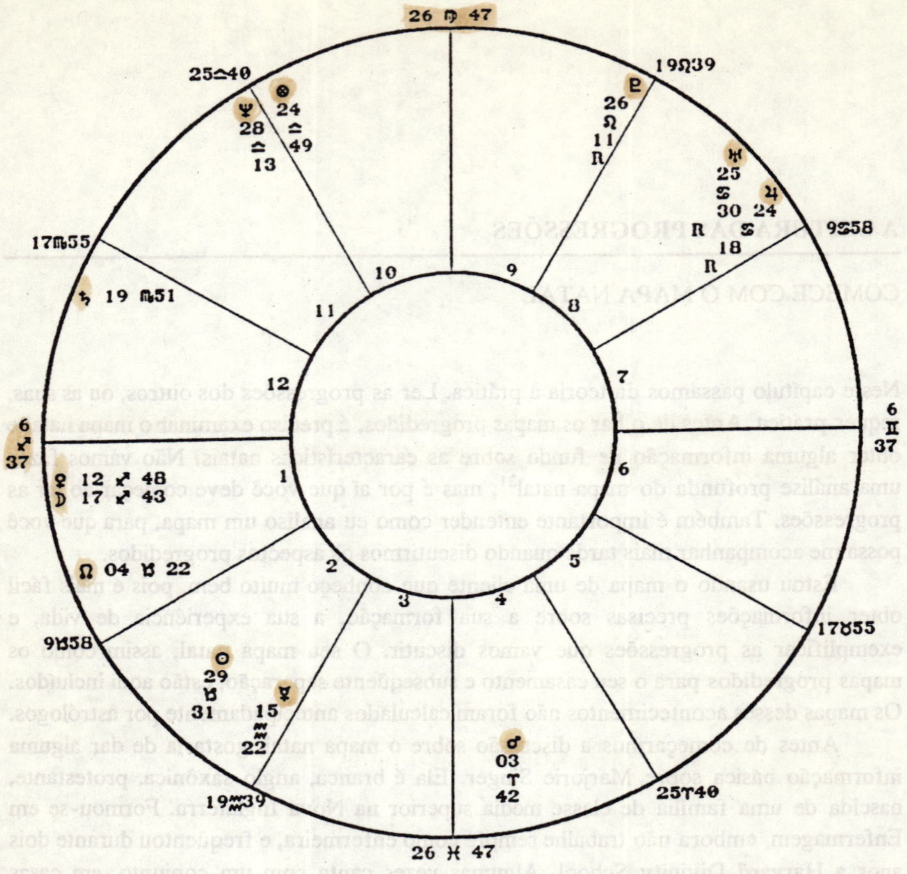

Mapa 33. Marjorie Singer – 20 de janeiro de 1955, 3h45, 44N01, 73W10; dados dos registros hospitalares; casas de Placidus.

(Saturno é o regente tradicional de Aquário), o que poderia ajudar Marjorie a criar um sistema de identidade. Entretanto, ela vai precisar tomar cuidado com a rigidez de pensamento, um subproduto de Saturno.

Marjorie tem a maioria dos seus planetas em fogo cardeal (assinatura Áries), o que sustenta a cardinalidade do signo do seu Sol. Sua Lua e seu Ascendente estão em Sagitário, apoiados pelo simbolismo de fogo de sua assinatura, mas não iguais a essa assinatura. Marjorie quer ser mais agressiva, mais rápida, mais resoluta. Ela vai tentar sobrepujar tanto o conservadorismo inerente ao Sol em Capricórnio como a indecisão da influência de Sagitário. O seu ideal de Áries lhe dá bastante espaço para não gostar ou não confiar na sua forma de expressão no mundo, proporcionando um ser idealizado que não vacila nem teme o fracasso.

O Sol de Marjorie está num signo yin, a Lua e o Ascendente num signo yang. Ela vai se comportar de uma forma desinibida, yang, já que a polaridade yang predomina. Pode expressar suas emoções com clareza, pois não apenas a Lua e o Ascendente têm a mesma polaridade, mas também se encontram no mesmo signo e na Casa I. A diferença de polaridade entre o Sol e o Ascendente aumenta seus problemas na determinação (e manifestação) de quem exatamente ela é.

Como a sua Lua natal está na Casa I, a tendência é ela absorver as emoções das pessoas à sua volta. Marjorie saúda o mundo de uma forma yang, mais agindo a partir dos estímulos ambientais do que reagindo a eles.

Há cinco planetas acima do horizonte e cinco abaixo, mostrando um equilíbrio entre extroversão e introversão. Por outro lado, seis planetas se encontram no hemisfério oriental e quatro no ocidental. Esses números por si só sugerem um razoável equilíbrio entre a sua autodireção e a sensibilidade às necessidades dos outros, mas tanto o Sol como a Lua estão no leste. Este fato, somado à pequena diferença numérica, inclina o equilíbrio no sentido da ação baseada em seus próprios desejos e necessidades e não nas necessidades dos outros.

O mapa tem o formato locomotiva (110° entre Marte e Júpiter está bem perto de um trígono para configurar a locomotiva). Um mapa locomotiva gera energia de acordo com um único trilho, determinado pelo planeta líder em sentido horário. Júpiter, exaltado em Câncer na Casa VIII, lidera o mapa. Idealismo, otimismo, fé, preocupação com a religião (a Casa VIII significa morte e vida após a morte) são as manifestações positivas desse posicionamento. Sexualidade ostensiva, viver com o dinheiro dos outros, auto-indulgência e fanatismo religioso são as manifestações mais negativas. A vida de Marjorie geralmente fica entre os dois extremos, às vezes oscilando mais para um dos lados.

Plutão é o planeta mais próximo do Meio-do-Céu. Marjorie vai usar o domínio e a manipulação para conseguir seus objetivos na vida. Ela passou por transformações diversas vezes na vida. A combinação de Júpiter como líder da locomotiva e Plutão acidentalmente dignificado na Casa IX aumenta a possibilidade de que ela tenha opiniões religiosas fanáticas.

O único planeta que Marjorie tem localizado no signo que rege é Marte, sozinho em Áries, indicando a capacidade de agir impulsivamente sem levar muito em consideração causa e efeito, ou lógica. Temos que examinar os aspectos de Marte para ver como ele está integrado em sua vida. Felizmente, o aspecto mais perto de exato é um sextil ao Sol de Marjorie. Assim, sua energia, vigor e ambição se encaixam no seu sentido de ser (não importa quão confuso ou isolado seja esse sentido). A quadratura entre Marte e o nodo norte mostra que muitas vezes ela prejudica seu avanço em direção ao crescimento simbolizado pelo eixo nodal. Pode ser que ela ache difícil trabalhar em conjunto, já que o eixo nodal também indica ligações com os outros.

Júpiter e a Lua estão em mútua recepção (isto é, cada um está no signo regido pelo outro) e em biquintil. A recepção mútua funciona um pouco como uma conjunção, no sentido de que tudo que afeta um dos planetas traz algumas nuanças do outro. O aspecto de biquintil (um aspecto harmônico menor) indica criatividade, mas pode significar teimosa adesão a uma manifestação incomum das energias dos dois planetas envolvidos. Júpiter exaltado em Câncer está ligeiramente mais poderoso tanto na recepção mútua como no aspecto. Assim, Júpiter amplia todos os intercâmbios emocionais, e acrescenta fé, idealismo e otimismo às emoções. Marjorie nunca teve (e provavelmente nunca terá) um envolvimento emocional menor! A Lua em Sagitário tende por natureza a procurar soluções amplas para os problemas emocionais, inclinação acentuada pela recepção mútua.

Em seguida, vamos examinar o mais importante padrão de aspecto do mapa natal, uma quadratura T. O Sol está em quadratura com Netuno e em oposição à conjunção Júpiter-Urano, que também faz quadratura com Netuno. Nessa configuração, o aspecto mais perto de exato é a conjunção Urano-Júpiter (1°12'), mas a quadratura Sol-Netuno (órbita de 1°18') é mais forte por envolver uma luminária. A quadratura Sol-Netuno tende a obscurecer a capacidade que Marjorie tem de se ver realisticamente, aumentando ainda mais os problemas de identidade derivados do Sol isolado, da diferença entre Sol-assinatura, e da diferença de polaridade entre o Sol e o Ascendente. Netuno, mais elevado no mapa (mais perto do MC) está ligeiramente mais forte que o Sol. Isso significa que Marjorie gostaria de se ver como alguém com muitas características netunianas (especificamente como uma música, uma líder espiritual, ou as duas coisas). Entretanto, esse desejo causa uma tensão interna, pois o aspecto que liga os dois planetas é uma quadratura.

Como Júpiter está exaltado em Câncer, ele domina a conjunção Júpiter-Urano na Casa VIII. A conjunção indica a vontade de se rebelar (Casa VIII) contra os valores dos outros ou da sociedade. A influência de Júpiter acrescenta a possibilidade de aumentar (ou justificar) essa rebeldia através do idealismo ou da religião. Júpiter na Casa VIII indica com freqüência uma herança, e nesse mapa faz trígono com Saturno, regente da Casa II, tornando uma herança muito possível. (Embora Saturno possa limitar os termos da herança, não é provável que a negue já que o aspecto é um trígono.)

A quadratura entre a conjunção Júpiter-Urano e Netuno indica uma confusão entre as áreas de crescimento pessoal, criatividade e desenvolvimento espiritual. A expansão através da música (que é o canal criativo de Marjorie) envolve também, com muita freqüência, a expansão do consumo de grandes doses de álcool e maconha.

A oposição da conjunção Júpiter-Urano ao Sol de Marjorie dificulta ainda mais a sua capacidade de confiar e acreditar em si mesma. Isto se manifesta através de súbitas rupturas com os valores dos outros (ou da sociedade) que ela tem vivenciado. Ela consegue ignorar seus interesses quando está ativamente opondo-se ou apoiando alguma coisa. Esta vontade uraniana em oposição ao Sol parece funcionar na vida de Marjorie sempre que ela é frustrada num desejo ou num caminho. Nessas circunstâncias, a sua tendência é no sentido de se comportar de forma particularmente afrontosa (e potencialmente autodestrutiva). Aí se incluem atitudes tais como escrever às autoridades governamentais informando da sua intenção de não pagar imposto de renda por se opor à corrida armamentista (ela parou mesmo de pagar os impostos, mas ainda não houve conseqüências); oferecer-se para datilografar o jornal interno da sua igreja, e em seguida publicar uma carta nesse jornal conclamando os paroquianos a deixar de pagar impostos. Essas atitudes fizeram com que muita gente ficasse com raiva dela, principalmente o marido, que declarava a renda em conjunto com ela. Pode ser que Marjorie não tenha muita clareza de que em parte seus motivos para deixar de pagar impostos não se vinculavam à corrida armamentista, mas à vontade de irritar o marido. Algumas vezes ela vivencia a oposição de uma forma mais perigosa, indo à cidade mais próxima e se embebedando ou ingerindo drogas (aqui o lado negativo de Netuno, focalização da quadratura T, também está ativo). Sempre que Marjorie se rebela contra os valores dos outros (ou da sociedade), todos se surpreendem. A quadratura entre seu Saturno natal e seu Mercúrio natal constitui uma inibição suficiente para mascarar o lado uraniano de Mercúrio em Aquário. Além disso, os sextis de Mercúrio à sua conjunção Vênus-Lua resultam em maneiras tão agradáveis que os outros não a levam a sério ou simplesmente deduzem que ela não vai transformar suas reclamações em atos.

Agora que terminamos essa rápida análise do mapa, vamos entrar numa análise mais setorizada, começando pelo Ascendente, os planetas e os aspectos através das casas.

EXAME DO MAPA NATAL ATRAVÉS DAS CASAS

O Ascendente simboliza o seu interface com o ambiente, a sua personalidade projetada. Marjorie tem Sagitário ascendendo, com Vênus em Sagitário conjunto ao Ascendente e à Lua. Vênus conjunto ao Ascendente geralmente indica uma pessoa que projeta calor, amor, amizade e harmonia. Vênus não está muito forte em Sagitário, nem a Lua. Sagitário dispersa grande parte da afetividade de Vênus e pode sempre significar uma natureza amorosa um pouco idealista e/ou inconstante. De forma semelhante, Sagitário simboliza a dispersão das respostas emocionais, diluindo o impacto das emoções, bem como idealizando os padrões de resposta. Como esses dois planetas estão conjuntos ao Ascendente, sua força é consideravelmente aumentada, mais do que compensando a sua fraqueza por signo. Marjorie cria laços emocionais fortes e amorosos com as pessoas à sua volta. Ela é completamente encantadora e persuasiva. A sua auto-indulgência (Vênus conjunto ao Ascendente) parece ser desculpável e feminina, mas, na verdade, é usada com certa freqüência como um meio de atingir seus fins. Vênus conjunto ao Ascendente significa maneiras suficientemente agradáveis, a despeito das circunstâncias ambientais, para garantir-lhe algum sucesso. A conjunção Lua-Vênus está em sextil com Mercúrio. Marjorie tem facilidade para falar sobre amor e sentimentos. Os signos envolvidos indicariam uma intelectualização da emoção se a conjunção Vênus-Lua também não estivesse conjunta ao Ascendente. Da forma como está, Marjorie não tem tendência a renunciar ao sentimento em favor da análise desse sentimento.

O nodo norte na Casa I, e o nodo sul na Casa VII, indicam a necessidade de cuidar da ampliação do seu impacto pessoal sobre o ambiente. Se ela seguir o caminho mais fácil do nodo sul, apoiando o marido ou um parceiro, perderá seu pontecial de crescimento nesta vida. Note-se que o nódulo sul corresponde aqui ao papel tradicional de mãe-esposa na sociedade americana, papel desempenhado pela mãe de Marjorie. Esta é mais uma contradição entre os seus imperativos de crescimento e o seu Sol capricorniano essencialmente conservador.

A cúspide da Casa II está em Capricórnio, indicando sua necessidade de um sistema de valores sólido e estável. Como seu Sol se encontra na Casa II, é possível que ela se avalie de acordo com a quantidade de dinheiro que ganha ou com seu grau de sucesso na manifestação exterior de seu sistema pessoal de valores. Mercúrio na Casa II significa que ela pensa muito sobre as posses materiais e/ou sobre os valores subjacentes. A combinação não informa sobre o que preocupa mais Marjorie, mas as tendências materialistas são contrabalançadas por: 1) Júpiter, regente do Ascendente, na Casa VIII (valores dos outros) e líder da locomotiva; 2) Mercúrio, exaltado em Aquário, inclinando fortemente a mente consciente em direção a ideais humanísticos; 3) Saturno, regente da Casa II, colocado na Casa XII, das áreas da vida subconscientes ou não conhecidas. Quando o regente da Casa II está na Casa XII, não há probabilidade de tendências materialistas. Esta modificação sutil e subconsciente dos valores da Casa II e/ou materialismo é ainda reforçada pela quadratura próxima entre o Sol e Netuno de Marjorie, discutida acima.

Mercúrio está a 4° da cúspide da Casa III, portanto exercendo influência também sobre esta casa. Aquário na Casa III provoca pensamentos diferentes ou não-convencionais. É comum as pessoas com Aquário na Casa III acreditarem que não pensam como os outros. Muitas vezes isolam-se por causa da diferença que sentem. Marjorie, que tem Mercúrio perto da cúspide da Casa III, pensa e fala sobre essa diferença. Ela faz isso mesmo que às vezes tenha de se esforçar para descobrir as diferenças entre a sua forma de pensar e a dos outros. Tem um relacionamento intelectual com os vizinhos e irmãos, sempre achando que é muito diferente deles. Não tem certeza se essa diferença indica superioridade ou inferioridade.

Com Peixes na Casa IV, Marjorie não tem uma visão tradicional do lar para contrabalançar a tendência de sua Casa III no sentido de isolamento mental dos outros. Seus conceitos sobre a mãe, o lar, o término das coisas são vagos. Marte na Casa IV aparece ocasionalmente através de um comportamento esquentado em casa, em geral manifestando-se como um relacionamento difícil com a mãe. Aos olhos de Marjorie, a mãe é uma pessoa que foge da realidade sempre que possível, levando a vida na base de etiqueta social, o que, na opinião da filha, resulta em relacionamentos essencialmente falsos. Netuno, regente da Casa IV, focaliza a quadratura T discutida acima, reforçando seus problemas na relação com a mãe, porque Marjorie não consegue ver os assuntos de Casa IV de forma clara ou realista. Ao mesmo tempo, a quadratura Sol-Netuno pode manifestar-se como uma identificação com a mãe. Dessa forma Marjorie tenta erradicar qualquer prova da influência da mãe sobre ela. Esta é mais uma parte do seu problema de identidade.

O trígono entre Marte e o Ascendente e o sextil entre Marte e o Sol mostram que a expressão de energia fora de casa geralmente é fácil. Entretanto, há uma sesquiquadratura entre Marte e Saturno, que se manifesta como falta de sentido de tempo. É freqüente ela não usar sua energia produtivamente.

A Casa V, do romance, filhos, talentos e hobbies tem Áries na cúspide: Marjorie atira-se em aventuras românticas. Também tem pressa em relação a seu hobbies. Embora a influência de Vênus e Lua em conjunção com o Ascendente a tenham levado a tentar os hobbies tradicionalmente "femininos" como tricô e crochê, o resultado geralmente era um agasalho sem mangas.

O relacionamento de Marjorie com seus filhos vai ser mais um produto da conjunção Lua-Vênus-Ascendente do que da Casa V. Ela tem necessidade de projetar uma imagem feminina, protetora, quase "mãe terra". Essa imagem não se vincula nem com a Casa V nem com o seu regente. Assim, ela vai ser a supermãe completamente devotada ou vai parecer completamente desligada do filhos.

Touro, na cúspide da Casa VI de Marjorie, é parte da triplicidade de terra presente nas Casas II, VI e X. O seu diploma em enfermagem ajusta-se bem à triplicidade de terra, assim como à combinação Lua-Vênus-Ascendente, mas não satisfaz nem a quadratura T nem o simbolismo de Júpiter como líder da locomotiva ou de Plutão acidentalmente dignificado. Marjorie precisa rebelar-se contra os valores dos outros (conjunção Júpiter-Urano em oposição ao Sol) e precisa ter uma expressão criativa (Netuno focalizando esta oposição) que não pode ser satisfeita através da enfermagem, uma área segura e socialmente aprovada. Plutão acidentalmente dignificado mostra que Marjorie não gosta de receber ordens. É muito melhor para ela trabalhar por conta própria, e Marjorie apenas ocasionalmente trabalha como enfermeira.

Marjorie toca piano e canta em barzinhos ou com pequenos grupos de rock. Isso a ajuda a preencher a necessidade de auto-expressão criativa. Falarei mais a esse respeito quando chegarmos à Casa I e Netuno.

Marjorie tem Gêmeos na Casa VII. Diz uma antiga crença que Gêmeos ou Peixes na cúspide da Casa VII significa dois casamentos, mas eu não endosso essa opinião. Muitos de meus clientes são divorciados e têm outros signos na Casa VII. Este mapa poderia ser uma confirmação dessa crença, mas há muitos outros que não são.

Para Marjorie, é importante ter um parceiro versátil, flexível e inteligente. Como Mercúrio, regente da Casa VII, está na Casa II, ela também procura segurança e estabilidade num possível parceiro.

Marjorie tem Câncer na cúspide da Casa VIII, e Júpiter aí localizado em conjunção com Urano. Já falamos um pouco sobre o simbolismo dessa combinação. Quando discuti o simbolismo sexual dessa configuração com Marjorie, ela se classificou como muito ativa sexualmente (segundo ela, uma máquina) nos tempos de colégio. Além da conjunção Júpiter-Urano estar na Casa VIII, seu regente, a Lua, encontra-se em destaque na Casa I. Marjorie projeta facilmente sua sensualidade.

A Casa IX da religião, filosofia, educação superior e viagens tem Leão na cúspide e contém Plutão. O pai de Marjorie é piloto de aviação comercial e ela viajou constantemente. Suas crenças religiosas são da maior importância em sua vida e sob muitos aspectos transformam sua abordagem.

Virgem ocupa o MC. O Meio-do-Céu indica o rumo da vida, tanto espiritual como material (a carreira). Simboliza, além disso, o pai, outras figuras de autoridade, e a reputação. O simbolismo do pai também é dado por Saturno, assim como a mãe é simbolizada pela Casa IV e pela Lua. O Saturno de Marjorie encontra-se na Casa XII, indicando separações do pai. Na verdade, seu pai nem sempre estava por perto, pois sua carreira de piloto o levava a passar alguns períodos fora de casa. O simbolismo de Virgem aparece na natureza crítica de Marjorie. O domínio do pai no lar é mostrado pela polaridade yang da Lua e do Ascendente de Marjorie. Os aspectos ao MC de Marjorie ampliam a compreensão de seu relacionamento com o pai. Saturno faz sextil com o MC, o Sol faz trígono com o MC, Júpiter e Urano fazem sextil com o MC. Os únicos aspectos difíceis ao MC são uma ampla quadratura da Lua e uma ampla oposição de Marte.

Marjorie sabe que pode persuadir ou manipular seu pai para conseguir tudo que quer. Por mais que ela manifeste suas oposições de forma incrível o pai vem em seu socorro. Quando necessário, ela faz o mesmo jogo com outras figuras de autoridade. É interessante observar que, em geral, os resultados são positivos. Quando ela manifesta a quadratura da Lua (explosões emocionais) ou a oposição de Marte (raiva descontrolada) ela não se sai tão bem.

A outra influência importante ao MC de Marjorie vem dos semi-sextis de Netuno e Plutão. Normalmente, os semi-sextis são aspectos relativamente menores que eu não mencionaria numa análise sucinta de um mapa. Neste caso, o MC está quase exatamente no meio ponto entre os dois planetas. (O meio ponto está a 22' de arco do MC. Além de a posição de Plutão geralmente ter um arredondamento de 10' de arco, no melhor dos casos, uma mudança de quarenta segundos na hora do nascimento colocaria o MC exatamente em cima do meio ponto.) Este padrão personaliza o sextil entre Plutão e Netuno, que a maioria das pessoas têm. Como Plutão e Netuno vêm fazendo um sextil durante quase todo o século XX, a maioria dos astrólogos atribui a esse aspecto uma conotação generacional, relacionada com a transformação dos ideais espirituais. Não somos todos promotores ou agentes dessa transformação, mas sofremos suas conseqüências.

No caso de Marjorie, os efeitos do sextil Plutão-Netuno não se limitam ao viver no século XX. Em vez disso, ela vai sentir essas mudanças como parte de suas próprias escolhas de rumo de vida. A parte negativa dessa estrutura de meio ponto é a possibilidade de decepção (autodecepção ou decepção com os outros). Distinguir a realidade da fantasia também pode ser um problema, pois Saturno, o planeta da realidade, está guardado na Casa XII.

A Casa XI de Marjorie – objetivos, desejos e esperanças, grupos – com Libra na cúspide, contém Netuno, focalização da quadratura T. Marjorie estabelece para si mesma objetivos espirituais grandiosos ou objetivos artísticos irrealistas. Ela se sente à vontade em grupos espirituais/psíquicos/religiosos ou musicais/artísticos. O grupo de artistas/músicos inclui mais ou menos regularmente a fuga (Netuno) através de álcool ou drogas.

A Casa XII de Marjorie, com Escorpião na cúspide e contendo Saturno, não aumenta sua capacidade de admitir a realidade ou aceitar a responsabilidade pessoal. Ela não admite suas atitudes no sentido de controlar o comportamento dos outros. Racionaliza sua irresponsabilidade como um passo necessário para o crescimento espiritual. Como o regente da Casa XII está na Casa IX, pode ser que ela esteja inteiramente certa.

Apesar de todas as dificuldades do mapa, Marjorie oferece seu amor e suas emoções tão abertamente e com tanta confiança que as pessoas a amam. O seu carisma independe do que ela faça ou não. Seus mais ásperos críticos se derretem na sua presença – uma presença marcante.

RUMO AO ALTAR:

MAPA SECUNDÁRIO DO DIA DO CASAMENTO

O mapa secundário (Mapa 34) foi levantado para o dia do casameno de Marjorie. O casamento não foi planejado astrologicamente, pois Marjorie só se tornou minha cliente em 1979.[32]

A primeira coisa que notei nesse mapa secundário foi Marte progredido a 1' de arco do FC progredido. Uma mudança de menos de um minuto na hora do nascimento colocaria Marte exatamente sobre o FC. Não é uma indicação maravilhosa para casamento; não é um aspecto que eu recomendaria. O FC representa o lar, a mãe, as

32 Escolhi um mapa não-planejado astrologicamente para este exemplo porque se a data de casamento tivesse sido indicada por um astrólogo, só demonstraríamos a sua competência (nesse caso, incompetência). Se ela fosse minha cliente na época, minha esperança é que eu pudesse ter tido ética suficiente para desaconselhar a escolha, pelas razões demonstradas na análise dos trânsitos.

raízes e a família e, por oposição ao MC envolve a carreira, o pai, o rumo de vida, a autoridade. Marte simboliza a energia pessoal, a agressividade, a ação impulsiva, a raiva. A combinação de Marte e FC sugere que o casamento foi, pelo menos em parte, um ato rebelde contra os pais. Marjorie casou-se com um homem dez anos mais velho que ela, seu ex-professor no colegial.

O Vênus progredido de Marjorie estava a 28' de arco de uma conjunção com o nodo norte progredido no dia do casamento. A conjunção se efetivou no primeiro ano do casamento. Esse aspecto é maravilhoso para casamento, pois suaviza a possível irritação indicada por Marte progredido. O simbolismo de crescimento do nodo norte agora evidencia-se pela combinação de amor, harmonia e ligações com os outros, o que é muito adequado num casamento. Num nível mundano, a conjunção pode significar o recebimento de presentes (de casamento?). O mau uso dessa conjunção, ou muita pressão sobre ela podem significar auto-indulgência e/ou manipulação dos outros.

Dos outros aspectos do mapa progredido, o mais próximo é uma semiquadratura entre a Lua progredida e Urano progredido, que ocorreu cinco dias antes do casamento. Esse aspecto acrescenta a rebeldia ao cenário emocional, intensificando o simbolismo Marte-FC. A semiquadratura (45°) indica tensão de um tipo oculto. Dorothea Lynde chama a semiquadratura de "punhalada nas costas" porque aparece quando menos se espera.

Mercúrio progredido, em movimento retrógrado, está se separando de um trígono com Netuno progredido (41'), de modo que o auge do idealismo intelectual já devia ter passado. O Sol progredido vai fazer quadratura com Saturno progredido dentro de mais ou menos vinte e um meses, porque falta percorrer uma distância de 1°38', e o Sol progredido avança cerca de 5' por mês. O sóbrio realismo de Saturno só vai fazer sua aparição nesse mapa dentro de mais ou menos dois anos.

Antes de comparar os aspectos entre o mapa progredido e o mapa natal – onde encontraremos os indicadores de casamento – vamos ver as mudanças no mapa progredido de Marjorie. O Sol progredido se juntou a Mercúrio natal e Mercúrio progredido em Aquário. O Sol natal de Marjorie, isolado em Capricórnio no seu mapa natal, continua sem suporte. Vênus progredido em Capricórnio não vai reforçar sua estrutura interna até chegar bem mais perto de 29° de Capricórnio, posição natal do Sol. Marjorie baseou sua decisão de se casar mais no que ela achava que "devia" fazer do que em seus desejos reais.

O Sol progredido de Marjorie, em Aquário, na verdade tem muito mais apoio do que sua posição natal, pois o signo regido por Urano requer ação, pensamento, e concepções firmes, que se harmonizam com o Mercúrio natal em Aquário. Seu "eu" interno progredido (a concepção atual do seu ser interno) está de acordo com sua maneira de pensar. Mesmo a oposição natal Sol-Urano pode ficar mais fácil de racionalizar, pois as mudanças abruptas ajustam-se melhor a um Sol em Aquário, que estimula as novas aventuras (ao menos em nível intelectual), do que ao Sol em Capricórnio, essencialmente conservador. Com essa combinação da oposição natal e do signo progredido, o problema pode ser uma adesão teimosa ao que não é usual. A maior dificuldade, entretanto, é que ela pode agora tentar apagar (ou ignorar) o seu ser capricorniano.

As polaridades do Sol, da Lua e do Ascendente ainda são yang-yang-yin, mas agora sua Lua progredida está num signo yin e o Sol e o Ascendente são yang. Embora o equilíbrio seja o mesmo do mapa natal, Marjorie vai tentar alternar a expressão yin e yang das emoções (Lua) e do ser interno (Sol). Isso deve ser positivo, pois dá a Marjorie a oportunidade de utilizar os modos de ação yin e yang em sua vida. Como seu parceiro é dez anos mais velho, é bem possível que ela estivesse transferindo seu lado yang masculino para ele, em vez de reconhecer e assumir sua própria projeção yang.

Não há assinatura no mapa progredido de Marjorie, mas há uma nítida ênfase cardeal, com cinco planetas em signos cardeais. Assim, ela deseja iniciar a ação, mas com três planetas em ar, três em água, dois em terra e dois em fogo, não consegue decidir-se entre pensar (ar) e sentir (água). A maioria das pessoas simplesmente reverte para a assinatura natal, na falta de assinatura no mapa secundário. Assim Marjorie vai continuar com seu esquema de Áries descrito na análise natal.

Netuno, na Casa X, está acidentalmente dignificado neste mapa progredido. Com Netuno nessa colocação vêm os ideais espirituais, a música, a arte, o serviço aos outros, a fuga da realidade; porém, a oposição de Marte ao MC neste momento sobrepuja de longe o simbolismo de Netuno. Até Netuno chegar mais perto do MC do que Marte está do IC, a dignidade acidental de Netuno não vai significar muita coisa.

O formato do mapa passou de locomotiva a espalhado, com apenas 95° entre Marte e Júpiter. Marjorie vai ter mais dificuldade em se direcionar, pois agora ela dispersa as suas energias. Ela vai oscilar entre o simbolismo dos dois mapas – natal e progredido –, questionando alguns de seus objetivos, desiludindo-se com outros.

Com a progressão de Vênus em Capricórnio, o amor agora vincula-se a dever e responsabilidade, uma vantagem duvidosa. O próprio casamento poderia ser uma manifestação desse Vênus em Capricórnio, aceitando a responsabilidade no amor.

Em resumo, a base desse mapa progedido no dia do casamento de Marjorie mostra que vários problemas básicos do mapa natal mudaram, alguns para melhor, outros para pior. Em primeiro lugar, o seu Sol natal em Capricórnio continua sem apoio, isto é, ela não resolveu sua identidade capricorniana. Segundo, a maioria cardeal (sem assinatura nítida) no mapa secundário significa que Marjorie ainda vai considerar a assinatura natal do Áries idealizado como a pessoa que ela gostaria de ser. Terceiro, o planeta acidentalmente dignificado é sobrepujado por Marte em oposição ao MC. Isso pode minar os esforços tanto em direção ao crescimento espiritual como aos objetivos profissionais. Quarto, o formato do mapa dispersa mais do que consolida o uso da energia.

COMPARAÇÃO ENTRE O MAPA SECUNDÁRIO PROGREDIDO E O MAPA NATAL

Ao compararmos o mapa progredido com o natal, vemos três fortes indicações de casamento. Primeiro, a Lua progredida de Marjorie faz uma quadratura separativa (3°) com o Ascendente natal e uma quadratura aplicativa (3°) com Vênus natal. Está a 10' de arco de uma quadratura exata com o meio ponto entre Ascendente-Vênus, o que significa que o efeito das duas quadraturas (com Vênus e com o Ascendente) é

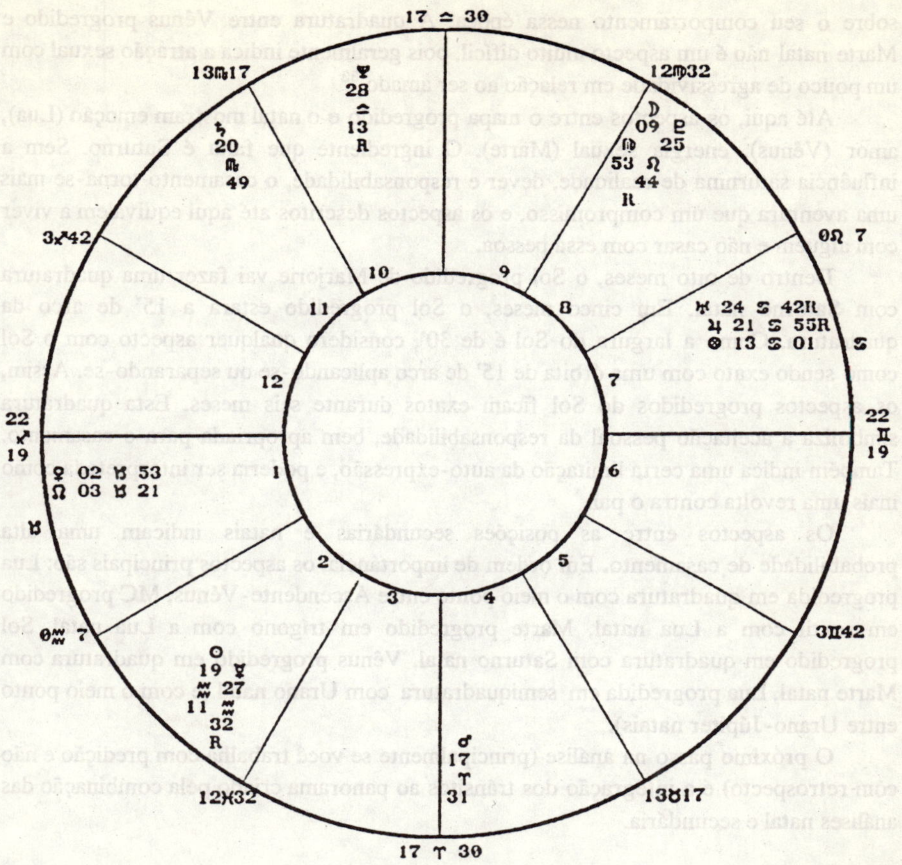

Mapa 34. Marjorie Singer – Casamento. Mapa 33 progredido para 1º de junho de 1974 usando o passo médio do Sol em ascensão reta para o MC.

maximizado, pois os aspectos estão ligados entre si. Como a Lua progredida avança cerca de 2' por dia, está a mais ou menos cinco dias de uma quadratura exata ao meio ponto. Uma ligeira mudança nos dados de nascimento eliminaria os 10' de arco. Creio que esta é a indicação mais importante.

Os dois aspectos seguintes em ordem de importância como indicadores de casamento são o Meio-do-Céu progredido num sextil aplicativo (13') com a Lua natal, e Marte progredido num trígono aplicativo (12') com a Lua natal. O relacionamento de sextil-trígono entre a oposição MC-Marte e a Lua natal suaviza a expressão externa de Marte, no sentido de se transformar num importante (e aparentemente favorável) acontecimento emocional. O simbolismo de rebelião e raiva associado com a oposição Marte-MC não se manifestará claramente, já que o trígono-sextil com a Lua natal proporciona um canal aceitável para a energia.

O Vênus progredido de Marjorie vai fazer quadratura com Marte natal dentro de nove meses. Está bem próximo (menos de um ano) para já ter algumas conseqüências sobre o seu comportamento nessa época. A quadratura entre Vênus progredido e Marte natal não é um aspecto muito difícil, pois geralmente indica a atração sexual com um pouco de agressividade em relação ao ser amado.[33]

Até aqui, os aspectos entre o mapa progredido e o natal mostram emoção (Lua), amor (Vênus), energia sexual (Marte). O ingrediente que falta é Saturno. Sem a influência saturnina de realidade, dever e responsabilidade, o casamento torna-se mais uma aventura que um compromisso, e os aspectos descritos até aqui equivalem a viver com alguém e não casar com essa pessoa.

Dentro de oito meses, o Sol progredido de Marjorie vai fazer uma quadratura com Saturno natal. Em cinco meses, o Sol progredido estará a 15' de arco da quadratura. Como a largura do Sol é de 30', considero qualquer aspecto com o Sol como sendo exato com uma órbita de 15' de arco aplicando-se ou separando-se. Assim, os aspectos progredidos do Sol ficam exatos durante seis meses. Esta quadratura simboliza a aceitação pessoal da responsabilidade, bem apropriada para o casamento. Também indica uma certa limitação da auto-expressão, e poderia ser interpretada como mais uma revolta contra o pai.

Os aspectos entre as posições secundárias e natais indicam uma alta probabilidade de casamento. Em ordem de importância, os aspectos principais são: Lua progredida em quadratura com o meio ponto entre Ascendente-Vênus, MC progredido em sextil com a Lua natal, Marte progredido em trígono com a Lua natal, Sol progredido em quadratura com Saturno natal, Vênus progredido em quadratura com Marte natal, Lua progredida em semiquadratura com Urano natal (e com o meio ponto entre Urano-Júpiter natais).

O próximo passo na análise (principalmente se você trabalha com predição e não com retrospecto) é a integração dos trânsitos ao panorama criado pela combinação das análises natal e secundária.

INTEGRAÇÃO DOS TRÂNSITOS

AS PROGRESSÕES E OS TRÂNSITOS JUNTOS

Se eu estivesse trabalhando com esse mapa para uma cliente, eu teria uma clara noção de que a probabilidade de um casamento no fim de maio ou começo de junho era alta. Examinando os trânsitos (Mapa 35), eu tiraria uma conclusão; uma conclusão para mim mesma, antes da chegada da cliente. Então tomaria uma xícara de chá de ervas e pensaria um pouco nas razões que levam as pessoas a se casarem. Em seguida, rezaria

33 Com os mapas secundários, a órbita de influência de um aspecto não pode ser usada como se faz com a órbita natal. É preciso traduzir as órbitas em termos de tempo para determinar a sua influência. Um aspecto que vai ser exato um ano antes ou depois não será muito preponderante para datar acontecimentos, a não ser como pano de fundo. Quando você examina os aspectos com isso em mente, vê que a quadratura entre o nodo norte progredido e Marte natal ocorreu de fato em 2/2/1955, ou seja, cinco anos antes do casamento. A quadratura tem uma órbita de 20', mas não afeta os acontecimentos de 1974. Da mesma forma, Urano progredido só vai entrar em conjunção com Júpiter natal de Marjorie em 20/2/1986. Portanto, embora esse aspecto tenha uma órbita de apenas 20', não afeta os acontecimentos do dia do casamento.

bastante. Quando a cliente chegasse, eu tentaria de todas as formas desencorajar esse casamento. Provavelmente ela iria casar-se de qualquer forma, mas pelo menos eu tentaria expor as motivações psicológicas possíveis desse casamento.

Os trânsitos para 1º de junho de 1974, bem geradores de acontecimentos, indicam alguma coisa importante, mas sem o mapa secundário a minha expectativa seria mais de um acidente do que de um casamento. Como eu disponho do secundário, que indica um casamento neste mês, os trânsitos vão datar o acontecimento e me dizer um pouco mais a respeito da linha de raciocínio de Marjorie neste momento.

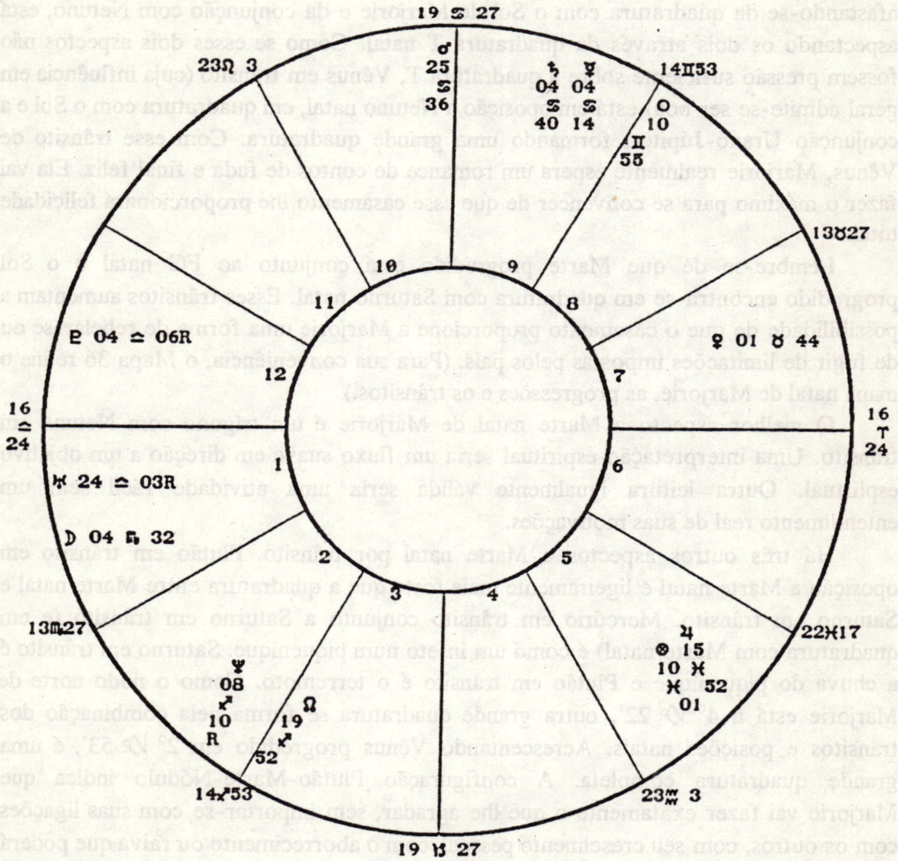

Mapa 35. Marjorie Singer – trânsitos do dia do casamento, 1º de junho de 1974, 15h30, 42N28, 71W21 (hora aproximada do casamento).

Marjorie, com sua maravilhosa conjunção natal Ascendente-Vênus-Lua, provavelmente me convenceria de que o casamento era divino, a idéia maravilhosa e meus medos pura astrologia negativa. Fico contente que ela não fosse minha cliente. Em 1982, quando o casamento se rompeu, ela admitiu que outras pessoas lhe haviam dito as mesmas coisas antes do casamento. Mais alguém falando a mesma coisa não iria mudar nada. Mas estou me antecipando.

Se você olhar os trânsitos para 1º de junho de 1974, verá que há vinte e seis aspectos maiores: treze difíceis, sete fáceis e seis conjunções (as conjunções são aspectos variáveis, por isso não as incluí nem na soma positiva nem na negativa). O aspecto mais próximo é uma conjunção entre Marte transitando e Urano natal (órbita de 6'). Os aspectos Marte-Urano (mesmo a conjunção) tendem a associar-se com rupturas súbitas ou mudanças (ou acidentes). Esta conjunção aciona a quadratura T de Marjorie, ativando a oposição ao Sol, a conjunção com Júpiter e a quadratura com Netuno.

Urano em trânsito a 24° ♎ 03' faz quadratura com o Júpiter de Marjorie (14' de arco) ativando a quadratura T a partir de Netuno. Embora Urano retrógrado esteja afastando-se da quadratura com o Sol de Marjorie e da conjunção com Netuno, está aspectando os dois através da quadratura T natal. Como se esses dois aspectos não fossem pressão suficiente sobre a quadratura T, Vênus em trânsito (cuja influência em geral admite-se ser boa) está em oposição a Netuno natal, em quadratura com o Sol e a conjunção Urano-Júpiter, formando uma grande quadratura. Com esse trânsito de Vênus, Marjorie realmente espera um romance de contos de fada e final feliz. Ela vai fazer o máximo para se convencer de que esse casamento lhe proporcionará felicidade total.

Lembre-se de que Marte progredido está conjunto ao FC natal e o Sol progredido encontra-se em quadratura com Saturno natal. Esses trânsitos aumentam a possibilidade de que o casamento proporcione a Marjorie uma forma de rebelar-se ou de fugir de limitações impostas pelos pais. (Para sua conveniência, o Mapa 36 reúne o mapa natal de Marjorie, as progressões e os trânsitos.)

O melhor aspecto a Marte natal de Marjorie é um trígono com Netuno em trânsito. Uma interpretação espiritual seria um fluxo suave em direção a um objetivo espiritual. Outra leitura igualmente válida seria uma atividade fácil sem um entendimento real de suas motivações.

Há três outros aspectos a Marte natal por trânsito. Plutão em trânsito em oposição a Marte natal é ligeiramente mais forte que a quadratura entre Marte natal e Saturno em trânsito. Mercúrio em trânsito conjunto a Saturno em trânsito (e em quadratura com Marte natal) é como um inseto num piquenique. Saturno em trânsito é a chuva do piquenique e Plutão em trânsito é o terremoto. Como o nodo norte de Marjorie está a 4° ♑ 22', outra grande quadratura se forma pela combinação dos trânsitos e posições natais. Acrescentando Vênus progredido em 2° ♑ 53', é uma grande quadratura completa. A configuração Plutão-Marte-Nódulo indica que Marjorie vai fazer exatamente o que lhe agradar, sem importar-se com suas ligações com os outros, com seu crescimento pessoal, com o aborrecimento ou raiva que poderá estar provocando. A conjunção Mercúrio-Saturno, em oposição a nodo norte e em quadratura com Marte, mostra que ela vai falar um bocado sobre a responsabilidade, o sacrifício dos seus objetivos pessoais em benefício do relacionamento, mas a sesquiquadratura (135°) entre Saturno natal e Saturno transitando sugere que há dúvidas sobre quanta responsabilidade ela quer, de fato, aceitar.

Seria difícil imaginar trânsitos mais difíceis para o começo de um casamento. Ainda não terminamos com os trânsitos; há alguns mais. Embora Júpiter em trânsito fizesse trígono com o Saturno natal de Marjorie (o que geralmente indica sucesso, pois significa o trabalho paciente em direção a um objetivo ou o esclarecimento de intenções), também fazia quadratura com Vênus natal (indicando a possibilidade de comportamento obsessivo em situações amorosas) e com a Lua natal (intensificando ou ampliando as respostas emocionais, como se Marjorie, com sua Lua natal proeminente, precisasse de mais respostas emocionais). O único planeta em trânsito que não fazia aspectos maiores difíceis com as posições natais era Netuno, o planeta da irrealidade. A Lua progredida de Marjorie fazia uma quadratura com esse Netuno, nublando os atuais padrões de respostas. Entre Júpiter transitando em quadratura com a Lua natal, Lua progredida em quadratura com Ascendente-Vênus natal e em quadratura por signo com a Lua natal, e Lua progredida em quadratura com Netuno em trânsito, os sentimentos de Marjorie estavam a cargo do piloto automático, voando por uma névoa de emoção exagerada e malcompreendida.

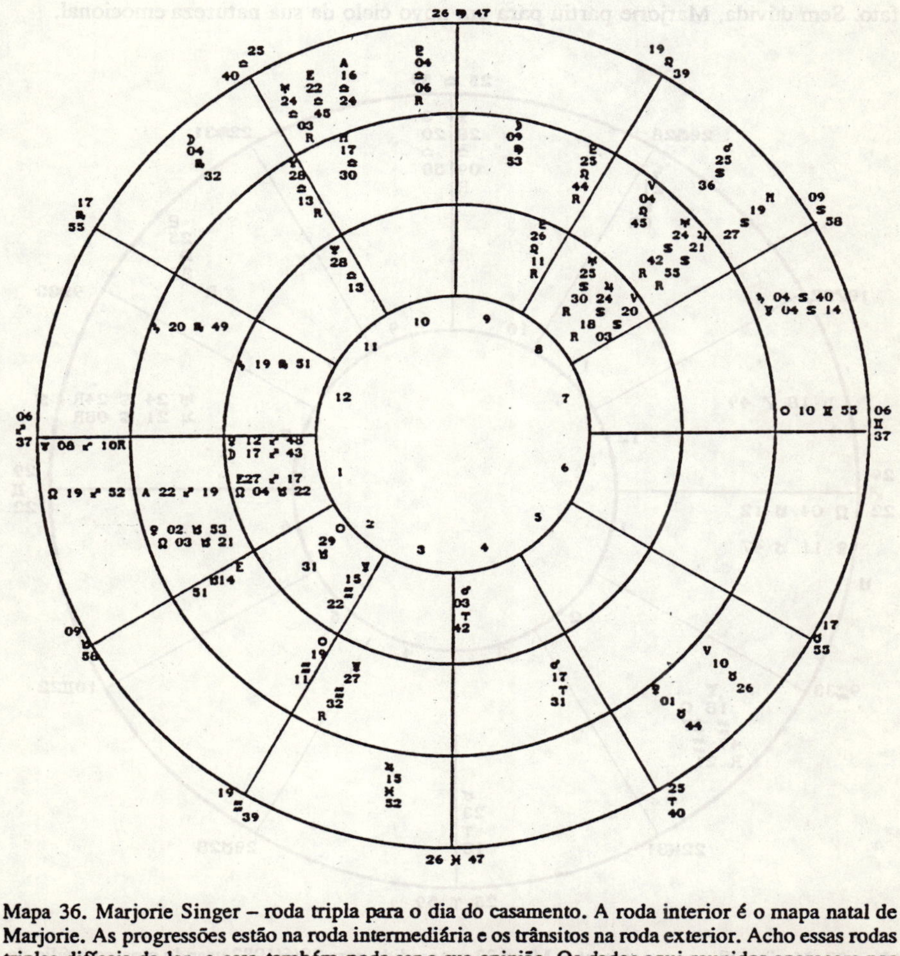

Mapa 36. Marjorie Singer – roda tripla para o dia do casamento. A roda interior é o mapa natal de Marjorie. As progressões estão na roda intermediária e os trânsitos na roda exterior. Acho essas rodas triplas difíceis de ler, e essa também pode ser a sua opinião. Os dados aqui reunidos aparecem nos Mapas 33, 34 e 35.

OITO ANOS MAIS TARDE:

COMO FUNCIONOU?

O casamento sobreviveu até 1982. Quando a Lua progredida de Marjorie entrou em conjunção com Vênus natal (26 de dezembro de 1981) ela retomou um caso com um músico. Embora ele, na época, não quisesse se envolver, Marjorie construiu uma complicada fantasia em torno dele. Marjorie separou-se do marido em 28 de junho de 1982 (Mapa 37). Não é fácil datar uma separação, mesmo depois que ela ocorre. Na verdade quando exatamente termina um casamento? A data em que ocorre a separação física entre os dois tão-somente confirma que o casamento já acabou. Quando a Lua progredida de Marjorie passou de uma conjunção com o Ascendente natal para uma conjunção com Vênus natal (posição com a qual estava em quadratura na época do casamento), ela foi ficando cada vez mais impaciente com o casamento. Sua Lua progredida fez conjunção com a posição natal cerca de um mês antes da separação de fato. Sem dúvida, Marjorie partiu para um novo ciclo da sua natureza emocional.

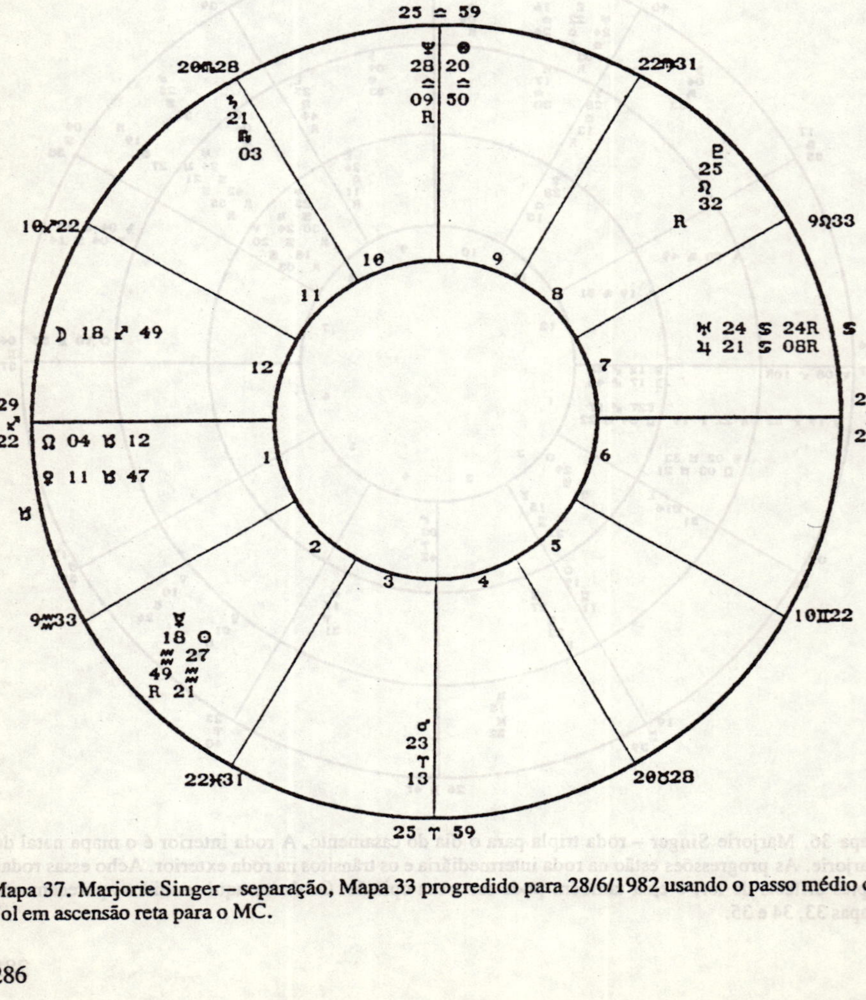

Mapa 37. Marjorie Singer – separação, Mapa 33 progredido para 28/6/1982 usando o passo médio do Sol em ascensão reta para o MC.

Embora a Lua progredida seja o mais nítido datador nesse casamento, os aspectos da Lua progredida por si sós não indicam um rompimento, pois as conjunções da Lua progredida (principalmente com Vênus) geralmente não são negativas. Cerca de seis meses antes da separação (30' de arco mais cedo) seu MC progredido fez quadratura com Urano natal. Se a sua hora de nascimento fosse alterada em cerca de quarenta segundos, esta quadratura estaria exata na época da separação. O acréscimo do eixo do MC à sua quadratura T natal liga sua carreira, rumo de vida, reputação e relacionamento com figuras de autoridade (figuras paternas) ao seu conflito natal sobre quem é, como vai se expandir, onde vai manifestar sua vontade e suas crenças espirituais. Marte progredido está perto de uma quadratura com seu Urano natal (seu passo está em 43' por ano, portanto a órbita de 1°5' significa um ano e meio antes do aspecto tornar-se exato). Quando a quadratura ficar exata, a quadratura T natal de Marjorie transformar-se-á numa grande quadratura, e ela terá de lidar com seus padrões de conduta agressiva. O Mapa 38, abaixo, mostra Plutão transitando a 24° ♎ 07', o que aciona seu Marte progredido através de uma oposição e faz quadratura com Júpiter natal (11' de arco). Os aspectos de Plutão em trânsito com Júpiter natal e Marte progredido indicam a pressão que Marjorie sofreu durante o período que a levou à

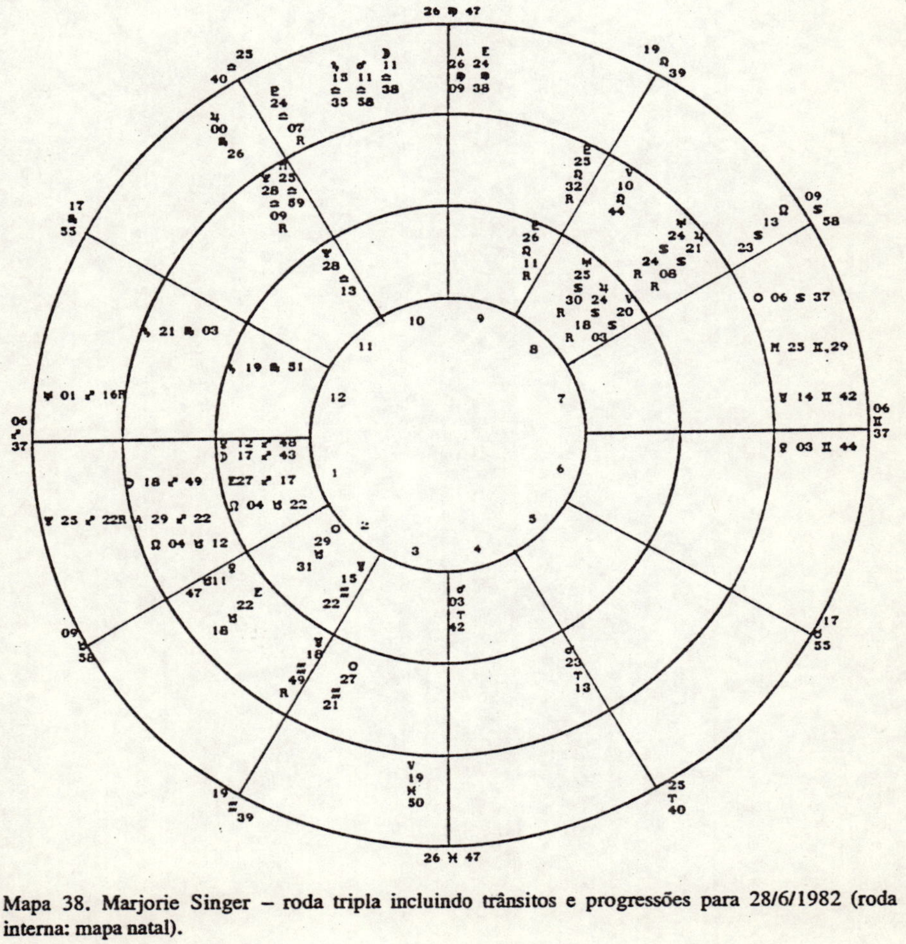

Mapa 38. Marjorie Singer – roda tripla incluindo trânsitos e progressões para 28/6/1982 (roda interna: mapa natal).

separação. A oposição criou um clima de raiva explosiva e a quadratura implica uma possível destruição do que aparentemente era o seu interesse. Plutão também tem a propriedade do renascimento, mas as mudanças que ocorrem durante seus trânsitos são permanentes.

APÊNDICE

Os Cálculos Matemáticos
As Progressões Simplificadas

CÁLCULOS MATEMÁTICOS

AS PROGRESSÕES SIMPLIFICADAS

Se houvesse um método padronizado para se calcular um mapa natal, as instruções para o levantamento do mapa secundário seriam extremamente simples. Infelizmente, na nossa independência uraniana, nós, astrólogos, fazemos a matemática astrológica usando logaritmos, calculadoras, a velha e simples aritmética, e, muito freqüentemente, fórmulas que nem entendemos, nem seguimos direito. Muitos abandonaram totalmente a matemática, recorrendo aos computadores (empresas de computadores ou micros, programados por outra pessoa).

Como se houvesse uma intenção diabólica de complicar ainda mais o que deveria ser simples, há cinco Meios-do-Céu que podem ser calculados no mapa secundário progredido. Quatro dos cinco métodos de calcular o Meio-do-Céu terão como resultado cerca de um ou dois graus de diferença.

PROGRESSÃO COTIDIANA DO MEIO-DO-CÉU

O quinto método, o cotidiano, progride o MC aproximadamente 361° por ano, raciocinando que se um dia equivale a um ano, o MC deveria avançar o mesmo que num dia, ou cerca de 361°. Este último método é muito complicado, e a menos que você use um computador não convém recorrer a ele; por ser extremamente trabalhoso, não é o melhor para o cálculo das predições. Entretanto, é um instrumento fascinante na astrologia de "retrospecto". Quando você sabe a data de um acontecimento, pode montar os ângulos Cotidianos obtendo correlações maravilhosas para qualquer acontecimento. Mohan Koparker em seu livro *Precise Progressed Charts* usa um método semelhante aos ângulos Cotidianos. Carl Stahl em *Introduction to Sidereal Astrology* e Fagin e Firebrace em *Primer of Sidereal Astrology* ensinam a calcular por esse método.[34] Se você quiser trabalhar com esses ângulos, tente esses livros.

UM GRAU POR ANO

A seguir damos os quatro outros métodos de chegar ao MC. O mais fácil (e o mais aproximativo, raramente datando os acontecimentos de forma exata) é acrescentar um

34 Veja Koparker, Mohan, *Precise Progressed Charts*, Mohan Enterprises, Rochester, New York, 1976; Stahl, Carl, *Introduction to Sidereal Astrology*, Stahl, Bay City, Michigan, 1969; Fagin, Cyril, e Firebrace, R. C., *Primer of Sidereal Astrology*, Littlejohn Publications, Isabella, Missouri, 1973.

grau ao MC natal para cada ano de vida decorrido. Se você só souber a hora aproximada de nascimento ("Ah, ele nasceu entre três e quatro horas") e o mapa não foi retificado, é bobagem fazer mais do que isso. Esse método é extremamente útil na verificação da hora de nascimento, pois você pode calcular mentalmente a soma. Verifique o ano de um acontecimento importante, calcule a idade da pessoa, some os graus equivalentes à idade ao MC natal, e veja se o MC progredido está a um grau de algum aspecto importante. Se estiver, você saberá que a hora do nascimento está mais ou menos precisa.

MEIO-DO-CÉU POR ARCO SOLAR

O segundo método mais fácil de determinar o MC progredido, e ó método geralmente usado pelas empresas de computadores (a não ser que se especifique outra coisa), é o Meio-do-Céu por arco solar. Para calcular o MC por arco solar, conte um dia por ano a partir do nascimento nas efemérides, subtraia a posição do Sol à meia-noite do dia do nascimento da posição do Sol à meia-noite do dia progredido. O ângulo resultante é o arco solar. Some esse ângulo (graus e minutos) ao Meio-do-Céu natal. O resultado é o Meio-do-Céu por arco solar. (Se estiver usando uma efeméride para o meio-dia, use essas posições do Sol.)

PASSO MÉDIO DO SOL EM ASCENSÃO RETA

Outra fórmula para se obter o MC é através do passo médio do Sol em ascensão reta. Esse método toma a média do passo do Sol ao longo do Equador, somando cerca de 3'57" por dia. Isso equivale à mudança no tempo sideral em sucessivas meias-noites (ou meios-dias). A maior parte das empresas de computadores adotou esse método. Em todos os mapas deste livro usei o passo médio do Sol em ascensão reta para progredir o MC por duas razões. Não só é um método que todos podem usar através dos serviços de computadores mas também chega ao mesmo MC que o método seguinte.

MÉTODO TRADICIONAL (TEMPO SIDERAL MÉDIO)

O tempo sideral médio dá o MC para o aniversário da pessoa a cada ano. Simplesmente levante um mapa para a hora e lugar de nascimento no dia progredido. Monte as casas exatamente como se fosse um mapa natal, mudando apenas o tempo sideral – ao invés de adotar o do dia do nascimento, para o dia correspondente ao número de anos que a pessoa tem na data da progressão. Se a pessoa tem quinze anos, conte quinze dias depois do nascimento. Se a pessoa tem trinta anos, conte trinta dias, e assim por diante. Esse método só é mais difícil porque é preciso levantar outro mapa. Se você tiver um computador, basta programar o computador para levantar o mapa para a data progredida. O computador nunca vai saber que você o está enganando e simplesmente montando uma progressão. O mapa resultante é o mapa progredido para o aniversário.

Entrei em várias discussões amistosas (e algumas não muito amistosas) com partidários do método do arco solar para a progressão do MC. Tenho usado tanto este MC como o MC do tempo sideral médio em trabalhos com dial de 90° desde 1974. Acho que o MC do tempo médio sideral tem mais probabilidade de ser aspectado diretamente (dentro de 5' de arco) quando os fatos ocorrem, embora o MC por arco solar geralmente tenha ficado dentro de 1°. A não ser que esteja usando o dial de 90° com os seus secundários, provavelmente você não vai se importar com uma pequena discrepância. Mais uma vez, a não ser que você esteja bastante certo da precisão da hora do nascimento, não tem muito sentido todo esse trabalho para obter o MC por tempo médio sideral.

Aí estão todos os métodos que conheço para montar as casas no mapa progredido. O passo seguinte é calcular a colocação dos planetas durante o ano progredido.

DATA DE CÁLCULO AJUSTADO

Muitas vezes é útil saber em que dia as posições das efemérides estarão exatas para qualquer pessoa. Se um dia equivale a um ano, em algum ponto do ano as posições das efemérides estarão certas. Assim, em vez de fazer uma série de cálculos para saber onde os planetas estão, digamos, no aniversário, por que não calcular que dia equivale às posições das efemérides? Então, para esse dia, você não vai precisar fazer cálculos. É bom saber isso mesmo tendo um computador, pois às vezes você simplesmente quer dar uma olhada no que está acontecendo sem se dar ao trabalho de montar uma série de mapas. Se souber que dia do ano progredido equivale às posições das efemérides, você pode rapidamente datar os acontecimentos do ano.

Da mesma forma que os cálculos para o MC, há vários métodos de chegar ao dia certo, que geralmente é chamado data de cálculo ajustado ou DCA. Alguns o chamam data-limite. Não creio que haja nada mágico ou especial a respeito desse dia; é só uma conveniência astrológica.

O método mais fácil de descobrir o DCA não é, claro, o método que eu uso. Isso não tem nada a ver com precisão, mas com a forma como aprendi. Como eu usei o método que aprendi durante cerca de oito anos antes de aprender o método mais fácil, nunca consigo lembrar o mais fácil. Espero que você aprenda o mais fácil primeiro e sempre se esqueça do método que eu uso. Esse método é dado no livro *Astrolology, the Divine Science*, de Marcia Moore,[35] mas eu o aprendi com Robert Hand.

ATENÇÃO: O primeiro passo, nos dois métodos, é o passo crítico. Mais de noventa por cento dos erros de cálculos para chegar ao DCA devem-se à omissão ou erro nesse primeiro passo.

1. Transforme a hora de nascimento em GMT. Para tanto, primeiro, transforme a sua hora de nascimento em escala de vinte quatro horas, isto é, se você usa a indicação P.M., acrescente doze horas. Isto é chamado tempo universal. Se o nascimento ocorreu

35 Veja Moore, Marcia, *Astrology, the Divine Science*, Arcane Publications, York Harbor, Maine, 1978.

a oeste de Greenwich, *some* as horas equivalentes à diferença de fuso horário à hora de nascimento. Se o nascimento ocorreu a leste de Greenwich, *subtraia* as horas equivalentes à diferença de fuso horário à hora de nascimento, obtendo o GMT (tempo médio de Greenwich).

2. Subtraia o GMT de nascimento da meia-noite (ou meio-dia) seguinte.

3. A este resultado acrescente o tempo sideral para Greenwich (o tempo dado nas efemérides) no nascimento, obtendo o tempo sideral do DCA.

4. Com efemérides para meia-noite, olhe o dia anterior ao dia que corresponde a esse tempo sideral. Este é o DCA. Com efemérides para meio-dia, olhe o dia posterior ao dia que corresponde a esse tempo sideral. (Deve haver uma diferença de seis meses entre esses dias, tanto para meio-dia como para meia-noite.)

Isso é tudo. Não é simples. Se porventura você não aprendeu outra forma de calcular o DCA, *pare por aqui. Vá direto ao exemplo.* Só vou transcrever o método que uso para aqueles que o aprenderam e desejam refrescar a memória e ter certeza de que ele também chega ao resultado correto (ou muito perto).

1. Mude a hora de nascimento para GMT. Para tanto, primeiro, transforme a sua hora de nascimento em escala de 24 horas, isto é, se você usa a indicação P.M., acrescente 12 horas. Se o nascimento ocorreu a oeste de Greenwich, some as horas equivalentes à diferença de fuso horário à hora de nascimento. Se o nascimento ocorreu a leste de Greenwich, subtraia as horas equivalentes à diferença de fuso horário à hora de nascimento, obtendo o GMT (tempo médio de Greenwich).

2. Divida as horas por 2, os minutos por 4.

3. Com efemérides de meia-noite ou meio-dia e para um nascimento *depois* do meio-dia, subtraia as horas ÷ 2 (divididas por 2) do mês de nascimento, e os minutos ÷ 4 (divididos por 4) do dia de nascimento. O dia resultante é o DCA. Com efemérides de meio-dia e para um nascimento *antes* do meio-dia, some as horas ÷ 2 (divididas por 2) ao mês de nascimento, e os minutos ÷ 4 (divididos por 4) ao dia de nascimento. O dia resultante é o DCA.

Isso se complica somente porque às vezes cai no ano anterior, o que é óbvio com o primeiro método, mas nem sempre com o segundo. Vamos agora dar um exemplo, usando os dois métodos para ver como funcionam.

EXEMPLO

John Doe, 5 de maio de 1955, 14:30 GMT

	24h 00min	
–	14h 30min	
	9h 30min	(é a resposta)

	14h 48min 22seg	(= tempo sideral para meia-noite, 5/5/55)
+	9h 30min 00seg	
	23h 78min 22seg	(é a resposta)

Entretanto, 23h 78min 22seg ainda precisa ser convertido.

60min = 1h, então
78min = 1h 18min =
24h 18min 22seg –
00h 18min 22seg (resposta final)

Sempre que o resultado ultrapassa 24, comece outra vez de 0 porque os dias formam um círculo. Quando você procura nas efemérides o dia que tem esse tempo sideral, você volta até 1º de outubro de 1954. Assim, o DCA de John Doe é 1º de outubro *do ano anterior*. Vamos supor que você quisesse progredir o mapa de John Doe para 1985. Você somaria 30 dias (equivalentes a 30 anos) ao dia de nascimento. 5 de maio + 30 dias = 4 de junho (maio tem 31 dias). As posições nas efemérides para meia-noite dos planetas em 4 de junho equivalem às posições progredidas para 1º de outubro de 1984. As posições à meia-noite de 5 de junho de 1955 equivalem às posições progredidas para 1º de outubro de 1985.
Usando o outro método, faríamos assim:

1. 14h30 GMT do nascimento; 14 ÷ 2 = 7 e 30 ÷ 4 = 7

2. 1955 ano 5 mês 5 dia
   – 7 mês 7 dia

Como não é possível subtrair diretamente 7 dias de 5 dias e 7 meses de 5 meses, é preciso emprestar. 1955 ano, 5 mês, 5 dia = 1954 ano, 17 mês, 5 dia = 1954 ano, 16 mês, 35 dia.

	1954 ano	16 mês	35 dia
–		7 mês	7 dia
	1954 ano	9 mês	28 dia

O DCA é 28 de setembro do ano anterior.
As duas respostas não são iguais (dois dias de diferença) porque no segundo método os meses são arredondados para meses de trinta dias. O segundo método é mais trabalhoso e não tão preciso. A não ser que você já esteja habituado a ele, use o primeiro método.

Agora que você chegou ao DCA, é possível *interpolar* para descobrir as posições dos planetas nos dias específicos daquele ano. Isso deve ser feito principalmente para a Lua progredida, que avança 12° a 15° por ano, dependendo da sua proximidade da Terra.

Faça uma lista como esta. Ainda estou usando o exemplo de John Doe, portanto vamos começar com 1º de outubro. Claro que a sua lista vai começar com o seu DCA.

LUA:	1º OUT. 1984	____________
	1º NOV. 1984	____________
	1º DEZ. 1984	____________
	1º JAN. 1985	____________
	1º FEV. 1985	____________
	1º MAR. 1985	____________
	1º ABR. 1985	____________
	1º MAI. 1985	____________
	1º JUN. 1985	____________
	1º JUL. 1985	____________
	1º AGO. 1985	____________
	1º SET. 1985	____________
	1º OUT. 1985	____________

Anote a posição da Lua em 4 de junho de 1955 encontrada nas efemérides em seguida a 1º de outubro de 1984. (A posição é 25° ♏ 22'8".) Anote a posição da Lua para 5 de junho de 1955 em seguida a 1º de outubro de 1985. (A posição da Lua é 7° ♐ 10'59".) Agora subtraia a posição de 4 de junho da posição de 5 de junho:

7° ♐ 10'59" = 37° ♏ 10'59"
− 25° ♏ 22'08"
―――――――――
11° 48'51"

Divida essa resposta por 12 para obter o passo mensal. Para dividir graus, minutos e segundos, é preciso passá-los para o sistema decimal. Para tanto, pegue sua calculadora e divida 51" por 60 para obter os décimos de minuto. (51 ÷ 60 = .85). Agora você tem 11°48.85'. Em seguida você divide 48.85 por 60 para obter os décimos de grau. (48.85 ÷ 60 = .8142). Agora você sabe que o passo decimal da Lua no ano é 11.8142°. Divida esse número por 12 meses para obter o passo mensal (11.8142 ÷ 12 = .9845°). Vamos utilizar melhor esse número em minutos do que em décimos de grau, portanto multiplique por 60 para achar os minutos. (0.9845 x 60 = 59.071'). Você poderia parar por aqui, mas vamos ser exatos, só para este exemplo. Para achar os segundos, multiplique .071 por 60. (.071 x 60 = 4.25'). Agora você sabe que precisa acrescentar 59'4" por mês para obter o passo mensal da Lua. Com isso você pode preencher a sua lista.

LUA:	1º OUT. 1984	25° ♏ 22' 07"	
	1º NOV. 1984	26° ♏ 21'12"	
	1º DEZ. 1984	27° ♏ 20'16"	
	1º JAN. 1985	28° ♏ 19'20"	
	1º FEV. 1985	29° ♏ 18'24"	
	1º MAR. 1985	00° ♐ 17'28"	
	1º ABR. 1985	01° ♐ 16'32"	
	1º MAI. 1985	02° ♐ 15'36"	
	1º JUN. 1985	03° ♐ 14'40"	
	1º JUL. 1985	04° ♐ 13'44"	
	1º AGO. 1985	05° ♐ 12'48"	
	1º SET. 1985	06° ♐ 11'52"	
	1º OUT. 1985	07° ♐ 10'58"	(efemérides: 7° ♐ 10'59")

A seguir você pode interpolar todos os outros planetas da mesma forma, se quiser.

Há só mais uma coisa que pode ajudá-lo a usar essas ferramentas com a máxima eficácia. Algumas efemérides trazem um aspectário no fim de cada página. É uma pena não usar esse aspectário para obter o dia em que os aspectos progredidos ficam exatos, já que não é muito difícil.

Se um ano = 24 horas, então 12 meses = 24 horas e 1 mês = 2 horas, 15 dias = 1 hora = 60 minutos. 1 dia = 4 minutos. Está me acompanhando? De acordo com o aspectário para 4 de junho de 1955, a Lua fez trígono com Júpiter às 6:02. Seis horas equivalem a três meses. (1 mês x 2 horas). Dois minutos não é nem um dia, então deixe de lado. Some 3 meses ao DCA (1º de outubro, lembra?) e você vai obter 1º de janeiro de 1985. É nesse dia que a Lua progredida de John Doe faz trígono com seu Júpiter progredido. Outro aspecto importante em 4 de junho é Lua em quincúncio com Marte, às 22h33.

22 horas = 11 meses (22 ÷ 2)
33 minutos = 8 dias (33 ÷ 4)
1º de outubro de 1984 + 11 meses 8 dias = 9 de setembro de 1985.

É nesse dia que a Lua progredida de John Doe vai fazer um quincúncio com seu Marte progredido e ele vai brigar com alguma mulher.

BIBLIOGRAFIA

Bowlby, John, *Maternal Deprivation*. Basic Books, Nova York, 1969

DeLuce, Robert, *Complete Method of Prediction*. DeLuce Publishing, Los Angeles, Califórnia, 1935

Doane, Doris Chase, *Progressions in Action*. American Federation of Astrologers, Tempe, Arizona, 1977

Dobyns, Zipporah, *The Node Book*. TIA Publications, Los Angeles, Califórnia, 1973

_______ , *Progressions, Directions, and Rectification*. TIA Publications, Los Angeles, Califórnia, 1975

Dobyns, Zipporah, e Roof, Nancy, *The Astrologer's Casebook*. TIA Publications, Los Angeles, Califórnia, 1973

Fagin, Cyril, e Firebrace, R. C., *Primer of Sidereal Astrology*. Littlejohn Publications, Isabella, Missouri, 1973

Gauquelin, Michel, *Planetary Heredity*. Paris Planète, Paris, França, 1966

Hand, Robert, *Essays on Astrology*. Para Research, Gloucester, Massachusetts, 1982

_______ , *Horoscope Symbols*. Para Research, Gloucester, Massachusetts, 1981

_______ , *Planets in Composite*. Para Research, Gloucester, Massachusetts, 1975

_______ , *Planets in Transit*. Para Research, Gloucester, Massachusetts, 1976

Hone, Margaret, *Modern Testbook of Astrology*. L. N. Fowler & Co., Londres, Inglaterra, 1970

Jones, Marc Edmund, *The Guide to Horoscopic Interpretation*. David McKay, Filadélfia, Pensilvânia, 1972

Koparker, Mohan, *Precise Progressed Charts*. Mohan Enterprises, Rochester, Nova York, 1976

Lundsted, Betty, *Astrological Insights into Personality*. Astro Computing Services, San Diego, Califórnia, 1980

_______ , *Transits – The Time of Your Life*. Samuel Weiser, Inc., York Beach, Maine, 1981

Milburn, Leigh Hope, *Progressed Horoscope Simplified*. American Federation of Astrologers, Tempe, Arizona, 1936

Moore, Marcia, *Astrology, the Divine Science*. Arcane Publications, York Harbor, Maine, 1978

Pelletier, Robert, *Planets in Aspect*. Para Research, Gloucester, Massachusetts, 1974

Rudhyar, Dane, *The Astrological Houses*. Doubleday, Garden City, Nova York, 1972

_______ , *The Astrology of Personality*. Doubleday, Garden City, Nova York, 1970

Sakoian, Frances, e Acker, Louis, *The Astrologer's Handbook*. Harper & Row, Nova York, 1973

________, *Predictive Astrology*. Harper & Row, Nova York, 1977

Schulman, Martin, *Karmic Astrology, The Moon's Nodes and Reincarnation*. Samuel Weiser, Inc., York Beach, Maine, 1975

Stahl, Carl, *Introduction to Sidereal Astrology*. Stahl, Bay City, Michigan, 1969

Townley, John, *Planets in Love*. Para Research, Gloucester, Massachusetts, 1978

Watters, Barbara, *Sex and the Outer Planets*. Valhalla Paperbacks, Washington, D.C., 1971

Leia também

TRÍPTICO ASTROLÓGICO

Dane Rudhyar

Neste novo livro, Dane Rudhyar extrai da Astrologia uma grande riqueza de caráter psicológico e espiritual. São apresentadas novas interpretações dos signos zodiacais, das Casas e dos planetas, esclarecendo as três fases básicas do grande ritual que constitui o desenvolvimento espiritual do ser humano:

Tornar-se íntegro, mediante a assimilação daquilo que completa a personalidade; compreender que a existência individual resulta da iteração de determinado número de condições típicas que testam a nossa força, a nossa elasticidade e a nossa fé; e, tendo compreendido isso, vencer a tendência negativa com que nos deparamos a cada passo do caminho.

Tríptico astrológico é um livro para ser lido e relido. Cada capítulo vale por si mesmo, ainda que seja uma parte apenas da grande sinfonia de valores revelados e de metáforas inspiradas.

* * *

"Na minha opinião, o novo livro de Dane Rudhyar, *Tríptico astrológico*, representa, em outra linguagem, toda a psicossíntese em seu maior e mais elevado sentido espiritual."

ROBERTO ASSAGIOLI

"Seria difícil exagerar o entusiasmo que sinto pelo seu livro pois, embora eu conheça bem pouco de Astrologia, posso reconhecer logo um pensamento verdadeiro, profundo e original."

CLAUDE BRADGON

"Dane Rudhyar é único em seu poder de sintetizar todos os elementos e de incluir todo o pensamento moderno e os novos pontos de vista na Astrologia."

ANAIS NIN

"Quem quiser saber exatamente qual o propósito da Astrologia — quem quiser fazer uma 'experiência' — deve ler Dane Rudhyar."

HENRY MILLER

EDITORA PENSAMENTO

TRATADO PRÁTICO DE ASTROLOGIA

André Barbault

André Barbault, que foi durante quinze anos vice-presidente do *Centre International d'Astrologie,* escreveu este livro depois de praticar e de estudar a astrologia durante vinte e cinco anos, examinando milhares de temas, tanto de pessoas públicas como de particulares.

Síntese, portanto, de um profundo conhecimento, este livro pode ser lido com proveito tanto pelo profissional de astrologia como pelo principiante, que aprenderá assim a lidar com os temas e a se familiarizar com termos como signos, setores, planetas e aspectos, capacitando-se a interpretá-los de acordo com a tradição. Como exemplos, foram usados temas e personagens históricos, que vão de Catarina de Médicis a De Gaulle, incluindo Napoleão e outros.

O autor antecipa-se aqui aos profanos, aos céticos, aos que combatem a astrologia em geral, invalidando suas objeções numa atitude serena e desapaixonada. "Não se deve esperar da astrologia mais do que ela pode dar" — diz André Barbault, que só pretende mostrar onde a astrologia é insubstituível, quando não deve ser utilizada e até onde ela pode ser avaliada na prática.

Como autêntico nativo de Libra, o autor não se empenha em destruir dogmas e, sim, em transmitir simplesmente uma tradição e sua experiência a quem quiser realmente aprender.

EDITORA CULTRIX

RELACIONAMENTOS KÁRMICOS
E SEUS ASPECTOS ASTROLÓGICOS

Martin Schulman

O que é um relacionamento? O que sentem as pessoas quando se relacionam? O que determina o princípio ou o fim de uma relação? Quais as razões profundas de nossas afinidades? Essas são algumas das perguntas que fazemos à medida que buscamos fortalecer os laços que nos unem às pessoas de nossas relações.

Martin Schulman afirma que podemos conseguir uma compreensão mais lógica de nossos relacionamentos se buscarmos suas bases kármicas — aquelas atitudes, comportamentos e crenças, resíduos de vidas passadas, que nos impedem de conseguir a harmonia e o equilíbrio indispensáveis à manutenção de relacionamentos duradouros.

Examinando planeta por planeta, comparando cada combinação possível dos principais aspectos astrológicos, mostrando ao leitor de que modo uma característica da sua personalidade entra em confronto com a personalidade do seu parceiro, Martin Schulman identifica os pontos de tensão e mostra as possibilidades de sucesso, assim como as lições que podemos aprender com o nosso círculo de amizades.

Ao assinalar, no mapa astrológico, as afinidades existentes entre as pessoas, o autor mostra como nossos laços afetivos são, na verdade, espelhos da nossa consciência em formação.

EDITORA PENSAMENTO

Editora Pensamento
Rua Dr. Mário Vicente, 374
04270 São Paulo, SP
Fone 63-3141

Livraria Pensamento
Rua Dr. Rodrigo Silva, 87
01501 São Paulo, SP
Fone 36-3722

Gráfica Pensamento
Rua Domingos Paiva, 60
03043 São Paulo, SP